CATARATA

CATHERINE COQUERY-VIDROVITCH
ESPECIALISTA EN HISTORIA DE ÁFRICA Y PROFESORA EMÉRITA DE LA UNIVERSIDAD PARÍS VII (DIDEROT). HA ESCRITO NUMEROSOS LIBROS SOBRE TEMAS AFRICANOS, DE LOS CUALES SE HA PUBLICADO EN ESPAÑA *ÁFRICA NEGRA DE 1800 A NUESTROS DÍAS* (LABOR, 1985).

ÉRIC MESNARD
PROFESOR DE GEOGRAFÍA E HISTORIA EN LA UNIVERSIDAD PARÍS-EST CRÉTEIL Y MIEMBRO DEL CENTRO INTERNACIONAL DE INVESTIGACIÓN SOBRE LA ESCLAVITUD. TRABAJA PARTICULARMENTE SOBRE COLONIZACIÓN Y ESCLAVITUD EN AMÉRICA Y SOBRE DIDÁCTICA DE LA HISTORIA.

Catherine Coquery-Vidrovitch y Éric Mesnard

Ser esclavo en África y América entre los siglos XV y XIX

CATARATA

CASA ÁFRICA

LA EDICIÓN DE ESTE LIBRO HA SIDO PATROCINADA POR

CASA ÁFRICA

La traducción de este libro ha sido realizada por la Dirección General de Relaciones con África del Gobierno de Canarias en el marco del proyecto Salón Internacional del Libro Africano (SILA), iniciativa que se enmarca en el Programa de Cooperación Transnacional Madeira Azores Canarias PCT MAC 2007-2013, cofinanciado por el fondo FEDER en un 85%.

DISEÑO DE COLECCIÓN: ESTUDIO PÉREZ-ENCISO
DISEÑO DE CUBIERTA: JACOBO PÉREZ-ENCISO

ÊTRE ESCLAVE. AFRIQUE-AMÉRIQUES, XVE-XIXE SIÈCLE

TRADUCCIÓN DE ADOLFO FERNÁNDEZ MARUGÁN

FUENCARRAL, 70
28004 MADRID
TEL. 91 532 05 04
FAX. 91 532 43 34
WWW.CATARATA.ORG

SER ESCLAVO EN ÁFRICA Y AMÉRICA ENTRE LOS SIGLOS XV Y XIX

ISBN: 978-84-8319-995-4
DEPÓSITO LEGAL: M-12.012-2015
IBIC: HBTS

A la memoria de Michel Coquery y de Thierry Aprile

Esta obra se ha ideado, releído y discutido en común. De manera general, los capítulos dedicados a África los ha redactado Catherine Coquery-Vidrovitch, y los dedicados a América, Éric Mesnard; pero no se trata de una regla absoluta, y varios de ellos, así como la introducción y la conclusión, son el resultado de intervenciones cruzadas.

ÍNDICE

PRESENTACIÓN

LA ESCLAVITUD AFRICANA Y ÁFRICA EN LA AMÉRICA ESPAÑOLA

La historia de la esclavitud africana en el Nuevo Mundo ha sido abordada en una perspectiva doble que se hace converger hacia 1500: de un lado, la larga trayectoria del sometimiento esclavo en Europa, heredero de tradiciones que vienen de la Antigüedad, entre Mesopotamia y la ribera oriental del Mediterráneo, antecedentes remotos y próximos de la esclavitud moderna; de otro, los descubrimientos marítimos llevados a cabo por los portugueses en el siglo XIV daban lugar al comercio masivo de cautivos africanos, convertido en suministro principal de las plazas europeas que conservaban esta figura social que conoció una reactivación notable, y que en el siglo XVI se orientó hacia América en unión de los cultivos a los que estaban siendo asociados —el azúcar— y para la sustitución de la población indígena en el trabajo de las minas. En la década de 1950, el historiador belga Charles Verlinden llamó la atención sobre la continuidad de los sistemas de plantación en el Mediterráneo bajomedieval y de la época renacentista y su trasplante a las islas del Atlántico y al mundo americano, y en especial, sobre la relevancia de la esclavitud en la península Ibérica, en la existencia de amplias redes mercantiles y financieras en las que intervenían súbditos de muy diversa procedencia dedicados al negocio de la provisión de esclavos, siervos que en el siglo XV predominantemente van siendo negros. Sus tesis de la continuidad de las esclavitudes mediterránea y americana, como de los sistemas de plantación, tesis precursoras de la Historia Atlántica, han encontrado seguidores (David B. Davis, Philip Curtin y Barbara Solow) y críticos[1].

Siempre es útil distinguir entre los antecedentes y los fenómenos de los que aquellos son precursores. La esclavitud euromediterránea ha de ser contextualizada en las formas de trabajo sometido y de sujeción jurídica que impera en el Viejo Continente, alguna de cuyas modalidades fue exportada asimismo a las Indias (la servidumbre escriturada, los contratos de aprendices). La esclavitud colonial era heredera, además, de las variantes de sometimiento indígena adaptadas por los colonizadores y del sometimiento inicial de la población nativa americana a esclavitud, que precede a la importación de africanos. La esclavitud es una realidad histórica, y como tal conoce sucesivas adaptaciones; el contexto social en el que opera esa relación y esa propiedad varía de manera considerable: desde el siglo XVI en unión con el desarrollo del capital comercial; en los siglos XVII-XIX, sujeta a una demanda antes desconocida, mientras tiene lugar la transformación de amplias superficies naturales en plantaciones y en haciendas, en condiciones de ausencia de mano de obra, en términos absolutos, o de mano de obra dispuesta a someterse a las condiciones que reclaman las exigencias productivas. Esa esclavitud conoce en el Nuevo Mundo una profunda transformación respecto a sus antecedentes. Y vuelve a experimentar un cambio intenso hacia finales del siglo XVIII y en el siglo XIX en determinadas regiones, aquellas que conocen una fuerte expansión económica —Cuba, Brasil y el sur de los Estados Unidos (EE UU)— en coincidencia y formando parte del fenómeno de la revolución industrial, la llamada "segunda esclavitud" (Dale Tomich).

En paralelo se había creado otra esclavitud urbana, numerosa, sujeta a condiciones distintas, básicamente dedicada al servicio de unos colonos que demandan sirvientes y cierto número de artesanos y que, al no proporcionarlos la emigración europea, exige la instrucción de sus esclavos, que de esta manera y en determinada proporción, adquieren y transmiten oficios, y hasta perciben un salario según su habilidad y eficacia. Esto hará posible, según las leyes castellanas y la predisposición de sus dueños, la manumisión retribuida, el rescate que, gracias al ahorro, reintegra al dueño el precio del esclavo después de una vida laboral a su servicio; así se irá creando una capa de negros "horros" y de los descendientes de los libertos, en la tradición

1. Véase Piqueras, 2009, donde se puede encontrar la bibliografía citada en el texto y los respectivos argumentos.

española llamados *pardos* (por mulatos) y *morenos* (por negros), puesto que en el lenguaje corriente al esclavo africano y criollo simplemente se le designa con el sustantivo *negro*.

Las historias de la esclavitud americana suelen apuntar el antecedente ibérico y mediterráneo, argumentan la demanda de trabajo sometido y señalan su aprovisionamiento desde África. El capítulo africano del comercio se explicaba en términos mercantiles bastante exactos: la formación de empresas y la preparación de expediciones en puertos europeos que enviaban sus embarcaciones repletas de mercancías a las costas africanas, donde una serie de agentes (factores) instalados en el lugar habían negociado con jefes tribales y "reyezuelos" un acopio de esclavos, que eran tomados prisioneros por estos a pueblos rivales. A los africanos los conoceríamos por las denominaciones que les daban los captores o los comerciantes, por la toponimia de los puntos de embarque, por la lengua que usaban o su familia lingüística, por una deformación en la pronunciación de unos y otras, tomados por grupos étnicos. En ocasiones, estos últimos resultaban bien conocidos y en razón de los caracteres que se les atribuía eran preferidos de los tratantes porque así los deseaban los clientes en ultramar. Sus "naciones" eran anotadas en los registros de los buques, en los de la venta y en los libros de las plantaciones. La información de la travesía intermedia, el funcionamiento de los mercados de esclavos, las sociedades creadas al efecto y la vida de los esclavos en su destino se ha documentado cada vez mejor. La vertiente económico-mercantil ha dado lugar a una fructífera línea de investigaciones acerca del papel desempeñado por el comercio de esclavos en la acumulación de capitales y en el estímulo de la demanda de bienes manufacturados, que habrían tenido un puesto importante en la explicación de la revolución industrial (Williams, 2011), como de las tesis opuestas que matizan o niegan esa relevancia (Seymour Drescher). El modelo del "comercio triangular", Europa-África-América (manufacturas por esclavos, esclavos por dinero y adquisición de material para su traslado a Europa), convertido en paradigmático, en realidad lo fue durante una época de la trata. En sus inicios del siglo XVI, muchas de las expediciones retornaban con la carga humana a Europa antes de reembarcar hacia América. El XVII fue quizá la etapa dorada de ese triángulo. En el siglo XVIII fueron frecuentes los intercambios bilaterales entre América y África, para abastecer a las trece colonias angloamericanas, el Caribe o Brasil, que encuentra en Angola y en Mozambique su gran mercado de siervos. Después de la autorización en 1789 a los súbditos de la Monarquía española para realizar por su cuenta el comercio de africanos, la mayoría de las embarcaciones parten de puertos americanos, aunque también se incentivan las expediciones de Cádiz, Santander y las costas vasca y catalana. El comercio directo del XVIII y XIX supone comercializar productos de las Américas —ron, aguardientes, tabaco, pólvora— junto a otros de Europa —tejidos, cuchillería y armamento— que son situados en depósitos comerciales de la costa africana, donde los adquieren los traficantes.

Frente a la historia de la tradición esclavista mediterránea, hace tres décadas se abrió una línea de investigación innovadora. Ciertamente, la esclavitud africana interna y el papel desempeñado por las poblaciones arabomusulmanas eran conocidas, si bien de manera un tanto superficial. En 1983, Paul Lovejoy instó a conocer la esclavitud desarrollada en África, que a la postre proporcionaba la mercancía que era adquirida por los europeos y los colonos americanos. Aunque escrito por las mismas fechas, una década más tarde, John Thornton nos situaba ante la "emigración africana" en el contexto de la historia atlántica al modo en que Braudel había presentado su obra sobre el Mediterráneo: "Una historia integrada por el mar, caracterizada por intercambios que lo eran en numerosos sentidos". Para comprenderla era necesario comenzar por conocer la esclavitud y la estructura social africanas, proseguir con la cultura africana en el mundo atlántico, la transformación por este mundo de lo africano, la evolución del africano al afroamericano, las tradiciones de lucha y resistencia transferidas desde África (Lovejoy, 1983; Thornton, 1992). Esta última tendencia de volver la mirada al continente de origen de los esclavos, de precisar su historia, no como un apéndice conveniente sino como parte esencial de la misma historia atlántica, se tornó indispensable si lo que se pretendía era devolver a quienes habían sido forzados a emigrar una identidad específica, la misma que había sido extirpada incluso antes de que fueran arrancados de su costa bajo el calificativo de un color, *negro*, y de un difuso gentilicio, a veces el de *etíope*, otras el de *africano*, de los que obviamente ni eran conscientes ni habían oído hablar antes. Cada pueblo y denominación étnica poseía sus características, sus costumbres, sus lenguas, un grado de desarrollo social, unas creencias.

La fragmentación de la disciplina histórica en especialidades, por épocas, continentes y temas, cada vez más específicos, había tenido muy poco en cuenta, en lo que respecta a la historia de la esclavitud atlántica-americana, los estudios sobre el mundo africano previo a la llegada regular europea en el siglo XV y a la larga etapa que precede a la colonización, a la ocupación del territorio en el XIX. Hacia 1900, el historiador y activista estadounidense W. E. B. Du Bois proyectó una *Encyclopedia Africana* que reuniera las contribuciones de la civilización africana y la historia de la diáspora (en 1895 había dedicado su tesis de doctorado a la supresión de la trata en los EE UU), proyecto que comenzó a realizar cuando, tras la independencia de Ghana, el gobierno de este país, en 1961, le ofreció financiación para llevar a cabo su trabajo, interrumpido dos años más tarde al alcanzarle la muerte con 95 años de edad. Obra de etnólogos, lingüistas, antropólogos, viajeros, funcionarios coloniales y autores aficionados, la mayoría de las veces, la historia del Continente Negro permaneció en buena parte inédita para la historia académica hasta la década posterior a la descolonización, bien avanzados los setenta y comienzos de los años ochenta. Fue en esta época cuando Catherine Coquery-Vidrovitch comenzó a aportar las contribuciones que la convirtieron en una reconocida especialista[2].

En el marco de un renovado interés por asociar el mundo africano con los procesos atlánticos y una perspectiva global que trascienda los límites regionales —percibida la expansión iniciada en los siglos XV-XVI como la primera globalización que puso en contacto las más diversas áreas del mundo, puesto que, en paralelo, se produjo la llegada de los europeos a Asia y el inicio de los intercambios hasta entonces mediados por el mundo arabomusulmán—, las perspectivas se han abierto a los enfoques más diversos, no exentos de polémica. Olivier Pétré-Grenouilleau, en *Les traites negrières*, ha proporcionado una síntesis global basada en una amplia muestra de historiografía publicada en lengua francesa y en inglés, sin una sola referencia a obras en español o portugués y con algunas ausencias muy notorias (Gutman, R. Scott, Tomich, Moreno Fraginals y Viotti da Costa). Moreno Fraginals fue editor de una importante obra auspiciada por la Unesco con el título *África en América Latina*[3].

Pétré-Grenouilleau se atreve con una interpretación global y comparativa: la trata no es simplemente una diáspora ni se encuentra motivada por una actitud racista, es una práctica mercantil y utilitaria que construye los prejuicios ad hoc y a posteriori en función de una demanda

2. Véase Coquery-Vidrovitch, 1965, 1985, 1993, entre otras obras dedicadas a la colonización en el siglo XIX y la mujer africana, etc.
3. Nos referimos a una obra central para el estudio no solo del azúcar sino de la esclavitud: Moreno Fraginals, 1978. Véase también Moreno Fraginals, 1977; esta obra incluye un interesante balance del coordinador, "Aportes culturales y deculturación", pp. 13-33.

productiva, actividad en la que el África negra desempeña un papel en la génesis y desarrollo de lo que denomina "deportación" de africanos al mundo atlántico, pero también al océano Índico y al norte de África y Oriente Medio. El África negra, sostiene el autor, crea un determinado "modo de producción de cautivos" que acaba imponiéndose —no es solo víctima sino uno de los principales actores de la trata— y facilita el éxito del comercio al atender la demanda de manera suficiente; en torno a esta actividad, añade, se realizará la organización funcional de las sociedades locales. Y la trata atlántica llevada a cabo por occidentales podrá aquilatarse en un fenómeno más amplio cuando la información cuantitativa sobre las otras dos direcciones que alimenta reúna cifras de una exactitud semejante a la que se conoce para América. La pretensión de librar de consecuencias morales estas prácticas, rehusando calificarlas de "colaboracionistas", no ha librado al autor de vivas controversias (Pétré-Grenouilleau, 2004)[4]. El método comparativo presta atención a los ciclos del tráfico, al tipo de compañías occidentales que intervienen, a las tradiciones nacionales, a la inseguridad del aprovisionamiento, pero apenas se ocupa del uso del esclavo en destino, el valor de las mercancías que produce, la esperanza de vida y la dificultad de reproducción vegetativa en muchos casos y la ausencia de reposición laboral por otros medios —que no dejan de ensayarse con los contratos de asiáticos y en su caso, cuando la abolición es un hecho en las Indias occidentales británicas, con el desplazamiento de la producción a otras regiones del mundo o el cambio de políticas arancelarias para atraer libremente producciones, por ejemplo de Brasil, Cuba y Puerto Rico, elaboradas por esclavos—. El problema es que si la mirada a África se hace indispensable, no puede separarse del orden económico que está siendo modificado en otras partes: Europa, América y el Caribe. El mundo del capital mercantil y su enorme potencial, la prosecución de la trata africana en el siglo XIX, de manera decidida y masiva en Brasil y Cuba, aparte de otros tráficos menores dirigidos a Puerto Rico y las Antillas francesas, en un mundo crecientemente capitalista e industrial en las regiones más prósperas, son aspectos que no pueden separarse de la "industria" de la emigración forzada, de la deportación o la diáspora, puesto que, con significados diversos, los tres términos son de aplicación al caso y contribuyen precisamente a esa prosperidad, mediante la trata en los casos citados, mediante la continuidad de la esclavitud heredada de la trata en calidad de pieza

4. Véase también el esfuerzo de conceptualizar la esclavitud en Pétré-Grenouilleau, 2014.

fundamental del desarrollo capitalista, como para los EE UU ha puesto de relieve el aclamado libro de Edward E. Baptist, *The half has never been told. Slavery and the making of American capitalism* (2014).

Catherine Coquery-Vidrovitch y Éric Mesnard, en *Ser esclavo*, ofrecen un atractivo enfoque de la historia internacional de la esclavitud que se propone romper con la tendencia eurocéntrica de explicar el fenómeno casi en exclusiva por el desarrollo de sus ciudades mercantiles, y a pesar de situar la cuestión en la relación entre África y América, sus intercambios constantes y duraderos desde el siglo XVI. De Pétré-Grenouilleau toman varias nociones: el concepto de trata y la noción de "deportación". No precisan mucho más pues la importancia de la organización interna africana en que se basaba aquel es suficientemente familiar a Coquery-Vidrovitch; solo que reequilibran la interpretación general, enfatizan el cambio de ciclo que supone el mercado americano para los cautivos y no dudan en calificar de crimen contra la humanidad la deportación de los 12,5 millones de africanos que comienza en esa época. La verdadera triangulación, vienen a decirnos, es África-América-Europa, o si se prefiere, América-África-Europa. En segundo lugar, la trata fue ante todo comercio, y como tal, intercambio, reciprocidad, no siempre —ni siquiera por lo común— equitativa; en este caso no lo fue en absoluto. Y los intercambios no se limitaron a las mercancías: la prolongada relación facilitó una criollización del África que estaba en contacto con los comerciantes llegados de América. La aculturación recíproca estuvo acompañada de un mestizaje, patente en el caso lusoafricano y lusobrasileño, que dio lugar a una calidad de mulatos dedicada en varios casos al comercio de esclavos.

Es conocido que la trata de africanos hacia América, mediando el puerto de Sevilla, comienza por la isla de La Española. El rápido desplome de su población, que en ningún caso había sido de 3,8 millones, como afirmaron Cook y Borah, sino entre 200.000 y 300.000 hacia 1492 (Livi Bacci), ayudan a comprender la exigencia de trabajadores cautivos, que comenzaron por ser llevados del continente y pronto fueron reemplazados por africanos. La trata destinada a Hispanoamérica fue regulada por la Corona a partir de 1513 mediante licencias (concesiones por un número determinado de esclavos sujetos al pago de una renta de importación) y desde 1595 por el sistema de asientos. El asiento implica el monopolio de aprovisionamiento, que se aseguraba mediante la venta de licencias y se proponía asegurar los ingresos reales —ya que se hacía por puja— y meter en las Indias "un gran golpe de negros" para destinarlos a las minas, la labranza y la cría de ganados, como reza la consulta del Consejo de Indias. El aprovisionamiento de africanos a los dominios españoles se caracterizó por las regulaciones del Estado que buscaban facilitar brazos en la explotación colonial, tener bajo control el número de pasajeros a las Indias y extraer de ello beneficios directos por las concesiones e ingresos fiscales por derechos de introducción y venta. Esto último restringió el número absoluto de africanos transportados hasta la liberación de las anteriores trabas en 1789, aunque a diferencia de otros países, su necesidad había sido limitada durante siglos debido al elevado número de indígenas de los que podía disponerse en los dominios del continente y la tardía implantación del sistema plantacionista en el Caribe.

Los primeros asientos recayeron sobre los portugueses, dueños en la etapa anterior del mercado africano, aun cuando las licencias habían ido a parar a unas pocas casas alemanas, francesas, genovesas y alguna sevillana, únicas que podían pagar su elevado precio. Los portugueses mantuvieron el asiento, con una breve interrupción, hasta 1640, en que Portugal se separa de la Corona española. El asiento de 1595 se fijó en Angola, pues de esa forma se conseguía la conquista definitiva de la región al dotarla de valor económico. Su primer adjudicatario se comprometió a proporcionar a la Corona 100.000 ducados anuales y a introducir vivos 4.250 negros al año por los puertos de Cartagena de Indias y Veracruz, además de obtener licencia para llevar 600 a Buenos Aires, La Habana y otros puntos de la América septentrional que figuraban asimismo como destinos. Los portugueses manejaron el comercio y se establecieron en los puertos negreros mientras las dos coronas estuvieron unidas. En la época, los navíos salían de Sevilla, tocaban las playas africanas y seguían la derrota hacia América, para regresar con la carga registrada. Unos 40 barcos estaban empleados en la ruta hacia 1620; cada uno llevaba una marinería de 15 hombres, portugueses en una cuarta parte y el resto procedía de casi todos los puntos de España. Al igual que indican los autores para los casos francés y británico, los 400 o 500 esclavos que eran embarcados en las pequeñas carracas "iban como lechones y aún peor, debajo de cubierta", según el tratadista Tomás de Mercado. En otro informe se mencionan que los 200 o 300 transportados se llevaban "desnudos, en cueros, presos y encadenados, con la comida y bebida por tan tasa que se mueren gran parte de ellos". Nada tenía de extraño este hacinamiento, pues las cargazones sobrepasaban hasta en dos tercios el registro acordado en Sevilla y los 29 navíos analizados entre 1605 y 1621 por Vila Vilar, en quien nos basamos, arrojan una mortandad del 23 por ciento, en el trayecto más largo, que era el de Angola. Entre 1595 y 1640 operaron 991 travesías y se despacharon 147.779 licencias, que debieron convertirse en 268.664 esclavos desembarcado (Vila Vilar: 28-34, 137-140, 196 y 209). Los asientos pasaron después a manos españolas y de procedencias varias siempre por periodos cortos, hasta que en 1713 lo retuvieron los ingleses, conservándolo de facto hasta 1739 debido a que la guerra interrumpió la concesión. La South Sea Company, sociedad ideada por Daniel Defoe y de la que se concedía una participación del 25 por ciento al rey Felipe V, se comprometía a introducir 4.800 esclavos al año, de los que 1.200 podían ser destinados a Buenos Aires, que comienza a adquirir importancia como ruta de ingreso en el alto Perú. El asiento regresó a casas españolas y por último se adjudicó a la británica Baker and Dawson (Fernández Durán, 2011). En 1789 la Corona dictó la libertad de hacer comercio de africanos a todos los súbditos de la monarquía.

La ausencia de relación directa de los españoles con el mundo africano, al servirse siempre de asentistas o factores portugueses, franceses, holandeses o británicos, explicaría la muy escasa literatura producida sobre la fuente de aprovisionamiento de las "piezas de indias". Esa situación comenzó a modificarse hacia 1800 y en particular a partir de 1810, cuando los armadores y las sociedades constituidas en la península Ibérica, en La Habana, en Montevideo y en Buenos Aires comenzaron a operar de forma directa, en parte heredando las redes comerciales —y hasta los navíos y los capitanes de navío— que los británicos y los estadounidenses se habían visto obligados a abandonar al ponerse fin a la trata en ambos países en 1807. España había obtenido en 1778 de Portugal la isla de Fernando Poo en el golfo de Guinea, isla dedicada desde el siglo XV a factoría negrera, pero no la ocuparía hasta mucho más tarde. Los factores negreros llegaron antes. Y ocuparon también la pequeña isla de Corisco, frente a la desembocadura del río Muni, convertida en depósito de esclavos (sobre la presencia española en la región, véase García Cantús, 2004). Hacia 1813 se instalaron una serie de españoles en la desembocadura del río Gallinas, al este de lo que después sería Liberia y al oeste de la Costa de Oro (Ghana): Tomás Rodríguez Burón, Vicuña y Gume Suárez, entre otros. En 1817 España firmaba con Inglaterra un tratado por el que se obligaba a prohibir el comercio atlántico de africanos a partir de 1821. En 1822 llegaba a Gallinas el malagueño Pedro Blanco Fernández de Trava, que en poco tiempo haría de la factoría una de las más importantes del continente. En su aprendizaje, Blanco había sido marino y contador del principal *mongo* (jefe) de la región, el lusobrasileño *cha-cha* Souza. Blanco era socio en La Habana de los mayores comerciantes dedicados a la trata. De Cuba se había dirigido a los EE UU, donde estableció contactos financieros y adquirió un clíper, el *Conquistador*, con el que partió a África. El comercio atlántico acababa de entrar en la ilegalidad: los precios de los esclavos en origen iban en descenso mientras seguían pagándose altos en el mercado: el africano costaba 20 dólares y se vendía en Cuba en 350. El negocio se había hecho más inseguro porque los navieros españoles debían sortear la vigilancia de la escuadra británica y porque la avidez de ganancia conducía a practicar el filibusterismo contra los navíos y las expediciones portuguesas de igual desempeño. En el estuario del río Gallinas, Blanco pasó a ser conocido y tratado como don Pedro Blanco. En poco tiempo levantó de diez a doce barracones que permitían almacenar de 100 a 150 africanos cada uno; medio centenar de empleados, españoles y portugueses, los custodiaban armados de mosquetes. Los navíos que se acercaban podían cargar centenares de ellos mientras pagaban su precio, reduciendo el tiempo de espera y el riesgo de ser sorprendidos por los ingleses. En cuatro años pudo prescindir de los anticipos de los armadores que le habían facilitado géneros y recursos y pasó a operar por su cuenta, convirtiéndose en el monopolista de la región de los veys gracias a los acuerdos establecidos con los jefes indígenas y los métodos, verdaderamente empresariales, que puso en práctica. Cobraba en oro y libraba giros sobre Londres, París, Baltimore y Nueva York, que le eran aceptados tomando por garantía la solidez de sus operaciones. En uno de los islotes instaló la oficina en la que atendía a los capitanes negreros y en otro levantó su residencia. En 1839, el "Rothschild de la trata", como lo bautizó Théodore Canot, se retiró a La Habana con una fortuna que se le calculó en cuatro millones de dólares. Canot, un marino francoitaliano al servicio de Blanco, revela que la región de los veys cambió por completo en cuanto los factores españoles hicieron su aparición y cuando los barcos cubanos aparecieron cargados de ricas mercancías; sus habitantes se aproximaron a la costa y se fusionaron con los pueblos pescadores previamente asentados. Desde entonces renunciaron a toda ocupación que no fuera hacer la guerra y el rapto sobre los pueblos del interior. Esto contradice la supuesta tradición guerrera que los agentes negreros se habrían limitado a aprovechar en su favor. Los combatientes pasaron a disponer de armas de fuego: "Don Pedro

—prosigue el relato— había descubierto un filón más rico todavía que la Costa de Oro". Abrió sucursales a lo largo de la costa hacia el norte, acercándose a las puertas de Monrovia. Las guerras entre pueblos y clanes se hicieron más virulentas (Canot, 1989: 220-232). El parlamento británico se interrogó por el destino de las 200 pistolas que una casa inglesa había vendido a Blanco. Los mismos factores de la zona se inquietaron por la distribución de armas de fuego, de las que el *mongo* Blanco sabía obtener provecho a través de su alianza con el rey Siaka, su gran proveedor. En 1842, en la Cámara de los Comunes, el vizconde de Sandon, William Macauly, calificó a Pedro Blanco de "el más grande distribuidor de esclavos de la costa". El libro de registro conservado en el Archivo Nacional de Cuba atestigua cobros de Blanco en 1839 por la tercera parte del beneficio de la expedición del buque *Llobregat*. Sabemos que el 19 de julio de ese año el *Llobregat* arribó a Cuba procedente de la Costa de Benín con 350 esclavos, habiendo cargado en origen 386, con una pérdida del 9 por ciento. La misma embarcación había realizado otros cinco viajes desde 1832, prácticamente a razón de uno al año, y había desembarcado un total de 1.969 africanos[5]. En los buenos tiempos, la factoría de Gallinas suministraba unos 5.000 africanos al año con destino a Cuba y Brasil. Los principales comerciantes y plantadores de la isla constan en el registro citado, repartiéndose con él los beneficios; también figuran comerciantes de Nueva York, Filadelfia y Boston. En 1841 la factoría de Gallinas fue atacada y destruida por los británicos. Un año antes había tenido lugar la rebelión en el barco *Amistad* que conducía a Nuevitas —en el centro de la isla de Cuba— una partida de 33 esclavos desde La Habana, a donde habían llegado procedentes de Gallinas y la vecina Lomboko; los africanos se sublevaron y se hicieron con el control del barco, que navegaría a la deriva por días hasta llegar a las costas de los EE UU. Entonces se iniciaría un largo proceso legal por la propiedad de los esclavos y su responsabilidad por haber dado muerte al capitán del navío; el caso se convirtió en una denuncia de la práctica ilegal de la trata bajo protección española. Blanco se mantuvo en activo desde Cuba e incluso participó en la repatriación, en uno de sus buques, de 97 negros libres que en 1844, después de la represión desatada en la isla, optaron por regresar a África (Franco, 1980: 236-244). La factoría de Gallinas fue reconstruida por otros españoles, pero es sintomático que hacia 1848 estuvieran más interesados en

5. *The Trans-Atlantic Slave Trade Database* [http://www.slavevoyages.org].

vender los esclavos a plantadores africanos que en seguir la ruta trasatlántica (Thomas, 1998: 484). Esto corrobora la tesis de Coquery-Vidrovitch y Éric Mesnard sobre la intensificación de la esclavitud en el continente africano, que los autores sitúan después de la prohibición de la trata y la abolición de la esclavitud; solo que la intensificación de la esclavitud interna tenía lugar a medida que las fuentes de aprovisionamiento iban cerrándose al norte de la línea ecuatorial, toda la costa desde Senegal a Benín, y se desplazaba a Kongo, Angola y Mozambique. El viajero británico Richard Burton, nombrado a su pesar cónsul en Fernando Poo, recorrió las regiones vecinas del continente y constató en 1861 un aumento del número de esclavos en las plantaciones locales para atender la industria europea que demandaba aceite de nueces (Arnalte, 2005: 148).

La trata legal en Hispanoamérica, hasta 1821, aportó en torno a un millón de esclavos. Con posterioridad, ingresaron no menos de 555.000 de manera clandestina, estos últimos todos en Cuba menos unos 14.000 que fueron llevados a Puerto Rico. Las cifras absolutas fácilmente pueden incrementarse en unos 100.000, entre ingresados de contrabando, algunos años en que no aparecen registrados, las desviaciones de hasta el 15 por ciento que se han advertido en los libros de la aduana de La Habana en la fase legal respecto de las estimaciones de *Trans-Atlantic Slave Trade Database*, la principal base de datos existente, y a causa de los desembarcos posteriores a 1866, último año que se ha contabilizado, cuando constan arribos en 1867 y hasta uno en 1873.

Durante los casi cuatro siglos de su existencia, la esclavitud en la América española estuvo regulada por las disposiciones de las Leyes de Indias, las ordenanzas dictadas por gobernadores, cabildos y regentes, casi siempre en relación con medidas disciplinarias, y por la jurisprudencia sentada por las audiencias, subrogándose el *Libro de las siete partidas* que dedica un título al tema, nunca pensado para esclavitud masiva (y africana) sino para la doméstica de Castilla. Una larga tradición interpretativa que se remonta al siglo XVIII y al inicio del pensamiento abolicionista ha sostenido la suavidad de la servidumbre hispana en relación a la de sus vecinos. El argumento se reiteró cada vez que se alzaron voces contrarias al sometimiento o llamadas de alerta sobre el peligro de insurrecciones, mucho más alarmantes después de la revolución de los esclavos de Haití (1791-1804). La visión interesada se reprodujo en el siglo XIX mientras Cuba se llenaba de esclavos (436.000 en el censo de 1841) y se introdujo en la historiografía angloamericana del siglo XX a fin de mostrar la bondad del régimen hispano (Hubert Aimes, 1907) o el origen de la discriminación racial en los EE UU debido a la rigidez de su antiguo sistema esclavista (Frank Tannebaum, 1947). Y así ha sido frecuente encontrarlo en cierta literatura histórica española. En la que durante muchos años ha sido la mejor síntesis de historia de América, con la que se han formado no pocas promociones de universitarios, Céspedes del Castillo liquidaba de esta manera el tema de la esclavitud: un "fatal encadenamiento de circunstancias vino a motivar un cambio histórico profundísimo", la revitalización de la esclavitud en la civilización occidental y de la trata de negros, convertida en subproducto de la ruta marítima transoceánica del azúcar; ahora bien, el "elemento negro" en Hispanoamérica juega "un papel más modesto", pues solo recibe un tercio de los introducidos en Brasil y juntos alcanzan una cifra inferior al 40 por cien de los llevados a América (Céspedes del Castillo, 2009: 140-142 y 423).

La severidad en el cuidado y castigo de los esclavos, en la exigencia de esfuerzo físico, dependía de su empleo, de la naturaleza y grado de las actividades económicas. En las minas y en las plantaciones del siglo XIX, las condiciones no difieren de la esclavitud británica, francesa o estadounidense, e incluso termina siendo más productiva por hombre empleado de lo que había sido en aquellas posesiones en el siglo XVIII.

La Corona intentó implantar un Código negro y encomendó su preparación al regente de la Audiencia de Santo Domingo. Concluido en 1784, nunca llegó a ser promulgado. En 1789, en cambio, en previsión de un incremento importante del número de esclavos después de ser decretada su libre introducción en los dominios españoles, se dictó la instrucción para la Educación, Trato y Ocupaciones de los Esclavos. En ella se estipulaba el descanso dominical, la obligación de los amos de educarlos en la religión católica y proporcionar misa semanal, la obligación de facilitar alimentos y vestimenta como se acostumbraba para los libres, la exigencia de que se emplearan con preferencia en el campo; se prevenía la existencia de enfermerías y de dormitorios separados por sexos, se recomendaba el matrimonio entre esclavos y se imponía la prohibición de separar a los casados si uno de ellos era vendido, se remitían los delitos graves de los esclavos a la justicia ordinaria y se penalizaba a los dueños si se excedían; se fijaba en 25 el número de azotes con los que podían castigarse las faltas leves (Lucena Salmoral, 1996: 279-284). Los propietarios de esclavos y los cabildos se apresuraron a suplicar la no aplicación de la disposición y a pedir su derogación, conscientes de que si se limitaban los castigos, los siervos "se desentenderán de la subordinación [...] [y] abandonarán las haciendas". En 1794, el Consejo de Estado acordó que la real cédula quedara en suspenso, sin ser aplicada ni tampoco derogada.

Respecto a la esclavitud hispanoamericana existe una escasa tradición de testimonios autobiográficos de los propios esclavos, mucho menos de esclavos nacidos en África. Existe la *Autobiografía* de Francisco Manzano, esclavo criollo cubano al que un grupo de filántropos pagó su libertad e instó a escribir, para después hacer desaparecer la segunda parte del libro que le habían encomendado, muy posiblemente por la inconveniencia del relato para la sociedad blanca de la colonia. En cambio, existe un gran número de testimonios de esclavos en sus representaciones elevadas en los litigios judiciales que se reparten por multitud de tribunales y hoy se encuentran los archivos nacionales de toda la América que fue española. Representados y mediados por síndicos y procuradores, relatan sus vivencias y sus demandas, ofreciendo una información valiosísima de su condición. Hay también algunos testimonios de antiguos esclavos que de regreso a África refieren sus orígenes a tribunales o periodistas británicos (García, 2003; Piqueras, 2012). Posiblemente, sus testimonios no tienen parangón en otras culturas por su número y riqueza, siendo en la actualidad materia de estudio en numerosos países.

Llegamos al final. El proceso de abolición de la esclavitud fue dilatado en el tiempo y bastante accidentado. La primera solicitud de supresión de la trata y de abolición gradual de la esclavitud se presentó en 1811 en las Cortes imperiales reunidas en Cádiz, ocasionando un gran revuelo y forzándose a que el asunto se discutiera en sesión secreta y pasara a una comisión que nada adelantó. El asunto volvió a presentarse dos años más tarde, con igual suerte. En 1837, las Cortes españolas acordaron prohibir la esclavitud en el territorio de la península y en las islas Baleares y Canarias. No fue hasta después de la Revolución de septiembre de 1868 cuando comenzó a estudiarse la extinción de la esclavitud en los dominios que España conservaba en el Caribe. En España se había establecido un parlamento democrático, en un contexto de peticiones humanitarias y con el trasfondo de la guerra anticolonial iniciada en octubre de ese mismo año en Cuba. La medida se estudió bajo la presión de los EE UU, convertidos desde 1865 en adalides del abolicionismo. En 1870 se aprobó una ley preparatoria de abolición para Cuba y Puerto Rico, la ley Moret, que prescribió la libertad de vientres, esto es, la libertad de los nacidos de madre esclava, y la libertad de los mayores de 60 años. Eran medidas destinadas a reducir el volumen de esclavos y a anunciar su gradual reducción hasta que se dictara una ley definitiva, que la oposición política conservadora y la fuerte resistencia levantada por los hacendados de ultramar consiguieron posponer hasta que hubiera finalizado la guerra en Cuba con la derrota de los alzados. En 1873, sin embargo, el gobierno de la República aprobó la ley de supresión de la esclavitud en Puerto Rico, instaurando para los libertos un régimen de patronato, la obligación de contratarse con sus antiguos dueños por cierto número de años. Concluida la guerra en la mayor de las Antillas en 1878, en 1880 se aprobó una ley semejante para Cuba, instaurándose un patronato obligatorio de ocho años y se preveía el sorteo anual de un porcentaje de emancipaciones. En cierto número de casos, los esclavos y sus amos negociaron la extinción de la servidumbre sin aguardar a la finalización del plazo (Scott, 1989). En 1886 el gobierno anticipó el final del proceso cuando quedaban 25.000 patrocinados pendientes de alcanzar la libertad. La enorme dificultad de reponer los trabajadores precisos al ritmo que requería la mecanización de los ingenios azucareros, colapsada definitivamente a partir del cese de la trata ilegal, forzó la transformación global del sistema de producción y la sustitución del trabajo forzado por braceros asalariados y por un régimen de colonato agrario. Entre tanto, los países hispanoamericanos, que en los procesos de independencia habían anunciado la libertad de los cautivos, se habían limitado a decretar leyes graduales (cese de la trata, vientres libres) y medidas de abolición, efectivas desde la década de 1820 a la de 1850, en que cesó por completo la esclavitud africana[6].

Una historia como la que aquí se presenta, *Ser esclavo*, debiera servir de estímulo para ampliar nuestro conocimiento del mundo africano y orientar el estudio de la esclavitud hispanoamericana desde sus raíces. Algunos autores ya lo vienen haciendo, con notable éxito en cuanto a sus resultados (Barcia, 2014). Y es ahora una satisfacción introducir al público en español la obra de Catherine Coquery-Vidrovitch, con quien comparto la Research Network on the Second Slavery, y de su colega Éric Mesnard, reconocido experto en historia colonial francesa y conocido por sus trabajos didácticos.

JOSÉ ANTONIO PIQUERAS
Catedrático de Historia en la Universitat Jaume I (Castellón)

6. En general, también para "el después", véase Andrews, 2007.

BIBLIOGRAFÍA

ANDREWS, George Reid (2007): *Afro-Latinoamérica, 1800-2000*, Iberoamericana-Vervuert, Madrid/Fráncfort del Meno.

ARNALTE, Arturo (2005): *Richard Burton, cónsul en Guinea española. Una visión europea de África en los albores de la colonización*, Los Libros de la Catarata, Madrid.

BAPTIST, Edward E. (2014): *The half has never been told. Slavery and the making of American capitalism*, Basic Books, Nueva York.

BARCIA, Manuel (2014): *West African Warfare in Bahia and Cuba: Soldier Slaves in the Atlantic World, 1807-1844*, Oxford University Press, Oxford/Nueva York.

CÉSPEDES DEL CASTILLO, Guillermo (2009 [1983]): *América hispánica (1492-1898)*, Fundación Jorge Juan/Marcial Pons, Madrid.

CANOT, Théodore (1989 [1854]): *Confessions d'un négrier. Les aventures du capitaine Poudre-à-Canon, trafiquant en or et en esclaves, 1820-1840*, Phébus, París.

COQUERY-VIDROVITCH, Catherine (ed.) (1965): *La découverte de l'Afrique. L'Afrique noire atlantique, des origines au XVIIIe siècle*, Julliard, París.

— (1985): *Afrique noire. Permanences et ruptures*, Payot, París.

— (1993): *Histoire des villes d'Afrique noire. Des origines à la colonisation*, Albin Michel, París.

FERNÁNDEZ DURÁN, Reyes (2011): *La Corona española y el tráfico de negros. Del monopolio al libre comercio*, Ecobook, Madrid.

FRANCO, José Luciano (1980): *Comercio clandestino de esclavos*, Ciencias Sociales, La Habana.

GARCÍA, Gloria (2003): *La esclavitud desde la esclavitud*, Ciencias Sociales, La Habana.

GARCÍA CANTÚS, Dolores (2004): *Fernando Poo: una aventura colonial española en el África occidental (1778-1900)*, Universitat de València, Valencia.

LOVEJOY, Paul (1983): *Transformations in Slavery. A History of Slavery in Africa*, Cambridge University Press, Cambridge/Nueva York.

LUCENA SALMORAL, Manuel (1996): *Los Códigos negros de la América española*, Unesco/Universidad de Alcalá de Henares, Madrid.

MORENO FRAGINALS, Manuel (rel.) (1977): *África en América Latina*, Siglo XXI/Unesco, México.

— (1978 [1964]): *El ingenio. Complejo económico social cubano del azúcar*, 3 vols., Ciencias Sociales, La Habana.

PÉTRÉ-GRENOUILLEAU, Olivier (2004): *Les traites négrières Essai d'histoire globale*, Gallimard, París.

— (2014): *Qu'est-ce que l'esclavage. Une histoire globale*, Gallimard, París.

PIQUERAS, José A. (2009): "Coacción, voluntariedad y libertad en el trabajo colonial: una Historia Atlántica", en PIQUERAS, José A. (ed.), *Trabajo libre y coactivo en sociedades de plantación*, Siglo XXI, Madrid, 2009, 3-50.

— (2012): *La esclavitud en las Españas. Un lazo trasatlántico*, Los Libros de la Catarata, Madrid.

SCOTT, Rebecca J. (1989): *La emancipación de los esclavos en Cuba. La transición al trabajo libre, 1860-1899*, Fondo de Cultura Económica, México.

THOMAS, Hugh (1998): *La trata de esclavos. Historia del tráfico de seres humanos de 1440 a 1870*, Planeta, Barcelona.

THORNTON, John (1992): *Africa and Africans in the Making of the Atlantic World, 1400-1800*, Cambridge University Press, Nueva York.

VILA VILAR, Enriqueta (1977): *Hispanoamérica y el comercio de esclavos. Los asientos portugueses*, EEHA-CSIC, Sevilla.

WILLIAMS, Eric (2011 [1944]): *Capitalismo y esclavitud*, Traficantes de Sueños, Madrid.

PRÓLOGO

¿Cómo escribir una historia de la trata atlántica de esclavos y de las prácticas esclavistas ligadas a ella que considere por igual a los diferentes protagonistas europeos, americanos y africanos? Esa fue la apuesta que se plantearon Catherine Coquery-Vidrovitch y Éric Mesnard. Dar respuesta a este reto supone satisfacer, al menos, dos exigencias: por una parte, liberarse de la tutela de las memorias de victimarios o no arrepentidos, empeñados en imponer su visión de la trata, y, por otra, reequilibrar el estudio de la participación de los diferentes espacios implicados en las dinámicas que actuaban en el mundo atlántico en la era del mercantilismo triunfante.

El contexto en el que se plantean estas cuestiones está marcado por un impulso notable de las investigaciones de campo que han permitido la renovación de las aproximaciones temáticas, metodológicas y teóricas sobre la esclavitud y las tratas esclavistas en el espacio atlántico. En número y en calidad, los trabajos científicos resultado de estas investigaciones dan la medida del peso de esta secuencia histórica en la construcción del mundo contemporáneo. Han explorado ampliamente la conexión atlántica de los tres continentes, europeo, africano y americano, entre los siglos XV y XIX. Al desarrollo de enormes bases de datos estadísticos, más afinados y accesibles, se añaden los estudios monográficos que ponen en evidencia especificidades regionales de la organización de la trata atlántica, las estrategias de los diferentes protagonistas, las repercusiones económicas, las nuevas configuraciones sociales que resultan de las distintas condiciones políticas y jurídicas de la esclavización. Las lecturas innovadoras de las fuentes han hecho posible la reconstrucción de los ciclos vitales de las víctimas de la cautividad, permitiendo a veces que se escuchen sus voces en lugar de las de los amos, hasta ahora más audibles.

Esta obra se inscribe en la lógica innovadora que se interroga sobre la perspectiva dominante en la historiografía de la trata atlántica de esclavos. Hasta ahora se había contentado, por lo general, con seguir a los barcos que partían de los puertos europeos del Atlántico cargados de mercancías de trata, para cambiarlas en las costas africanas por cautivos que revendían a los plantadores de las colonias americanas, quienes a su vez abastecían a las industrias del Viejo Continente con productos coloniales conseguidos gracias al trabajo servil. Esta focalización en el "comercio triangular" dio resultados de una notable calidad en lo que hace al estudio de los aspectos económicos de las relaciones de Europa con América, de una parte, y con África, por otra, así como de las mutaciones políticas que afectaron a las sociedades atlánticas hasta el siglo XIX. Presenta sin embargo lagunas que limitan la comprensión del fenómeno de la trata atlántica y de los regímenes esclavistas surgidos de ella. Este libro corrige una de las limitaciones más importantes de la historiografía de la trata que, al menospreciar las relaciones directas entre África y América, por medio de la trata llamada "directa", excluyó de su campo de investigación la historia de la mitad de los esclavos que atravesaron el océano por su parte meridional. Al hacerlo, conecta de nuevo los eslabones de la cadena atlántica, que arranca del interior del continente africano y conduce a las minas y plantaciones americanas. En esta perspectiva, el *middle passage* (el "paso del medio", que designa la travesía del Atlántico por los esclavos) deja de ser un panel opaco entre dos espacios radicalmente separados, a una y otra parte del océano. De un lado un mundo africano que proporciona cautivos sin pasado, que solo se hacen visibles en sus costas, final de etapa de un viaje cuyas peripecias e itinerarios prácticamente se ocultan; por el otro, el mundo americano que adquiría esclavos desembarcados de los buques negreros para iniciar un nueva vida sin pasado.

La corrección de este sesgo de la historiografía, perjudicial para el conocimiento del sistema global, se ha hecho en esta obra a partir de una deconstrucción rigurosa de las lecturas memorialistas de la trata atlántica. Al hacerlo así, los autores se enfrentan a un tema delicado, el de las relaciones entre esta historiografía y los discursos de la memoria, cuyas variantes en competencia saturan el espacio público y hacen difícilmente audible la voz de las ciencias sociales en este tema.

Desde luego, existe un nexo entre esta renovación de las investigaciones sobre la trata atlántica y la presencia masiva del tema en el espacio público, donde informa las luchas políticas y ciudadanas y entra en las construcciones identitarias de determinados grupos sociales subalternos en busca de reconocimiento. Es importante recordar, sin embargo, que fue el silencio de los historiadores profesionales sobre algunas dimensiones de la trata atlántica y sus enfoques poco audaces de determinadas cuestiones las que abrieron la brecha en la que se precipitó el huracán memorialista.

Esta situación hace difícil la tarea que se marcaron los autores: "Aproximar los diferentes discursos de comprensión histórica de la trata atlántica, presentes en el espacio público". Se añade a ello, y está lejos de ser un hecho despreciable, que los discursos de la memoria sobre este tema tienen la ventaja de beneficiarse de instrumentos tecnológicos dotados de una formidable capacidad de difusión y que, por la volatilidad que inducen, colaboran a su eficacia. Hay que añadir además que las redes sociales que les sirven de soporte prescinden de los instrumentos académicos clásicos de validación del saber. Ninguna de las sociedades contemporáneas nacidas del mundo atlántico escapa a los desafíos que plantea esta dinámica memorialista que desafía y pone en cuestión los saberes históricos.

La dificultad para reducir la distancia entre historia y memoria de la trata reside, en parte al menos, en el hecho de que los discursos de la memoria satisfacen eficazmente una demanda pública apremiante que viene de determinados segmentos de las sociedades africanas y europeas, a la que los historiadores de profesión, por las propias exigencias de su disciplina, tienen dificultades para responder con la misma prontitud. Sucede con frecuencia que los propios historiadores sucumben a la tentación memorialista. Al hacerlo, se unen a los debates y controversias y, con un uso sutilmente sesgado de los métodos de su disciplina, validan un discurso comunitario ya constituido. Resulta así una confusión de los campos en competencia entre la lectura memorial y la lectura histórica del pasado que no siempre se resuelve a favor de esta. Además, el análisis riguroso de todas las formaciones discursivas de las que procede un enfoque llamado "poscolonial", que ha renunciado a las causas inscritas en el largo plazo, no ayuda tampoco a discernir entre saberes históricos y discursos memoriales.

Uno de los aspectos más importantes del trabajo de deconstrucción de las lecturas memorialistas al que invita esta obra se refiere a la reintroducción de los protagonistas africanos como asociados de pleno derecho del sistema atlántico, aunque Europa tuviese en él un papel fundamental como promotor y organizador de los dos circuitos mayores, en el Atlántico norte y en el Atlántico sur.

Las memorias africanas de la trata atlántica en primer lugar y subsidiariamente las europeas han desempeñado un papel central en la distorsión del papel de los actores africanos y la supresión del que jugaron las zonas del interior del continente en las rutas de la esclavitud y de la trata. Era por tanto de suma importancia recordar que África, Europa y América compartieron una experiencia histórica de más de cinco siglos de circulación libre o forzada de hombres, de ideas y de objetos, de consecuencias difíciles de medir, por su importancia, sobre el devenir respectivo. La dinámica atlántica y las relaciones de poder que se derivaron de ella, modificaron radicalmente el orden del mundo y la arquitectura social, política, económica y cultural de las sociedades que participaron en aquel proceso. De generación en generación, los protagonistas colectivos e individuales, enfrentados con esta dinámica, en el día a día de sus vidas, dieron lugar a discursos, lugares y objetos, patrimonios y memorias de esta larga y compleja experiencia histórica. Discretas o ruidosas, convergentes o en conflicto, ocultas o expuestas, hipertrofiadas o mutiladas, estas memorias son las herramientas con las que los diferentes protagonistas de esta historia, en cada una de sus etapas, intentaron hacer la lectura compatible o favorable con sus preocupaciones del momento. La esclavitud y los tratados esclavistas, la trata atlántica más que las otras, ocupan el espacio consecuente con su papel en estas construcciones memorialistas que se confrontan en los espacios públicos nacionales y las tribunas internacionales. La radicalidad de los conflictos que oponen a estas memorias entre sí da la medida de la amplitud de las violencias y de los traumatismos de los recuerdos que contienen y la influencia que sus autores les atribuyen en el día a día de su comunidad y en la construcción de su futuro.

Las memorias africanas, que dominan la interpretación del impacto de la trata en el continente, han contribuido mucho a la difusión de estas lecturas carentes de lazos entre los dos mundos. En su forma más caricaturesca, los africanos habrían tomado parte en la trata, en el mejor de los casos como simples espectadores y en el peor como víctimas. Llegados a las costas africanas, los comerciantes europeos penetraban en el continente y recogían sin resistencias a los cautivos embarcados en los navíos y deportados para fines esclavistas hacia las plantaciones del Nuevo Mundo. De una manera más sofisticada, estas memorias oponen una "esclavitud africana", supuestamente integradora y humanizada, a la trata atlántica, basada en la "codicia humana [que hizo] rápidamente la aproximación entre las necesidades inmensas de mano de obra barata allende el océano y el vivero no menos inmenso de los pueblos africanos, impotentes ante las armas de fuego de los negreros europeos. Y así dio comienzo la gran travesía hacia ese tonel sin fondo que fue el mercado americano" (Ki-Zerbo, 1972: 210).

Volviendo a las investigaciones sobre toda la cadena atlántica, desde el interior de las tierras africanas al mundo de las plantaciones americanas, en todas sus dimensiones, Catherine Coquery-Vidrovitch y Éric Mesnard explican la parte del tráfico negrero en el interior de África, dimensión del comercio triangular oculta hasta ahora por el hecho de estar sometida a la censura de determinadas memorias africanas de la trata. Lo delicado de esta cuestión ha servido a menudo, pura y simplemente, como argumento para negarla. ¿Cómo pudieron aceptar los investigadores esta anestesia de la reflexión sobre un tema tan ampliamente documentado por fuentes tanto africanas como europeas? La idea de que el análisis de este tema es responsabilidad ante todo de los investigadores africanos se ha utilizado incluso como excusa. Es verdad que, teniendo la ventaja de ser autóctonos, estarían menos expuestos a la acusación de negacionismo. El argumento es comprensible pero sigue siendo científicamente inadmisible. La escritura crítica de la historia bien entendida no tiene sexo ni nacionalidad, todavía menos un determinado color de piel.

Catherine Coquery-Vidrovitch y Éric Mesnard nos dan algunas claves metodológicas, aplicadas a lo largo de los capítulos de su libro, para reducir en la medida de lo posible los efectos invasivos de la memoria sobre el discurso de las ciencias sociales. Atentos a este discurso, permanecen firmemente identificados con los fundamentos del relato histórico: la construcción de los hechos a partir de una documentación sólida, el recurso meditado a los trabajos monográficos que se multiplican desde hace una década sobre este tema, una periodización que dé cuenta de tendencias fuertes del sistema, variación de las escalas de análisis, un examen riguroso y una interpretación abierta de los datos recogidos en las fuentes más diversas.

Este anclaje les permite hacer frente al inaceptable enfoque liviano de la trata, con sus expresiones banalizadoras producidas por los negreros con fines ideológicos y a menudo retomadas sin crítica alguna por las ciencias sociales: "madera de ébano", "pieza de Indias". En el mismo sentido, los autores cuestionan la "racialización" de la trata y de la esclavitud para evitar el sesgo que induce en el enfoque de las tratas esclavistas en general y las atlánticas en particular.

La obra se ha emancipado por completo de tales consideraciones para tomar parte en la deconstrucción tanto de las memorias africanas como de las europeas en la trata atlántica. Al hacerlo, la síntesis propuesta abre a los historiadores nuevas pistas a explorar. Lo consigue mediante la movilización de la abundante documentación que procede de los avances más recientes de la investigación histórica, a menudo inaccesible para el gran público. Así, ha sido posible seguir las huellas de los múltiples itinerarios tomados por millones de africanos que pagaron un pesado tributo demográfico a esta primera trata atlántica al ser arrastrados por la fuerza al tumulto plurisecular de un sistema esclavista, configurado por una Europa mercantil expansionista que se había adueñado de las tierras americanas. Estos millones de mujeres y de hombres se vieron sometidos a distintos regímenes de violencia, impuestos por los negreros europeos iniciadores del sistema y sus socios africanos. Consiguieron a pesar de todo preservar elementos insospechados de su cultura material y simbólica para sobrevivir en los peores momentos de su odisea y de su esclavización. Las resistencias, que empiezan en tierras africanas, antes de la captura, prosiguen en América bajo formas diversas y variadas, son objeto de un análisis minucioso. La mínima participación en los esfuerzos de producción, el suicidio, el cimarronaje, o la rebelión armada son las expresiones más espectaculares.

La obra muestra que la inteligibilidad de estas reacciones al sistema atlántico pasa por la reconexión de sus dos trozos en sus diferentes eslabones, partiendo del interior del continente africano, hasta ahora relativamente descuidado en beneficio del término americano. Resitúa la agencia (*agency*) de los protagonistas africanos que, en su diversidad, son irreductibles al estatuto de víctimas amorfas de una historia hecha por otros. Por una parte, los grupos dominantes de las sociedades africanas esconden su participación en la historia, como socios del comercio negrero. Los autores recuerdan justamente que estos grupos conservaron una clara autonomía que les permitió negociar, a menudo ventajosamente, las modalidades de la trata en su espacio de soberanía. Por otra parte, las comunidades campesinas, verdaderas víctimas del sistema, tampoco se dejaron hacer. Desarrollaron una resistencia multiforme a las lógicas de predación dominantes en la larga secuencia histórica que dio a luz al mundo atlántico. La obra presta suficiente atención a las acciones multiformes de los protagonistas africanos en el sistema de la trata, al menos en la medida en que lo permite la documentación disponible a día de hoy.

El recurso razonable a los relatos de vida tomados de la literatura y a los testimonios escritos de antiguos esclavos, poco numerosos pero que dicen mucho sobre la complejidad de sus vivencias, ha permitido a los autores hacer hincapié en una historia de esclavos más que en una historia de la esclavitud. Son poco numerosas las fuentes que nos permiten oír la voz de los esclavos, los testimonios sobre su propia experiencia. Son también escasos los relatos de vida disponibles, algunos de ellos con forma novelada. Los pocos esclavos que tuvieron acceso a la cultura escrita los convierte en testigos excepcionales, aunque no den cuenta de la situación de la que vivían la gran mayoría de ellos.

Este trabajo muestra el mejor uso que podemos hacer del conocimiento histórico. El reto está en saber cómo combinarlos con las demás fuentes. La obra descubre la metodología que hay que seguir en este campo. Los documentos administrativos y jurídicos como los actos de liberación y de venta, los testamentos y las donaciones están llenos de datos que deben interpretarse. El hecho de que procedan del polo dominante de la relación esclavista no debe llevar a considerarlos sospechosos hasta el punto de dejarlos de lado en la reconstrucción de los hechos, momento tan importante como su análisis e interpretación. Catherine Coquery-Vidrovitch y Éric Mesnard no han prescindido de los numerosos trabajos de campo de calidad que permiten comprender, de manera viva, en un espacio determinado del mundo atlántico, las dimensiones específicas de una región o las que comparte con otras. Esta literatura gris ilumina el posicionamiento de los protagonistas, los mecanismos de la trata, las etapas de la esclavización, los mercados, los Estados proveedores, las modalidades de la esclavitud y de la cautividad en la vida cotidiana, las herramientas del comercio, los modelos de consumo.

La historia que se deduce de todo ello evidencia que el sujeto esclavizado no había perdido nada de su condición humana y lo manifestaba de mil y una maneras desarrollando distintas estrategias por medio de lecturas más o menos eficaces de los contextos, el recurso a legados culturales, a la innovación religiosa o a saberes seculares. Revueltas, cimarronaje y prácticas de insumisión empezaban en África desde el momento de la captura y proseguían a lo largo del trayecto hacia América hasta el interior mismo de las plantaciones. Culminaron a principios del siglo XIX con la revolución haitiana. Por primera vez en los tiempos modernos, una rebelión antiesclavista se adueñaba de forma estable de los poderes del Estado y fundaba una república que sustituía a una colonia europea que había prosperado gracias a la explotación de la mano de obra servil africana trasplantada a América por los circuitos de la trata atlántica de cautivos.

Para dar cuenta en detalle de estas múltiples reacciones de los protagonistas, una lectura de la trata atlántica a ras del suelo se combina, de manera razonable, con puntos de vista más amplios que dan cuenta de las transformaciones profundas que han condicionado de forma estable a las sociedades africanas. La evidencia de la hegemonía del modo de producción esclavista en muchas de las formaciones sociales africanas de la costa y del interior del continente ha permitido desmantelar la ficción de una esclavitud africana integradora y exclusivamente doméstica inventada por la etnografía colonial y repetida por el nacionalismo anticolonial. Una de las conclusiones de la obra recuerda con fuerza esta verdad a menudo olvidada de que el esclavo permaneció en todas partes como un ser cosificado, una mercancía nacida del ejercicio de la violencia, que transmitía su condición social y jurídica a su descendencia, ya fuese cortador de caña o esclavo doméstico en la "gran casa" americana o cultivador en los poblados de producción, porteador en las caravanas o militar al servicio de un amo conquistador. La demostración está sólidamente documentada y señala que la servidumbre en las minas y plantaciones del Nuevo Mundo a partir del siglo XVI solo es entendible si se restauran sus sólidos lazos de causalidad con los sistemas económicos, políticos y culturales de las sociedades africanas que la alimentaban por medio de la cautividad. Entendiendo así la cadena de la trata en su conjunto se proporcionan los recursos para entender las especificidades de cada uno de los tramos y los eslabones que los conectan, así como la unidad del conjunto que hace de ella un sistema.

Last but not least, señalaremos, entre las múltiples cualidades de esta obra, el talento didáctico que muestran Catherine Coquery-Vidrovitch y Éric Mesnard para proponer al lector un texto vivo y agradable de leer sin que ello perjudique su rigor científico.

IBRAHIMA THIOUB
Profesor de Historia de la Universidad Cheikh Anta Diop (Dakar)

INTRODUCCIÓN

LOS AFRICANOS EN EL MUNDO ATLÁNTICO

Esta obra pretende tratar el mundo atlántico como un espacio que ha puesto en relación, durante varios siglos, a territorios ribereños desde el punto de vista de las tratas negreras; se interesará particularmente por África y por América. Es un enfoque original porque de ordinario, en Francia, la trata de esclavos solo se conoce bajo la forma del "comercio triangular", que ha consistido, para los comerciantes de los puertos negreros, en mandar navíos hacia las costas de África cargados con productos europeos. Estas mercancías se cambiaban por cautivos africanos, a los que los navíos llevaban a través del océano Atlántico para revenderlos a plantadores de caña de azúcar, de tabaco o de algodón. Por último, a estos les compraban su producción: melaza, algodón crudo, hojas de tabaco, etc., que traían de nuevo en grandes cantidades a los puertos europeos desde donde abastecían a la industria azucarera, textil u otras. Resumiendo, la trata de esclavos ha sido estudiada, a veces con mucho detalle, a partir de las metrópolis europeas, especialmente desde el punto de vista del circuito económico rentable, es decir, en sus relaciones con América, que estuvo bajo dominio europeo directo al menos hasta finales del siglo XVIII. Las relaciones entre Europa y las costas africanas también han sido analizadas, aunque con menos atención. Pero se han descuidado mucho, al menos hasta fechas relativamente cercanas, las relaciones directas entre África y América mediante la trata denominada "directa" que fue una característica del Atlántico sur y que afectó a casi la mitad del total de los esclavos transportados. La obra intenta, entre otros objetivos, reducir la separación actual entre la historiografía más reciente y los discursos dominantes en el "espacio público", sobre todo en Francia, donde la comprensión histórica del fenómeno ha sido oscurecida por consideraciones afectivas, tales como miserabilismo, "victimización" o una cierta "superación de la mala conciencia"[1].

Si queremos analizar el sistema atlántico, es necesario que tengamos en cuenta a los tres socios de esta historia de la esclavitud: a los europeos, evidentemente, pero también a los americanos y a los africanos. Podrá sorprendernos que se aplique el término "socios" a estos últimos, pero entre ellos estaban los mercaderes negreros sin los que nada hubiera podido hacerse. Ciertamente fueron desplazados por los occidentales del mercado mundial, que se había organizado al margen suyo, pero, a su manera, participaron en él, y a veces, desde su punto de vista, obtuvieron tanto beneficio como cualquier otro. En cuanto a los propios esclavos, a los que no se puede calificar de "socios", fueron los protagonistas esenciales, en especial porque fueron con mucho los más numerosos de cuantos cruzaron el océano. En los barcos, donde se encargaban de los trabajos más viles, y donde también supieron rebelarse, desempeñaron un papel material, político y cultural que distó mucho de ser desdeñable. Es necesario, por tanto, tomar conciencia de la intensidad de los intercambios políticos, culturales y económicos establecidos entre África y América con motivo de la diáspora principal, la de los africanos negros hacia América y el Caribe. Ciertamente, la correa de transmisión entre los dos continentes fue la flota negrera fletada por los europeos: portugueses al comienzo, pronto sometidos a la competencia, a partir del siglo XVI, de los holandeses o los brandeburgueses, después por las potencias marítimas ascendentes de los siglos XVII y XVIII, franceses y, sobre todo, británicos, a los que debían añadirse en el siglo XIX los alemanes y los italianos. Sin embargo, los marineros europeos constituían un grupo mucho más reducido, comparado, tanto con el número de colonos como con el mucho más elevado de los africanos sometidos a traslado forzoso.

1. [N. del T.] *Contre-repentance.* El término *repentance* indica un arrepentimiento más ligero y más laxo que el que se identifica con cualquier sentimiento religioso. Podría traducirse al castellano actual por "mala conciencia". *Contre-repentance* indicaría por tanto una cierta "superación de la mala conciencia".

El contacto cultural fue más importante entre estos dos grupos, que participaron cada uno a su manera, y al menos tanto como los europeos, en la construcción del espacio atlántico. No se trata de ninguna manera de minimizar el papel de los europeos, que fue obviamente fundamental, pero vamos a suponerlo conocido (efectivamente se trata del mejor estudiado) para centrar nuestra observación en las relaciones entre África y América encareciendo, en la medida de lo posible, el punto de vista de los esclavos, protagonistas principales de esta historia.

Con el paso del tiempo, las interrelaciones entre estos socios evolucionaron reaccionando permanentemente las unas respecto a las otras. Ahora bien, las investigaciones llevadas a cabo han operado una compartimentación que no facilita su entendimiento. Los africanos se dedican a los procesos africanos, los caribeños se centran en la esclavitud en las Antillas y, sobre todo, los europeos y los americanos solo se preocupan de sus relaciones recíprocas. Tanto los brasileños como los norteamericanos, durante mucho tiempo, solo se interesaron por sus relaciones económicas con los europeos, hasta que la presión de su población negra les indujo a reevaluar las contribuciones africanas —fenómeno muy reciente en Brasil—. Se ha tendido por tanto a olvidar al tercer protagonista de la historia, África, que no existía más que por sus costas, en las que se cargaba a los esclavos en los barcos negreros desde los fuertes y los barracones[2], antes de sufrir la "gran travesía", la travesía del océano que está bastante bien estudiada. En cierta medida es como si los esclavos apareciesen por generación espontánea en las costas africanas, idea reforzada por un mito mantenido de buen grado por la historiografía de las décadas pasadas: la trata en África la habrían hecho enteramente los europeos. Este mito nació en el momento de las independencias, cuando era esencial devolver a la historia del continente la dignidad que le había sido negada por siglos de dominación exterior. Se afianzó mediante el trabajo de algunos historiadores notables como Walter Rodney, destacado militante de la independencia, apasionado historiador guyanés que enseñó durante muchos años en la Universidad de Dar es-Salam y fue muy celebrado, entre otras cosas, por el proceso al que sometió a la colonización europea: *How Europe Underdeveloped Africa* (Rodney, 1986). Anteriormente había escrito una tesis original, sobre la alta Guinea, en la que afirmaba

2. Los *baraquons* o *baracoons* son unos cercados rudimentarios en los que estaban hacinados los cautivos antes de embarcar en los barcos negreros.

que la esclavitud había sido introducida en las sociedades locales a raíz y bajo la influencia de la trata atlántica (Rodney, 1970). En este caso, se equivocaba (error explicable en la atmósfera de reivindicaciones legítimas que se produjo en aquella época).

La idea entonces dominante era que la esclavitud llamada "de trata", tal como se practicaba en las plantaciones de caña de azúcar americanas, era mucho más cruel que la esclavitud llamada "de casa" o "doméstica", que habría estado vigente en las comunidades rurales africanas "tradicionales". La idea nostálgica e idílica de una "sociedad primitiva sin clases" fue compartida, de manera sorprendente, por todas las ideologías. Se ha criticado, con razón, el esquema marxista desviado por la ortodoxia estaliniana según la cual la humanidad estaba inmersa al principio en un tipo de comunismo primitivo organizado en hordas salvajes antes de acceder a distintas fases de evolución desigualitaria (la esclavitud, el feudalismo, etc.). Esta visión del "buen salvaje" fue compartida por muchos otros pensadores, empezando por Jean-Jacques Rousseau. Dio nacimiento, con el descubrimiento de la antropología, deseosa de corregir los excesos del dogma de la desigualdad de las razas erigido en el siglo XIX, a la oposición soñada entre sociedades "tradicionales" inmutables y equilibradas y las sociedades llamadas "modernas" infinitamente más diferenciadas, lo que generó multitud de tópicos en los que se oponían "tradición" y "modernidad". Tras el giro de las independencias, esta representación fue compartida por los historiadores africanos y los antropólogos occidentales, que negaban la existencia de clases sociales diferenciadas en las sociedades "tradicionales" y olvidaban la realidad de las castas jerarquizadas en sociedades a las que se suponía originalmente igualitarias. De ahí la invención de términos específicos como "cautivos de casa" para diferenciarlos de los "esclavos" propiamente dichos. Esta visión es desde luego errónea. En el África subsahariana, la organización social, como en las demás sociedades, estuvo fuertemente jerarquizada. Ese fue el caldo de cultivo en el que germinaron conjuntamente las tratas, es decir, la "producción" y el comercio de los esclavos.

Las ideas falsas sobre el igualitarismo "tradicional" estuvieron vigentes, al menos, hasta los años ochenta. Sin embargo, habían sido precozmente rechazadas por el antropólogo Claude Meillassoux que, desde 1960, apoyándose en el ejemplo de los guros de Costa de Marfil, demostró que, incluso en las sociedades campesinas, la desigualdad de estatus sociales era real dentro de la familia ampliada, donde se distinguía a los "mayores" de los "menores" (Mesailloux, 1963); mencionaba ya la inferioridad de las mujeres y la existencia de formas de sometimiento y de esclavos. El mito de una "comunidad aldeana" (Anderson, 1983) igualitaria fue definitivamente refutado a principios de los años 1980 por la incisiva obra de Benedict Anderson. En lo que hace a la esclavitud doméstica, fue criticada por la tesis que defendió el sociólogo y filósofo marfileño Harris Memel-Fotê en la EHESS en 1986, tesis magistral que permaneció desgraciadamente oculta durante 20 años, ya que no se publicó hasta 2007 (Memel-Fotê, 2007). Demuestra en ella que incluso en las sociedades basadas en los grupos de filiación de la baja Costa de Marfil, la esclavitud propiamente dicha era la base de la organización social interna antes de la llegada de los europeos. No hay equívocos posibles, como señala Ibrahima Thioub (2005 y 2008), con la definición de esclavitud según la cual es esclavo el individuo al que se considera como un objeto, una herramienta, una mercancía privada de existencia propia, en especial porque (sobre todo en las sociedades africanas), en cuanto se convierte en propiedad de su amo (tras la captura, la compra o porque nació ya esclavo), se rompe el vínculo con sus antepasados: no puede ya, por lo tanto, garantizar el culto; el esclavo es un extranjero desarraigado, un ser desprovisto de lazos familiares y sociales, lo que le impide recobrar su propio parentesco. Por último, en todas las sociedades antiguas (Grecia arcaica, Galia, Germania medieval, América, India, Asia y África subsahariana hasta el siglo XIX), el esclavo podía ser objeto de sacrificios rituales.

En resumen, nada indica que la condición de esclavo fuera más deseable en África que en otras partes; incluso que en las peores plantaciones americanas, donde la esclavitud doméstica, que designa a los esclavos que viven en el entorno inmediato, o incluso en la intimidad, de sus amos (cocineros, nodrizas, servidores de todo tipo), se practicaba también ampliamente.

Aceptemos pues la idea de que hubo en el mundo atlántico no dos (los europeos y los americanos), sino tres protagonistas principales, cuyos intereses, de distinto carácter, coincidían al menos en un punto: los beneficios obtenidos de la trata de esclavos. En Europa, fueron los armadores y los traficantes negreros, y todos aquellos de los que recibieron capitales; en el Caribe y en América, los plantadores; en África, los reyes negreros y los grandes mercaderes que actuaban en complicidad con los europeos, en la costa o desde el interior, así como los raptores a pequeña escala y los maleantes de distintos tipos, que los abastecían o actuaban por su cuenta; sin olvidar las sociedades esclavistas internas. En resumen, se distinguen en África al menos dos grupos antagónicos: los que practicaban las razias y quienes las padecían. No es nada sorprendente: África es un continente inmenso, que albergaba un gran número de formaciones políticas independientes las unas de las otras; iban desde pequeñas jefaturas a imperios muy extensos, pasando por reinos de distintos tamaños. Estas formaciones políticas, por regla general, se guardaban de vender a sus súbditos, pero sí lo hacían con los extranjeros, y muy a menudo, con los prisioneros de guerra. Es pues erróneo pretender, como se hace con frecuencia, que "vendían a sus hermanos": los africanos del sur del Sahara, aunque muy mayoritariamente negros, no eran "hermanos"; en todo caso, no más que lo eran los europeos, todos blancos o casi, con sus múltiples conflictos religiosos o nacionales, o con sus rivalidades para controlar los territorios colonizados. Los africanos se hicieron la guerra, al igual que los pueblos de otros continentes, más aún cuando la trata atlántica y las armas que proporcionaba en gran cantidad alimentaron una economía de guerras incesantes que fueron su corolario insoslayable. La trata interna en África causó así amplios movimientos migratorios. Se acentuaron los desequilibrios entre pueblos saqueadores y pueblos saqueados. Lo que permite explicar el reparto tan desigualitario de las poblaciones entre núcleos superpoblados (como Ruanda, zona refugio en el centro del continente) y regiones poco pobladas (como Gabón, sometido a una trata casi continua desde el siglo XV hasta el XIX). Se constituyeron nuevas entidades políticas insertas en los circuitos internacionales de esclavos; en resumen, el mapa político y demográfico de África se vio afectado de forma duradera y profunda por el tráfico negrero interno.

Si, como escribió Fernand Braudel (1993: 168), la trata negrera no fue "una invención diabólica de Europa", la trata colonial europea supuso, sin embargo, una ruptura en la historia de la explotación esclavista por su intensidad y su carácter "racializado", puesto que solo fueron sus víctimas los negros africanos. Estuvo en el origen de sociedades y poblaciones nuevas, ya que puso en contacto a África con América, y sigue siendo para los descendientes americanos de las poblaciones deportadas, y para los africanos descendientes de los saqueadores o de los saqueados, un elemento constitutivo de su identidad. Es también la trata mejor conocida, porque los Estados y los comerciantes que la organizaron dejaron detrás de ellos abundantes vestigios que han permitido a los historiadores describir sus modalidades, analizar sus mecanismos y evaluar la amplitud de la sangría que supuso para el continente africano.

Las definiciones de la trata varían según las épocas, los intereses y los puntos de vista, porque llegó a ser un reto político antes de ser objeto de estudio histórico. Las batallas entre abolicionistas y esclavistas, la cuestión negra en los Estados Unidos (EE UU), la descolonización de África y las relaciones norte-sur, el lugar de los Estados musulmanes (hoy asociados al "sur") en la trata negrera han alimentado y continúan alimentando numerosas polémicas. No obstante, desde los años sesenta, las cuestiones planteadas en estos debates, la "demanda social", los intercambios entre historiadores, antropólogos, etnólogos y economistas, o incluso la toma en consideración de la historia oral africana han contribuido a que la investigación avance considerablemente.

En la época moderna, el término "trata" era sinónimo de "comercio". Muchas definiciones contemporáneas de la práctica negrera ponían por delante los beneficios de este comercio y empleaban términos que la banalizaban ("madera de ébano", "piezas de Indias") con el fin de encubrir el hecho de que la "mercancía" no era un objeto cualquiera producido por el hombre, sino el propio hombre (Daget, 1992). En cuanto al término *nègre*, tomado del español *negro*, designaba en el siglo XV, según el *Dictionnaire historique de la langue française* (Rey, 2012), a "una persona de raza negra", antes de tomar en el siglo XVIII el sentido de "esclavo negro". Hoy en día, "la palabra se evita a menudo por su sentido peyorativo y racista, excepto cuando la emplean los negros mismos, sobre todo después de la toma de conciencia de su especificidad cultural vinculada a los movimientos de descolonización de mediados del siglo XX (véase negritud)".

La expresión "trata negrera" permite aludir a la vez al objeto del tráfico y a su instigador. El historiador Olivier Pétré-Grenouilleau considera que es la combinación de cinco elementos la que permite definir la trata distinguiéndola de otras formas de servidumbre:

- la existencia de redes de suministro de cautivos suficientemente organizadas y estables para proporcionarlos en gran número;
- la separación entre el lugar de producción de los cautivos y el de su explotación;

- el insuficiente crecimiento demográfico de las poblaciones de esclavos en su lugar de importación, consecuencia fundamentalmente de una alta tasa de mortalidad[3];
- el papel esencial desempeñado por el intercambio tributario o comercial. En el caso del intercambio tributario, fundamentalmente en África, una entidad política se libera de las operaciones de captura que traslada a sus vecinos a los que exige la provisión regular de cautivos. En el caso del intercambio comercial, se adquieren los cautivos a cambio de mercancías y no por un vínculo de subordinación;
- la aprobación de entidades políticas con intereses convergentes es una condición necesaria para un tráfico estable y organizado (Pétré-Grenouilleau, 2004).

A pesar de la presencia demostrada de esclavos negros en los países mediterráneos durante la Antigüedad, las fuentes conocidas hacen pensar que no hubo trata negrera, habida cuenta del escaso número de personas, de la irregularidad de los flujos procedentes en lo fundamental de las regiones del alto Nilo y de la ausencia de redes comerciales organizadas en las que los cautivos negros habrían constituido el elemento principal del tráfico.

El islam fue la primera civilización que se extendió del Atlántico a China y de Europa del sur a Asia central. La constitución de este imperio implicó un aumento considerable de las necesidades de mano de obra servil. En consecuencia, fue necesario organizar el transporte de los esclavos a grandes distancias, con una red de caminos y mercados que se extiendan por todo el imperio. Pero la islamización de los territorios conquistados obligó a ir a buscar la mano de obra servil en regiones situadas más allá de sus fronteras. Así, los musulmanes utilizaron esclavos procedentes de los países eslavos, del Cáucaso y de Asia central, e instauraron paralelamente un sistema de trata negrera. Aunque la esclavización de los negros africanos contribuyó a la difusión de estereotipos racistas, para los juristas y los teólogos de la Edad Media, fue la condición de "infiel", y no la negritud, lo que legitimó el sometimiento.

3. Sin embargo, pudo haber crecimiento demográfico y recurso a la trata como sucedió en las pequeñas Antillas a finales del siglo XVIII.

A lo largo del siglo XV, acabado el reconocimiento de las costas occidentales de África (en 1488, Bartolomeu Dias alcanzó el cabo de Buena Esperanza y abrió a partir de 1498 la "ruta de las Indias"), se desarrolló progresivamente, entre Ceuta y El Cabo, una trata lusoafricana; después, con el "descubrimiento de América" por Cristóbal Colón (en 1492), se establecen los fundamentos geopolíticos de la trata colonial europea trasatlántica.

Siendo el objetivo de este libro poner en relación las evoluciones interdependientes de los espacios, de las sociedades y de las culturas africanas y afroamericanas en un mundo atlántico cambiante a su vez según las épocas, ha parecido necesaria una exposición cronológica, distinguiendo grosso modo cuatro periodos: el siglo XV lusoafricano, cuando América no había sido todavía "descubierta"; el periodo que va de 1500 a 1750, durante el cual se multiplicaron los contactos con Brasil en el Atlántico sur y con el Caribe en el Atlántico norte; el periodo entre 1750 y 1850, durante el que se asiste a un crecimiento rápido del número de plantaciones de caña de azúcar antillanas y después de algodón norteamericano, un aumento que hizo de la trata de negros el tráfico principal si no exclusivo; por último, el periodo posterior a 1850, que vive la decadencia de la trata atlántica y, paradójicamente, la generalización del modo esclavista interno en el continente africano. Tras haber abordado las realidades de la esclavitud y la trata de esclavos africanos anteriores a la constitución del espacio atlántico (capítulos 1 y 2), el capítulo 3 se interesa por un fenómeno mucho menos conocido en Francia que el "comercio triangular": la importancia del comercio atlántico lusoafricano; se trató, sin embargo de un momento fundamental, dado que el espacio lusoafricano dio forma a una sociedad costera mestiza notablemente agitada (capítulo 4). El descubrimiento de América cambió la situación (capítulo 5). Pero solo con el auge sostenido, al otro lado del Atlántico, de la economía de plantaciones (tabaco, caña de azúcar sobre todo, después algodón en los EE UU) el sistema negrero alcanzó su apogeo, desde finales del siglo XVII a mediados del siglo XIX, creando al "negro", es decir, al esclavo de color trágicamente inferiorizado por la creación de la *colour bar* (barrera de color) (capítulo 6). Eso generó un clima de violencia generalizada, tanto en África como en América (capítulo 7). Sin embargo, paradójicamente, rebeliones, resistencias y guerras incesantes se produjeron al mismo tiempo que tenían lugar procesos complejos de intercambios, de sincretismos y de creaciones culturales y religiosas que ponían de manifiesto el enorme trabajo de mestizaje, o de "criollización", que estaba realizándose de parte a parte del Atlántico (capítulos 8 y 9). A partir de mediados del siglo XIX, mientras que la trata se reducía sin por ello desaparecer, la evolución se hizo divergente entre África y América como consecuencia del capitalismo industrial naciente. En América, la revolución haitiana y las aboliciones pusieron término a la esclavitud (capítulo 10), mientras que el África subsahariana se hundió, en vísperas de la colonización, en un método de producción esclavista interno sin límites, corolario trágico de esta historia (capítulo 11).

Los personajes principales de este libro son los esclavos de África y América. No se encontrarán apenas detalles, salvo los estrictamente necesarios, sobre los demás protagonistas, para los que remitimos a los trabajos existentes; han sido en efecto muy bien estudiados: del lado europeo, hombres de negocios negreros, banqueros y capitanes; del lado americano, plantadores y políticos. Suponemos igualmente conocida la actividad de los puertos negreros europeos: Nantes, La Rochelle, Lorient, Burdeos, Lisboa, Liverpool y muchos otros... Porque si estos puertos vieron partir numerosos buques negreros, en su conjunto vieron pasar bastantes pocos esclavos, que eran enviados directamente desde África hacia América. Hemos decidido basar prioritariamente nuestro análisis en los relatos de los esclavos, otorgando una atención especial a los de la primera generación, que han dejado recuerdos de su vida anterior y de su partida de África. Sin embargo, los relatos más numerosos y explícitos son los que se refieren a la esclavitud en los EE UU. Lo que hemos querido dar a conocer a los lectores con la mayor precisión posible son las condiciones de vida y las visiones del mundo de estos millones de hombres y de mujeres esclavos, africanos y americanos, que fueron los protagonistas desconocidos de esta historia. Pero también nos interesamos por los traficantes de esclavos, sobre todo por los menos estudiados, los africanos. La recogida de estas historias de vidas es antigua y se ha intensificado en los últimos años. Se encontrará en la bibliografía una lista no exhaustiva, porque los investigadores no dejan de descubrir novedades, ocultas en los archivos. Existen muy pocos textos en portugués, y menos aún en francés. Algunos relatos en inglés se han traducido a nuestra lengua y son muy conocidos —como el de Olaudah Equiano (del siglo XVIII) o el del obispo Samuel Crowther (del siglo XIX)—, pero la mayoría son aún desconocidos, pese a su riqueza informativa. Con su ayuda, y con la aportación de testimonios procedentes de otros protagonistas directos, agentes de "factorías" locales o capitanes de barcos, y, por supuesto, gracias a los trabajos de nuestros colegas, hemos intentado revivir la existencia y el papel de estos "olvidados de la historia".

CAPÍTULO 1

LA ESCLAVITUD EN LAS SOCIEDADES AFRICANAS. UNA HISTORIA ANTIGUA

¿Cuáles fueron exactamente las formas de explotación dominantes en las sociedades del África antigua? ¿Qué lugar ocupa la esclavitud en la construcción de aquellos Estados? ¿Cuáles fueron las distintas formas de acomodo a esta "normalidad" de las sociedades africanas antiguas? ¿Existía, por último, una "cultura" esclava?

LA ANTIGÜEDAD DE LA ESCLAVITUD

Hace mucho tiempo, desde la aparición de las formaciones estatales, que las sociedades africanas, contrariamente a lo que se ha afirmado hasta hace poco, ya no son ni igualitarias, ni "comunitarias". La mayoría eran muy desiguales y muy estables, con un sistema de castas que impedían, a generaciones enteras, cambiar de condición social. Aún hoy, a pesar de que este estatus no tenga existencia legal se sigue siendo, de generación en generación, socialmente "esclavo", "de casta" u "hombre libre".

Todas las sociedades antiguas, las africanas como las demás, han conocido la esclavitud (véase Botte y Stella, 2012). Se puede emitir la hipótesis de que en África el modo servil tendió a aumentar con el auge de la trata de los esclavos, bajo la influencia combinada de la expansión de los mercados arabomusulmanes del Mediterráneo y del océano

Índico, y de las plantaciones americanas. Pero no se puede deducir de ello que las sociedades africanas antiguas ignorasen la esclavitud: ¡serían las únicas en la historia de la humanidad! Cuanto menos desarrollada estuviera la tecnología, más necesario sería el trabajo físico de los hombres y las mujeres para asegurar la producción. La esclavitud fue para los potentados de entonces el medio más radical y más eficaz de monopolizar el trabajo de las poblaciones dominadas y sometidas a la servidumbre. Cuanto más grandiosos eran los monumentos construidos por los soberanos, más se practicaba la esclavitud. Sin duda fue este el caso, entre otros, de las pirámides y los templos colosales del Egipto faraónico, de los palacios del Imperio romano y de los monumentos amerindios. Que se hayan encontrado bajo las pirámides talleres y alojamientos de obreros relativamente dignos no invalida la hipótesis: existía una jerarquía entre los jefes de equipo, los artesanos cualificados a menudo de alto nivel (pintores de frescos por ejemplo, o artesanos doradores) y la enorme base servil utilizada para romper y transportar a través del país los gigantescos bloques de piedra. Marx había formulado para el Egipto antiguo la hipótesis de lo que llamaba la "esclavitud generalizada".

¿Qué pasaba en el África subsahariana? Como en otras partes, se dieron formaciones políticas de dimensiones y estatutos muy diferentes, que podían ir de minúsculas jefaturas, en los poblados, a Estados organizados, o incluso a imperios. Se puede relacionar con claridad la importancia numérica de los esclavos con la creación de Estados, que siempre se han constituido a costa de sus vecinos. Estas luchas intestinas suministraron capturas de guerra (y mujeres) incorporadas como esclavas a la sociedad victoriosa. Sin embargo, no es fácil reconstruir la historia debido a que las fuentes están a menudo dispersas o son difíciles de manejar: es el caso de los escritos extranjeros, a partir del siglo IX o X, de los viajeros árabes venidos a comerciar desde el África del norte a través del Sahara con los que se ha convenido en llamar "imperios medievales" de la región del "Sudán occidental" (*Dar as-Sudan* significa en árabe "tierra de los negros"). Estos imperios (Tekrur, Ghana, Mali, Songhai, Bornu) se extendieron, al menos, entre el siglo IX y el XVI desde la costa occidental, a lo largo de los ríos Senegal y Níger, hasta el norte de la actual Nigeria. Del reino de Zimbabue, en el hemisferio sur, que existió entre el siglo X y el XV, no se conserva ningún resto escrito. Solo los arqueólogos tienen un conocimiento preciso de él debido a los restos monumentales: gruesas paredes, hechas de grandes piedras obtenidas al fragmentar rocas esquistosas de la región, que alcanzaban ocho o nueve metros de altura, en una impresionante ejecución arquitectónica. A lo largo de la costa oriental, desde el mar Rojo hasta las islas de Mozambique, de Madagascar incluso, el corazón de las ciudades-Estado swahili, que se desarrollaron antes incluso, estaba constituido por casas hechas de piedra y unidas unas a otras. Estas ciudades-Estado, surgidas del encuentro entre los pueblos costeros africanos y los marinos árabes que bajaban hacia el sur, aparecieron al final del primer milenio de nuestra era.

Había pues, desde hacía siglos, formaciones políticas independientes en África. Por otra parte, cuando los primeros europeos llegaron, ya en el siglo XV, utilizaron la idea de "naciones" para referirse a la situación africana. Fue más tarde, en la época colonial (e inmediatamente antes), cuando los europeos negaron a estos Estados una existencia real. Ahora bien, quien dice Estado dice capital, y en consecuencia trabajos y provisión de un soberano y de su corte. Su ejecución, en aquellos tiempos desprovistos de medios técnicos elaborados, estaba garantizada por la fuerza física humana, prioritariamente por la de los esclavos. Desde que los primeros portugueses abordaron las costas africanas, no habían dejado de comerciar con los pueblos independientes con los que habían entrado en contacto y cuya organización, incluso su munificencia, admiraban. Se vieron sorprendidos por la opulencia de Edo, la capital, convertida después en Benin City (en la Nigeria meridional actual), en la que entraron por primera vez hacia 1485 (Mauny, 1956 y Verger, 1968). La ciudad estaba en contacto, desde hacía varios siglos, con comerciantes venidos de los confines del Sahel. El portugués Duarte Pacheco Pereira la describió, en aquella época, como "una ciudad muy grande". Su territorio llegó a alcanzar en torno a 4.000 km², protegidos por un largo talud de tierra. Según los arqueólogos, este complejo se construyó entre el siglo X y el XV. Sus principales vestigios, que datarían del siglo XV, son los muros de una veintena de metros de alto construidos en torno de la propia ciudad.

En Edo (Benin City), la administración urbana estaba bien ordenada; el soberano (*oba*) era rico y su ejército, que utilizaba armas de hierro, estaba bien organizado. Los artesanos y los artistas, que trabajaban el bronce y el marfil para el rey, constituían una suerte de gremios instalados en barrios reservados (Levenson, 1991: 64). El reino supo preservar su independencia durante el reinado de los tres sucesores del *oba* que había recibido al primer portugués en 1483. La colaboración entre Edo y los portugueses siguió siendo pacífica durante bastante tiempo. Aunque el contacto con el mundo atlántico enriqueció como cabía esperar a esta ciudad del interior del país, las descripciones que tenemos dan prueba de la admiración de los portugueses, que recogieron *in situ* los relatos antiguos y que no en vano se refieren a la belleza de esta ciudad "más grande que Lisboa. Todas sus calles se alargan de manera rectilínea todo lo lejos que alcanza la vista. Las casas son grandes, en especial la del rey, que está ricamente decorada y tiene finas columnas. La ciudad es rica y activa. Está tan bien gobernada que el robo es desconocido y las gentes se sienten tan seguras que no cierran las puertas de sus casas" (texto de 1694 citado en Ryder, 1969: 113, n. 3).

En 1483, la ciudad de Mbanza Kongo, capital del reino de Kongo, que existía probablemente desde hacía dos siglos, fue visitada por primera vez por el portugués Diogo Cão que se refiere a ella desde el principio como la capital de un imperio. Era una ciudad extensa para la época (un visitante loa comparó en 1491 con Évora, en Portugal), aunque, establecida en una meseta boscosa, era mucho más espaciosa y más verde que Benin City. Situada en la encrucijada de varias vías comerciales explotaba, además de los esclavos, el marfil y el cobre, y quizás también el oro que llegaba del interior de la actual Angola, a cambio de azadas, armas, prendas de vestir de rafia, alfarería y productos agrícolas, principalmente ñame, cultivado en su entorno (Balandier, 2000). A la llegada de los portugueses, contaba quizás con 30.000 habitantes; en el momento de su mayor actividad, la población alcanzó probablemente los 100.000. Fue el rey de Kongo, Afonso, quien, convertido al catolicismo, hizo levantar a principios del siglo XVI unas murallas de piedra y cal rodeando la residencia real y el barrio de los comerciantes portugueses. Inicialmente, la ciudad se había construido en lo fundamental de madera y de paja, con los barrios extendiéndose entre el verdor. La ausencia de calles alineadas en beneficio de sendas, que enlazaban los distintos complejos residenciales la hacían muy diferente de las ciudades antiguas de África occidental, en particular, de Benin City.

Así, formaciones políticas más o menos centralizadas y poderosas, de tamaños muy distintos —desde el mini-agrupamiento formado por la familia ampliada congregada en torno a su jefe de linaje hasta el imperio comercial de larga distancia—, aparecieron hace al menos un milenio, a pesar de contar con un desarrollo tecnológico muy limitado: se ignoraba el uso de la rueda, salvo en Etiopía, ya fuese como fuente de energía o como medio de transporte. En las zonas forestales no se podían utilizar animales de tiro debido a la enfermedad del sueño. Todo se hacía en piraguas cuando lo permitía la red hidrológica (en África ecuatorial), incluso durante la breve estación de las lluvias (en la cuenca del Níger). En todas partes, había que caminar y transportar los productos directamente sobre la cabeza, algo de lo que se encargaban las mujeres y los esclavos.

La esclavitud se practicaba desde hacía tiempo en las sociedades africanas, incluso las que estaban en el centro del continente, y relativamente protegidas por tanto de las grandes corrientes de la trata internacional, tanto hacia el este como hacia el oeste. Es cierto que las redes de la trata se desmultiplicaron a partir del siglo XVIII, pero la opinión más corriente hasta ahora venía siendo que la mayoría de las sociedades locales la habían sufrido, más que participado en ella. Ahora parece, por el contrario, que "la esclavitud fue mucho más importante [...] de lo que a menudo se ha afirmado, y que el papel de los africanos del interior, no costeros, en la trata negrera fue más complejo e importante de lo que se había pensado hasta ahora" (Médard, 2007: 2). La hipótesis más avanzada es que "la trata negrera internacional se desarrolló al principio porque la esclavitud estaba ya muy extendida en la región" (ibídem: 32). El primer explorador que visitó el interior del país gabonés (Fernan Vaz y el macizo de Mayombe), el francoamericano Paul du Chaillu, en 1855-1860, apasionado de la caza y de los gorilas, apenas se interesa por otra cosa que por los animales, y se sorprende tan poco de estar rodeado de esclavos que habla de ello libremente en una de sus obras para niños: "Estábamos en compañía de muchos hombres importantes, todos audaces y de gran valor, pertenecientes al clan de los Abuya, guerreros y cazadores. Teníamos también esclavos, muchos de los cuales eran propiedad del rey. [...]. Entre ellos estaba Etia, el grande y poderoso matador de gorilas y elefantes. Etia proporcionaba caza a la mesa de Quengueza; era uno de los esclavos preferidos del rey y uno de mis grandes amigos [...] porque cazábamos juntos con frecuencia" (Du Chaillu, 1875: 19).

¿QUÉ SIGNIFICABA SER ESCLAVO EN ÁFRICA?

Es necesario de entrada definir lo que se entiende aquí por *esclavitud*, término que, si no designa necesariamente un sistema tan singular como el establecido en las plantaciones americanas, posee como principal característica la de cosificar al esclavo (en sentido estricto) en mercancía (que puede ser intercambiada, cedida, comprada y vendida). El "simple" trabajador, aun siendo maltratado y forzado a trabajar (el "trabajo forzado" de la colonización), no puede ser considerado como un esclavo. Es su trabajo el que se explota, y no la persona misma, a la que se niega su humanidad. Carente de antepasados, de esposas y de hijos "libres", y en la imposibilidad por tanto de generar un linaje, el esclavo masculino no era una persona social. Se le consideraba en el mejor de los casos como una mujer, es decir, como un ser inferior, obligado a realizar actividades femeninas, como acarrear agua y leña para encender lumbre.

Ser esclavo en África no era en lo fundamental distinto de ser esclavo en otros sitios. Pero podían darse cautivos patriarcales más o menos integrados desde hacía varias generaciones en las grandes familias; hubo incluso una "casta" de esclavos que formaban parte de la sociedad local como cualquiera otro de sus miembros, y que podían intentar a veces ocupar altas funciones. La esclavitud africana era en realidad una esclavitud "precapitalista", es decir premoderna, pero se trataba sin duda de una forma de esclavitud: sometía a hombres y mujeres a quienes no se reconocía personalidad propia y que pertenecían al linaje de su amo ya que se les negaba el conocimiento de sus antepasados. Por otra parte, en las familias aristocráticas del Sahel (donde un hombre libre no podía casarse con una esclava), se utilizaba a menudo a las mujeres esclavas como concubinas. En otras regiones, donde prevalecía el régimen "matrilineal", las esclavas podían ser esposas buscadas, raptadas incluso en razias; era para el hombre el único medio de apropiarse de su descendencia a costa del linaje de su esposa (dicho de otra forma, los hijos pertenecían al linaje de la madre libre, a diferencia de la madre esclava, que no tenía linaje propio al que referirse). Este modo de reforzar el poder paterno en un régimen matrilineal ha sido bien estudiado en tres casos al menos, todos ellos en Costa de Marfil: en la sociedad anyi, entre los abrons y en las sociedades laguneras (Perrot, 1982; Terray, 1995; Memel-Fotê, 2007).

El reciente estudio del historiador congoleño Benjamin Kala-Ngoma se propone "mostrar el verdadero rostro de la esclavitud doméstica en toda su fealdad". Se basa en el ejemplo de los bembes del Congo (Brazzaville), en el país bakongo, a unos 200 kilómetros de la costa, "que distan mucho de ser un caso aislado en el África negra". A su modo de ver, la idea difundida hace mucho tiempo por los etnólogos y defendida de buen grado por los africanos de una esclavitud "doméstica" más bien familiar y paternalista es una ficción (Kala-Ngoma, 2011). Fue un fenómeno social de gran amplitud, tanta que en la actualidad cada pueblo de la región cuenta con habitantes de ascendencia servil, que en muchos casos pueden llegar a ser hasta un 50 por ciento de la población (como se ha explicado, en la medida en que condena a no poder honrar a los antepasados, la servidumbre no puede ser borrada por la memoria). Una veintena de ellos, por ejemplo, fueron identificados nominalmente en el pueblo de Mpaandi ya Bisa, que contaba con 200 habitantes en 1960 y en el que la esclavitud doméstica solo finalizó realmente en 1950 bajo la presión de los administradores coloniales locales.

Entre los beembes, el esclavo pertenecía en origen a un grupo doméstico y vivía bajo la autoridad de su amo. A la muerte del primer comprador, pasaba a todo el linaje, y después, como se trataba de una sociedad matrilineal, la dependencia hereditaria se transmitía de la madre a sus descendientes. Los beembes se procuraban las mercancías de las que carecían (y esto se hizo más frecuente con la llegada de los portugueses) cambiándolas por parientes o por vecinos de otros pueblos, mediante compra o trueque, habitualmente porque la víctima había sido condenada. Esto podía suceder por la no devolución, a la muerte de una esposa, de la compensación matrimonial pagada por la familia del marido a la de la mujer, o por insolvencia —por ejemplo, para pagar a un curandero, se le concedía como esclavo uno de los miembros del grupo doméstico—, o incluso por otras razones: robo, asesinato, adulterio, brujería, delincuencia... En resumen, se liberaban así de las deudas y de los indeseables. La escasez era también fuente de trueque, al igual que, por supuesto, los desacuerdos y los conflictos entre pueblos, que podían regularse de esta forma más que por la guerra.

Los esclavos eran "los ojos y los oídos" de sus amos, ya que muchas veces confiaban más en ellos que en sus parientes, siempre posibles rivales. Se les consideraba más fieles y más trabajadores. Este prejuicio favorable se reforzó en tiempos de la trata internacional. Tanto al oeste, a lo largo de los ríos Gambia y Senegal, como al este, entre el lago Tanganica y la costa, los amos (en el primer caso los criollos sanluisinos, en el segundo comerciantes swahilis u omaníes) otorgaban de buen grado a esclavos de confianza la responsabilidad de las caravanas de esclavos capturados en razias o comprados en el interior. En Saint-Louis de Senegal, ocupada por negreros franceses desde mediados del siglo XVII, la población de los *habitants* —los miembros reconocidos de la sociedad criolla— se convirtió muy pronto en mayoritariamente negra. Las *signares*[4], que habían contraído matrimonios temporales con agentes de la Compañía de Senegal, habían dado origen a una población criolla cuyos descendientes se casaban cada vez más entre ellos. En el siglo XVIII, estas mujeres, viudas y herederas de los primeros comerciantes, dirigían en gran medida los negocios. Cuando en 1758, los británicos ocuparon por primera vez Saint-Louis, dos tercios de los barcos que remontaban el río eran ya suyos (cada barco llevaba de 10 a 12 *laptots*[5], que remolcaban la embarcación en la parte alta del río, y una mujer cocinera, todos ellos esclavos). En la ciudad, aunque la mayoría de los criollos se contentaban con uno o dos esclavos, algunos llegaban a tener 80. En los años 1840, de 70 chalupas, 44 tenían capitanes esclavos.

El entendimiento entre amos y esclavos era inevitable puesto que se trataba del modo de trabajo dominante. Una cierta convivencialidad podía mantenerse entre los más adaptables e inteligentes de entre ellos. El día a día del esclavo no era por ello menos agotador, puesto que su razón de ser era constituir una inversión en trabajo. A las esclavas jóvenes se las ponía a trabajar en torno a los siete u ocho años, para acompañar a su ama a los campos, donde rendían como adultas. Los muchachos servían de mensajeros para todo. A los adultos los casaba el amo, preferiblemente con una esclava del grupo doméstico para que sus hijos siguieran perteneciéndole. Los hombres esclavos tenían una cierta libertad en su actividad, pero cualquier muestra de rebeldía no podía sino perjudicarles, exponerlos a una nueva venta más lejos o a la muerte. El cimarronaje era casi imposible en cualquier parte que no fuera el bosque (se localizaron algunos casos en Guinea, por ejemplo). Sobre todo, los amos velaban celosamente para no integrarlos en su grupo; seguirían siendo esclavos para siempre, según el proverbio que dice: la estancia en el agua no convierte a un tronco en cocodrilo[6]. Encontramos esta reacción en una mujer wolof de Saint-Louis que,

---

4. Las *signares* (palabra heredada del portugués *senhora*) eran mujeres que los mercaderes blancos o mestizos tomaban como "domésticas" es decir como esposas provisionales durante el tiempo de su servicio en África. La mayoría eran de baja condición, esclavas incluso, porque la sociedad wolof no aceptaría ceder a sus mujeres de buen linaje. Eran evidentemente jóvenes, celebradas por su belleza, y a veces educadas por los misioneros. Llegaron a heredar bienes de sus maridos y algunas de ellas se convirtieron en auténticas mujeres de negocios.
5. Término que designa a los empleados africanos, marineros, remeros o portadores.
6. *Mukoko mu mammpa ngaanda ku kitikil'pe* (Kala-Ngoma, 2011: 967).

a raíz de la emancipación de 1848, argumentó ante su esclavo que se la reclamaba: "Cantan a la libertad, pero esta libertad no es para nosotros" (Klein, 2012); o también entre los 35 jefes del Cayor, que fueron a amenazar con la guerra al gobernador francés de Saint-Louis si se atrevía a liberar a sus esclavos. Durante 40 años, el régimen colonial que estaba instalándose se esforzó en cerrar las puertas de la ciudad a los esclavos, que llegaban buscando refugio y libertad. En 1857, Faidherbe, el nuevo gobernador desde 1854, estableció que se expulsaría a todo esclavo procedente del exterior considerándolo como vagabundo; solo en 1883 una nueva medida, tomada por el primer gobernador civil, decidió que cualquier esclavo que pusiera pie en una de las "cuatro comunas" de Senegal sería libre de pleno derecho. Esto sucedía tras una interpelación en el Senado de Victor Schœlcher, el hombre de la emancipación de 1848, que describió en términos desgarradores, en 1880, el suicidio en Saint-Louis de un esclavo, que se había precipitado desde el puente Faidherbe para no ser devuelto a su amo. Pese a todo, la esclavitud local seguía muy presente. El cuerpo de tiradores senegaleses, fundado por Faidherbe en 1857, se componía principalmente de esclavos que compraban su libertad mediante un compromiso de 14 años en el ejército (Deroo y Champeaux, 2006). Esta práctica se extendió pronto al resto del África francesa, en tal medida que, durante la primera guerra mundial, los tres cuartas partes de los movilizados procedentes de África eran esclavos proporcionados por los jefes locales pero con indemnización (dicho de otro modo, rescate) por parte del Gobierno colonial. Todavia en 1903, el gobernador Roume, sin prohibir la esclavitud local, había decidido que desde entonces las autoridades ignorasen las denuncias de los propietarios de esclavos.

Eso se explica por una tradición arraigada en las sociedades africanas: la descendencia de los esclavos seguiría irremediablemente siendo esclava, porque no podía sustraerse al "derecho de sangre". Con todo, en las sociedades matrilineales, si una esclava daba un niño a su amo, le permitía aumentar el poder de su clan, porque el niño nacido de su unión recibía por regla general el estatus del padre: nacía libre, sobre todo si era un varón. Pese a ello, la condición del antepasado esclavo no se olvidaba nunca: en wolof, el término utilizado para nombrar esta situación equivalía a "libre de gorra"[7]. En cambio, al casarse con una mujer libre, el

7. [N. del T.] *Libre sur un pied* es una expresión de argot que debe traducirse por "libre de gorra". Expresaría la idea de que la libertad le ha llegado por las buenas, sin merecimiento personal.

padre debía aceptar que sus hijos continuarán perteneciendo al linaje materno. Sin embargo, en las sociedades aristocráticas muy jerarquizadas, una esclava no podía casarse y se convertía, en el mejor de los casos, en una concubina cuyas hijas continuarían siendo esclavas.

Se puede por tanto llegar a una definición bastante clara: el esclavo es un "extranjero sin raíces", que se ha convertido en dependiente no libre, entendiéndose que todos los extranjeros no son necesariamente esclavos, y que la condición libre no era fácil de definir en muchas sociedades africanas antiguas: la libertad se entendía como el respeto compartido a los privilegios específicos de los que gozaban un grupo o un individuo, privilegios heredados debidos al género, a la ocupación, eventualmente a la casta, y sobre todo a la familia, al linaje o al clan. En el caso bien estudiado de las formaciones políticas del África centrooriental (llamada "el África de los Grandes Lagos"), es instructiva la evolución del vocabulario de las lenguas locales para designar al esclavo y la esclavitud. Su sentido se estableció en el siglo XIX con el predominio de las tratas inter y extraafricanas bajo la influencia de los circuitos árabes y europeos. Pero las denominaciones utilizadas para designar al esclavo se refieren siempre al mismo tipo de conceptos, vinculados todos al temor, a la guerra y al saqueo, a la pérdida del honor, a la vergüenza y al desprecio; en resumen, a lo que podía aplicarse al esclavo tal como se le concebía en aquellos tiempos (Iliffe, 2005).

La violencia, la guerra, las razias, el rapto o la compensación de una ofensa estaban en la base de la esclavitud. La esclavización era un proceso de desarraigo, de despersonalización de la víctima, a la que se arrancaba de su sociedad y de sus antepasados y perdía hasta su nombre. La diversidad de verbos y de nombres que describen las formas de captura y de saqueo revelan la importancia de estas actividades. Estos rastros lingüísticos muestran la antigüedad de una economía de la violencia, de la vulnerabilidad de las víctimas, en particular de las mujeres, y de la confrontación permanente entre el miedo (de los esclavos) y el honor (de los hombres libres). Así, las palabras *mwiru* y *muzaama*, que aparecieron en el siglo XIV o el siglo XV, derivarían de un vocabulario surgido a partir del siglo XII: *mwiru* designaba al campesino dependiente del aristócrata ganadero, y *muzaama* a la esclava femenina. Son palabras antiguas, cuyo sentido original no era seguramente muy lejano del que adoptaron con la expansión de la trata internacional (Schoenbrun, 2007). Otra palabra común en el siglo XIX para designar a un esclavo era *muja*. Servía desde hacía mucho tiempo en la región de los Grandes Lagos para hablar de alguien dependiente, de un criado, de un esclavo o de un refugiado, en todos los casos de un recién llegado. Esta idea del recién llegado es la más utilizada en las lenguas de la zona para designar a un esclavo. Desde el principio, estas denominaciones estaban acompañadas de metáforas que ligaban la idea de esclavo a la de menosprecio y desdén. En Buganda en el siglo XIX el nombre *nvuma* designaba a una simple mujer esclava; derivada de un verbo corriente, *kuwuma*, que significa: "hablar mal de alguien, despreciar". Un ser tratado de esta forma no tenía ninguna oportunidad de escapar a su condición. El esclavo era, entre todos, el que estaba más desprovisto de honor, es decir, de dignidad, puesto que no tenía antepasados. Es la razón por la que, aún hoy, es incorrecto recordar el origen servil de un individuo. Si se puede señalar, gracias a sus nombres, a los descendientes de hombres libres o de miembros de castas (en Senegal, por ejemplo, se sabe que los apellidados Mbaw, o los Thiam, descienden de castas), es en cambio muy raro, salvo con alguna intención injuriosa, que se revele el nombre, en cualquier sociedad (y que todo el mundo lo sepa), de un descendiente de esclavos. Este tabú es una de las razones de que el fenómeno fuera escasamente conocido hasta muy tarde (Bailey, 2005). Insistimos en ello: incluso liberado, el antiguo esclavo seguía siendo un esclavo en términos sociales en la medida en que seguía careciendo de antepasados.

No obstante, si las mujeres esclavas tenían pocas oportunidades de escapar a su condición (si no era por el matrimonio), los esclavos masculinos pudieron a veces evolucionar hacia el estatus de "cliente" o de "dependiente". El análisis de la evolución de la esclavitud interna desde el siglo XVI se centró principalmente en Buganda, debido a la abundancia relativa de fuentes que hacen referencia a este reino. Pero el sociólogo marfileño Harris Memel-Fotê ha llegado también a demostrar la importancia de la esclavitud, al menos desde el siglo XVII, en el pueblo lagunero de la baja Costa de Marfil, cuya organización clánica estaba sin embargo poco jerarquizada (Memel-Fotê, 2007). En definitiva, parece evidente que la construcción interna de los Estados (seguro a partir del siglo XV, y muy probable, en una serie de casos, desde el siglo X) estuvo acompañada de la implantación de una organización esclavista en la que, al margen de lo que hayan creído y dicho los etnólogos informados de manera con frecuencia tendenciosa por los jefes consultados, la cautividad y los sufrimientos de los más desheredados no fueron menos duros que los de los demás esclavos de la historia.

Lo que queda por analizar, sin embargo, es cómo y por qué han evolucionado esta esclavitud local y regional, así como las guerras y los movimientos de trata interregionales, de una envergadura hasta entonces probablemente limitada[8]. En el momento en que aparecieron en la región las redes transcontinentales vinculadas a las exportaciones masivas de esclavos generadas por la demanda internacional, se comportaron como un medio favorable a la expansión de un sistema esclavista que, a su manera, ya existía. En Gabón, por ejemplo, los orungus eran grandes traficantes de esclavos y representaban alrededor de la mitad de la población. Se sabe que en 1847 se sacrificaba a los esclavos en el entierro del jefe (Patterson, 1975: 53), unos sacrificios similares a los que tenían lugar en la misma época en los funerales de los reinos esclavistas de Dahomey o de los ashantis en el África occidental (Coquery-Vidrovitch, 1964; Terray, 1994). Estos actos tendían a garantizar el control social de una masa servil creciente. Porque cuando tiene lugar la trata atlántica, las sociedades africanas no solo fueron exportadoras de esclavos: en los siglos XV y XVI, los jefes de Costa de Oro compraban esclavos a los portugueses para cambiarlos por oro en el interior (véase el capítulo 3). En los años 1870, los bakubas de la zona interior congoleña compraban todavía esclavos, y esto duró hasta los años 1910; los utilizaban para su producción y servidumbre locales, y para comprar a los cazadores tchokwés el marfil que revendían a los europeos (véase el capítulo 10) (Vansina, 2010: 11-18).

De la misma forma, en las sociedades aristocráticas, jerarquizadas y musulmanas de la zona del Sahel, la esclavitud era —y sigue siéndolo con demasiada frecuencia— una realidad con raíces en una historia lejana. El historiador camerunés Ahmadou Séhou acaba de demostrar el recurso masivo a la esclavitud por parte del *lamido* (o sultán) de Adamaoua en Camerún a principios del siglo XIX (Séhou, 2010), esclavitud que existía desde mucho tiempo atrás. Estaba ya organizada a finales del siglo VIII y sobre todo desde el siglo IX, cuando los árabes musulmanes cruzaron el Sahara, tanto en la zona del "Sudán occidental" en África del oeste como a lo largo del mar Rojo y del océano Índico. Esta comprobación es importante, no solo para la historia africana, sino también para la historia americana y oriental: contradice, en efecto, la idea extendida con demasiada frecuencia, especialmente entre los historiadores norteamericanos, de que

8. Es lo que hace interesante la citada obra de Henri Médard y Shane Doyle (2007).

el "esclavo" se "inventó" en su continente y que, por lo tanto, la cultura negra *african american* se ha fabricado enteramente allí. El conocimiento de los procesos africanos es necesario para comprender bien la historia americana. La cultura "esclava" ya se había creado, en parte, sobre bases diferentes y variadas según los lugares, antes de ser conducida hacia la costa por los esclavos procedentes de las sociedades esclavistas del interior. Se reforzó en la promiscuidad de los navíos de la "gran travesía" y estuvo en la raíz de todos los mestizajes culturales que han tenido su auge en América.

En todas partes, las mujeres esclavas fueron muy numerosas. Pero no era fácil distinguir las tareas y los deberes de una mujer libre de los de una esclava; la diferencia era incluso tan escasa que los primeros viajeros, misioneros y exploradores casi siempre han definido la esclavitud como si fuera de sexo masculino: la "verdadera esclavitud" —el trabajo servil y la ausencia de derechos de sucesión— era según ellos una condición del hombre puesto que el hombre esclavo es el que estaba "obligado a hacer un trabajo que en otras condiciones hubiera hecho una mujer".

La desgracia quiso que el mundo africano conociera a la vez las tratas —los mercados de trata más grandes estuvieron, por supuesto, determinados por la demanda exterior al continente— y la esclavitud, lo que a medio y largo plazo debía revelarse política y demográficamente catastrófico. En un África subsahariana muy extensa y diversa (en los planos climático, cultural y político), las distintas formaciones políticas consideraban a sus vecinos como extranjeros. Como norma general, un rey se guardaba de vender a sus propios súbditos, pero saqueaba los pueblos vecinos. Ya fuera "de casa" o "de trata", el esclavo era adquirido, a menudo tras una guerra, de una razia o simplemente de una operación de bandidaje. Ibrahima Thioub ha puesto de manifiesto que no eran los presos de guerra quienes se convertían en esclavos, pues los guerreros procedían generalmente de familias nobles capaces de pagar el rescate necesario; eran generalmente los débiles, los pobres, que a menudo eran ya esclavos, las mujeres y los niños, quienes formaban siempre el grueso de las capturas. En resumen, la esclavitud interna fomentó una economía de depredación, destinada a abastecer los mercados internos y externos, que se generalizó durante los siglos XVIII y XIX, siglos en los que la "producción" de esclavos se hizo casi industrial.

Después del siglo XVIII y de esta generalización de la esclavitud, la vida de los esclavos se volvió a menudo errática. La mayoría fueron raptados en la infancia y revendidos algo más lejos, fuera del alcance de sus familias, a gentes que podía guardarlos mucho tiempo, toda la vida incluso. Pero bastaba un accidente —que eran frecuentes en un medio ambiente frágil: una guerra, una hambruna, o incluso la adquisición de una deuda por su linaje o el rescate de un delito de uno de sus miembros— para que el esclavo fuera ofrecido en prenda o vendido. Gracias a algunos relatos de vida (véanse los capítulos 2 y 5), se sabe que esclavos, salidos en su infancia, por ejemplo, de los alrededores del lago Chad, a varios centenares o miles de kilómetros de las costas, terminaban, después de estancias variadas, que podían durar algunas décadas, por encontrarse en la costa, "almacenados" en barracones y listos para ser embarcados en el primer barco negrero.

El trabajo del historiador es una empresa de puesta al desnudo de realidades del pasado, y debe aquí recordarse un dato simple: para las gentes de otro tiempo, hayan sido europeos, americanos, árabes o africanos, protagonistas todos de este tráfico en el seno de Estados independientes, la trata de esclavos, tanto en África como fuera de ella, fue una actividad como otra cualquiera (a la vez económica, política y militar). Estaba autorizada, por lo que era "legal", e incluso recomendada en la medida en que fuera lucrativa. Y era igualmente "normal" que los esclavos fueran utilizados para las tareas más penosas y repulsivas, trabajasen o no como esclavos "domésticos".

Es una realidad histórica que tenemos hoy dificultades para aceptar, ya que todos hemos aprendido que la esclavitud es condenable. Comprenderemos mejor esta historia cuando dejemos de proyectar sobre este pasado nuestros afectos y nuestros juicios del presente. No se trata obviamente de disculparlo, sino de entender por qué se produjo. Es este saber el que va a dictar qué debe hacerse para erradicar el hecho esclavista y los prejuicios que, demasiado a menudo, se mantienen respecto al estatus de los descendientes de esclavos, tanto fuera de África como en muchas sociedades africanas. No se puede actuar sobre lo que se calla.

Es importante pues entender la esclavitud interna africana, su evolución y su desarrollo dentro del sistema atlántico, ligado también a lo que podría denominarse el sistema del océano Índico, formando todo un vasto sistema interdependiente. Al menos desde el punto de vista geográfico, el continente africano se sitúa en el centro de este conjunto (véase el mapa 1) (Coquery-Vidrovitch, 1999: 190) y juega en esta historia un papel fundamental.

CAPÍTULO 2

LAS TRATAS ORIENTALES Y LAS TRATAS INTERNAS

Tal como sucedió con la esclavitud, tampoco los occidentales inventaron la trata. La trata, es decir, el comercio de esclavos es, en efecto, consustancial con la esclavitud: para que un esclavo no se escape, hay que llevarlo lejos de su casa. En los tiempos antiguos, en las tratas internacionales, los esclavos negros eran muy escasos porque eran poco conocidos. Sin embargo, estaban presentes por todas partes (en la India, en Egipto[9], en Grecia, en Roma y en otros lugares) y probablemente eran más bien objetos de lujo y de curiosidad. Lo que parece haber dado un impulso decisivo a la trata negrera fue la expansión de los imperios arabomusulmanes por el litoral del Mediterráneo.

No centrar la atención en el espacio atlántico permite, pues, ampliar el horizonte. El mercado atlántico aparece, en algunos aspectos, inseparable del mundo arabomusulmán, que jugó un papel determinante a partir del siglo VIII, tanto en el Mediterráneo como en el océano Índico, donde siguió dominando hasta el fin de la trata. Junto con los africanos conducidos vía Sahara, valle del Nilo y Atlántico, los mercados de esclavos ofrecían eslavos, caucasianos y otros orientales. Las divisiones religiosas alimentaban también las capturas, y los esclavos podían ser tanto

9. Erman y Ranke, 1998: 249-250; Husson y Valbelle, 1992: 84, 111-114 (especialmente); Pirenne, 1935: 456-457; Navailles y Neveu, 1989; Théodoridès, 1973 (referencias amablemente facilitadas por el profesor Jean Andreau).

musulmanes como cristianos o paganos. La condición de esclavo se atribuía por tanto a individuos muy distintos ya fuera por su origen étnico, su sexo, su edad, su apariencia física y sus supuestas cualidades. Se les destinaba a tareas también diferentes.

De Bizancio al mundo otomano, de la Europa cristiana a las tierras del islam, el color de la piel importaba poco[10]. A lo largo del siglo XVI, tras la llegada de los europeos, portugueses, holandeses, árabes e indios se agredieron con violencia en la costa oriental de África. Los portugueses construyeron un fuerte en Mombasa (Kenia), ciudad swahili (los swahilis habían surgido de un mestizaje antiguo persa-árabe-africano) desde donde exportaron esclavos hacia el Atlántico; después, a comienzos del siglo XVII, portugueses y holandeses disputaron ferozmente a los swahilis la isla de Mozambique, desde la que enviaban también esclavos. A partir del siglo XVIII, el papel comercial desempeñado por árabes y swahilis se hizo determinante en el África oriental con el sultanato de Omán (en el sureste de Arabia) y posteriormente con el de Zanzíbar: hacia 1830, navíos omaníes transportaban clavo hasta el puerto de Boston, en los EE UU... Los portugueses llegaron a la costa de Senegambia a mediados del siglo XV, una zona acostumbrada desde hacía varios siglos a la trata transahariana; los musulmanes estaban muy presentes en esas costas. Así pues, los portugueses se hicieron un hueco en una actividad comercial preexistente (Boisvert, 2000). En resumen, Europa está lejos de ser la única región del mundo que influyó en el mundo atlántico. Y si los intercambios y las influencias fueron múltiples y cruzados, fueron los hombres transportados, es decir los africanos, quienes representaron en ella la dinámica principal. De ahí la importancia de considerarlos, igual que a los demás, protagonistas de pleno derecho de esta historia.

EL ISLAM Y LA TRATA DE NEGROS

El comienzo de la trata sistemática de negros se remontaría al *baqt*, tratado establecido con los nubios en 652 (el año 31 del calendario musulmán) por el conquistador árabe Abdallah ben Said, gobernador de Egipto, por el que se les imponía un tributo de 360 esclavos anuales, de alguna parte del sur de Egipto y de la Libia actuales (Renault, 1989). Este hábito se

10. Véase especialmente Botte y Stella, 2012.

mantuvo hasta la llegada de los mamelucos en el siglo XIII. En el África occidental, las fuentes árabes confirman el recurso sistemático a la esclavitud por parte de los bereberes del desierto (El Hamel, 2012). En lo que hace a los imperios "sudaneses occidentales" (fundados por los soninkés, los malinkés, los bambaras y los songhais, todos ellos esclavistas), que se escalonaban desde el río Senegal hasta más allá del Níger, a partir del siglo X o el XI, millones de negros fueron enviados hacia el mundo mediterráneo y el océano Índico. Estos imperios controlaban el comercio del oro codiciado por los árabes del norte, oro que atesoraban o vendían. Las minas se situaban más al sur, en el alto Senegal (entre el río Senegal y su afluente el Faleme) y en la Ghana actual (denominada por esta razón, por los británicos, en la época colonial como Costa de Oro). El primero de estos reinos, cuyo soberano —y en consecuencia sus súbditos— se convierte al islam en la primera mitad del siglo IX (Al-Bakri, citado ibídem: 120), por razones a la vez diplomáticas y comerciales, fue el de Tekrur, que era también el más occidental y el más cercano al Atlántico. Hacia el final del siglo XI lo hizo Ghana, situado en torno del río Senegal (no confundir con el actual Estado de Ghana, que adoptó su nombre en homenaje a ese glorioso pasado). Este reino fue el principal proveedor de oro del mundo occidental de la época, enviado a través del Sahara hacia el Mediterráneo por los mercaderes árabes y bereberes de las caravanas. Entre el siglo XII y el XIV, el poder se desplazó hacia el este, hacia el Níger medio, con la formación del Imperio de Mali, el más famoso y mejor conocido por los cronistas árabes de la época, que era un Estado esclavista igual que sus socios arabomusulmanes. La alianza entre los distintos grupos, tanto magrebíes como saharianos (bereberes y moros) y subsaharianos, propiciaba un gran dinamismo en los intercambios comerciales en el conjunto de la zona (Lydon, 2009). Ibn Battuta, que lo visitó en 1353, describió la colaboración esclavista entre Marruecos y Mali, alimentada por la ruta de las caravanas de Fez a Gao, jalonada por mercados como Siyilmasa o Walata, donde los africanos enviaban oro, marfil, plumas de avestruz, pieles y esclavos a cambio de productos norteafricanos como sal, caballos, paños, libros o papel. A su modo de ver, la práctica de la esclavitud era similar a la de Marruecos, excepto por la desnudez de las mujeres esclavas de Mali, la única peculiaridad que le sorprendió.

Existe una descripción precisa de la peregrinación llevada a cabo en 1324-1325 por el soberano de Mali, el *kankan* Mansa Musa, hasta la Meca pasando por El Cairo. Llevó consigo, además de varios millares de integrantes de su séquito, entre ellos 12.000 mujeres esclavas, tal cantidad de polvo de oro (80 cargas de tres *qintars*[11] cada una), relata Ibn Jaldún (citado en El Hamel, 2012: 126), que provocó la inflación de la moneda, pues el cambio del dinar de oro cayó seis dírhams (ibídem: 127)[12]. Su intérprete, Dugha, poseía, además de sus cuatro esposas, un harén de un centenar de mujeres esclavas. Ibn Battuta recibió como regalo del soberano de Mali un esclavo masculino, y tenía, además, la costumbre de comprarse una esclava en sus diferentes viajes. Volvió a Marruecos, en septiembre de 1353, en una caravana de la que formaban parte unas 600 mujeres esclavas compradas por varios ricos mercaderes magrebíes (en el trayecto entre Tombuctú y Marruecos se tardaba alrededor de dos meses). En el siglo XVI, León el Africano describió un presente ofrecido al sultán de Fez: 50 esclavos negros varones y 50 mujeres, valorados en 20 ducados por cabeza los hombres y 15 las mujeres, frente a 50 por un eunuco o por un camello[13].

Los esclavos servían para todo: como guardias, soldados, mensajeros, criados o concubinas. Trabajaban en las salinas y en las minas de cobre, y como porteadores de caravanas. Podían ser vendidos, castigados o regalados. La importación de caballos permitió a la caballería maliense intensificar la captura de esclavos[14]. El historiador Al-Umari (muerto en 1349) afirma que "el rey de Mali paga muy caros los caballos árabes. Su ejército de 100.000 hombres contaba con 10.000 caballeros"; un caballo podía cambiarse por 100 meticales de oro o una decena de esclavos.

Se sabe que el *askia* Mohamed de Songhai hizo la peregrinación de 1495 a 1498[15].Había tomado el relevo entonces el Imperio songhai, más al este, en torno a la ciudad de Gao, siempre en el Níger. Los esclavos suponían, como nunca hasta entonces, el elemento vital del país; y también un peligro, ya que era necesario que la confianza reinara entre amos y esclavos, sobre todo si estos ganaban en importancia. Es célebre el caso

11. El *qintar* árabe era una unidad de medida cuyo valor podía variar según el producto del que se tratase. Por ejemplo, un *qintar* de algodón bruto podía corresponder a 160 kilogramos, pero un *qintar* de fibra de algodón eran 50 kilos.

12. Detalle precisado por Al-Maqrizi (muerto en 1442).

13. León el Africano, *Descripción general de África* (hacia 1540), citado en El Hamel, 2012: 138.

14. La presencia de caballos (muy costosos) hace presumir un clima sahariano un poco menos seco que el actual, dado que hacían la ruta transahariana ya antes de que los portugueses los desembarcasen en la costa.

15. *Tarij as-Sudan* y *Tarij al-fattash*, crónicas en lengua árabe redactadas a partir del siglo XVI en Tombuctú teniendo en cuenta tradiciones más antiguas.

de Wuld Kirinfil, esclavo del *askia* Ishaq, que lo obligó a exilarse en las minas de sal de Taghaza, por haberle disgustado. Wuld Kirinfil huyó a Marrakech y lo traicionó: escribió en 1589 al sultán marroquí al-Mansur para incitarlo a invadir el Imperio songhai, invasión que tuvo lugar dos años más tarde (citado en El Hamel, 2012: 146-147).

El saqueo de Tombuctú y la toma de Gao (1591) se saldaron con la captura de 10.000 esclavos varones, otras tantas mujeres y 400 cargas de polvo de oro. El declive de Songhai dio paso, entre el siglo XVI y el XVIII, al despegue, siempre más hacia el este, de las ciudades-Estado hausa, al norte de la actual Nigeria. De todo esto tuvieron conocimiento los cristianos a través de relatos fragmentarios, por el intermedio de viajeros y de geógrafos árabes. De ahí procede el mito occidental de la riqueza de Tombuctú, la ciudad situada en la parte alta de la curva del Níger, muy próxima al Sahara, el puerto más meridional para los camelleros del desierto.

No se trata, sin embargo, de escribir aquí la historia de estos imperios del oro, bastante bien conocida, por otra parte (Fauvelle-Aymar, 2013); lo que es necesario retener es su papel de mercaderes de esclavos en el momento en el que intervinieron los portugueses, que mantenían con ellos en el Mediterráneo, igual que los genoveses y los venecianos, una actividad comercial importante en África del norte y que establecieron el mismo tipo de relaciones al sur del Sahara, cuando alcanzaron lo que denominarían *terra dos negros* a la altura del río Senegal. Fue entonces cuando el color de la piel se convirtió en el nombre de los habitantes de la zona recién descubierta. Los primeros relatos de viajes no describen más rasgos distintivos que los relativos al color. A partir de entonces, los portugueses iban a distinguir los *mouros brancos* (bereberes y moros mestizos de árabes) y los *mouros negros*. Los segundos eran esclavizados por los primeros; así, un notable moro blanco, hecho prisionero por los portugueses, les propuso su libertad a cambio de "cinco o seis moros negros" (De Zurara, 1994, cap. XVI). Los moros blancos solo aceptaban vender a los portugueses sus esclavos negros, guardándose para ellos los esclavos blancos (Fernandes, 1938: 98). Por el contrario, la aristocracia de los moros negros practicaba habitualmente la trata de negros: el viajero veneciano Alvise Ca'da Mosto recibió de un señor africano un centenar de esclavos a cambio de siete caballos enjaezados y de mercancías por un valor global de 300 ducados (Ca'da Mosto, 1994: cap. XXI). Pereira señala que entre los tucorores [*toucouleur*] el cambio era: "seis, siete esclavos por un caballo de poco valor" (Pereira, 1956: 1956: cap. XXVII, 99).

Los arabomusulmanes no solo consideraban a los negros como paganos, sino progresivamente como una raza inferior destinada a la esclavitud, tanto que la palabra árabe que designaba al esclavo, *abid*, se fue convirtiendo en sinónimo de negro (*zenj* era un término más vago, que hacía referencia a los "salvajes" y se utilizaba sobre todo en Arabia). La literatura árabe mediterránea de los siglos VIII y IX asociaba la piel negra con características personales negativas, como mal olor, fisonomía repulsiva, sexualidad desenfrenada, una cierta simpleza y falta de sociabilidad. La esclavización de los negros se entendía tan normal como la utilización de bestias de carga. A las mujeres, más numerosas, se las empleaba sobre todo como concubinas o como sirvientas. Un texto árabe del siglo XI distinguía las nubias, que unían "gracia, desenvoltura y delicadeza", las etíopes "graciosas pero frágiles", las *zenj* que son "feas y tienen mal carácter" y las zaghawas que son "todavía peores" (Ibn Butlan, citado en Lewis, 1982: 140-147). La política seguida fue relativamente asimilacionista y los mestizajes, aunque solo fuera por el concubinato y los harenes, bastante frecuentes: en la sociedad árabe, una gran parte de su descendencia acabó fundiéndose con la población, hasta el punto de que sus señas, a veces poco visibles, fueron relativamente ignoradas a lo largo de la historia hasta una época reciente.

La imagen trasmitida por los textos árabes es matizada, con diferencias muy nítidas de estatus social entre los pueblos negros. En Europa, el *Atlas catalán* de 1375, ofrecido seis años más tarde por el infante Juan de Aragón al joven rey de Francia Carlos VI (presentaba el mejor resumen de los conocimientos cartográficos de la época), mostraba unas ilustraciones en el mapa de África representando una serie de tipos humanos acompañadas de comentarios: un tuareg cubierto que conduce un dromedario en el Sahara occidental; un poco más al este, un pigmeo desnudo cabalgando una jirafa; un rey negro, en toda su gloria, que personifica en el África occidental el poder del oro del *kankan* Musa Mali, bien conocido por los viajeros árabes. Otro rey negro del atlas, situado en una isla mítica, más allá de la India, simboliza lo desconocido y reina (dice la leyenda del mapa) sobre "un pueblo distinto a todos los demás. [...] Son negros y carentes de razón. Se comen a los extranjeros siempre que pueden" (Sanders, 1978: 3-16)[16].

16. El atlas se atribuye al judío mallorquín Abraham Cresques, que disfrutaba de la protección de Pedro I de Aragón y que conocía a geógrafos árabes de su tiempo, de quienes obtuvo una parte de su saber.

El historiador Ibn Jaldún, que excluía de su desprecio a los soberanos del Sudán occidental, no era blando con sus vecinos de más al este: "Al sur del Nilo se encuentra un pueblo negro al que llaman Lamlam. Son paganos. [...] Integran la masa ordinaria de esclavos [de Ghana y de Tekrur] que son capturados y vendidos a los mercaderes para conducirlos al Magreb. Más allá, hacia el sur, no hay civilización propiamente dicha. Sus habitantes están mucho más próximos a los brutos que a humanos dotados de razón. [...] Con frecuencia se comen los unos a los otros. No se les puede considerar seres humanos" (Ibn Khaldûn, 1967: 118-119).

Estos relatos no eran nuevos, porque el historiador griego Heródoto ya los citaba en el siglo V antes de nuestra era. Pero, como científico prudente, distinguía lo que sabía de fuente segura (la existencia de Meroé en el sur de Egipto y la presencia de los negros o "etíopes", es decir, en griego, de "piel quemada") de los relatos que le contaban; a estos no les daba mucho crédito, más allá de que las fuentes del Nilo (que le dijeron que procedían de dos brazos distintos) se perdían en las arenas y en abismos profundos, y que toda expedición hacia el sur estaba condenada a morir de sed[17]. No hablaba, por el contrario, de los "monstruos" del sur de Libia, sino de bestias feroces, y, más allá del desierto, de pequeños hombres negros (¿pigmeos?) viviendo en una zona pantanosa en la que había una ciudad y un gran río discurriendo a sus pies de levante a poniente (se trataría quizás de un afluente del Níger)[18].

De "gentes monstruosas" hablaron también los primeros portugueses. Se suponía que practicaban un comercio silencioso en los confines del bosque occidental africano con comerciantes magrebíes o malinkés: cambiaban oro venido del sur por sal recogida en el desierto, rechazando todo contacto con los mercaderes. El comercio silencioso, descrito por Heródoto para caracterizar las relaciones comerciales entre fenicios y libios "más allá de las columnas de Hércules"[19] [estrecho de Gibraltar] era una práctica recordada todavía, 10 siglos más tarde, por el veneciano Alvise Ca'da Mosto y los portugueses Valentim Fernandes y Duarte

17. Así le habría sucedido a la tropa enviada a la conquista de Etiopía, el país de los hombres con piel quemada, a los que el calor, decía, volvió negros (idea retomada en el siglo XVII por el naturalista Buffon). La expedición estaba mandada por Cambises, hijo de Ciro, al que habían informado los ictiófagos de Elefantina (*Historia* de Heródoto, libro 3: *Talía*). Elefantina, donde se encontraban también los negros, marcaba, para Heródoto el límite sur de Egipto. Más allá solo se imaginaba arena, vientos calientes y el desierto.

18. Heródoto, *Historia*, libro 2: Euterpe.

19. Ibídem, libro 4: Melpómene.

Pacheco Pereira. Este pueblo de "gentes monstruosas", dueños de minas de oro, que rechazaban el contacto directo con sus vecinos, ha dado lugar a todo tipo de fabulaciones entre los viajeros y ha propiciado todo tipo de expediciones. En esta época antigua, antes del descubrimiento de las minas americanas, la casi totalidad del oro de la cuenca mediterránea que abastecía a Europa procedía del África subsahariana, de esa región que se llamaba entonces Sudán occidental[20]. Se han encontrado en Tadmekka, antigua ciudad caravanera del actual Mali, trazas de piezas de oro puro sin ninguna inscripción, que, según las fuentes árabes habían sido moneda de uso en África del oeste. Estos "dinares calvos", como se les denomina, fueron advertidos por unos arqueólogos cuando descubrieron moldes y crisoles, datados en el siglo IX, que servían para fabricarlos (Nixon *et al.*, 2011).

LA TRATA TRANSAHARIANA

En el mundo musulmán, los esclavos tenían los orígenes más diversos y todos los colores de piel, pero, con el transcurso de los siglos, el África subsahariana se convirtió en una reserva privilegiada. Desde finales del siglo VII a finales del XIX, los caminos y los métodos de la trata permanecieron estables en toda el África del oeste. Este extenso territorio abastecía al mundo magrebí desde Marruecos en el oeste y, hacia el este, a través del Mediterráneo y el mar Egeo, el Levante y el Imperio otomano, desde los Balcanes a Irán.

Numerosos gobernantes utilizaron esclavos como soldados o guardias negros. Algunos de ellos participaron en la conquista de la península Ibérica. Al sur del Sahara, las hostilidades provocadas por la extensión de las fronteras y el deseo de los araboberebères de controlar las rutas del oro y el emplazamiento de las salinas, en particular, las minas de Awlil y la pista que conecta Audagost con el reino de Ghana, dieron lugar a un elevado número de prisioneros a los que convirtieron en esclavos. En el siglo noveno, el historiador Al-Bakri (muerto en 1094) relataba que los traficantes musulmanes residentes en esta ciudad "poseían tantos esclavos que uno de ellos [podía] llegar a tener más de 1.000" (El Hamel, 2012: 119). Precisaba que las mujeres negras, buenas cocineras, costaban al

20. No confundir con el Estado moderno de Sudán, al sur de Egipto; designa una zona geográfica (el África subsahariana occidental).

menos 100 meticales[21], y muchas de ellas eran compradas para servir como concubinas.

Fue la conquista almohade la que garantizó la islamización definitiva de los bereberes e implicó la generalización, al final del siglo XI, del uso de soldados africanos en Marruecos. Rodearse de una guardia personal negra pasó a ser para los sultanes una tradición marroquí. Las fuentes indican que, en 1086, 4.000 soldados negros participaron en la gran batalla que permitió al ejército almohade, vencedor de Alfonso VI de Castilla, cruzar el estrecho de Gibraltar. En 1198, 30.000 negros armados con lanzas formaban la guardia personal del sultán Muhammad an-Nasir. Más tarde, tras el eclipse de los almohades en 1269 se reforzaron los lazos entre Mali y la dinastía bereber de los Meriníes (ibídem: 124).

Los esclavos varones fueron obligados a realizar duros trabajos en las plantaciones, en particular las de caña de azúcar, que los árabes aportaron al mundo antes que los portugueses la adoptaran en Madeira a comienzos del siglo XV y más tarde los castellanos en el último tercio del siglo (Dockès, 2009: 30-45). Sin embargo, valorado globalmente, su aporte productivo fue muy inferior al de la trata atlántica. Apenas se dio en el mundo medieval musulmán el equivalente a los inmensos latifundios de América donde trabajaban cohortes de esclavos. La agricultura permanecía, fundamentalmente, en manos de pequeños campesinos que cultivaban cada uno su parcela. La demanda se centraba principalmente en las mujeres. En efecto, las musulmanas libres trabajaban poco, se recurría a las mujeres esclavas para los trabajos domésticos, las distracciones (danza, música, etc.) o para ser concubinas; los dos tercios del comercio transahariano hacían referencia a mujeres o a niñas vendidas a título individual o en grupo bajo forma de tributo, impuesto o de donación.

¿Cuál fue el número de esclavos comercializados a través del Sahara? Es difícil, si no imposible, establecerlo con el estado actual de las investigaciones. Las estimaciones hechas hasta ahora llegan a duplicarse, en algunos casos, las unas a las otras. Un artículo relativamente antiguo, basado en datos poco seguros, los situaba entre los 10 y los 12 millones de los que la mitad corresponderían a la gran época magrebí, entre los siglos X y XV, y la otra mitad entre el XV y el XX (Austen, 1979). 1,5 millones de esclavos habrían muerto durante la travesía del desierto, larga y peligrosa. Un estudio más reciente se basa en la hipótesis de que los recuentos

21. En torno a una libra de metales preciosos.

hechos para el Sahara central hacia la mitad del siglo XIX eran bastante completos y permitían medir el tráfico de los siglos anteriores, si se le suponía relativamente constante. La organización que conectaba los diferentes mercados saharianos era sofisticada y estable: el orden de las caravanas, los procedimientos comerciales y las demás prácticas establecidas en el alba de la Edad Media no cambiaron apenas a lo largo de los años, al igual que las pistas y los actores que las controlaban. Todo esto aseguraba la existencia de una red de mercados en todas las direcciones: el Sahara, el Magreb y el conjunto de la zona saheliana y sudanesa. La única diferencia entre el siglo XIX y los periodos anteriores era el progreso de las técnicas, que es suficiente para hacer poco probable que las cifras demostradas para el siglo XIX hayan podido alcanzarse en periodos anteriores[22]. Estas cifras se basan en los informes anuales elaborados durante los años 1840-1850 por los agentes consulares británicos a partir de un número considerable de puntos de observación: además de la actividad de los grandes puertos costeros, en especial los de la costa libia, como Trípoli, Misrata o Bengasi (a los que deben añadirse Dema, Túnez y las pistas occidentales hacia Marruecos), se dispone de las estadísticas de paso por un gran número de oasis del Sahara central (como Gadamés o Murzuq). La única variante de importancia a través de la historia ha sido la rapidez con la que los comerciantes estaban dispuestos a modificar su ruta y a abrir nuevas pistas cada vez que las circunstancias lo exigían en función de factores de cambio diversos: medio ambiente, guerra, rebelión, control político o militar, ya sea durante la travesía del desierto o debido al cambio de las relaciones de fuerza al norte o al sur de este.

In fine, la valoración cuantitativa más reciente reduce las cifras a la mitad, estima el número de esclavos sometidos a la trata en unos seis millones en 10 siglos, lo que daría una media anual en torno a los 8.000 individuos contra al menos el doble que se planteaba antes (Wright, 2007). Decir también que estas cifras, aunque plausibles, son hipotéticas, tanto más cuando los viajeros árabes de los siglos pasados han sido poco prolijos en sus relatos sobre el tráfico, quizás porque era demasiado habitual a sus ojos para que lo consideraran digno de ser mencionado.

22. Contrariamente a las cifras muy elevadas propuestas para el periodo medieval por Raymond Mauny, el primer historiador que se interesó por esta evaluación (1963).

LA TRATA HACIA EL OCÉANO ÍNDICO

Fue también el caso de la trata oriental que abasteció de esclavos al océano Índico. El tráfico se estableció desde los comienzos de la islamización; se sabe que en 689, estalló una rebelión en Mesopotamia (Irak), en la región de Basora, donde los grandes trabajos de los Omeyas habían dado lugar a un importante movimiento de importación de esclavos *zenj*. Vivían en un clima húmedo propicio al paludismo y a las epidemias crónicas. Durante los siglos siguientes, el saneamiento de las ciénagas que cubrían la extensión situada entre los cursos inferiores del Tigris y del Éufrates y el acondicionamiento de esta región abundantemente irrigada requirieron de una muy numerosa mano de obra forzada. Ante estas condiciones de vida extremadamente penosas, los esclavos se revelaron varias veces más a lo largo del siglo IX. La revuelta más conocida, prolongada, masiva y mortífera (869-883) sacudió violentamente al bajo Irak y al Juzistán, causando enormes daños materiales y decenas de millares de muertos (según algunas fuentes árabes, entre 500.000 y dos millones) (Popovic, 1976). La amplitud de este movimiento puede explicar las resistencias posteriores del mundo arabomusulmán del medievo para recurrir a explotaciones con grandes concentraciones de esclavos. A partir de entonces, los esclavos fueron confinados preferentemente en el ámbito doméstico: harenes, eunucos, etc. (Trout-Powell, 2012). Sin embargo, en el siglo XIX, los sultanatos de Omán, en el sur de Arabia, y Zanzíbar, a partir de 1840, desarrollaron en las costas africanas y en las islas de Zanzíbar y Pemba grandes plantaciones destinadas a la exportación de clavo, de caña de azúcar, de sisal o de algodón. Para hacerlas posible, llevaron a cabo operaciones de pillaje de esclavos en el interior del continente.

El comercio de cabotaje esclavista, animado por los árabes y los indios, abasteció durante varios siglos a la India e incluso a China. La trata alcanzó su apogeo con la constitución del sultanato de Zanzíbar, que tomó en 1840 el relevo del sultanato de Omán.

Más aún que en el caso de la trata transahariana, las evaluaciones cuantitativas de la trata hacia el océano Índico son imprecisas. Las fuentes antiguas apenas contienen cifras, y, además, han sido insuficientemente explotadas por los investigadores árabes o swahilis, reticentes todavía a reconocer el carácter esclavista de la dominación ejercida por sus antepasados. Las cifras habrían sido un tanto subestimadas: más aún, un solo artículo establecía doctrina hasta hace poco, valorando el tráfico en aproximadamente cuatro millones de esclavos, de ellos casi la mitad antes del siglo XIX, y no tomando en cuenta los numerosos esclavos utilizados in situ a lo largo de ese siglo (Beachey, 1977). Ajustes recientes tienden a aumentar claramente las cifras anteriores al dominio omaní.

LOS ITINERARIOS AFRICANOS. RELATOS DE VIDA

Esta mundialización de las tratas da cuenta de otro proceso: el de la aceleración de las tratas internas en África que asumen, también ellas, un ritmo desconocido hasta entonces, afectando por primera vez a la casi totalidad del subcontinente, cruzándolo de parte a parte (véase el capítulo 11 sobre el siglo XIX). Se ha aludido en el capítulo anterior a la importancia de la esclavitud en las sociedades africanas. Lo que vamos a desarrollar aquí es su corolario imprescindible: la trata interna, es decir el comercio a larga distancia llevado a cabo en el interior del continente por los poderes y los comerciantes africanos para abastecer los mercados, sean estos internos o externos.

Se conocen los detalles del tráfico por los relatos de quienes lo padecieron pero salieron indemnes: los esclavos de primera generación en América, los únicos que pueden contar los recuerdos de su captura en África. Los relatos de la trata africana anteriores al siglo XIX se refieren casi todos a ventas hacia el Atlántico. Son más numerosos en inglés que en las lenguas latinas (francés, portugués, italiano o español).

Antes del siglo XIX, los relatos procedían, en su casi totalidad, de africanos instruidos en su país de origen que fueron capturados para ser vendidos como esclavos al otro lado del Atlántico. En la mayoría de los casos conocidos, se trata de notables, con frecuencia de traficantes de esclavos del mercado interno, que acabaron padeciendo los riesgos de su oficio. Se ha localizado el relato de al menos 75 esclavos arabohablantes, cuya vida ha sido contada por un testigo de lengua inglesa o directamente por ellos mismos (Austin, 1997). Se trataba de musulmanes, originarios del Sahel que hablaban y a veces escribían árabe. Sus relatos son tanto más reveladores en la medida en la que muestran a la vez la intensidad de la trata interna y también los evidentes lazos que se mantenían entre los traficantes (y a veces los esclavos) africanos del interior y el mundo exterior. Son también unos relatos algo tramposos en la medida en la que, hechos por africanos "de alto rango", esclavizados por error o por accidente, informan más sobre el medio esclavista africano que sobre la suerte miserable de incontables "sin voz", todos aquellos que no tuvieron acceso a la cultura que podía permitirles contar su infortunio. Estos relatos tratan, poco o mucho, los mismos temas: en las sociedades aristocráticas del África del oeste saheliana, los miembros de las clases dirigentes eran de confesión musulmana; esclavizaban a otros negros despreciados por no tener sus mismas creencias y los vendían en África o en otro lugar. La inseguridad inherente a su oficio se volvía peligrosa para estos mercaderes privilegiados cuando se aventuraban fuera del campo habitual de sus negocios, donde se arriesgaban a sufrir la suerte de sus víctimas. Sin embargo, como en la "carrera" mediterránea, la fortuna de su familia y sus relaciones interafricanas, internacionales incluso, les daban a veces la posibilidad de escapar al destino de esclavo mediante el rescate, es decir a cambio de otros esclavos. La práctica parece frecuente entre poderosos. Solía producirse en la costa africana; fue mucho más raro que se produjera el rescate de esclavos por parte de sus familias una vez llegados a América.

LO QUE NOS ENSEÑAN

Llama la atención la frecuencia de los actos de pillaje que, mucho más que las guerras regulares, estuvieron en el origen de las capturas de esclavos, salvo en el siglo XVIII, en el paroxismo de la trata, y en el siglo XIX, cuando al bandidismo se sumó la esclavización de los pueblos conquistados en las grandes yihads ("guerras santas") en el oeste y por los imperios dedicados a las razias en otras partes (Msiri de Katanga, Rabah de Bornu, etc.), todos grandes "productores" de esclavos. Cualquiera que fuese el origen de su apresamiento (bandolerismo o guerra), los esclavos acababan por llegar a mercados especializados donde cualquiera podía acudir para proveerse de mercancía humana. Uno de los grandes mercados del África occidental fue el de Salaya, situado en la actual región central de Ghana, creado por un jefe mandinga en el siglo XVI y dominado desde 1744 por el reino ashanti (Bailey, 2005: 84-85).

La mayoría de los relatos de esclavos afirman que vieron por primera vez hombres blancos cuando llegaban a la costa. Ahora bien, cierto número de ellos la alcanzaba tras un viaje de varios meses, incluso de varios años, si habían sido vendidos una y otra vez, a lo largo de distancias de 300 a más de 1.000 kilómetros, procedentes del Sahel o del corazón del África central. Junto a viajes extraordinarios de los que hablaremos a propósito del *middle passage* hacia América, tenemos relatos más prosaicos que describen los sufrimientos cotidianos de los esclavos tras su captura africana. Un esclavo del que se ignora su nombre pero cuya historia ha sido recogida expone algunos de estos horrores que comienzan en África: tuareg raptado en el Sahel (probablemente en el actual Mali) para guardar las cabras y los camellos de sus amos, fue llevado hasta el río Gambia. Allí vio a tres niños pequeños arrancados de los brazos de su madre para ser arrojados por la borda, y pudo ver los sufrimientos y la muerte de numerosos esclavos debida al calor, a la falta de alimentos o al peso de las cargas que se les obligaba a transportar (Austin, 1997: 34-35). El más célebre de los relatos autógrafos es el de Olaudah Equiano, que ya hemos mencionado, y cuya primera versión apareció en 1789 en el marco de la lucha antiesclavista (véase el capítulo 5). Otro caso del que volveremos a hablar (en el capítulo 8), porque volvió más tarde a África para retomar su negocio esclavista, es el de Hyuba (Ayuba), nacido en torno a 1702 en una familia noble del Bundu, en la confluencia del Senegal y el Faleme (Senegal oriental)[23]. Su padre, un musulmán peul cultivado, le había dado formación para que ayudara como imam desde los 15 años. La primera esposa de Hyuba era hija de un jefe religioso (*alfa*) de Bambuk, país del oro cerca de las fuentes del Senegal, y la segunda (con la que se casó hacia 1729) era hija del *alfa* de Damga. Como en muchas familias musulmanas de la región, sus actividades se repartían entre deberes religiosos y asuntos comerciales. Hyuba, cuyo nombre de esclavo pasó a ser Job, era un cultivado mercader de esclavos. Fue por esta razón por lo que su padre le puso a cargo de una expedición al Atlántico enviándole al río Gambia en febrero de 1730, a unos 350 kilómetros de su residencia de Bundu. Había previsto vender a dos "negros" —es decir, que no eran ni peuls, ni musulmanes— a cambio de un cargamento de papel y otros

23. Su historia fue escrita por Thomas Bluett a quien conoció en América en 1731, y que tituló su obra *Some Memoirs of the life of Job, the son of Solomon the high priest of Boonda in Africa; who was a slave about two years in Maryland; and thereafter being brought to England, was set free, and sent to his native land in the year 1734*, Londres, R. Ford, *Some Memoirs of the life of Job, the son of Solomon the high priest of Boonda in Africa; who was a slave about two years in Maryland; and thereafter being brought to England, was set free, and sent to his native land in the year 1734 1734*. Reproducido en internet: http://docsouth.unc.edu/neh/bluett/bluett.html.

suministros transportados por un navío inglés, con la recomendación de no cruzar el río por la presencia, en la otra orilla, de mercaderes de esclavos mandingas. Sin embargo, las cosas no marcharon bien y el joven asumió el riesgo de cruzarlo para cambiar sus esclavos por unos bueyes. No fue una buena idea: siete u ocho hombres se apoderaron de él y de su acompañante y los vendieron a un capitán llamado Pike, el mismo al que Job había intentado, unos días antes, venderle sus esclavos. Pike le permitió avisar a su padre para conseguir el rescate, pero solo le dejó una semana para negociar su liberación. Job supo después que su padre había enviado varios esclavos para intentar un intercambio y había hecho una operación punitiva contra los mandingas. Pero, mientras tanto, su compañero y él fueron embarcados con destino a América.

En cuanto a Abd ar-Rahman, otro peul de Futa Yalon (que era una región de comercio de esclavos), había nacido en torno a 1762 en Tombuctú, fue capturado con 26 años y embarcado en el río Gambia en una chalupa negrera. Su padre, Ibrahima Yoro Pate Sori, un conocido *almany* (jefe peul a la vez religioso, militar y comerciante), apodado Maudo, o el Grande, como resultado de su implicación en las guerras de conquista llevadas a cabo desde 1720 contra los pueblos paganos de las tierras altas. En 1770 estaba a la cabeza de una provincia bien armada y organizada en la que los esclavos se empleaban en la producción de los campos o se les enviaba para la trata a la costa atlántica. Abd ar-Rahman había sido, igual que sus hermanos, instruido en los diferentes centros culturales de la región, en su ciudad de Timbo, también en Yenné (o Macina) y en Tombuctú. Escribía árabe y hablaba bambara, mandinga y dialonké. Sin embargo, al no ser el mayor, le esperaba una carrera más militar que religiosa. Desde los 22 años había conducido yihads, en algunas ocasiones a la cabeza de 2.000 guerreros, para mantener activo su comercio de esclavos. Su última expedición tuvo un resultado fatal: con 50 de sus caballeros, cayó en una emboscada en un paso estrecho de montaña, preparada por "Hubú" de quien no se sabe si era musulmán o no. Como sucedía habitualmente con estas capturas, tras un largo viaje, fueron conducidos hasta el río Gambia donde Abd ar-Rahman no encontró ningún compatriota que pudiera pagarle por adelantado el rescate. No pudo hacer otra cosa que aceptar el destino que le conducía a América.

La historia de Ali Eisami es ejemplar porque ilustra la conexión entre la esclavitud doméstica y la esclavitud de trata. Ali Eisami pasó permanentemente de un estatus al otro, y no llegó a la costa hasta una decena de años después de su apresamiento, no lejos del lago Chad, tras haber cambiado varias veces, a merced de las circunstancias, de dueño africano. Había nacido en Bornu hacia 1794, hijo de un notable musulmán *mallam*, es decir, maestro de una escuela coránica. Ali fue enviado a la escuela a los siete años y saldría de ella cuatro años después sabiéndose de memoria el Corán. Su adolescencia fue un periodo de desgracias marcado por una hambruna que siguió a una plaga de langosta, más tarde la peste y por último por la guerra provocada por la conquista peul. Su padre tenía previsto casarle cuando cumpliera 20 años, pero el año anterior, los peul les expulsaron de su tierra y les obligaron a refugiarse en la capital. La familia fue expulsada de nuevo por la guerra; se encontró huérfano y fue recogido por un amigo de su padre en un poblado vecino. Allí, tres años más tarde (tenía entonces en torno a 25 años), cuando caminaban hacia otro poblado, él y otro de sus compañeros fueron apresados por siete peul que les encadenaron y los vendieron más tarde a un hausa, que tres semanas después los condujo cerca de Kano donde los guardó tres meses. De allí, pasaron unas semanas después a Katsina, más tarde a Yauri, donde su dueño volvió a venderlos. Ali solo pasó una semana con este nuevo amo, que lo traspasó más al sur a un yoruba que lo retuvo cuatro años. Cuando se inició una nueva guerra y con el fin de evitar que Ali aprovechara los desórdenes para escapar, su amo volvió a encadenarlo y fue conducido por sus hijos cerca del puerto de Porto Novo, en la laguna, donde lo vendieron a unos blancos (Smith y Gubio, 1997).

LA TRATA AFRICANA DE MUJERES

Raptar mujeres extranjeras o comprarlas para convertirlas en concubinas esclavas fue una de las constantes de las jefaturas territoriales a menudo en estado de guerra contra sus vecinos, sobre todo en los periodos de precariedad, frecuentes, en los que las crisis demográficas debidas a la conjunción de hambrunas y desordenes hacían necesario el aumento del número de mujeres en edad de procrear. Estas situaciones se daban sobre todo con sistema matrilineal, el más extendido en los tiempos antiguos, porque en el caso de separación o de muerte de una esposa con estatus libre, sus hijos volvían al linaje materno. Un hombre poderoso estaba interesado en contar con un harén de esclavas que le dieran hijos cuya dependencia tendría garantizada. Esto era importante porque un hombre rico era aquel que podía acumular un número grande de hijos y de esclavos (Memel-Fotê, 2007: cap. VIII). Es una costumbre que ha perdurado como lo atestigua la autobiografía dictada en 1950 de una mujer hausa del norte de Nigeria, Baba de Karo: "Cuando un hombre libre compraba una esclava, daba dos esclavos varones a cambio; la convertía en su concubina pero nunca en su esposa. Cuando tenía hijos de él, quedaba libre [...]; pero una concubina que había tenido hijos casi nunca se marchaba [...]. Llamábamos al hombre que la compraba y que la hacía su concubina su 'padre': ella le pertenecía" (Baba de Karo, 1954: 16-17).

CAPÍTULO 3

LA CULTURA LUSOAFRICANA (SIGLOS XV-XVII)

Entre el siglo XV y el XVII, la trata portuguesa estuvo en el origen, por numerosos aspectos, de cinco siglos de migraciones forzosas de África hacia la Europa del sur y después hacia América. Los comerciantes portugueses controlaban los circuitos entre África occidental y Europa y después los trasatlánticos hacia la América española. A partir de 1640, fecha de la separación entre Portugal y España, empeñaron sus esfuerzos en el Atlántico sur y el comercio directo entre Angola y Brasil. Si los siglos XV y XVI no fueron aquellos en los que se transportó el mayor número de esclavos, fueron, sin embargo, siglos fundadores en lo que se refiere al establecimiento de rutas, redes, alianzas y modalidades de trata.

EL CRUCE DE CULTURAS

En un primer momento, tras la captura de algunos esclavos que fueron llevados a Portugal, el infante Enrique (llamado Enrique el Navegante) ordenó detener la trata de esclavos, porque buscaba sobre todo oro; quería, además, cristianizar la zona, lo que se hizo, como atestiguan los restos que se conservan a lo largo de la llamada Pequeña Costa, al sur de Dakar. Sin embargo, los portugueses no pudieron cristianizar más que a una pequeña parte del pueblo, que continuó siendo animista. El espacio atlántico se reducía entonces al espacio lusoafricano, porque América no fue "descubierta" hasta casi un siglo más tarde.

A comienzos del siglo XV, la progresiva llegada de portugueses cambió la situación sin transformarla radicalmente. En 1415, bajo el impulso del príncipe Enrique el Navegante, los portugueses se asentaron en África: en Ceuta, a orillas del Mediterráneo. Desarrollaron una navegación costera y entraron en contacto, de forma relativamente pacífica, con los principados del litoral. Estaban interesados, igual que sus socios, porque hacían un comercio de puerto en puerto, llevando quincallas europeas y abasteciendo a tal o cual jefe local de esclavos, productos alimenticios y otras mercancías. Instalados ya en Madeira, se establecieron a mediados del siglo XV en Arguin, pequeña isla situada frente a la costa marroquí, donde recogían cada año en torno a un millar de esclavos, intercambiados a razón de una decena por un caballo. Las bulas del papa Nicolás V, de 1452 y 1455, autorizaban a la Corona de Portugal a expropiar los bienes de "musulmanes, paganos y negros" y convertirlos en esclavos (Mudimbe, 1988: 45). Los portugueses fueron autorizados a construir, a lo largo del litoral marroquí, depósitos fortificados que eran zonas francas cosmopolitas donde se codeaban mercaderes cristianos, judíos, musulmanes y bereberes, que intercambiaban cereales, textiles, oro, cobre, sillas de caballo, pescados y, naturalmente, esclavos. Judíos y bereberes sobre todo, pasaron a ser correas de transmisión comercial entre cristianos y musulmanes dado que eran reconocidos como tales a la vez por el sultán de Marruecos y por el rey de Portugal. Ahora bien, los bereberes (o moros), empujados por los árabes, descendieron progresivamente hacia el sur y se instalaron en la frontera entre Marruecos y Mauritania. Fueron ellos quienes iniciaron a los portugueses en la trata negrera. Valentim Fernandes dice que fue a la altura del Río de Oro, en el sur de Marruecos, donde los portugueses iniciaron su tráfico de esclavos y de oro (de ahí el nombre dado al *wadi*[24]) capturando a algunos "indígenas" (Fernandes, 1938: 45). El cronista Gomes Eanes de Azurara (muerto en 1474) explica que uno de ellos, de nombre Adahu, era un bereber (blanco) que convenció al capitán portugués de que lo liberara, así como a otros dos cautivos, a cambio de cinco o seis esclavos negros. Finalmente, Adahu logró huir pero los otros dos fueron cambiados por 10 esclavos negros, hombres y mujeres, una cierta cantidad de polvo de oro, plumas

24. [N. del T.] Rambla, curso de agua estacional en el desierto.

de avestruz y un escudo de piel de vaca (ibídem: 57): dicho de otro modo, los bereberes sirvieron de mediadores a los portugueses.

La progresión portuguesa a lo largo de la costa africana se produjo de manera regular, cada año los navíos avanzaban un poco más al sur; doblaron el cabo Bojador en 1434, al sur de la costa marroquí, frente a las islas Canarias (alcanzadas el año anterior). Se produjo tras 12 años de preparativos y de reiterados fracasos. Los portugueses, en la cercanía del desierto, temían que más allá el agua entrara en ebullición. Se contentaron durante varios años en bordear las costas saharianas desérticas, recorridas solamente por algunas tribus de moros nómadas, descubriendo progresivamente el estuario del río Senegal al que llegaron en 1445. Diez años más tarde, el señor veneciano Alvise Ca'da Mosto, al servicio del rey de Portugal, visitó la costa y dejó una viva descripción del reino wolof (que él llama Gilofes); aludió también a la existencia de un país tucoror y del reino de "Gambra" (Gambia)[25], con sus poblados de paja y su ganado (vacas y cabras), sus cereales (mijo), legumbres y habas. Los portugueses supieron muy pronto de la poligamia, del islam, presente entre los negros igual que entre los moros blancos, así como de las prácticas animistas. Descubrieron, además, que el país producía vino de palma y aceite de cacahuete, que se vendía en el mercado, así como mucho algodón, que utilizaban los artesanos para hacer paños con los que cubrirse. Por otra parte, el pillaje de las comarcas vecinas era frecuente; permitían la captura de esclavos a los que cambiaban en los mercados locales por caballos y otros productos llevados allí por los árabes. Los portugueses supieron, pues, muy pronto, que la esclavitud y la trata se daban en las proximidades de la costa atlántica antes de su llegada. Pronto, gracias a las mercancías que llevaban, pudieron también proveerse de esclavos.

La historiografía acostumbra a distinguir el "sistema mediterráneo" (magníficamente estudiado por Fernand Braudel (1949) del "sistema atlántico", sin tener suficientemente en cuenta los múltiples lazos que unen el uno con el otro. António de Almeida Mendes (2010) ha puesto de manifiesto que no hay ruptura entre ellos, sino todo lo contrario. Se trató de un proceso dinámico en el que fueron evolucionando y adaptándose tanto los socios europeos como los africanos. Los africanos del norte, en particular,

25. Alvise Ca'da Mosto exploró la costa africana entre 1455 y 1463. Su diario de viaje, redactado en los años 1460, se publicó en Milán en 1507-1508 con el título *Navigatio ad terras ignotas*. Véase Verdier, 1994.

eran entonces socios de pleno derecho, y, desde la Edad Media, corso y trata entre árabes y europeos hicieron afluir esclavos a la zona mediterránea, especialmente por Sicilia. En el siglo XV, este comercio, estaba ya controlado por catalanes instalados en Siracusa que exportaban trigo de retorno, y por comerciantes árabes que vendían esclavos llegados a través del Sahara y enviados a la península Ibérica, al norte de Italia y al sur de Francia (Fiume, 2010: 270). Egipto participó también en este comercio internacional.

Esta conexión entre el Atlántico y el Mediterráneo se llevó a cabo porque los italianos (florentinos, venecianos, genoveses) entraron al servicio de los reyes de Portugal. Lagos, en el Algarve, y después Lisboa se convirtieron, en Portugal, en puertos ineludibles. La adopción en el Atlántico del comercio de esclavos posibilitó el nacimiento de ricas dinastías de mercaderes, entre ellas la familia del florentino Bartolomeo Marchionni, que obtuvo de Fernando de Aragón, en 1480, el monopolio del aprovisionamiento de esclavos negros para esta provincia. Entre 1486 y 1493, hizo llegar a Lisboa 3.589, de los que las tres cuartas partes fueron enviados a Valencia. Más adelante, sus herederos exportaron más de 1.500 esclavos para las haciendas canarias y también hacia la isla caribeña de La Española (Haití). El papel de los banqueros italianos en la formación del sistema esclavista atlántico no ha sido suficientemente estudiado. Ahora bien, en las redes ibéricas de la trata pueden encontrarse genoveses y florentinos, así como flamencos, castellanos, portugueses, judíos y conversos o cristianos nuevos que controlaron la trata hasta 1640 (De Almeida Mendes, 2008).

LA IMPORTANCIA DEL ORO

Lo que buscaban los portugueses era oro. Ignoraban todavía que procedía de las minas situadas entre el río Senegal y su afluente Faleme, en el alto Senegal, y en el interior de la actual Ghana, pero estaban ya remontando en barco el río Gambia, donde incrementaron el comercio. El oro era la materia prima más buscada por el comercio a lo largo del Atlántico (Miller, 2009: 7-9). Alcanzaron la Costa de Oro en 1460. El famoso fuerte de San Jorge de Mina (São Jorge da Mina) se construyó en una isla cercana a la costa en 1486 (la futura Elmina que sería ocupada por los holandeses en 1637). Se dedicaron 10 carabelas al comercio del oro que se cambiaba por telas de seda, de lana o de lino y se enviaba cada año a

Portugal. Los africanos que vendían oro a los portugueses se lo procuraban en el interior del país a cambio de esclavos. De entrada, la irrupción de los portugueses en los negocios africanos multiplicó por 10 los intercambios anteriores. Gracias a sus carabelas, que tenían muchas mejores prestaciones que las piraguas y cuyas bodegas llenaban de esclavos, jugaron un papel interregional de intermediarios entre africanos productores de esclavos —en la costa de Dahomey, del reino de Benín (actual Nigeria meridional), y después del reino Kongo— y africanos consumidores de esclavos de la Costa de Oro, donde los akans[26] los necesitaban para conseguir el metal precioso que revendían a los portugueses. A veces la demanda africana de esclavos era tan fuerte que la factoría portuguesa no llegaba a satisfacerla. Sucedía que los comerciantes, venidos de lejos, se veían obligados a prolongar su estancia en la costa a la espera de la posible llegada de navíos negreros con mercancías, el viaje desde Santo Tomé ocupaba una veintena de días[27]. Hacia 1500, San Jorge de Mina se había convertido en un importante lugar de concentración y de redistribución de esclavos, reuniendo hasta 5.000 o 6.000 seres humanos capturados o comprados en las costas vecinas a cambio de cauris (conchas de pequeño tamaño cogidas en el océano Índico que, además de sus funciones ornamentales, servían como moneda imposible de falsificar), de abrazaderas (brazaletes) de latón y de cobre, perlas de Venecia, gorros rojos, paño del Franco Condado, estopa de cáñamo, satén verde de Brujas, telas de Ruán y de Bretaña, etc.[28]. Este tráfico entró en declive hacia mediados del siglo XVI. Costa de Oro hasta poco antes importadora de esclavos que le servían para comprar oro producido en el interior, se convirtió en exportadora de esclavos hacia Portugal (véase el capítulo 4).

Esta esclavitud negra europea, olvidada durante largo tiempo por los historiadores, era ya importante y ganó mayor amplitud durante el periodo 1441-1505, que vivió la expansión paralela de la caña de azúcar, por todos aquellos sitios en los que pudo adaptarse, en las islas mediterráneas y atlánticas. El total de los esclavos importados en Portugal y, desde ahí, al resto de la península Ibérica se elevaría a más de 150.000, número

26. Los akans son los pueblos de lengua akani que dieron lugar paulatinamente a los fantis y a los ashantis de la Costa de Oro.

27. Carta de Lope Soarez, capitán de San Jorge de Mina, 1497, citada en Ballong-Wen-Mewuda, 1985.

28. Ibídem.

que se duplicará en el curso del siglo XVI (Stella, 2000: 64). Los recuentos llevados a cabo en torno a 1550 indican que había entonces más de 10.000 negros y mestizos en una población lisboeta calculada en 100.000 habitantes (De Almeida Mendes, 2013).

Las cifras de exportación anual por factoría africana iban de unos pocos centenares de esclavos a mediados del siglo XV a 3.500 en las dos últimas décadas del mismo siglo; eran todavía de 2.000 a 3.000 anuales en el siglo XVI. El *fermier général* João Brando escribía en 1552 a propósito del mercado de Lisboa: "Hay 60, 70 mercaderes de esclavos que compran para revender [...] y además de a los caballos se dedican a los esclavos y con ellos hay siete u ocho intermediarios extranjeros que se hacen también intermediarios de esclavos" (citado en Stella, 2000: 63-64).

Antes, al menos desde el siglo XII, los esclavos negros llegaban a la península Ibérica vía Mediterráneo, tras haber atravesado el Sahara. La asunción del tráfico por parte de los portugueses multiplicó su número. Se les "consumía más que utilizarlos" (ibídem: 94-95) como remeros en galeras, marineros para cualquier oficio en carabelas, mineros, u obreros en arsenales, fortificaciones o caminos. Muchos estaban en el servicio doméstico y en pequeños oficios urbanos relacionados con la artesanía y la venta ambulante, que su salario, muy bajo o inexistentes, hacia extraordinariamente baratos. Los archivos proporcionan un cierto número de ejemplos. Así, en 1589, nueve "esclavos negros" fueron comprados en Lisboa para trabajar en la fábrica de moneda de Segovia. Al cabo de solo unos pocos meses, uno de ellos se escapó, cinco murieron, y los tres restantes fueron revendidos en 1590. También se han estudiado 16 ventas públicas de moriscos realizadas entre febrero y mayo de 1571 en el mercado de esclavos de la ciudad de Granada. En cada una de estas ventas se mostraban 10, 20, incluso 100 esclavos, se gritaban sus precios iniciales y se iniciaban las pujas; se adjudicaban finalmente al mejor postor (ibídem: 95).

Vender esclavos era por tanto una práctica corriente en la península Ibérica. Sin embargo, había que ser rico para poder pagarlos. Pocos tenían los medios, como el rey, para encargar a un comerciante portugués "100 negros para la fábrica de las minas de Guadalcanal, a 72 ducados de oro cada pieza (ibídem: 98)". Este mercado de esclavos inducía numerosas actividades económicas ejercidas por importadores y agentes locales, recaudadores de impuestos o incluso notarios que registraban las actas de venta y por tanto de propiedad[29]. Los archivos muestran hasta qué punto la operación se banalizaba y el mismo término de "esclavo" se sustituía con frecuencia por el de "negro" o el de "pieza"; puede leerse también que es imposible distinguir "un mulato del color del membrillo cocido" de una "becerra de color castaño claro" o de una "mula de color negro" (ibídem: 100-101).

EL PAPEL FUNDADOR DE LAS ISLAS DE CABO VERDE

Desde su llegada, en los años 1440, los portugueses trataron directamente con los wolofs de la costa senegalesa, tal como hacían los árabes y los bereberes saharianos, que les servían además como intermediarios con los soberanos de Mali proveedores de esclavos (Ca'da Mosto, 1994; citado en El Hamel, 2012: 136). Ocuparon a continuación las islas meridionales hasta entonces desiertas (las de Cabo Verde y de Santo Tomé). Pero se encontraron rápidamente con la competencia de los españoles (de Cádiz o de Jerez), de los genoveses y, un poco más tarde, de los ingleses. Marinos y comerciantes importaron mujeres esclavas a estas islas procedentes de las costas de Senegambia o de Guinea, lo que dio lugar muy rápidamente al nacimiento de una sociedad criolla mestiza. Los intercambios comerciales entre las islas y el continente se hicieron bilaterales, con intereses cruzados entre sus socios, fuesen africanos o portugueses. En esta sociedad criolla muchos eran conversos o "cristianos nuevos", judíos y musulmanes convertidos a la fuerza. En efecto, algo más de la mitad de los portugueses eran entonces "cristianos nuevos" (Studnicki-Gizbert, 2007: 11), que habían sido desterrados de la península Ibérica por la reconquista católica, aunque al mismo tiempo la religión judía había gozado de bastante tolerancia en el antiguo reino de Granada. Dado el número de esclavos que desembarcaban en Portugal, la Inquisición (instituida en España en 1478) estableció un control minucioso que se extendió a las islas donde actuó permanentemente para detectar y castigar a los judíos ocultos (de ahí el interés que para los historiadores tiene analizar los numerosos procesos entablados por esta causa). La represión alcanzó su apogeo durante la unificación de España y de Portugal (entre 1580 y 1640).

La mayor parte de los judíos de la diáspora portuguesa eran pobres. Originarios mayoritariamente del Algarve, la región más meridional y

29. Abundan informes y archivos que permiten reelaborar de forma muy precisa la historia de la esclavitud ibérica. Véase ibídem: 100-101.

más cálida de Portugal, y habiendo vivido hasta entonces en simbiosis con los árabes supervivientes de la caída de Granada (1492), buscaban emigrar hacia zonas de clima similar: la costa marroquí, el resto del norte de África y los archipiélagos de Canarias y Cabo Verde. Entre ellos había una minoría de financieros y hombres de negocios que jugaron un papel importante en la trata de esclavos. Es difícil calcular cuántos fueron los nuevos colonos de Cabo Verde. Una treintena, como mucho 50 de entre ellos, constituían en la segunda mitad del siglo XVI la burguesía de negocios caboverdiana. Probablemente, la mitad de ellos estaba integrada por "cristianos nuevos", siempre sospechosos para la Inquisición de no haber renunciado a su religión primitiva.

"Cristianos nuevos" o no, los portugueses aprendieron a sobrevivir mezclándose con sociedades africanas, muy diferentes según los lugares, que fueron progresivamente descubriendo. Los africanos comprados al fondo del golfo de Benín, desde las costas actuales de Camerún a las de Angola, en el siglo XV y comienzos del siglo XVI, fueron inicialmente utilizados como esclavos en las islas del entorno. Fuera de Portugal, fue sobre todo en las islas de Cabo Verde y después en las de Santo Tomé y Príncipe donde los portugueses instalaron sus primeros esclavos. Se favoreció el mestizaje de la población: todas las mujeres eran africanas, esclavas traídas del continente, los hombres portugueses o esclavos. Las culturas que surgieron en estas islas fueron de entrada "atlánticas" (mestiza en Cabo Verde, esclavista "a la americana" en Santo Tomé). Fue una excepción en África.

Puede reconstruirse la evolución del avance portugués en África. Los contactos lusoafricanos, centrados inicialmente en Cabo Verde, no cesaron de aumentar hasta generalizarse más tarde, en el siglo XVI, a lo largo de la costa africana, entre Senegal y las Riberas del sur (actual Guinea). Se establecieron relaciones con los principados y las jefaturas locales implicados en el comercio de esclavos; estaban en competencia los unos con los otros para establecer su dominio sobre la región. A partir de aquí se puede hacer a la par la historia detallada de las modalidades de la trata y de los resortes políticos internos de las sociedades africanas, centrándose en la constitución de una cultura común lusoafricana, que ha dejado huellas profundas[30], como lo muestra, por ejemplo, la estupefacción de los comerciantes ingleses y franceses cuando, recién llegados a partir del

30. El tema ha sido introducido de nuevo por De Almeida Mendes, 2004.

MAPA 1

LAS NAVEGACIONES PORTUGUESAS DE 1410 A 1500

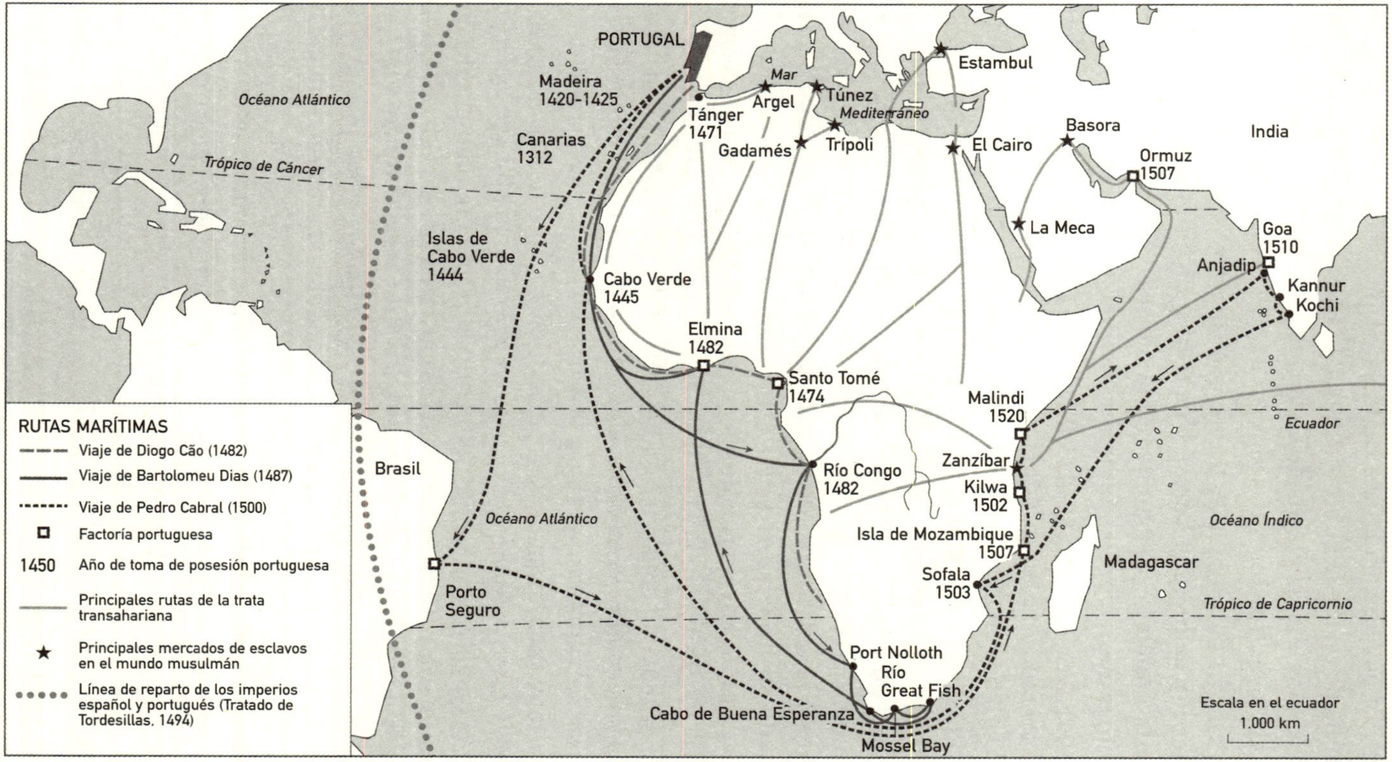

FUENTE: DORIGNY Y GAINOT, 2006.

siglo XVII, escucharon en el corazón de Senegambia a unos africanos explicarles que "ellos eran portugueses"[31].

En el siglo siguiente, la confluencia entre Portugal, África y América se hace, vía Brasil y gracias a la caña de azúcar. Esto no impidió a los portugueses continuar abasteciendo de esclavos a la península Ibérica hasta 1761, fecha de un edicto que prohibía la entrada en los territorios metropolitanos de esclavos negros originarios de las colonias. Un segundo edicto, en 1773, declaró libres a los negros y a los "mulatos" presentes en Portugal cuyos padres no hubieran conocido la esclavitud en las cuatro generaciones anteriores. Estas dos reformas condujeron a la erradicación de las "servidumbres indecentes", que se perpetuaban según el "principio de que los vientres de madres esclavas no podían dar hijos libres". Se completaron con la abolición del estatuto de liberto y por la abrogación de la diferencia entre cristianos y "cristianos nuevos"; estas medidas respondían, entre otras, a las protestas de los trabajadores portugueses a los que preocupaba la competencia de los esclavos. Apuntaban explícitamente, a dirigir la trata portuguesa hacia Brasil (descubierto en 1500) donde los primeros esclavos, desembarcados en el siglo XVI, originarios de Senegambia, eran musulmanes. No supusieron, sin embargo, la desaparición de la esclavitud, aun presente en el siglo XIX en el reino de Portugal, donde centenares de esclavos siguieron llegando clandestinamente procedentes de las colonias, mientras que las cláusulas de la pureza de sangre permanecieron mucho tiempo en vigor (De Almeida Mendes, 2013)[32].

LA ECONOMÍA DE PLANTACIÓN

En paralelo con la cultura mestiza apareció en África la economía de plantación azucarera esclavista (Popovic, 1976). La caña de azúcar se importaba desde Persia y desde la India, donde se daba en estado salvaje en el delta del Ganges. Su cultivo lo habían hecho hasta entonces los arabomusulmanes bajo la forma de plantaciones en las que trabajaban esclavos negros, especialmente en la cuenca húmeda de la región de

31. "They reckon themselves still as well as if they were actually white", Moore, 1738, citado en Mark, 2002: 1-18.

32. Las reformas sociales son también un corolario de la catástrofe de 1755 (terremoto y tsunami en Lisboa), que contribuyó a cuestionar el orden social caduco y corrompido del reinado.

Basora, entre el Tigris y el Éufrates, y más tarde en el Egipto medieval. A finales del siglo XVI, el sultán al-Mansur, tras la toma de Tombuctú (1591), haría construir en el sur marroquí, en la región del Sus, "unas refinerías grandes como pirámides" (Le Tourneau, 1977: 52)[33], relanzando de esta forma la industria del azúcar (considerada en Europa desde las Cruzadas como un producto de gran lujo), gracias al oro y al trabajo de los esclavos conseguidos en gran número tras su victoria, incluida la explotación de esclavos europeos, productos del corso mediterráneo (Berthier, 1966; Abitbol, 1979: 42-43; El Hamel, 2012: 152-154).

La caña de azúcar se extendió después por las islas del Mediterráneo, pasando de Chipre a Creta, dominada por los venecianos desde 1205, y más tarde a Sicilia. La reconquista de la península Ibérica permitió a los cristianos apoderarse de las plantaciones árabes de Baleares (1229), después de Valencia (1238) y por último del antiguo reino de Granada (1492). El papel de los portugueses, que introdujeron el cultivo esclavista de la caña en el Algarve a comienzos del siglo XV, fue el de aclimatar la planta y el sistema de plantación servil en las islas del Atlántico, frente a las costas occidentales africanas. Madeira, descubierta en 1418, acogió sus primeras plantaciones en 1450. Las Canarias, conquistadas a su vez por los españoles en 1477, se dedicaron a las plantaciones azucareras, pero las islas portuguesas de Cabo Verde, descubiertas en 1455, eran demasiado secas para poder hacerlo. Por el contrario, la isla de Santo Tomé, descubierta en 1472, se convirtió en el centro principal de experimentación de las plantaciones azucareras esclavistas antes de su exportación hacia América.

Hasta entonces eran indistintamente esclavos blancos o negros los que trabajaban en las plantaciones mediterráneas. El sistema esclavista estaba muy extendido en Europa occidental, donde se había reforzado tras la peste negra de 1347, que hizo desaparecer a más de dos tercios de la mano de obra. Las ciudades italianas se abastecían de esclavos tanto al este como al sur. Muchos esclavos procedían de los Balcanes, de los Cárpatos o de las estepas rusas, conducidos hacia las factorías venecianas y genovesas del mar Negro. Sin embargo, este mercado se agotó para los cristianos con la conquista de Constantinopla por los turcos en 1453 (Dockès, 2009: 45) y supuso una recuperación de los intercambios con el

33. León el Africano, que escribió en el siglo XVI, ha confirmado la utilización de esclavos negros en esta región.

mundo arabomediterráneo, además de un acceso renovado al comercio transahariano de esclavos negros. No obstante, esta vía, muy costosa, fue abandonada con el comienzo de la trata atlántica, que desarrolló en occidente el sistema conducente a hacer de los negros herramientas de trabajo.

Hacia 1506, 2.000 esclavos estaban establecidos, de manera permanente, en Santo Tomé. En 1540 eran 5.000 o 6.000, comprados todos ellos a los jefes costeros africanos, procedentes del delta del Níger y fundamentalmente de Kongo. Los plantadores de Santo Tomé y sus expediciones a la costa angoleña para conseguir la mano de obra necesaria en sus plantaciones aceleraron la decadencia del reino de Kongo, más que los agentes comerciales establecidos en Loanda[34], que mantenían relaciones más bien corteses con el rey del país. En Santo Tomé, las primeras plantaciones fueron trabajadas por los propios portugueses. Sin embargo, a partir de la primera generación, igual que en Cabo Verde, el mestizaje fue importante. Algunos mestizos, así como algunos negros libres, llegaron con los colonos y formaban parte, por tanto, de los primeros ocupantes (Batista de Sousa, 2010: 28-49)[35]. Un testigo de la época nos muestra que, en Portugal, un cierto número de negros emancipados frecuentaba desde 1494 algunos seminarios donde recibían educación religiosa y aprendían a leer y a escribir en latín. El objetivo era enviarlos a Santo Tomé como intérpretes o misioneros. Así ocurrió con João Menino, un negro enriquecido, que contó en 1520 cómo había llegado a la isla con los primeros portugueses tras haber sido embarcado en la costa africana, y cómo había educado a sus hijos, en particular a sus hijas, a la europea, a fin de casarlas con blancos solteros o viudos. Otro negro emancipado, el marinero Diogo Maya, trabajaba hacia 1510 para un armador de Santo Tomé a bordo de un buque negrero activo en la región de Kongo. Como en otras partes, estos negros libres sirvieron de intermediarios en las transacciones esclavistas. Formaban parte de los esclavos distinguidos por sus amos y pudieron, como ellos, enriquecerse gracias a la trata.

La mayoría de los mestizos, igual que los colonos blancos, eran pobres. Pero algunos de ellos llegaron a ser plantadores y se enfrentaron desde entonces a los blancos. Como Santo Tomé era posesión portuguesa (se convirtió en colonia de la Corona en 1522), primaba la ley de este país. En principio, los hijos de una mujer esclava eran también esclavos. Esta

34. Que tomaría más tarde el nombre de Luanda.

35. Esta obra, resultado de una tesis dirigida por Jean Boulègue y basada en el análisis de numerosos archivos, es fundamental sobre este tema.

fue la primera conquista de estos mestizos ricos y pioneros de la colonización, que se habían vuelto esenciales para la producción: ser reconocidos libres aunque hubieran nacido de una esclava (ordenanza de 1517). Después el rey hubo de reconocerles los mismos derechos que a los portugueses, a saber, el derecho a sentarse en el consejo municipal (1520). Esta reivindicación, común a plantadores mestizos y negros, iba contra la voluntad del gobernador portugués local, pero había sido apoyada por algunos sacerdotes blancos. Cuando en 1545 estalló una violenta rebelión (véase el capítulo 7) se reforzaron en occidente las primeras teorías sobre la inferioridad de los negros (Malowist, 1969).

EL REINO DE KONGO Y LOS PORTUGUESES EN LOANDA

Llegaron a la costa angoleña en 1482 (30 años después de haberlo hecho a la costa de Guinea) y asentaron en ella la dominación portuguesa más de una generación después de haber intervenido en Senegambia, en 1443-1445. Como el islam no existía previamente, la cristianización alcanzó una gran importancia; el mismo rey de Kongo se convirtió al cristianismo en 1491. Con todo, el reino de Kongo era, probablemente desde el siglo XII, una formación política sólida que descansaba en la articulación entre una organización social basada en el linaje, de tipo patriarcal, y una jerarquía política y administrativa. Estaba dirigida por un soberano rodeado de sus principales dignatarios, que controlaba cada uno una provincia dotada de una cierta autonomía. Como otras entidades políticas, el reino de Kongo, antes de que entrara en decadencia como consecuencia de la trata, garantizaba su equilibrio mediante una economía local y regional de subsistencia combinada con intercambios a larga distancia, basados en el comercio del cobre (que venía del interior) y el de los esclavos.

Fue en los años 1480 cuando el navegante Diogo Cão, aludió por primera vez al Imperio de Kongo y a su control sobre el comercio de esta región de África. Cão había decidido remontar el río Zaire para alcanzar el reino del Preste Juan (que se demostraría como una leyenda referida a la Etiopía cristiana antigua). Hizo llegar un mensaje de "paz y de amistad" y "un rico presente", por medio de unos marineros portugueses, al soberano Nzinga Nkuvu, que residía en su capital, Mbanza Kongo, a 50 leguas en el interior del país (equivalentes a 23 días de marcha). Como la delegación tardaba en volver, decidió marcharse y se llevó, como rehenes, a varios africanos, jefes locales, que se habían acostumbrado a visitar el buque sin desconfianza. Dos años más tarde, devolvió a los rehenes, entusiasmados con la civilización europea y dispuestos a hacer de propagandistas entre los suyos. A la vista de sus súbditos "ricamente vestidos, regresados en paz, salud y seguridad", el rey se consideró "tan afortunado como no cabía más" (Randles, 1968: 90-91)[36]. Los primeros contactos fueron, por tanto, pacíficos y los intercambios diplomáticos y comerciales se multiplicaron rápidamente. La trata de esclavos, de entrada, fue un comercio bien integrado que duró tanto tiempo como el reino fue capaz de resistir militarmente a sus vecinos y a los portugueses.

A su llegada, los portugueses quedaron impresionados por la capital del reino, Mbanza Kongo, como se habían sentido, medio siglo antes, al entrar en la capital del reino de Benín. El reino de Kongo estaba entonces en su apogeo gracias a la producción de ñames y al intercambio de azadas y de armas (y de cobre a cargo de los batekes) por el marfil y los esclavos con las poblaciones del interior de Angola. El soberano de Kongo (el *manikongo*) fue sensible desde el principio a las oportunidades que le ofrecían los nuevos contactos. En efecto, gracias a la ayuda de los arcabuceros portugueses, pudo vencer a los batekes y apoderarse de sus yacimientos de cobre. Escribió a continuación al rey de Portugal para pedirle el envío de "maestros carpinteros y de albañiles, para construir iglesias y otras casas de oraciones [...] y que le enviara también campesinos para domesticar bueyes y enseñarle a cultivar la tierra y a sacarle provecho. Y que le enviara además algunas mujeres para enseñar a las de su reino a amasar la harina". Por último, hizo partir hacia Portugal a jóvenes kongoleses para que se hicieran cristianos y aprendiesen a leer y a escribir.

Inicialmente, Portugal respondió a su expectativa y le envió además "un caballo ensillado y enjaezado [pronto víctima de la enfermedad del sueño] y una gran cantidad de ricos tejidos (ibídem: 94)". Los misioneros franciscanos llegaron después a la región, en 1491. Al año siguiente, Nzinga Nkuvu fue bautizado con el nombre de João I de Kongo y le imitaron seis nobles cercanos al poder. Sin embargo, el rey no quiso generalizar la conversión, cuyas ventajas esperaba reservarse: "(Él) no quería que cualquiera se hiciera cristiano, diciendo que una cosa tan santa y tan buena no podía darse a ningún villano (Pereira, 1956: 170)". Esta

36. Citando a Rui de Pina, *Croniqua del rei Dom João II*, cap. 57 a 59.

voluntad de limitar las ventajas de la nueva religión a los dirigentes del reino revelaba un malentendido fundamental en cuanto al verdadero significado de la "conversión": se trataba simplemente para el *manikongo* de beneficiarse del poder de los blancos.

A la muerte del viejo rey, en 1506, los ancianos designaron a uno de sus hijos no cristiano, Mapanzu, para sucederle; esto supuso una breve guerra civil en el curso de la cual su hijo mayor, Ndo Funsu, convertido en Afonso I, lo derrocó con el apoyo de sus compañeros de armas cristianos y ocupó el poder que mantuvo durante 35 años (1506-1543). Viendo el también en el cristianismo un medio de modernizar su país, alentó los bautismos y la educación y acogió a jesuitas que abrieron una escuela con capacidad para 600 alumnos. En 1513 prestó juramento de obediencia al papa en calidad de príncipe cristiano, lo que se comprobará muy útil un poco más tarde, cuando los conquistadores pretendieron anexionarse el reino a partir de su colonia de Loanda, fundada en 1575. Afonso envió entonces uno de sus hijos a Portugal donde recibió formación para convertirse en el primer obispo africano de la historia con el nombre de Henrique, consagrado en Roma en 1518. El obispado, creado inicialmente en la isla de Santo Tomé, fue trasladado a São Salvador (nombre cristiano dado a su capital, Mbanza Kongo) en 1596, tras el testimonio muy favorable para la capital del marino portugués Duarte Lopes, que pasó cuatro años en la corte del *manikongo*[37]. La presencia portuguesa se reforzó a partir de entonces hasta convertirse en dominación.

¿Afonso era una persona instruida? Recibió, a petición propia, el código con las leyes portuguesas en cinco volúmenes y afirmó haberlos "leído todos". Habiéndolas encontrado demasiado complejas para aplicarlas en su reino, bromeó con el portugués que se los había dado "Castro, ¿qué pena se aplica en Portugal a quien tiene los pies en el suelo?" (Brasio, 1952: 374; citado en Randles, 1968: 102)[38]. La correspondencia del rey muestra hasta qué punto se sintió decepcionado por las relaciones con los europeos. Tras el descubrimiento de Brasil en 1500, los portugueses favorecieron muy deprisa la trata trasatlántica de esclavos, los indios de América eran "inutilizables" y fueron rápidamente diezmados. Que los comerciantes portugueses trataran directamente con los vasallos del rey de Kongo, y las incursiones que realizaban a partir de la isla de

37. El relato de Lopes fue transcrito por el humanista italiano Filippo Pigafetta, cuya *Description du royaume du Congo et des contrées avoisinantes* se publicó en 1591.

38. Anécdota recogida por Damião de Gois, 1556.

Santo Tomé, fueron debilitando el reino y minando el poder central. En 1526, el *manikongo* escribió una carta al rey de Portugal pidiéndole que se pusiera fin a esa práctica. Su petición recibió una respuesta cínica y las relaciones entre los dos países se enconaron. A su muerte, en 1548, Afonso estaba desacreditado. El reino se debilitó cada vez más hasta desmembrarse y atraer las apetencias de sus vecinos. En 1568, Kongo fue invadido por los yakas (o jagas), saqueadores procedentes del interior y su capital fue destruida. El rey del momento, Álvaro I, debió solicitar ayuda a Portugal que envió 600 soldados y lo repuso en 1571, manteniendo algunas tropas en la capital, que continuaba siendo el centro predominante del reino. Sin embargo, la provincia costera de Soyo, en la ribera izquierda del bajo Congo, se separó en 1636. El reino solo se mantuvo gracias a la habilidad diplomática del nuevo soberano García II (1641-1661), calificado por un contemporáneo como "ingenioso, político, astuto y sagaz (de Jonghe y Simar, 2012: 435)". Conservó en su corte a los diferentes protagonistas extranjeros y jugó con la rivalidad entre portugueses, holandeses (que ocuparon Loanda de 1641 a 1648), jesuitas portugueses y capuchinos españoles e italianos. Se prolongó la cristianización mediante varias expediciones misioneras a lo largo del siglo XVIII[39]. Pero la decadencia se había iniciado ya. El reino acabó por desmoronarse. Tras la derrota de Ambuila en 1665, que enfrentó a casi 100.000 guerreros kongoleños con 360 portugueses apoyados por 6.000 o 7.000 africanos, una furiosa batalla que habría durado entre seis y siete horas, la caza del hombre acabó de desorganizar la zona. El reino de Kongo se redujo a un espacio geográfico habitado por poblaciones carentes de organización, victimas, más que nunca, de las incursiones negreras.

LA COSTA SURAFRICANA

Durante mucho tiempo no se ha tenido en cuenta la antigüedad de los contactos con la costa meridional de África, a lo largo del desierto del Kalahari y más allá. Sin embargo, se había frecuentado desde muy pronto, en primer lugar por los portugueses, después por la Compañía Holandesa de las Indias orientales que, a mediados del siglo XVII,

39. En especial tres misiones en las provincias del norte Loango y Kakongo entre 1766 y 1775. Véase Coquery-Vidrovitch, 1974.

instaló a los primeros colonos neerlandeses en El Cabo para abastecer de víveres frescos y de agua potable a los navíos, a medio camino entre Europa e Indonesia. En la costa atlántica de lo que hoy es Namibia, fue donde el portugués Bartolomé Dias hizo fondear su navío, el *São Cristovão*, en 1487, en lo que en el futuro sería Walvis Bay que el bautizó como *o golfo de Santa Maria da Conceição*, el golfo de Santa María de la Concepción. Walvis Bay tenía un emplazamiento estratégico para el comercio marítimo porque se trataba del único sitio de esta parte de la costa que podía acoger a un navío en aguas profundas. Se convirtió rápidamente, en un puerto activo de trata que ha dejado pocas huellas; estuvo dedicado, desde el principio, a cabotaje de rapiña, frente a unas poblaciones desparramadas y nómadas debido al clima desértico o semidesértico del interior del país (el desierto de Kalahari). Había un núcleo de población muy antiguo, integrado por cazadores-recolectores adaptados a la vida del desierto y conocidos por sus lenguajes (de la familia lingüística llamada joisán) caracterizados por los chasquidos de la lengua —los "clics"—. Los bóers (descendientes de los primeros colonos holandeses) les llamaron más tarde bosquimanos (*boesmans*) y los ingleses *bushmen*, esto es, hombres del bosque. Se les añadió progresivamente otro grupo lingüístico, también de chasquidos, que los bóers llamaron hotentotes. Cada vez cuenta con más partidarios la idea de que los hotentotes fueron el resultado de un mestizaje antiguo. En el siglo XVIII, el naturalista Buffon, sorprendido por la piel más clara de los hotentotes, no los veía como "auténticos negros, sino como hombres de raza negra que empezaban a parecerse al blanco" (Buffon, 1766: 389, citado en Curran, 2012: 189). Este mestizaje no iba a dejar de desarrollarse con la instalación continuada de los colonos bóers —en su mayoría campesinos toscos y pobres— e iban a dar nacimiento a una sociedad mixta de cazadores de esclavos. Los primeros bóers, que lanzaban sus expediciones desde la provincia de El Cabo hacia las tierras del interior, tuvieron descendencia y el grupo aumentó rápidamente, haciendo del suroeste africano, región de ganadería trashumante, una zona de inestabilidad y de incursiones permanentes acentuadas tras la llegada de los fusiles de la trata. Los hotentotes están en el origen de la categoría de los *coloured*, que formaron la gran mayoría de la población de la futura colonia de El Cabo occidental, nacida del mestizaje y de los intercambios entre pueblos preexistentes y una población irregular de aventureros de todos los orígenes: bantúes, bóers, británicos, indonesios, etc.

CAPÍTULO 4

LA GRAN TRAVESÍA. DE LA ESCLAVITUD EN ÁFRICA A LA ESCLAVITUD EN AMÉRICA (SIGLOS XVI-XVII)

La historia de la trata atlántica se ha reducido con demasiada frecuencia, por la historiografía francesa y británica, al comercio triangular del Atlántico norte que se desarrolló a partir de la segunda mitad del siglo XVII (véase el capítulo 5). Sin embargo, el comercio trasatlántico se había puesto en marcha un siglo y medio antes, en los primeros años del siglo XVI. Estaba entonces en manos de los portugueses a quienes el papa había reservado, por la bula de "reparto" de 1506 entre España y Portugal, el monopolio de la cristianización de África y de Brasil. Desde entonces, se organizó en el hemisferio sur, entre África y América, desde las costas africanas de Angola y Mozambique, el comercio "directo". Si la trata triangular iba a ser mayoritaria en el siglo XVIII, la trata directa predominó ampliamente en el primer periodo, como sucedería de nuevo en el siglo XIX. Gracias a la exploración reciente de los archivos portugueses y holandeses, mucho tiempo ignorados, las últimas investigaciones atribuyen al comercio directo el 45 por ciento del total de los esclavos "tratados" en el Atlántico (es decir, alrededor de cinco millones de individuos).

LA TRANSFORMACIÓN DE LA ESCLAVITUD EN ÁFRICA

Es evidente que, del lado africano, se activaron y se ampliaron las redes de trata. Al pequeño grupo relativamente solidario de mercaderes costeros que trabajaban en connivencia con redes interiores, incluso de forajidos ocasionales, le sucedió una organización mucho más jerarquizada, y a partir de entonces más ramificada hacia el interior. El tráfico de esclavos no había adquirido todavía un papel tan decisivo puesto que el número de personas "tratadas" hacia las Américas entre 1591 y 1640 se ha estimado solo en un 5 por ciento del total. Lo demuestran los libros de contabilidad encontrados en Perú, pertenecientes a dos "cristianos nuevos", los hermanos Manoel y João Batista Peres, uno de los cuales pasaba la mayor parte del tiempo en Cacheu en la costa de Guinea, y cuyo tráfico movilizaba una cuarentena de agentes de distinto origen, en su mayoría africanos. Puede verse en ellos que el comercio en la alta Guinea estaba totalmente en manos de lusoafricanos, que remontaban hasta las fuentes del río Gambia. No se limitaba a cambiar esclavos por tejidos, perlas, hierro y vino proporcionados por los portugueses. Era un comercio complejo, que constaba de toda una variedad de productos exportados: alimentos para los esclavos todavía en número limitado, nueces de cola, marfil, pieles... (Newson, 2012).

Durante un tiempo, los Estados preexistentes habían podido soportar una trata moderada, más o menos integrada en su organización anterior. No pudieron, sin embargo, resistir la creciente avidez de la trata americana: así el reino de Benín, el de Kongo o el reino wolof, todos Estados florecientes a la llegada de los portugueses, entraron en decadencia antes de que acabara el siglo XVII.

LA COSTA OESTE AFRICANA

Por el contrario, un cierto número de jefes costeros o de las zonas inmediatas del interior del país aprovecharon la oportunidad para construir su poder comercial y militar gracias a los fusiles de la trata proporcionados por el maná esclavista atlántico. El ejemplo de las sociedades costeras ghanesas es explícito: respondieron a los mandatos de la época explotando las oportunidades económicas que les ofrecían. La nueva amplitud del comercio transformó sus estructuras políticas y creó las condiciones de una nueva identidad cultural (Law, 2013; Spicksley, 2013). Se había tratado hasta entonces de pequeñas jefaturas independientes las unas de las otras, organizadas sobre principios de linajes. Pero, en especial a partir de 1700, una elite militarizada se propuso regular el comercio. Sus miembros encontraron la cohesión necesaria para responder a las exigencias crecientes del comercio marítimo, al tiempo que conservaban la flexibilidad suficiente para adaptarse. Esta experiencia de cooperación se mantuvo durante varias generaciones para preservar sus intereses comunes y su soberanía y les condujo a transformar esta serie de jefaturas, hasta entonces muy predispuestas a implicarse en guerras picrocholinas[40], las unas contra las otras, entre poblaciones que hablaban al menos tres lenguas principales (el guan, el etsi y el akani), en un conjunto relativamente solidario, que fue conocido en el siglo XVIII bajo el nombre de cultura (y lengua) fanti. Ahora bien: se trataba de una alianza de jefes dispuestos a todo para proteger unos intereses recíprocos que no fueron escasos: se estima en un millón el número de esclavos que transitaron por la costa ghanesa en el siglo XVIII para ser deportados a América. Era por tanto una categoría privilegiada, pero muy minoritaria, de notables que sacaron provecho del contexto internacional constituyendo una suerte de gremios de comerciantes, sin dar lugar, sin embargo, a diferencia de otras muchas formaciones, a la emergencia de un Estado centralizado. En un contexto en el que los riesgos de ser víctima de asalto, de ser raptado o esclavizado eran casi permanentes, pusieron a punto unos grupos locales de milicias armadas, llamadas compañías *asafo*. Estos grupos podían ser a veces movilizados en masa por la coalición fanti en su conjunto, sobre todo para hacer frente a las invasiones de sus vecinos del norte, los ashantis, que no tenían acceso directo al mar. Estos grupos *asafo* contribuyeron a transformar la vida social de las comunidades, creando lazos de intercambio, de vecindad y de solidaridad que no se limitaban a los lazos familiares de los linajes. Es notable comprobar hasta qué punto estas solidaridades *asafo* han permanecido vivas en la vida cultural y religiosa fanti contemporánea, bajo la forma de asociaciones de canto y danza, de desfiles de banderas, de culto a las tumbas, etc.

Los jefes fantis tomaron bajo su protección a los mestizos costeros que, a su vez, sacaron provecho del debilitamiento, incluso la desaparición progresiva, de la hegemonía portuguesa en la costa oeste africana.

40. [N. del T.] Conflictos planteados por razones poco claras o simplemente ridículas, "por un quítame allá esas pajas". Pichrochole es un personaje de Rabelais con el que el autor francés quiere satirizar la figura de Carlos V.

De procedencia occidental, brasileños, ingleses y franceses, daneses y holandeses se convirtieron a partir del siglo XVII en sus socios preferentes, mientras se entregaban a una competencia encarnizada, como atestigua la cantidad de fuertes europeos que jalonan la costa. En el plazo de dos siglos, en unos 200 kilómetros, los europeos construyeron, en la Costa de Oro, el más impresionante conjunto de arquitectura militar que pueda encontrarse en África. Los fuertes se sucedían cada cuatro o cinco kilómetros y servían sobre todo como depósitos en los que almacenar el oro y los esclavos que esperaban a los navíos procedentes de cualquiera de los puertos de la Europa atlántica. Los jefes fantis, hasta el siglo XIX, no dependían de ellos, eran más bien los "amos de la costa", como reconoció en 1753 Thomas Melvil, "gobernador" de Cape Coast Castle[41]. Esto dio fuerza a los fantis para resistir la amenaza del reino ashanti, que intentó varias expediciones de conquista del país sin conseguir arrebatarles de manera estable el acceso directo a la trata europea.

EL CASO PARTICULAR DE LOS 'CRISTIANOS NUEVOS' DE SENEGAMBIA

En el siglo XVII, el papel de los intermediarios, de estos mestizos de la costa se hizo más activo y necesario que nunca. Estos "cristianos nuevos", obligados a renunciar a la religión judía, abandonaron las islas para instalarse en el continente, en contacto casi directo con sus socios locales. Su papel ha sido estudiado con profundidad gracias a los vestigios dejados por dos o tres comunidades (de algunas decenas de individuos, todo lo más) que se instalaron entre 1608 y 1635 entre los wolofs y los sereres de la Petite Côte de Senegal (Mark y Da Silva Horta, 2011). Estos portugueses de origen venían de lejos, puesto que la Inquisición había empujado a muchos de ellos a buscar refugio en Amberes y, después de 1595, en Ámsterdam. Llegaron precisamente desde Ámsterdam, a principios del siglo XVII, varias familias de judíos sefarditas portugueses. El grupo se organizó en 1612 con la llegada de Jacob Peregrino, portugués nacido en Tancos, que había empezado a practicar el comercio en Lisboa y después había huido de la Inquisición y se había trasladado a Flandes. En este mismo periodo, fue instruido en la Torá durante 13 años en Venecia y se casó con una mujer que huyó de Milán y se reunió con él en Senegambia junto con sus hijos. Salió de Ámsterdam para Joal con la

41. Melvil, 24 de abril de 1753, citado en Shumway, 2012: 1, 157.

intención de estructurar la comunidad, de la que llegó a ser jefe espiritual al tiempo que seguía practicando el comercio (ibídem: 343-345). Se convirtió en uno de los principales financiadores de los comerciantes europeos de la zona, gracias al monopolio que ejercía de hecho sobre las barritas de hierro de la Petite Côte, que se utilizaban como moneda. Todo esto contribuyó al surgimiento de una cultura africana híbrida, más judeoafricana o afrobrasileña que lusoafricana.

La Inquisición continuaba actuando, pero sus efectos se hacían sentir menos en el continente que en las islas, en una región y durante un periodo en el que los asuntos estaban menos sometidos a los intereses únicos de los portugueses. Los cristianos nuevos establecidos en la costa no tenían por tanto que ocultarse. Un testigo de 1607 estimaba su número en un centenar de familias en Saly Portudal, entonces Porto d'Ale, que aprovecharon su relativa tranquilidad para volver abiertamente a su religión primitiva (manuscrito de 1607 o 1608 citado en Mark, 2002). La presencia de estos comerciantes que reivindicaban de nuevo su religión inquietó en sumo grado al Santo Oficio, informado por numerosas cartas de denuncia procedentes de mercaderes cristianos de la competencia; el inquisidor general acabó por intervenir ante el obispo de Cabo Verde, transmitiéndole la orden de prohibir a los navíos que se acercaran a la Petite Côte. Intentó también ganar para sus posiciones a los jefes locales: lanzó una petición a los "residentes, católicos y personas de confianza" (1 de mayo de 1612) y dirigida al rey de Baol para pedirle que encarcelara a los judíos y los entregara en el puesto portugués de Cacheu. El rey se negó, lo mismo que hizo el rey de Joal (ibídem: 222). El obispo de Cabo Verde recurrió entonces a la amenaza de excomunión contra los que comerciaran con los cristianos nuevos, hubieran o no vuelto a su fe. En 1614, otra vez, el rey Felipe II ordenó detener en Porto d'Ale y en Joal a 13 judíos de la Petite Côte. Aunque, en 1629, una expedición consiguió cerrar durante un tiempo la sinagoga de Rufisque, el problema se mantenía intacto más allá de 1643 (ibídem: 224). En realidad, los comerciantes judíos estaban relacionados con un polo de actividad —las Provincias Unidas— claramente más tolerantes que las monarquías católicas.

Para ser reconocido como judío había que observar el rito de la circuncisión bajo la autoridad de un rabino o al menos de un oficiante reconocido. Como la presencia de rabinos estaba lejos de ser regular en África, intereses religiosos y económicos se conjugaron para tejer, más allá de las redes caboverdianas locales y regionales, lazos estrechos entre la costa de Senegambia, Marruecos (que proporcionaba armas blancas muy buscadas por los wolofs) y, a partir de comienzos del siglo XVII, Ámsterdam y Rotterdam (a donde los judíos de África se trasladaban para ser circuncidados) en un tiempo en el que los intereses holandeses en este continente estaban en su apogeo. Se crearon de nuevo condiciones para la aparición de una cultura híbrida que iba a formar parte desde entonces del legado senegambiano. Los comerciantes judíos portugueses que se instalaron en la costa, desde 1497, estaban habituados a vivir una cultura doble, a la vez "cristiana nueva" y judía. Esta fluidez favorecía las oportunidades de mestizaje cultural, donde también se adoptaban los modos de vida africanos. Las redes judías de comercio, como las de los africanos, utilizaban sus lazos familiares que podían extenderse de Portugal a Inglaterra y a Ámsterdam, pasando por Venecia y Milán. Era lógico por tanto que estos nuevos colonos desarrollasen a su vez relaciones comerciales, así como familiares, con las poblaciones wolofs y sereres locales, de manera que, cualquiera que fuese su color, ya fuesen africanos, lusoafricanos o de origen holandés, todos se consideraban "portugueses" blancos. Constituían un crisol de mediaciones económicas y culturales.

LA COSTA ANGOLEÑA

Loanda era el corazón del dominio portugués, pero padeció muy pronto la competencia de Benguela, fundada en 1617, el puerto con acceso más fácil desde Brasil. Fue allí donde se tomaron muchas decisiones sobre la trata. No había que hacer más que una cuarentena de kilómetros por tierra para conseguir esclavos. En esta pequeña comunidad urbana (que a finales del siglo XVIII tenía en torno a 34.000 habitantes de los que poco más de un centenar eran brasileños) los afrobrasileños estaban bien implantados. Habían vuelto a expulsar a los holandeses del fuerte a partir de 1648, gracias a una expedición organizada desde Río de Janeiro. Negros y brasileños se entendían en portugués y también en ndombe, la lengua local. La mayoría de los extranjeros habían huido de Brasil y frecuentaban poco o nada Portugal, de donde habían sido desterrados por razones políticas. El mestizaje se veía muy favorecido porque los brasileños blancos eran poco numerosos y las mujeres blancas estuvieron prácticamente ausentes hasta comienzos del siglo XIX.

Las redes de trata organizadas por los *pombeiros* y los *sertanejos*[42] avanzaban en profundidad en el interior del país. Así, en 1739, el capitán portugués Francisco Roque Souto encabezó una expedición en la que se integraron numerosos esclavos hasta llegar al reino ambundo de Holo, no lejos de los dominios de la reina Nzinga, en el valle del Cuango (Ferreira, 2012: cap. 1). El hecho provocó una revuelta —violentamente reprimida por los portugueses— del reino intermediario de Kasanje, que temía perder su monopolio sobre el tránsito. Por otra parte, numerosos individuos, en muchos casos originarios de interior del país, donde dirigían sus negocios, estaban ligados a los "portugueses" por una multitud de prácticas comerciales, políticas, jurídicas o religiosas que crearon desde muy pronto multitud de lazos de sociabilidad a una parte y otra del Atlántico (ibídem: introducción). Los archivos del tribunal de comercio de Benguela, llamado el tribunal de *mucanos* (ibídem: 88-125), inspirado a los portugueses, desde el siglo XVII, por las prácticas jurídicas locales de los ambundos, permiten conocer la trayectoria vital de muchos de estos hombres. Este tribunal se encargaba esencialmente de regular las penas de esclavitud, de manumisión o de liberación.

Estos círculos comerciales urbanos, muy heterogéneos, continuaban siendo minoritarios. Contrariamente a lo que sucedía en el Caribe o en América, e incluso en las islas de Cabo Verde, la población autóctona africana continuó siendo ampliamente mayoritaria; es ella la que tuvo la última palabra sobre el mestizaje cuando entró en contacto con la cultura atlántica, y no la minoría portuguesa o, más tarde, europea, que no tuvo otra opción que la de integrarse en la sociedad existente. Los matrimonios entre africanas y portugueses duraban generalmente poco. Sin embargo, una "cultura" nueva, fue estableciéndose progresivamente, con sus códigos de vestimenta, sus relaciones entre los sexos, sus valores culturales y sus prácticas religiosas. Los hijos de estas uniones interraciales, los "hijos del país" (*filhos da terra*) eran hombres y mujeres de un tipo nuevo: ni europeos, ni africanos; estaban justo entre los dos. Lo indeterminado de su condición —y la complejidad de su linaje— hacía difícil reconocer su pertenencia. Integrados entre los africanos, estos

42. Se designaba así a los agentes intermediarios de origen mestizo (portugués para los pombeiros, brasileño para los sertanejos) que aseguraban las relaciones comerciales con el interior del país.

petits blancs[43], a menudo de piel negra, eran hombres comunes, muy alejados de la imagen de bárbaros y de salvajes transmitida entonces en Europa. Estas poblaciones mestizas del litoral se encontraron entonces en el centro de un juego complejo de influencias, gracias a su conocimiento de las culturas y las lenguas locales. En el siglo XVII se convirtieron en un desafío para el poder metropolitano y para los Estados de África del oeste: esta fluidez de identidades, característica de los comienzos de la cultura atlántica, se fue haciendo cada vez más improbable a medida que se implementaba la *colour bar* ("barrera de color"), que iría imponiéndose en los siglos sucesivos, hasta culminar en la época colonial.

Los europeos no tenían mucha influencia sobre estos imprescindibles intermediarios (fuesen africanos, caboverdianos o brasileños, musulmanes, judíos o cristianos), que podían imponer sus precios y les impulsaban a establecerse en la costa. En efecto, eran correas de transmisión indispensables con los "reinos negreros" autóctonos que se desarrollaban en paralelo con las plantaciones azucareras americanas devoradoras de mano de obra. Estos nuevos Estados africanos —como el reino ashanti, el de Abomey o incluso los principados del delta del Níger— empezaron a emerger en la segunda mitad del siglo XVII (Nwokeji, 2010) y su máximo auge coincidió, como era lógico, con la extensión, en el XVIII y comienzos del XIX, de las plantaciones en América y el Caribe. En cada estación seca, estos reinos llevaban a cabo guerras de saqueo contra sus vecinos de las zonas del interior para abastecerse de esclavos, sacando provecho de esta forma a la intensificación del tráfico atlántico. Los soberanos negreros colaboraron con los mestizos de la costa y pusieron progresivamente a un cierto número de ellos a su servicio.

En África ecuatorial, la evolución fue diferente porque la dominación portuguesa de la costa había sido más firme y continua desde el siglo XVI. De hecho, los portugueses dejaron muy pronto a los brasileños (principalmente) proceder al comercio directo; la ciudad de Loanda y sus alrededores, convertidos en el foco de una población y una cultura profundamente mestizas, suplantaron la autoridad del rey de Kongo.

43. [N. del T.] De manera general, en las colonias francesas se denominaba *petits blancs* ("blanquitos") a las personas de origen europeo y condición modesta.

Los esclavos no adquirían esa condición en los barcos negreros. Muchos de ellos lo eran desde hacía mucho tiempo en sus propias sociedades, o en la costa, cuando eran puestos al servicio de los blancos y sus socios. Los relatos son poco numerosos, pero lo suficientemente explícitos como para haber inspirado novelas históricas con frecuencia desgarradoras y bastante convincentes. Maryse Condé se ha hecho famosa relatando la esclavización de los bamanas (llamados hasta hace poco bambaras) de Segú (sobre el río Níger) tras la yihad llevada a cabo por el Hadj Omar, en el siglo XIX, para conquistar el reino, y las desdichas de algunos de ellos viviendo como esclavos en América (Condé, 1984); el novelista Abdoulaye Ly (1988) ha escrito el relato sobrecogedor de una joven esclava que se rebeló en su poblado a finales del siglo XIX. Se ha dicho muchas veces que los esclavos llevados por mar estaban aterrorizados por la idea de lo que les esperaba al otro lado del Atlántico, algo que es probable. ¿Tuvieron durante mucho tiempo la convicción, como se ha contado, de que iban a ser devorados? Es dudoso. No todos habían sido hacinados directamente en unos barracones infectos a la espera de que los cargasen los barcos negreros. Muchos habían servido en la costa antes de embarcar, ya hubiera sido en los fuertes controlados por los blancos, o en casas de los comerciantes africanos o mestizos. Desde el siglo XVIII y a veces incluso antes, un cierto número de negreros eran africanos vueltos al país. Los conocimientos sobre el Atlántico circulaban y los esclavos entendieron en muchos casos lo que les estaba sucediendo.

Para los esclavos la travesía era un terrible desgarro, porque suponía, casi con toda certeza, que no regresarían (lo que, como acabamos de ver respecto a antiguos esclavos convertidos en negreros, no fue siempre cierto). Sin embargo, muchos de ellos habían tenido ya la experiencia del desarraigo y habían sido transportados en caravanas durante varias semanas, meses incluso, antes de ser reagrupados para la salida definitiva. Allí, se establecían contactos, circulaban informaciones, corrían rumores, en resumen se constituía una cultura esclava que iba a soldarse aún más en la espantosa promiscuidad de los barcos. Todo esto formaba parte de la cultura atlántica.

Los esclavos venidos de África eran casi todos de origen rural; habían trabajado la tierra en condiciones extremadamente penosas, puesto que en muchos casos habían sido esclavos en sus sociedades de origen. Llevaron con ellos una cultura de la tierra. Los métodos agrarios, que transfirieron y adaptaron a América, eran los de su propio continente, de donde aportaron también semillas que sabían cultivar, como el arroz y alimentos básicos, tales como el plátano. Había por tanto similitudes entre la vida de los esclavos en África y la nueva vida que les fue impuesta en América. Si, por ejemplo, resistieron mucho mejor que los indios los tratos que sufrían en las plantaciones, fue, entre otras razones, porque disponían de bazas originales que supieron preservar: su saber milenario de cultivadores y los secretos de su farmacopea. Es una aportación africana en tierra americana olvidada con mucha frecuencia, aunque existen importantes trabajos sobre la historia del arroz (Carney, 2001 y, sobre todo, Hawthorne, 2003). La vida como esclavo atlántico empezaba en el corazón de África. Dependía de redes de comercio organizadas en las que los negreros africanos trabajaban codo con codo con los negreros europeos. Lo que hay que retener aquí es la fantástica capacidad de innovación, de adaptación y de respuesta de los circuitos africanos a las exigencias del mercado atlántico.

LA TRAVESÍA DEL ATLÁNTICO HACIA EL 'NUEVO MUNDO'

Los "descubrimientos" de los navegantes de los siglos XV y XVI fueron el punto de partida de las potencias europeas del Atlántico para el reparto colonial y la explotación del "Nuevo Mundo". Del lado americano, el "encuentro" fue seguido por una dominación brutal que supuso el sometimiento, la desaparición de pueblos y civilizaciones[44]. A partir de su segundo viaje en 1493, Cristóbal Colón volvió como colonizador con 1.500 hombres, entre ellos los primeros esclavos de origen africano, y plantas para "aclimatar", una de ellas la caña de azúcar:

44. Según los trabajos de Sherbune Cook y de Woodrow Bora citados en Sainton (2012), la población india de la isla de La Española (Santo Domingo) habría pasado de cerca de 3.800.000 habitantes en 1496 a 250 en 1540. Bartolomé de las Casas calculó la población india de las Grandes Antillas en cinco millones coincidiendo con la llegada de los españoles. No habría más que unas decenas de miles 20 años más tarde.

MAPA 2

LA DIFUSIÓN DEL 'PARADIGMA AZUCARERO' EN EL ATLÁNTICO

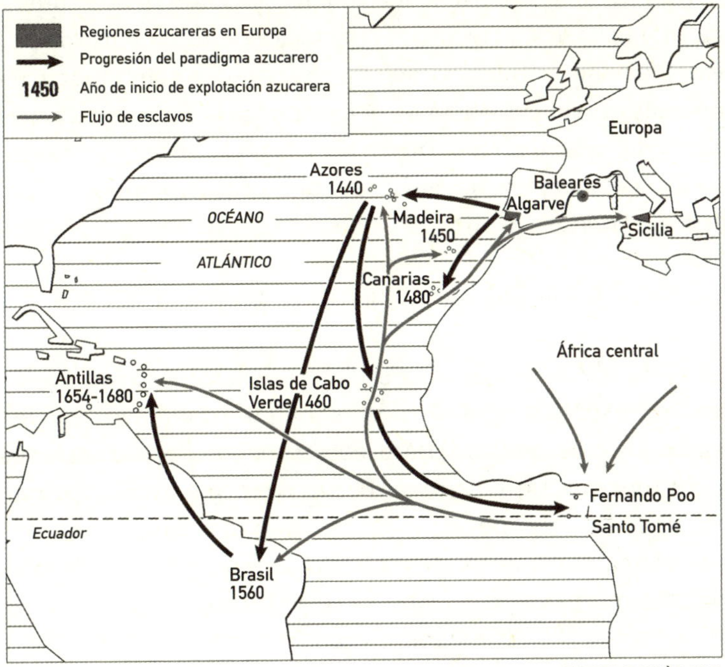

FUENTE: DOCKÈS, 2009.

Tras el Mediterráneo atlántico de Madeira a las Canarias, a las islas de Cabo Verde y Santo Tomé, el paradigma azucarero[45] dio el gran salto hacia el Caribe y América [véase el mapa 2] siguiendo a los grandes navegantes. La rapidez con la que Cristóbal Colon y muchos otros piensan en el azúcar es tal que cabe imaginarse que el descubrimiento de tierras para el azúcar y como origen de esclavos formaba parte del plan inicial o, al menos, se convirtió en un objetivo una vez superada la primera decepción (la ruta de las Indias y de las especies no se ha abierto, y no hay oro). [...]. El espacio del azúcar avanza de nuevo, desde Madeira y las Canarias, llevado

45. Pierre Dockès (2009) muestra cómo, desde la Edad Media a la era industrial, pudo reproducirse y propagarse un modo de producción esclavista del azúcar de caña que se hizo hegemónico en el siglo XVIII. Define así las principales características del "paradigma azucarero": preferencia por las islas y los islotes a fin de construir una "suerte de campos de concentración"; tendencia a la eliminación de las poblaciones indígenas y recurso a desarraigados, en los tiempos modernos, casi exclusivamente negros; tendencia a la monoproducción; circuitos comerciales específicos y largos, debidos a la separación espacial de las zonas de aprovisionamiento de esclavos, de producción de azúcar y de consumo; carácter precozmente capitalista de la producción.

por unos hombres que poseen conocimientos sobre él. [...] La historia y la geografía son en primer lugar españolas, esencialmente en Santo Domingo. Después viene el reino de Portugal, con la extensión del paradigma a Brasil. [...] Se dibuja entonces un intermedio holandés, pero aunque Holanda va a jugar un papel en la producción (Brasil, Surinam, la Guayana holandesa), contará sobre todo para el transporte, el refinado y la comercialización. A partir de Brasil comienza, con el siglo XVII, una subida del arco antillano. Inglaterra y Francia se hacen entonces dominantes: Barbados, Guadalupe y Martinica, de nuevo Santo Domingo, en su parte francesa, y Jamaica (Dockès, 2009).

EN LAS COLONIAS ESPAÑOLAS: SERVIDUMBRE INDÍGENA Y AFRICANA

Entre 1500 y 1640, en torno a 640.000 esclavos desembarcaron en las colonias ibéricas americanas: 170.000 fueron deportados en navíos españoles, 450.000 atravesaron el Atlántico en navíos de portugueses que dominaban entonces el tráfico entre África y América. Hasta aproximadamente 1570, la península Ibérica siguió siendo la principal importadora de cautivos africanos[46], pero, desde 1580, la América española se convirtió en el primer mercado de la trata. La servidumbre formaba parte de la vida social española. Los hidalgos tenían "servidores perpetuos", algunos de los cuales eran descendientes de los "moros" vencidos en la *Reconquista* y otros de los esclavos negros que pasaban por Lisboa. Desde los primeros años de la colonización del "Nuevo Mundo", los españoles impusieron trabajos forzados a los indígenas e importaron africanos para los trabajos domésticos y de las minas. Entre 1505 y 1525, la explotación de las minas de oro de La Española (isla repartida en la actualidad entre la República Dominicana y Haití) y el desarrollo de las plantaciones estuvieron en el origen del primer tráfico triangular que supuso la deportación de en torno a 10.000 esclavos hacia La Española, Puerto Rico y Cuba (De Almeida Mendes, 2008). En 1518, Carlos V otorgó el primer *asiento*[47]

---

46. "En 1540, de 5.000 a 6.000 esclavos africanos transitaban anualmente por el puerto de Lisboa. Al mismo tiempo, América recibía una media de 1.500 esclavos por año, muchos de los cuales habían nacido en cautividad en Portugal y en España. A mediados del siglo XVI, Lisboa es la ciudad negra más importante del mundo ibérico con más de 10.000 negros, lo que representa aproximadamente el 10 por ciento de la población de la ciudad" (De Almeida Mendes, 2008: 742).

47. Un contrato por el cual el Estado concedía un cierto número de monopolios y de privilegios, entre ellos el de la trata, que se arrendaba a compañías comerciales o a individuos, españoles o no.

autorizando a uno de sus favoritos, Laurent de Gorrevod, que transportase desde Portugal a las Indias occidentales 4.000 esclavos en cuatro años. En 1520, en La Española, los negros eran más numerosos que los indios.

La mayor parte de los esclavos con destino a las colonias españolas los proporcionaron intermediarios portugueses, que aseguraban el transporte de los cautivos que habían adquirido o capturado, porque los españoles carecían de enlaces en África. En 1532, el rey Juan III y Carlos V firmaron un acuerdo que ratificaba los lazos privilegiados con el África portuguesa, que proporcionaba la mano de obra cautiva, y la América española, que exportaba azúcar y metales preciosos. El contrabando de los filibusteros franceses o ingleses, que atacaban a los negreros portugueses, contribuyó también a la llegada de esclavos africanos. Antes de ser deportados hacia las colonias americanas, buen número de ellos habían pasado temporadas en Santo Tomé, en Elmina o en las islas de Cabo Verde. Ahí los compraban otros mercaderes, a veces españoles de las Canarias, para llevarlos a Madeira, Sevilla o Lisboa, o deportarlos directamente hacia los puertos de Cartagena (en la actual Colombia) o a Portobello (Panamá), de donde eran reexpedidos hacia las Antillas españolas, a Perú o a México.

El inventario de los esclavos que poseía Hernán Cortés en 1547 da información sobre el origen geográfico de los que residían en los primeros tiempos en la América española: 167 esclavos eran indígenas, 68 eran de origen africano y procedían de África occidental; una gran parte eran "negros latinos" que hablaban español y habían nacido o habían vivido en España. El primer empleo de estos recién llegados fue en muchos casos el de pastor, porque los indios ignoraban todo lo relativo a la ganadería, pero trabajaron también en la agricultura, la producción textil o las minas: "Se empezaba a ver africanos por toda América: como pescadores de perlas en Nueva Granada, como descargadores en Veracruz en Nueva España, en las nuevas minas de plata en Zacatecas, vaqueros en la región del Río de la Plata; en las minas de oro de Honduras, de Venezuela y de Perú; como herreros, sastres, carpinteros y criados en todas las ciudades. Los esclavos trabajaban para los virreyes y los obispos, para los empresarios privados en sus talleres textiles, en las granjas, mientras las mujeres esclavas servían de doncellas, amas de llaves, amas de cría o prostitutas" (Thomas, 2006).

La catástrofe demográfica que afectó a los indios, la tendencia a prohibir su esclavitud tras la acción militante de Bartolomé de las Casas y otros dominicos[48] y la necesidad creciente de mano de obra en las minas y las plantaciones contribuyeron a establecer el tráfico negrero. A partir de 1580, el dominio de Portugal por parte de la Corona española llevó consigo la llegada de contingentes masivos de esclavos que provenían directamente de las costas africanas.

EL ARCHIPIÉLAGO BRASILEÑO Y LA 'REVOLUCIÓN AZUCARERA'

"Descubierto" por Pedro Álvares Cabral en 1500, "Brasil" se mantuvo hasta el siglo XVII como un archipiélago de colonias poco ligadas entre sí. La primera colonización se limitó en lo esencial a la explotación del "palo de Brasil"[49] a lo largo del litoral. Los indígenas abatían los árboles y los cambiaban por herramientas metálicas. Desde 1526, empezaron a enviarse a Lisboa cajas de azúcar. En 1542, comenzó a funcionar el primer molino de azúcar (*engenho de açúcar*)[50], pero hubo que esperar a la década de los sesenta para que se desarrollase la industria del azúcar a lo largo del litoral entre Pernambuco y Bahía. Los portugueses disponían de una sólida experiencia en el cultivo de la caña de azúcar y en la trata negrera. Hacia 1570, las pocas colonias diseminadas a lo largo del litoral brasileño contaban con unos 60 *engenhos* localizados en su mayoría en Pernambuco y en Bahía (Enders, 2008). La población negra no contaba entonces con más de 2.000 o 3.000 personas. La mano de obra era todavía fundamentalmente india, pero el número de esclavos de origen africano conoció un fuerte crecimiento a finales de siglo con la colonización de Angola y la implantación de un circuito que la unía directamente con Brasil por el Atlántico sur (De Alencastro, 2006): entre 1576 y 1591, de 40.000 a 50.000 esclavos, casi todos originarios del Congo y de Angola, desembarcaron en Brasil. Estos años estuvieron marcados por la entrada de Brasil en el mercado azucarero, lo que hizo pasar a "Santo Tomé en dos

48. Pablo III prohibió en 1537, en una carta dirigida al arzobispo y cardenal de Toledo, la esclavización de los indios.

49. El palo pernambuco o palo de Brasil es una especie de árbol cuya región de origen se sitúa en Bahía, Pernambuco y Río de Janeiro. Seco y pulverizado da una sustancia con capacidad para teñir de rojo, utilizada por la industria de paños.

50. El *engenho de açúcar* designa *stricto sensu* al molino destinado a triturar la caña de azúcar. Sin embargo, acabó por designar al conjunto de la plantación (tierras, edificios y hombres). Los primeros molinos fueron financiados por los personajes más ricos de la colonia, los *senhores de engenho* que formaron una aristocracia colonial de propietarios de tierras y fabricantes de azúcar.

décadas (1570-1590) del puesto de primer centro de producción mundial de azúcar a almacén de distribución negrero [...] La decadencia de la producción azucarera de Santo Tomé, en el segundo tercio del siglo XVI, y, por otra parte, el desarrollo formidable de la economía azucarera capitalista en Brasil y en las Antillas francesas y holandesas hicieron que en el siglo XVII el corazón de la economía ibérica y de la trata atlántica se inclinara definitivamente hacia el Nuevo Mundo" (De Almeida Mendes, 2008). Las primeras décadas del siglo XVII marcan el comienzo de la revolución azucarera en América. Tuvo lugar en las capitanías de Bahía y de Pernambuco con el desarrollo de un monocultivo intensivo destinado a la exportación cuya fuerza de trabajo estaba integrada por esclavos de origen africano que plantaban, cortaban y transportaban la caña de azúcar hasta los molinos. La trata trasatlántica pasó, después de 1600, a una fase "industrial": los navíos europeos podían transportar a partir de entonces, cada año, miles de esclavos africanos y de mercancías a través del Atlántico.

Durante la década de 1640, más de 100.000 cautivos embarcaron en los puertos angoleños de Loanda, Benguela y Cabinda con destino a Brasil, con lo que los intercambios marítimos se vieron facilitados por los vientos y las corrientes. Los colonos multiplicaron, desde la primera mitad del siglo XVII y más todavía en el siguiente siglo, las relaciones directas con África: "Los productos americanos como la cachaza[51] y el tabaco de Bahía son también muy apreciados en la otra orilla del Atlántico y se utilizan, con las telas, las armas de fuego y los metales venidos de Europa, en la compra de esclavos. En una y otra parte del océano aparecen hábitos comunes. La mandioca importada de Brasil y cultivada en el propio territorio se ha convertido así en un elemento importante de la alimentación en Angola y se extiende a otras regiones de África. Las palabras, las preparaciones culinarias pasan de una orilla a la otra. Las enfermedades también" (Enders, 2008: 48)[52].

51. Aguardiente producido a partir del zumo de la caña.

52. "La trata de negros llevó la malaria a América [...]. Gracias a la colaboración de biólogos del mundo entero se ha podido reunir una colección de un millar de muestras de *Plasmodium falciparum* que cubren toda su área geográfica de distribución. Se analizaron después algunos marcadores genéticos para rastrear los orígenes del patógeno. Se obtuvieron así diversos resultados. En primer lugar, resultó que los *Plasmodium falciparum* que existen ahora en América Latina (porque esta especie vive en los trópicos) son muy distintos de los que se encuentran en el continente asiático, lo que invalida la tesis del estrecho de Bering. De hecho, los parásitos suramericanos son claramente de origen africano. Otra

Entre 1600 y 1650 cerca de 700.000 cautivos abandonaron las costas africanas, de los cuales en torno a 500.000 lo hicieron a bordo de barcos negreros portugueses (Eltis y Richardson, 2010)[53]. A estos "africanos" o *boçais* ("bozales", opuestos a los *crioulos*, "criollos", nacidos en Brasil), los negreros les atribuían una "nación": Congo, Angola, Mina... De hecho, estas naciones indicaban, no una pertenencia cultural, sino el lugar de salida del negrero antes de la travesía. Sin embargo, pese a ser ficticias, estas "naciones" tuvieron un papel en la nueva identidad del esclavo haciendo a veces el papel de patronímico, como lo atestiguan los numerosos Manuel Congo o Joaquina Angola en el Brasil esclavista. Fuesen *crioulos* o *boçais*, la mayoría de los esclavos trabajaban en los *engenhos*.

La única forma de asociación autorizada a los esclavos fue la de las cofradías dedicadas a la veneración de una figura religiosa y cuyas misiones eran aprobadas por la Iglesia. Ejercían la caridad con respecto a sus miembros y les aseguraban un servicio funerario. "Tienen por santos patronos preferidos a Nuestra Señora del Rosario, bajo la cual se había colocado la primera cofradía negra de Lisboa, o bien los negros canonizados como Ifigenia o Benito de Palermo. Las cofradías reflejan el carácter segmentado de la sociedad, incluso entre los esclavos y las clases pobres. Se organizan de manera exclusiva, en función del color de la piel (negra, morena) o de la 'nación'" (Enders, 2008).

LAS PEQUEÑAS ANTILLAS EN LOS AÑOS DEL TABACO

Los españoles intentaron en múltiples ocasiones colonizar las pequeñas Antillas, pero tropezaron con la resistencia de los indios caribes. Desde 1550, los filibusteros venían manteniendo relaciones comerciales regulares con los indios, pese a la oposición de los españoles, y sirvieron como adelantados de la colonización anglo-francesa (Moreau, 1992). Aprovechando el debilitamiento de la potencia española a finales del siglo XVI, holandeses, ingleses y franceses reforzaron su presencia en el espacio caribeño. A comienzos del siglo XVII, intentaron en vano

enseñanza del estudio: llegaron en varias veces y de manera independiente, en una horquilla temporal de hace entre cinco y dos siglos. Todos los indicios permiten afirmar por tanto que los *Plasmodium falciparum* atravesaron el océano a bordo de los barcos negreros" (Barthélémy, 2011).

53. Véase también la página http://www.slavevoyages.org.

colonizar las costas guayanesas: los colonos iniciales, unos centenares de hombres, murieron de fiebres. Los primeros en lograr una implantación estable en Cayena fueron holandeses y judíos expulsados de Brasil por los portugueses (1657). Estos colonos y sus esclavos estaban ya aclimatados. Las primeras instalaciones coloniales duraderas en las pequeñas Antillas se hicieron a partir de 1625, en dos pequeñas islas, Barbados y San Cristóbal (Saint Kitts), que se convirtieron en "laboratorios" y puntos de partida para la colonización del archipiélago[54]. Para sobrevivir en las precarias condiciones de los primeros tiempos de la colonización, los europeos comerciaron con los amerindios y utilizaron sus saberes agrícolas y artesanales: cultivo de tabaco, cocción de casava (galletas de harina de mandioca), fabricación de canoas y de hamacas, ciertos métodos de pesca y de cestería...

El tabaco fue el cultivo pionero de esta colonización[55]. Presentaba la ventaja de no ser exigente ni en capital ni en mano de obra, además de favorecer el intercambio con Europa. Las primeras explotaciones eran pequeñas propiedades de en torno a cuatro hectáreas con una mano de obra de pocas personas (el propietario y algunos trabajadores esclavos o contratados). Fueron estos últimos quienes aseguraron el primer poblamiento; se les apodaba "36 meses" por la duración del contrato, y eran reclutados sobre todo entre la población pobre de los puertos del oeste francés. Esperando convertirse en propietarios de tierras, se comprometían a trabajar durante tres años al servicio de quien les pagase la travesía, los alojase y los alimentase antes de recibir la tierra que debían desbrozar y cultivar. La miseria generada por las crisis del siglo XVII proporcionó mano de obra que en su mayor parte moría antes del plazo de los tres años. Los contratados no fueron los únicos en tomar parte en el poblamiento de las Antillas. Hubo también familias de colonos libres, algunos segundones de familias nobles, representantes del rey y

---

54. La iniciativa de la colonización de estos territorios corresponde a unos filibusteros: Thomas Warner y Pierre Belain d'Esnambuc en San Cristóbal; John y Henry Powell en Barbados. En 1635, Pierre Belain d'Esnambuc tomo posesión de la Martinica. El mismo año, uno de sus antiguos lugartenientes, Liénart de l'Olive se instalaba en Guadalupe. Todos ellos habían recibido apoyo de Richelieu, cuyas intenciones eran atacar el poder español en América y promover allí una compañía de comercio sostenida por la nueva flota real.

55. El tabaco servía de "moneda de cambio" pero la irregularidad de los aprovisionamientos obligaba a los colonos a practicar el policultivo y a comerciar con los indios para asegurar la subsistencia.

misioneros. Las mujeres eran escasas. A partir de 1636, el padre Breton menciona la presencia de esclavos negros (Breton, 1978). Hubo, efectivamente, esclavos desde el comienzo de la colonización, pero seguían siendo minoritarios[56] porque no existía todavía tráfico negrero regular con estas islas y, hasta cerca de 1655, la compra de un esclavo era mucho más costosa que los gastos que suponía procurarse un contratado. Sin embargo, los contratados no se encargaron nunca, como única mano de obra, del trabajo de la tierra. La mezcla de ambos predominó mientras el azúcar no impuso su modelo de explotación esclavista y sustituyó al cultivo del tabaco[57]:

Tales son, de 1635 a mediados del siglo XVII, los componentes de la población de Guadalupe. El padre Breton, al final de su *relación*, describe la población de la isla en 1656. En esta fecha, no había ningún caribe en el país, pero llegaban de las islas vecinas a comerciar en la costa con los colonos. Los franceses eran más de 12.000, las mujeres eran de 400 a 500, casi todas casadas, con la excepción de algunas que se dedicaban al comercio del amor. Había en la isla en torno a 2.000 casas construidas en parte de tierra y en parte de madera. El rasgo más significativo de esta sociedad de islas es el predominio de la población blanca. Con la introducción a gran escala del cultivo de la caña de azúcar y el desarrollo de la trata negrera, el número de blancos disminuyó rápidamente: 12.000 en 1656, no eran más que 5.009 en 1664 y 3.083 en 1671. Solo en 1770 la población blanca de Guadalupe recuperó la importancia de 1656. Pero durante este periodo, los negros habían pasado de ser 3.000 a cerca de 80.000. La instalación de azucareras había dado un nuevo carácter a la población de la isla (Lasserre, 1961: 275).

56. Cuando se instalaron en San Cristóbal en 1626, los franceses tenían unos 40 esclavos negros. Y algunas decenas en su toma de posesión de Guadalupe y Martinica en 1635.

57. A partir de finales de la década de 1630, el tabaco de las Antillas empezó a padecer la competencia del tabaco de Virginia, más barato y de mejor calidad en un mercado todavía muy limitado. Para evitar la ruina, los colonos debieron reconvertirse al cultivo del algodón, del índigo o del jengibre; sin embargo, el producto que tenía entonces una demanda más fuerte era el azúcar de caña (véase el capítulo 6).

CAPÍTULO 5

EL 'MIDDLE PASSAGE' O TRAVESÍA DEL ATLÁNTICO MEDIO (SEGUNDA MITAD DEL SIGLO XVII-PRIMERA MITAD DEL SIGLO XIX)

La amplitud de la trata atlántica creció con el auge de la economía azucarera en América. Se produjo en primer lugar en Brasil, después, a partir del final del siglo XVII, en las Antillas británicas (Barbados y Jamaica) y francesas (Martinica, Guadalupe, Santo Domingo) y por último en la colonia española de Cuba que, en el siglo XIX, tomó el relevo de Santo Domingo liberada por la revolución haitiana. A partir del siglo XVIII, el comercio de esclavos, en crecimiento rápido desde los años 1680, conoció una aceleración espectacular puesto que más de 10 millones de cautivos fueron deportados entre 1700 y 1850, lo que equivale a un ritmo medio anual de 70.000 deportados.

¿Qué sabemos de las condiciones en las que estos millones de cautivos fueron embarcados y deportados por los negreros europeos antes de ser vendidos a los colonos esclavistas de América? ¿Cuántos hombres y mujeres sobrevivieron a la travesía del Atlántico medio y desembarcaron en las colonias esclavistas? ¿Cuántos de ellos murieron durante la travesía?

EL EMBARQUE

Las regiones de partida de la trata occidental no coinciden necesariamente con aquellas de las que procedían los cautivos que podían, a veces, venir de lejos, en el interior del continente. La principal zona de embarque fue el África del centro-oeste (Congo y Angola), que precedía, por el número de deportados, al golfo de Benín, el golfo de Biafra (Nigeria), Costa de Oro y Sierra Leona y, en menor medida, a Senegambia y África del este (véase el mapa 3).

MAPA 3

PRINCIPALES REGIONES LITORALES EN LAS QUE FUERON EMBARCADOS LOS CAUTIVOS (H. 1500-H. 1850)
Este mapa solo incluye al 60 por ciento del número total de cautivos embarcados

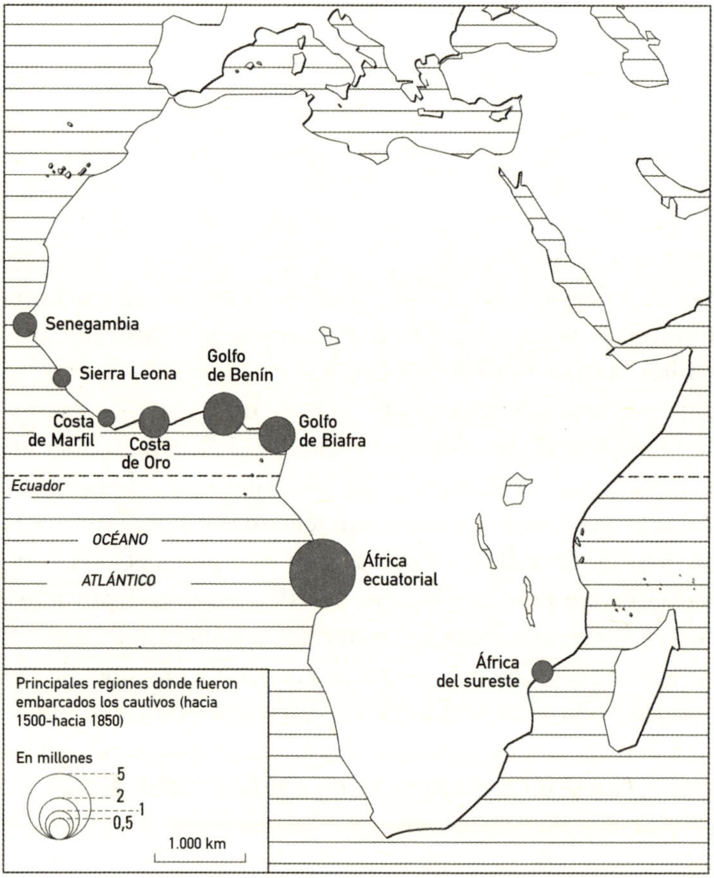

FUENTE: HTTP://WWW.SLAVEVOYAGES.ORG

No todos los capitanes negreros utilizaban los mismos procedimientos, pero ya se tratase de "trueque bajo velas" porque las condiciones naturales o políticas no permitieran desembarcar, o de "trueque en tierra", las modalidades de intercambio diferían poco. Es lo que testimonian las *Observations utiles sur Bany*[58] dirigidas al capitán del *Guerrier*, que partió de Nantes en 1790 con 39 hombres de tripulación:

Si tenéis un barco pequeño, echaos al agua y dirigíos a Bany. [...] Hay que ir a ver al rey y llevar como regalo para sus mujeres un buen trozo de buey salado, una veintena de libras de galletas y un ancla[59] de aguardiente; presionarle para que abra la trata, para poder comprar inmediatamente lo que necesitéis, ya que no se puede comprar nada sin que la trata sea abierta por el rey. Cuando el rey venga a bordo con la asamblea de notables y su séquito para abrir la trata hay que cocer el buey salado y garantizar las galletas. Solo se admiten en la mesa al rey y a los príncipes más importantes, el resto come en el puente; hay que tomar precauciones porque son aficionados a robar. El capitán irá a tierra por la tarde, en torno a las cuatro, para visitar a los intermediarios y al rey; debe empezar preguntando cuántos cautivos les han llegado en la jornada; el valor de los regalos hechos a cada cortesano indica la cantidad de cautivos que se presume que es capaz de proporcionaros.

El barco debía estar, con frecuencia, durante varias semanas o meses en la rada, el tiempo necesario para reunir el "cargamento" de esclavos, cuyo número variaba según el tamaño del barco. Este proceso podía ser lento y laborioso.

Como se ve, el rey Pepel era un negrero de cierta importancia que exigía a los capitanes de los navíos que fueran a saludarlo a tierra, con deferencia y respeto. Les invitaba a veces a una gran cena, en la que los mejores vinos competían con los platos mejor cocinados, disponiendo a la entrada de su domicilio una mesa cubierta de alcohol y de licores. Después planteaba el pago de las tasas, cuya entrega precedía a la decisión real de abrir la trata. El ritual apenas cambió entre los siglos XVII y XIX. En 1833 se recomendaba todavía llevar al rey, cuyos gustos se conocían desde tiempo atrás, "mucha sal, carabinas a la francesa, hierro en barras de 10 a 12 pies de longitud por tres pulgadas de ancho, tejidos finos, como guineas, satenes, *romales*, pañuelos, abalorios de ámbar y de coral, cuchillos ingleses y franceses, piezas de porcelana, sombreros, candados grandes y redondos, piedras de pedernal, etc." (Saugera, 1992: 28 y ss.).

---

58. Bany o Bonny, situada en el golfo de Guinea, era un importante lugar de trata. Su rey, Pepel, dominaba una población cuya principal fuente de riqueza provenía de la trata de cautivos, en su mayoría igbos. Era dueño de un gran número de esclavos que sus súbditos debían proporcionarle. Véase Saugera, 1992: 28-29.
59. Ancla: unidad de medida equivalente a 54 litros.

Durante ese tiempo el barco se transformaba en un redil para negros. El maestro carpintero ponía un suelo a media altura, lo que duplicaba la capacidad, y alzaba un tabique para asegurar la división sexual del espacio. Debía llenarse también de agua, de aceite de palma y de alimentos locales tales como ñames, plátanos, arroz y cítricos. Todo esto llevaba tiempo. En 1802, *La Bonne-Mère* empezó la trata a finales de octubre (tras la estación de las lluvias) y terminó a principios de diciembre. Habían previsto transportar a 350 individuos, pero el capitán se conformó con 303 cautivos, todos igbos, que les fueron entregados en piraguas a lo largo de seis semanas. Durante las cuales los hombres y mujeres ya a bordo tenían todo el tiempo para preguntarse por su destino.

Para facilitar este trueque, millares de toneladas de mercancías se embarcaron en las calas de los barcos negreros. Los primeros cargamentos portugueses incluían animales, cítricos y alimentos básicos. Al final del siglo XIX, estos productos no formaban ya parte de las mercancías con las que negociaban los europeos, puesto que por entonces las compraban a los intermediarios africanos. Después de un siglo de intercambios, el "surtido de mercancías" se había vuelto prácticamente invariable; los negreros no las imponían sino que respondían a una demanda.

Predominaban mercancías de tres tipos:

- las sedas y las telas de algodón, entre ellas las "indianas de trata", inicialmente importadas de las Indias orientales y después manufacturadas en Europa[60]; ropas y objetos de adorno (joyas, perlas de cristal veneciano, espejos pequeños...) que podían representar más de dos tercios del valor de la carga;
- armas de fuego;
- vinos y licores.

A esto se añadían productos metálicos en bruto (estaño, cobre, plomo, barras de hierro) o trabajados (armas blancas, hachas, anzuelos, machetes, utensilios de latón...), tabaco y cauris.

Se da un malentendido sobre las "mercancías de la trata" por el uso indiscriminado del termino *pacotilla* que designaba en el siglo XVIII tanto un "paquete" al que no se le suponía ningún valor como los

60. En Nantes en la década de 1780, una decena de fábricas de indianas empleaban a 4.500 obreros y producían en torno a 150.000 piezas por año.

productos que la tripulación tenía derecho a subir a bordo por su propia cuenta. La idea de que mercancías de poco valor se cambiaban por esclavos ha formado parte del discurso racista para desacreditar la inteligencia de los africanos y a continuación se ha utilizado para denunciar la codicia de los negreros... En realidad, sobre los 110 o 115 tipos de productos de la trata que se han contabilizado, muchos de ellos eran productos costosos, lo que explica que el 60 o el 70 por ciento del coste del flete, dedicado normalmente a abastecer un navío, servía para financiar la carga. En 1780, la inversión necesaria para equipar un barco negrero equivalía al precio de un palacete particular parisino, es decir, de 200.000 a 300.000 libras tornesas (Deveau, 1990).

Las condiciones de trueque variaban en función de la oferta y la demanda, de las circunstancias locales y de las cualidades físicas del esclavo. A un hombre de 15 a 30 años, robusto y con manifiesta buena salud se le calificaba de "pieza de Indias"[61]. Los negreros blancos calculaban por conversión el valor en moneda de los cautivos que cambiaban por mercancías de trata; solo a principios del siglo XIX los occidentales lograron introducir sus monedas. El precio de los individuos se calculaba en referencia a la "pieza de Indias". Así, una mujer joven y con buena salud "valía" nueve décimos de "pieza de Indias". A los niños más pequeños se les "cedía" con su madre; si tenían entre cinco y 10 años, dos de ellos tenían el valor de una "pieza de Indias"; tres jóvenes de 10 a 15 años "equivalían" a dos "piezas de Indias".

En la costa occidental, los barcos pertenecientes a las compañías se abastecían de hombres y mercancías en una de las 43 factorías fortificadas existentes entre Arguin y Ouidah. Estas factorías servían de almacenes provisionales para los cautivos. Los caravaneros entregaban allí sus prisioneros a los agentes de las factorías que a su vez los encaminaban a los barcos que iban a partir hacia las colonias. Los capitanes de los demás navíos tenían dos medios para llenar sus calas: o trataban con intermediarios que les remitían el número de cautivos que tenían previamente "almacenados" en los barracones; o traficaban una vez tras otra a lo largo de la costa. Esta última técnica fue la más frecuente, aunque era la más peligrosa tanto para los esclavos como para la tripulación, porque la espera agravaba los riesgos de enfermedades, las tentativas de suicidio y de revuelta.

61. Inicialmente la pieza de Indias era un trozo grande de tela de algodón estampado muy estimada en las operaciones de trueque. El uso de este término, como el de "madera de ébano" expresa la voluntad de los negreros de deshumanizar a sus cautivos.

Tras la humillación del examen por parte del cirujano, los esclavos eran "rotulados", es decir, marcados en su carne con un signo distintivo, después se les conducía al barco en unas chalupas. Desnudos y entorpecidos en sus movimientos por distintos grilletes, algunos permanecían varias semanas, incluso varios meses, en el entrepuente del barco:

En el mejor de los casos, hacían falta uno o dos meses para que el negrero reuniera su carga y levase anclas, pero eran pocos los que traficaban en estas condiciones. Tres meses, cinco meses de espera para completar la carga son las duraciones más frecuentes. En algunos casos pueden llegar a los siete meses. Más de eso, las esperas muy largas son raras. En general, sigue siendo cierto que las transacciones negreras y el embarque tenían lugar cerca de la orilla. [...] Aun siendo cada vez menos soportables, las condiciones previas a la partida del barco no eran nada, comparadas con las que los deportados iban a vivir. Los negros, personas de tierra adentro, ignoran todo sobre alta mar (Daget, 1992: 145 y ss).

Empezaba entonces lo que los anglosajones llaman el *middle passage* (la travesía del Atlántico medio) en unos barcos a los que Mirabeau calificó de "ataúdes flotantes".

LA TERRIBLE TRAVESÍA

El *middle passage* designa, desde el punto de vista del esclavo, el paso del océano tras la marcha forzada que le ha conducido hasta el barco negrero, y antes de las nuevas pruebas que van a convertirlo en un forzado de por vida en las plantaciones de las colonias europeas en América. Diarios de navegación, relatos de negreros, textos a menudo ilustrados con grabados de viajeros[62], datos de documentos y testimonios recogidos por los abolicionistas, entre ellos relatos autobiográficos de cautivos[63] permiten una aproximación conmovedora a lo que fueron estas decenas de miles

62. A título de ejemplos, Grasset de Saint-Sauveur (1795-1796) y Degrandpré (1801). Este último relato de viaje con mirada enciclopédica está ilustrado con grabados uno de los cuales muestra un convoy de cautivos. Danielle Bégot (2010) propone una lectura crítica de la iconografía incluida en estas publicaciones.

63. Bluett, 1734; Ukawsaw Gronniosaw, 1770; Sancho, 1782; Cugoano, 1787 (traducido al francés en 1788 y reeditado en 2009 con un prólogo de Elsa Dorlin); Equiano, 1789 (cuya reedición francesa más reciente es de 2008 [y la española de 1999, N. del T.]); Smith, 1798; Jea, 1811; Baquaqua, 1852.

de travesías. A pesar de que se dan una serie de constantes, cada una de ellas fue una prueba con desenlace incierto para los y las que habían sido obligados por la violencia a subir a bordo del barco negrero. Los relatos de Ottobah Cugoano y sobre todo de Olaudah Equiano, el más revelador, son explícitos sobre las espantosas condiciones materiales y psicológicas de la "travesía". Desgraciadamente, este tipo de relatos es excepcional porque, antes de 1730, ningún cautivo ha dejado testimonio escrito de su percepción de la travesía marítima. Sin embargo, otras fuentes los corroboran, entre ellas los relatos de negreros, algunos de los cuales, bastante escasos, denunciaron las terribles condiciones del viaje trasatlántico[64].

Olaudah Equiano nació en Nigeria oriental (Biafra) hacia 1745. Hijo de una familia de "notables" igbos, fue secuestrado con su hermana cuando tenía unos 10 años. Llegó seis o siete meses después de su captura al litoral de Benín, desde donde se le deportó hacia Barbados y después a Virginia. He aquí como recuerda su primer contacto con los negreros blancos:

> Nada más subirme a bordo, varios miembros de la tripulación me manosearon y me zarandearon para ver si estaba sano; yo estaba convencido de que había penetrado en un mundo de malos espíritus y que iban a matarme. Su tez, también tan distinta de la nuestra, su cabello largo y la lengua que hablaban, tan diferentes de las que hasta entonces había oído, se unieron para confirmarme en esta creencia. De hecho, tan pavorosos eran mis temores e imaginaciones de aquel momento que, de haber poseído 10.000 mundos, gustosamente me habría desprendido de todos ellos para trocar mi condición por la del más humilde esclavo de mi país. Cuando además eché un vistazo al barco y vi una gran caldera de cobre en ebullición y una multitud de negros de todo tipo encadenados juntos, todos y cada uno de sus rostros expresando abatimiento y pesar, no dudé más de mi destino, y, abrumado por el dolor y la angustia, caí inerte sobre la cubierta y me desmayé. Cuando me hube recuperado un poco vi a unos negros a mi alrededor, que me parecieron algunos de los que me habían traído a bordo y que habían recibido ya su paga. Me hablaron con el fin de animarme, pero todo fue en vano. Les pregunté si aquellos hombres blancos de aspecto horrible, caras rojas y cabello largo se nos iban a comer (Equiano, 1987: 28).

Ottobah Cugoano tenía en torno a 13 años cuando fue secuestrado, en 1770, junto con una veintena de muchachos y muchachas, por traficantes

64. Sobre todo Falconbridge, 1788, citado *supra*.

africanos que los condujeron a Cape Coast (Ghana). Después de la travesía, fue vendido como esclavo a unos plantadores británicos de la isla de Granada. Expresa los mismos temores que Olaudah: "Entramos en una ciudad en la que vi una multitud de blancos, lo que me hizo temer, de acuerdo con la creencia de los niños del interior del país, que pudiera ser comido por ellos" (Cugoano, 2009: 31). Ottobah Cugoano y Olaludah Equiano manifiestan de esta forma los terrores de los niños que eran en el momento de su secuestro, pero sus compañeros de adversidad son informados de su suerte: "Poco tiempo después, me encontré entre los pobres hombres encadenados a varios de mi propio país, cosa que en cierta medida me apaciguó. Les pregunté qué iban a hacer con nosotros, y me dieron a entender que nos iban a llevar al país de estas personas blancas con el fin de que trabajásemos para ellos" (Equiano, 1987).

Ottobah Cugoano no dedica más que un breve párrafo a los sufrimientos de la travesía: "Es inútil describir el trato al que fuimos sometidos entonces ¡Es conocida la barbarie de los mercaderes de negros!" Por el contrario, Olaudah le dedica varias páginas:

Tan insoportablemente nauseabundo era el hedor de la bodega mientras estábamos en la costa que resultaba peligroso permanecer allí, y a algunos de nosotros nos habían permitido subir a cubierta para que nos diera el aire fresco; pero ahora que todo el cargamento del barco estaba confinado, era absolutamente pestilente. La estrechez del lugar y lo caluroso del clima, sumado a la multitud de personas que había en el barco, que iba tan abarrotado que apenas había sitio para que nos diésemos la vuelta, casi nos asfixiaba. Esto provocó abundante sudoración, y la variedad de olores repugnantes hizo que pronto fuera imposible respirar el aire, acarreando una enfermedad entre los esclavos de la que muchos murieron, víctimas de la imprevisora avaricia, si se me permite llamarla así, de sus compradores. Esta desgraciada situación se agravó de nuevo por las rozaduras de las cadenas que se habían vuelto insoportables, y con las inmundicias de las letrinas en las que a menudo caían los niños y casi se ahogaban. Los chillidos de las mujeres y los gemidos de los agonizantes dotaban a la escena de un horror casi inconcebible [...]. Un día de mar en calma y viento suave, dos de mis exhaustos compatriotas que estaban encadenados el uno al otro (yo estaba cerca de ellos), prefiriendo la muerte a esa vida miserable, consiguieron abrirse paso por las redes y saltaron a la mar, inmediatamente otro individuo abatido al que por su enfermedad se le permitía estar sin grilletes siguió su ejemplo, y supongo que muy pronto otros muchos habrían hecho lo mismo de no haber sido frenados por la tripulación, que enseguida se alarmó.

A los que éramos los más activos nos pusieron al instante bajo cubierta, y nunca había oído tanto ruido y confusión entre la tripulación como cuando intentaron detener el barco y sacar el bote para ir en pos de los esclavos. Dos de aquellos desgraciados se ahogaron; sin embargo, al otro le cogieron y le azotaron sin piedad por haber preferido la muerte a la esclavitud. De esta guisa seguimos sufriendo más penurias que las que ahora puedo referir; penurias que son inseparables de este comercio maldito (ibídem: 31).

Equiano mezcla dos voces en este relato: la del niño atemorizado que descubre un mundo desconocido y horrible sin equivalencia en su universo ("los malos espíritus") y la del adulto convertido en escritor angló-fono y cristiano que juega con los símbolos raciales y culturales de los europeos: el hombre blanco se vuelve el otro, que es diferente y extraño con sus cabellos largos y desordenados, su piel rojiza y su crueldad que hace de él un verdadero salvaje (Frund, 2007: 40).

Las memorias de negreros[65], los diarios de a bordo y las instrucciones dadas por los comerciantes a sus capitanes proporcionan, evidentemente, otro punto de vista. En su sequedad las instrucciones siguientes expresan sin disimulos la preocupación de los armadores: transportar la "carga" con las menores "pérdidas" posibles:

Tan pronto como la carga esté a bordo, y estéis en disposición de desplegar velas, deberéis quitar las cadenas a los 10 o 12 jóvenes con mejor aspecto, que utilizaréis para la cocina, el lavado de la cubierta, la limpieza a bordo y otros trabajos similares [...]. Cuando ya no seáis visibles desde tierra, una vez superada la isla de Annobón [en el golfo de Guinea] podréis quitar las cadenas a algunos más, en especial a los que veáis un poco enfermos, pero debéis elegir bien y no perderlos de vista [...]. Mientras el tiempo lo permita, los mantendréis en cubierta, pero, por la tarde, estarán fuera del sol, y por la noche un hombre deberá vigilarlos [...]. La comida se dará como sigue: un ñame para cada hombre adulto al día, y en esa proporción para los más pequeños. Cuando les deis pan o arroz por la mañana añadiréis un trozo pequeño de buey, pero a los ñames deberéis agregarles una mezcla de aceite de

65. Especialmente Snelgrave, 2008; Plasse, 2005 y Mosneron, 1995. Este relato autobiográfico intenta sobre todo transmitir a los herederos del autor un modelo y unos "valores". Con este fin, Joseph Mosneron muestra a los fundadores de la "dinastía" como unos hombres cotidianamente laboriosos y heroicos. En su relato de las expediciones marítimas, el narrador presenta a los miembros de la tripulación, describe distintos momentos de las expediciones negreras sin mostrar la menor simpatía por los esclavos.

palma y pimienta hervida. 10 hombres [negros] por marinero. En cada comida daréis, a cada uno, un litro de agua pero, si hace mucho calor, se lo daréis al medio día. Las comidas son a las 10 de la mañana y a las tres de la tarde. Tan pronto como los negros estén en pie por la mañana, deberéis dar a cada uno una cucharada de vinagre y de agua para enjuagarse la boca, agua salada para lavarse la cara y las manos, y el cirujano estará allí para examinar a los enfermos, lavar sus heridas y darles medicinas, un trozo de jabón y pasar entre ellos cada semana para limpiarles los dientes. La entrecubierta debe rasparse cada dos días y las provisiones se examinarán con regularidad cada semana para ver si se echan a perder. Cuando os alejéis de la costa deberéis tener 12 o 14 barriles de agua sobre cubierta y tanta madera de quemar como podáis embarcar[66].

El armador guarda silencio sobre las violencias que se hacen a los cautivos para obligarles a subir a bordo y después para mantenerlos en un estado de sumisión basado en el terror. Aunque el barco dispusiera de una reserva de vinagre y de jabón y el capitán tuviera la consigna de que se "raspase" la entrecubierta cada dos días y de ventilar una parte de la "carga" "tanto como el tiempo lo permitiera", este texto no dice nada de qué hacer en caso de mal tiempo, cuando el contenido de las letrinas corría por el suelo de la entrecubierta y manchaba a los hombres. En 1778, el capitán Parrey compareció ante la Cámara de los Comunes del Parlamento inglés. Se refirió a los esclavos encadenados dos a dos en el fondo de la bodega y citó el informe del cirujano Falconbridge que relataba su experiencia a bordo de un barco negrero durante una tormenta que había impedido durante varios días la salida de los cautivos al puente:

Habiéndonos forzado un vendaval acompañado de lluvia a cerrar las troneras e incluso a cubrir los enjaretados, el flujo y la fiebre empezaron a darse entre los negros. Durante el tiempo en el que estuvieron en esta lamentable situación, bajaba con frecuencia a visitarlos, siempre que lo requería mi profesión; pero al final el calor en las zonas que les estaban reservadas se volvió tan insoportable que no era posible permanecer allí más de algunos minutos. Este calor excesivo no era lo único que hacía espantosa su situación. El puente, es decir el suelo de su dormitorio, estaba hasta tal punto cubierto de olores pútridos y de sangre, consecuencia del flujo que les afectaba, que al entrar allí podría parecer que estábamos en una

66. "Instructions de l'armateur au capitaine du navire négrier *La Jeune Eugénie*", 1828, Archive national, Sección Outre-Mer, Generalidades 166/1344.

matanza. No cabe al espíritu humano imaginar un marco más horrible y más repulsivo que en el que se encontraban aquellos desgraciados. Un gran número de ellos perdieron el conocimiento; se les llevó a un segundo nivel donde varios murieron, y del que hubo muchas dificultades para sacar a los demás. Poco faltó para que yo me contase entre las víctimas.

Los barcos negreros se identificaban de lejos por su olor.

El capitán Théodore Canot, que narró sus recuerdos en 1854, se remite a las "instrucciones" del armador. Insiste en la necesidad de transportar desnudos a los esclavos, lo que facilita la limpieza:

Tan pronto como llegan a la cubierta, son enteramente desnudados, de manera que tanto los hombres como las mujeres salen de África como llegaron a ella: desnudos. Esta operación [...] es indispensable, pues la desnudez total durante el viaje es el único medio de asegurar la higiene y la salud. [...] En todo buque de esclavos bien llevado, el capitán, los oficiales y la tripulación permanecen alerta para preservar el cargamento. En este punto coinciden su interés personal y el interés humano [...]; se emplean en abundancia sustancias desinfectantes. La cubierta alta se lava y se frota todos los días; la cubierta de los esclavos se restriega y se higieniza. [...] Una vez por semana, el barbero del barco raspa cuidadosamente los mentones, sin ayuda de jabón y, en el mismo día, se les cortan bien las uñas para tener la certeza de que no podrán causar daños en las batallas nocturnas que ocurren cuando el esclavo disputa a su vecino cada pulgada de ese tablón que no puede abandonar. [...] A la hora de las comidas [...] se hace llegar un balde de agua salada a cada mesa a manera de recipiente para las abluciones de las manos, después de lo cual un *kidd* de arroz, de harina, de ñames o de habas [...] es colocado ante ellos [...]. Es obligación del guardián informar en el acto cuando un esclavo se niega a comer para saber si su abstención se debe a descontento o a enfermedad. Frecuentemente, se ha encontrado a bordo de los buques de esclavos a negros que voluntariamente se abstenían de comer para perecer de inanición. De modo que cuando el guardia informa de que el enfermo es un simulador, el apetito de este es estimulado mediante un "gato de nueve colas". [...] Tres veces durante las 24 horas del día se les sirve media pinta de agua. Algunos días, en general tres veces a la semana, se enjuagan cuidadosamente la boca con vinagre y casi todas las mañanas se les da la "gota" para prevenir el escorbuto (Canot, 2008).

El buque negrero típico no era, hasta finales del siglo XVIII, un barco especializado, sino un barco ordinario de la flota mercante que un carpintero acondicionaba para la travesía con carga humana. A partir de los años 1770, se diseñaron buques más rápidos gracias a su casco recubierto de cobre, particularmente apropiado para la trata. Pero los negreros hicieron uso de una gran variedad de navíos, tanto por su tonelaje como por la calidad de su construcción. En la década de 1790, el 15 por ciento de la marina británica participaba en la trata. Gracias a los archivos del puerto de Rochefort, se dispone de una descripción precisa de *L'Aurore* barco negrero nantés en 1785-1786 (Boudriot: 159 y ss.)[67]. Este navío podía transportar 600 cautivos, 400 hombres y 200 mujeres, con una tripulación de 45 hombres. La casi totalidad de la bodega estaba ocupada por agua y víveres, porque se necesitaban de 170 a 210 litros de agua por persona para una travesía de 60 a 75 días, es decir un total de 140.000 litros, aproximadamente, conservados en 600 barricas. Tras el tabique de la bodega destinada al agua estaban ordenados los compartimentos para víveres (galletas, habas, arroz, gruyere[68]). Encima de la bodega estaba el sollado, que constaba de:

- en la parte delantera, un compartimento para el vino y los víveres de la tripulación, precediendo al espacio donde se hacinaban los hombres;
- en la posterior, estaba el espacio de los hombres que terminaba en un doble tabique formando un compartimento para las velas de recambio y separaba a los cautivos del espacio de las mujeres.

El capitán y los oficiales se alojaban en la parte trasera de la cubierta, separada del resto por un sólido parapeto cubierto de láminas de acero afiladas y mortíferas. Este parapeto, casi infranqueable, permitía a la tripulación, en caso de revuelta, reagruparse y utilizar las armas de fuego contra los amotinados. Las revueltas fueron casi siempre desesperadas y, sin embargo, frecuentes (véase el capítulo 7).

El hacinamiento era la norma en los barcos negreros. El entrepuente tenía poco más de 1,70 metros de alto, a veces menos. En algunos

67. Basado en los archivos del puerto de Rochefort. Una asociación nantesa tiene el proyecto de reconstruir este navío "que se convertirá en una plataforma cultural itinerante destinada a recorrer los océanos para mostrar la historia, informar a las poblaciones y sensibilizarlas sobre las nuevas formas de esclavitud y de discriminación" [http://www.bateau-pedagogique.com].

68. El gruyere se inventó en Friburgo (Suiza), donde hizo fortuna en la época, porque la excelente conservación de esos grandes quesos los convirtió en un alimento muy apreciado en la navegación atlántica de largo recorrido (en especial la negrera).

barcos, para que hubiera más espacio, un carpintero dividía la altura por la mitad instalando por todas partes "sollados", una especie de estantes suficientemente robustos para sostener un cierto número de cuerpos. Deduciendo el espesor de las tablas, cada cautivo disponía de 83 centímetros de altura. Un hombre pequeño podía sentarse, uno más alto debía apoyarse sobre los codos. El doctor Trotter respondió así a un miembro de una comisión de los Comunes que le preguntó si los cautivos tenían sitio para estirarse y darse la vuelta en la bodega[69]: "En ningún caso. Una vez despojados de los grilletes, se ata a los esclavos en cuchara y se les liga estrechamente uno a otro. El segundo (oficial) se encarga de comprobar cada mañana que siguen estibados de este modo; los que no recuperan rápidamente su sitio son azotados y, como consecuencia de esta disposición, los desgraciados se hieren con frecuencia contra la cubierta o uno contra el otro en caso de fuerte balanceo"[70]. Las condiciones de transporte de los cautivos cambiaron muy poco en el tiempo de la trata ilegal, como lo confirma Théodore Canot:

> Al ponerse el sol comienza el proceso de instalar a los esclavos para el transcurso de la noche. El segundo oficial y el contramaestre descienden al interior de la nave, látigo en mano, alineando a los esclavos en su debido lugar: los que ocupan el lado derecho del buque mirando hacia adelante, cada uno dando la espalda a su vecino, mientras que a los del lado izquierdo se les coloca con la cara vuelta hacia la popa. [...] Se presta la mayor atención a la estatura: se elige a los individuos de mayor envergadura para ocupar la parte más ancha del buque, mientras a los más jóvenes y más pequeños son alojados cerca del puente; a uno de cada 10 esclavos se le nombra vigilante y se le da un látigo que le sirve para hacer respetar sus consignas. [...] Como reconocimiento a sus servicios se les adorna con una vieja camisa o con unos pantalones con manchas de alquitrán (Canot, 2008: 104-105).

En las costas europeas, la contratación de la marinería era un elemento determinante para el éxito o el fracaso de una campaña negrera.

---

69. El doctor Thomas Trotter había servido en el *Brooks*. Los abolicionistas británicos de finales del siglo XVIII quisieron establecer "la prueba de los hechos". Thomas Clarkson, tras una investigación hecha en Liverpool, publicó en 1789 con el título de *Description of a Slave Ship*, los planos de un barco negrero, el *Brooks* (o *Brookes*), representando el hacinamiento de los esclavos. Estas imágenes tuvieron una gran repercusión en la opinión pública europea, porque "mostraban" lo que los europeos, con la excepción de las tripulaciones negreras, no veían nunca: un barco negrero cargado de cautivos.
70. Selección de los debates parlamentarios británicos, 1790, citado en Thomas, 2006.

En efecto, los hombres de un barco negrero, más numerosos que los de un navío de comercio de un tonelaje similar, no eran solo marineros, debían garantizar también funciones de vigilancia y represión. El capitán desempeñaba un papel primordial porque debía poseer, además de un buen conocimiento de la navegación costera y de altura, cualidades de administrador (le secundaba a veces en esta función un sobrecargo responsabilizado por el armador de gestionar la carga y de llevar las negociaciones comerciales) y capacidades como policía y diplomático para las relaciones con los intermediarios africanos o con los colonos. Conscientes de la importancia del capitán, los armadores le pagaban primas y le permitían cargar para su propio beneficio a algunos esclavos, que vendía al contado. Según el tamaño del barco y el número previsto de deportados, el capitán ayudado por un segundo dispuesto a reemplazarle en caso de accidente, dirigía una tripulación de entre 30 y 60 hombres, entre los cuales estaban los oficiales mayores, la maestranza, los marineros, algunos novatos o aprendices de pilotos, a veces hijos de los armadores en periodo de aprendizaje y grumetes de entre 12 y 14 años. La tripulación de un barco negrero incluía un cierto número de marineros especializados:

- el cirujano, cuyos conocimientos médicos eran a menudo rudimentarios. Se le utilizaba para valorar el estado físico de los cautivos en el momento del trueque en las costas africanas y procedía a su marcaje;
- el carpintero, que tenía a su cargo montar y desmontar el sollado cuya utilidad era facilitar el hacinamiento de los negros;
- el tonelero, del que dependía la buena conservación de los alimentos y del agua;
- el cocinero, que, además de las comidas de la tripulación, debía durante la travesía del Atlántico preparar centenares de "comidas de negros", teniendo seguramente bajo sus órdenes a un cierto número de mujeres esclavas.

Dadas las terribles condiciones de vida a bordo de los barcos negreros, los simples marineros eran, en la mayoría de los casos, pobres diablos que eran "raptados" tras emborracharlos en alguna posada o se comprometían para evitar la prisión por deudas. En el siglo XVIII y seguramente antes, cerca de la mitad de los buques negreros con destino a

Brasil contaban en su tripulación con negros libres y esclavos alquilados por sus dueños. Se tenía a los portugueses como los negreros de comportamiento más "humano" con sus cautivos. Esto puede explicarse por la reglamentación implantada desde el siglo XVI por el rey Manuel, con el deseo de que, tras su bautismo, los cautivos dispusieran de catres de madera y recibieran alimentos adecuados. Pero "la verdadera diferencia era quizás más psicológica. Los portugueses que empleaban marineros negros no tenían el sentimiento de que los esclavos negros fuesen radicalmente diferentes —eran otras almas que sufrían en el mismo e inexplicable proyecto divino— mientras que, a ojos de los protestantes blancos del norte, los africanos eran tan exóticos como inquietantes" (Thomas, 2006: 432).

Otra constante del *middle passage* era la separación, primero en los barracones y después en el barco negrero, de hombres y mujeres (estas no suponían de media más que un tercio de la población deportada). Mientras que a los hombres se les encerraba en la entrecubierta en la parte delantera del barco, a las mujeres se las colocaba en la parte de atrás, bajo los alojamientos reservados a la tripulación y, con frecuencia, cuando el navío estaba en alta mar, se las dejaba con los niños en libertad de movimientos. Algunas de ellas podían, con la autorización de los propietarios del buque, ser utilizadas como "gratificación" para los oficiales, que estaban autorizados a comprar por su cuenta uno o dos esclavos. En los contratos se especificaba que el cirujano y el cocinero recibirían dos "negritas" o su equivalente en dinero, si la mortalidad era baja durante la travesía. La mayor parte de los "esclavos de contrabando", a los que se transportaba fraudulentamente, eran mujeres.

Si las cautivas padecieron menos el hacinamiento que sus compañeros de infortunio, sufrieron con mucha frecuencia la violencia sexual por parte de la tripulación: "Cuando las mujeres y las jóvenes llegaban a bordo de un navío, desnudas, temblorosas, aterrorizadas, extenuadas de frío, de fatiga y de hambre, sufrían con frecuencia la rudeza lasciva de los salvajes blancos. [...] Hacían intención inmediatamente de repartirse a sus presas y solo esperaban la primera oportunidad para hacerlo. [...] Eran entregadas, sin reservas, al capricho del primeo que llegara [...]"[71]. Hubo mujeres que se arrojaron al mar tras haber sido violadas[72]. "Tan

71. Testimonio de John Newton (1725-1807), antiguo capitán negrero inglés convertido en pastor y abolicionista.

72. Testimonio del cirujano Alexander Falconbridge (1788).

pronto como inician la travesía, el capitán, los oficiales y una parte de la tripulación escogen entre las negras a las que más les agradan; nos sirven en la mesa y en la cama [...]"[73]. De estas relaciones sexuales podían nacer niños[74]. Hubo mujeres que rechazaban con todas sus fuerzas ser objeto de la lubricidad de los marinos y pudieron estar en el origen de algunas revueltas; otras aceptaban algunas ventajas materiales, incluso, como cuenta Ottobah Cugoano, llegaron a traicionar a sus compañeros: "Acordamos quemar la nave y morir todos entre las llamas; pero fuimos traicionados por una de nuestras compatriotas que dormía en la habitación de algunos de los jefes del buque" (Cugoano, 2009: 32).

Cuando el tiempo lo permitía, los hombres subían a la cubierta superior hacia las ocho de la mañana. Se comprobaban sus grilletes y se les rociaba con agua del mar. Dos veces a la semana se les untaba la piel con aceite de palma para mitigar las quemaduras producidas por el frotamiento de la piel desnuda contra la madera del barco. Cada 15 días aproximadamente, el cirujano les cortaba las uñas y les afeitaba todas las partes del cuerpo. Durante este tiempo, se vaciaban las letrinas, se limpiaba y se aireaba la entrecubierta. Se les servían dos comidas, una hacia las nueve y la otra en torno a las 16. En las escudillas se les ponía una papilla hecha de legumbres, arroz, plátano y mandioca aderezada a veces con guindilla y aceite de palma. El agua dulce no se mantenía mucho tiempo potable y había que racionarla. Para mantener la carga humana en el mejor estado posible, la tripulación animaba a los esclavos a entretenerse con juegos, a fabricar objetos pequeños, a trenzar cuerdas o hacer cestas, a limpiar el puente o a bailar[75]. Las mujeres y los niños escogían legumbres secas, limpiaban los utensilios de cocina... La vuelta a la entrecubierta se hacia las cinco de la tarde con una nueva verificación de los grilletes.

En el siglo XVII, un negrero portugués necesitaba de 35 a 50 días para ir de Angola a Bahía o a Río, mientras que un buque francés o inglés

73. Diario de a bordo (1771-1783) de Jean-Jacques Proa, marino de La Rochelle.

74. Maryse Condé (1988), en su novela *Moi, Tituba, sorcière noire de Salem* y Évelyne Trouillot (2003) en *Rosalie l'infâme* aluden al traumatismo de un nacimiento fruto de una violación durante la travesía. Lawrence Hill (2012) dedica un capítulo de su novela *Aminata* al relato de las violencias que su heroína padece en el barco junto con otras mujeres y también a los distintos comportamientos de las cautivas. Stéphanie Mulot se interroga como antropóloga sobre lo que denomina "el mito de la violación inicial".

75. Los cirujanos creían que un ejercicio físico como la danza era uno de los medios para luchar contra el escorbuto.

enlazaba las costas de África occidental con las Antillas en dos a tres meses. Las travesías más largas eran las que iban de África oriental con destino a las colonias americanas. Pero estas "medias" enmascaran grandes disparidades[76] y no tienen en cuenta el tiempo que los primeros cautivos habían esperado, ya en la nave, a que el capitán decidiese que la "carga" era suficiente para levar anclas. Llegado a América, el barco negrero era sometido a formalidades sanitarias (la cuarentena) y fiscales. Antes de la venta, se "refrescaba" a los cautivos: eran cuidadosamente lavados, afeitados, untados con aceite de palma y mejoraba su alimentación... La venta se anunciaba por medio de carteles, de pregones o del envío de mensajeros a las plantaciones. Se celebraba en el puente del navío o en una plaza pública. Los potenciales compradores, en su mayoría propietarios de plantaciones, podían examinar allí a los cautivos que debían subirse en un estrado o un tonel. Se les vendía frecuentemente por "lotes" de cuatro o 10 individuos que solían incluir una mujer, un niño, un adulto de cierta edad y una "pieza de Indias". El precio dependía de la edad (un esclavo mayor de 35 años ya era viejo), del aspecto físico y de las condiciones del mercado de la mano de obra servil. Un precio de venta alto —hasta cinco veces su precio de compra y una competencia a veces demasiado grande— obligaba a los vendedores a dar facilidades a los colonos, tenidos, sin embargo, por malos pagadores. El pago se hacía un poco al contado y un mucho a crédito, un poco en dinero y mucho en productos como azúcar, café, algodón, tabaco, índigo, etc.

Dejemos para concluir la palabra a Olaudah Equiano:

Al fin avistamos la isla de Barbados, ante lo cual los blancos de a bordo gritaron y nos hicieron muchos gestos de alegría. No sabíamos qué pensar de esto, pero a medida que el barco se acercaba vimos claramente el puerto y otros barcos de diversos tipos y tamaños y pronto anclamos entre ellos, frente a Bridgetown. Subieron entonces a bordo muchos mercaderes y hacendados, a pesar de que ya estaba anocheciendo. Nos distribuyeron en varios grupos y nos examinaron con atención. También nos hicieron saltar[77] y señalaron la tierra dando a entender que habíamos de ir allí. Esto nos hizo pensar que estos hombres tan feos, pues así parecían a nuestros ojos, se nos iban a comer, y cuando poco después volvieron a

76. En 1754 un barco nantés, el *Saint-Philippe*, llegó de Ouidah a Santo Domingo en 30 días, mientras que el mismo año la *Sainte-Anne*, otro negrero también nantés, utilizó 261 días para hacer el mismo trayecto. Véase http://www.slavevoyages.org.

77. Se trataba de localizar a quienes eran los más ágiles y estaban en mejor forma.

ponernos a todos bajo cubierta empezamos a temblar de pavor. Durante toda la noche no se oyeron más que amargos lamentos de terror, hasta el punto de que la gente blanca terminó trayendo de tierra a unos viejos esclavos para que nos apaciguasen. Estos nos dijeron que no se nos iban a comer, sino que íbamos a trabajar, y que pronto habríamos de ir a tierra, donde veríamos a muchos de nuestros compatriotas. Estas noticias nos aliviaron mucho, y, ciertamente, poco después de desembarcar se nos acercaron africanos que hablaban todo tipo de lenguas. Se nos condujo de inmediato al patio de un mercader, donde nos encerraron a todos juntos como ovejas en un redil, sin distinción de sexo, ni de edad. [...] No llevábamos muchos días bajo la custodia del mercader cuando nos vendieron según su modo usual que es el siguiente: al sonar de una señal (como un golpe de tambor), los compradores irrumpen en el patio donde están agrupados los esclavos y escogen el grupo que más les satisface. El ruido y el clamor que lo acompaña, y la avidez que se refleja en los rostros de los compradores, contribuyen en no poca medida a aumentar los temores de los aterrorizados africanos, que bien cabría suponer que los consideran ministros de esa destrucción a la que se ven abocados. De este modo, sin escrúpulos de ningún tipo, se separa a familiares y amigos, la mayoría para no volver a encontrarse jamás. Recuerdo que en el buque donde nos trajeron, en el compartimento de los hombres, había varios hermanos que en la subasta fueron vendidos en lotes diferentes. Era desgarrador verlos y escuchar sus gritos cuando se separaban [...] (Equiano, 1987: 33-34).

DATOS DEMOGRÁFICOS DE UN CRIMEN CONTRA LA HUMANIDAD

La investigación llevada a cabo desde hace varias décadas en las fuentes portuarias y marítimas, notariales y administrativas permite tener actualmente una medida bastante justa de la sangría humana operada por la trata europea durante cerca de cuatro siglos. Entre 12 y 13 millones de seres humanos fueron deportados por vía marítima hacia las colonias europeas de América y del océano Índico, así como hacia España y Portugal.

Del siglo XVI al XIX, tras sobrevivir a la travesía del Atlántico norte o del Atlántico sur, cerca del 80 por ciento de los cautivos desembarcaron en Brasil (de cuatro a cinco millones) y en el archipiélago antillano (de cinco a seis millones). Las colonias continentales españolas recibieron más de 1,5 millones de cautivos y las colonias del norte de América aproximadamente 500.000 (véase el mapa 4).

MAPA 4

PRINCIPALES REGIONES EN LAS QUE FUERON DESEMBARCADOS LOS CAUTIVOS (H. 1520-H. 1850).
Este mapa hace referencia al 90 por ciento aproximadamente de los cautivos

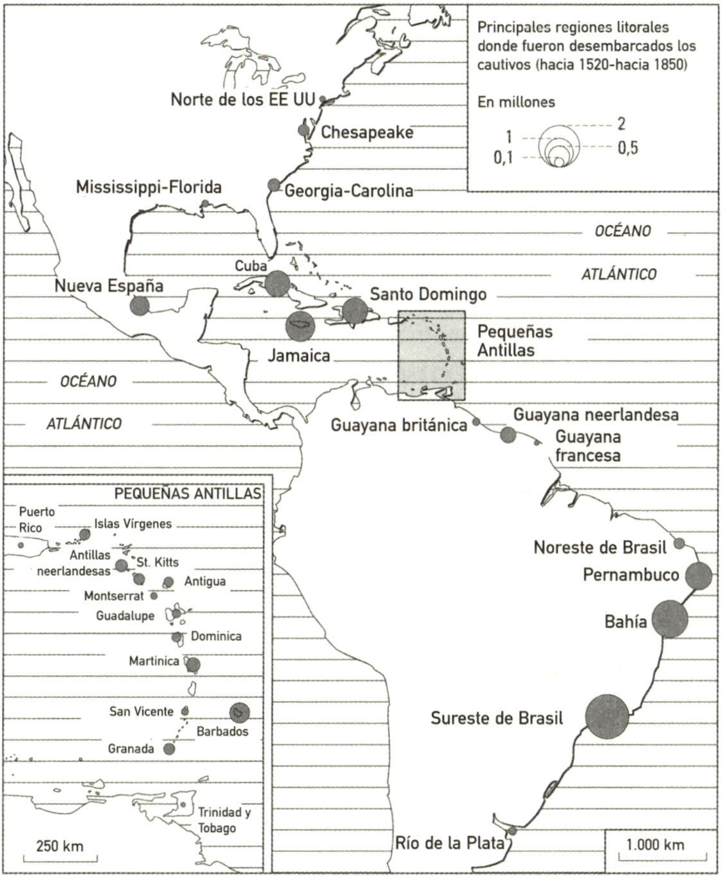

FUENTE: HTTP://WWW.SLAVEVOYAGES.ORG

Al margen de las rutas de la trata transatlántica se desarrolló, en el siglo XVIII, bajo la influencia del café y las especias, la colonización de las islas Mascareñas en el océano Índico: la isla de Francia (hoy República de Mauricio) y la isla Borbón (hoy Reunión). En 1663, dos franceses y 10 malgaches (entre ellos tres mujeres) se instalaron en una isla desierta. Se les unieron en 1674 un puñado de franceses y malgaches tras el fracaso de un intento de colonización de Madagascar. Relegada a una economía de subsistencia, la isla Borbón era una escala en la ruta hacia la India. A partir de 1715, el cultivo comercial del café de Moca hizo entrar a la isla en una economía de plantación explotando, como en las Antillas, mano de obra servil. Los barcos que tomaban la ruta de la India añadían, a veces, a su comercio la trata de esclavos con destino a las Mascareñas, aunque las principales fuentes de la trata eran regionales. Estaban situadas primeramente en Madagascar y después en África oriental. De 1717 a 1817 en torno a 80.000 personas fueron deportadas hacia Borbón.

El problema del número de víctimas de las tratas es una cuestión compleja, porque mezcla cuestiones historiográficas, memorialistas y geopolíticas. La complejidad de las respuestas a la pregunta *¿cuántos?*, aparentemente simple, hace necesario entender el estado de la investigación científica. Sus resultados pueden enfrentarse a las memorias y a las representaciones de quienes perciben la trata como un traumatismo constitutivo de su identidad. No es posible, sin embargo, establecer una cifra precisa cuando se trata de cuantificar un crimen de la amplitud de las tratas negreras: el número de cautivos africanos embarcados y el número de muertos durante la travesía están aceptados con un cierto margen de error de varias decenas, centenares incluso, de miles de individuos. Pero el número de víctimas debidas a la trata en África es imposible de establecer con precisión:

> El déficit demográfico global es y seguirá siendo difícil, sino imposible de medir. No puede basarse en el número de esclavos embarcados hacia América, sino en el —muy incierto— de la pérdida neta en hombres provocada por el tráfico. ¿Cuántos murieron en el continente africano antes de haber puesto pie en un barco, en los insalubres barracones de la costa donde debían aguardar, en algunos casos, durante varios meses, el paso del buque negrero y cuántos durante el trayecto por el interior del país para llegar hasta allí y, antes incluso, durante las peripecias de su captura, la mayoría de las veces en guerras intestinas de rapiña, locales o regionales? Supongamos que por cada esclavo efectivo hay que contar un muerto más en África [...] o cinco, y todo habrá cambiado (Coquery-Vidrovitch, 1985).

No es preciso entregarse a una "batalla" de números y "engordar las cifras" para comprobar la barbarie de este crimen contra la humanidad. Testimonios, textos literarios o imágenes de otros grandes crímenes de masas de nuestra historia moderna y contemporánea muestran que la historia de los hombres no se limita nunca a un balance contable, por necesario que sea. Detrás de la "frialdad científica" de unas cifras, existe una realidad de vidas de seres humanos y las consecuencias de un tráfico que, durante siglos, ha asimilado al negro africano con un esclavo potencial.

Los datos reunidos a día de hoy permiten distinguir tres grandes periodos en la evolución de los ritmos de la trata:

El primero abarca el siglo XVI y se prolonga hasta 1650. Se embarcaron en él a 1,4 millones de cautivos aproximadamente. Los portugueses y los españoles dominaban entonces el tráfico. Brasil y las colonias españolas de América eran las principales zonas de destino de los esclavos. Una media de en torno a 6.300 africanos fueron deportados cada año (unos 2.700 por año en el siglo XVI y 13.300 anuales entre 1600 y 1650). Los flujos eran todavía muy irregulares.

El segundo periodo, de 1650 a 1800, se corresponde con el apogeo de la trata negrera occidental. Más de 7,7 millones de africanos fueron deportados hacia las colonias europeas, es decir, en 150 años fueron "tratados" más del 60 por ciento del total de los esclavos del periodo. Pese a las interrupciones ligadas a las guerras entre potencias europeas, la tendencia era de crecimiento constante del tráfico. El número de deportaciones culminó en la segunda mitad del siglo XVIII con un ritmo anual medio de 80.000 esclavos, y más de 100.000 anuales entre 1786 y 1790. Cuatro Estados dominaban el tráfico: Portugal, la mayor parte de cuyos barcos unían África central con Brasil; Inglaterra (a través de los puertos de Liverpool, Bristol y Londres); Francia (entre los 17 puertos franceses que armaron barcos para la trata, cuatro tuvieron un papel dominante: Nantes, La Rochelle, Burdeos y El Havre); y las Provincias Unidas (Ámsterdam). Las Antillas, las Guayanas y Brasil eran los principales destinos[78].

La tercera fase (1800-1866) corresponde con el momento en el que el tráfico es ilegal[79]. A pesar de ello, fueron deportados casi 3,9 millones de esclavos, de ellos 3,6 millones antes de 1850, es decir durante medio siglo, fueron deportados más de 70.000 esclavos por año, un número similar al de las medias anuales del siglo XVIII. Mirados específicamente, estos 70 años representan un tercio de la trata europea, que se extendió a lo largo de cuatro siglos. Dicho de otra forma, entre 1675 y 1860, en menos de dos siglos, fueron deportados el 90 por ciento del total de los

78. Según los datos proporcionados por *The Trans-Atlantic Slave Trade Database* [http://www.slavevoyages.org].

79. En 1807 Inglaterra abolió la trata y consiguió, durante el Congreso de Viena en 1815, que las potencias europeas se comprometieran a prohibirla.

esclavos. La represión de la trata iniciada por los británicos no se hizo eficaz más que a partir de los años 1840. Durante las cuatro últimas décadas, portugueses y brasileños, españoles y cubanos controlaron casi el 80 por ciento del tráfico. Brasil y las Antillas españolas, especialmente Cuba, eran entonces los principales consumidores de esclavos.

En total, al menos 12,5 millones de hombres y mujeres fueron embarcados en los navíos negreros. 1,8 millones de ellos murieron durante la travesía, es decir, hubo una mortalidad media del 15 por ciento. Esta media oculta importantes disparidades entre unos siglos y otros (30 por ciento en el siglo XVI, 18 por ciento en el siglo XVII, 13 por ciento en los siglos XVIII y XIX) y entre unas travesías y otras (en algunos casos, el porcentaje podía alcanzar y superar el 40 por ciento, e incluso suponer la muerte de todos los esclavos y de la tripulación). Hay que tener en cuenta varios factores de mortalidad: el estado sanitario de los cautivos en el momento del embarque y el tiempo de escala antes de zarpar; la duración de la travesía, cuya prolongación motivada por causas meteorológicas podía suponer el agotamiento del agua y de los alimentos; las epidemias (disentería, rubeola, viruela...), agravadas por el hacinamiento y la falta de higiene; las revueltas y su represión, que pudieron en ocasiones dar lugar a naufragios[80]. Las tripulaciones, sometidas a los mismos riesgos de epidemia, tenían una tasa de mortalidad comparable al de la carga humana (los miembros de la tripulación estaban más tiempo a bordo que los cautivos), y sensiblemente superior a la de las travesías comerciales ordinarias.

TABLA 1

CAUTIVOS DEPORTADOS POR LA TRATA TRASATLÁNTICA (H. 1520-H. 1860)

AÑOS	CAUTIVOS EMBARCADOS	CAUTIVOS DESEMBARCADOS
1501-1600	277.506	199.285
1601-1700	1.875.631	1.522.677
1701-1800	6.494.619	5.609.569
1801-1866	3.873.580	3.370.825
Total	12.521.336	10.702.656

80. En torno al 5 por ciento de los navíos negreros nanteses zozobraron entre 1700 y 1792, es decir el doble de las expediciones que viajaron directamente hacia las Antillas.

CAPÍTULO 6

LA ESCLAVITUD EN AMÉRICA (FINALES DEL SIGLO XVII-PRIMERA MITAD DEL SIGLO XIX)

Desde finales del siglo XVII las plantaciones de esclavos han estructurado las economías y las sociedades de las colonias esclavistas insulares y continentales de América. Las fuentes que permiten conocer la suerte de los esclavos en estos territorios son muy diversas. Disponemos, en efecto, de:

- relatos de esclavos, bastante numerosos en el mundo anglosajón mientras que los esclavos de las colonias francesas apenas han dejado relatos autobiográficos. Además de los relatos citados en el capítulo anterior disponemos del de Mary Prince (1831)[81] esclava antillana nacida en Bermudas, así como más de un centenar de relatos de antiguos esclavos publicados antes de la abolición de la

81. *The History of Mary Prince, a West Indian Slave*. La publicación de este relato fue para los abolicionistas ingleses, entre los que trabajaban numerosas mujeres, uno de los medios para combatir la propaganda esclavista. El Parlamento inglés había abolido la trata hacía 20 años, pero se planteaba todavía el problema de la esclavitud. Mary Prince cuenta cómo, a los 12 años, fue vendida en un mercado de esclavos de Bermudas y separada de su madre y de sus hermanos y hermanas. A cada nuevo amo, en cada nueva isla, se repitió una vida de trabajos forzados y maltratos casi diarios sobre ella o sobre sus compañeros. Tras de largos y dolorosos años de servidumbre, acompañó a su último propietario a Inglaterra. Tenía entonces unos 40 años, estaba casada en Antigua con un hombre libre y quería conseguir su liberación para poder reunirse de nuevo con su esposo sin recaer en la esclavitud. Sobre este testimonio se apoyaron Thomas Pringle y sus amigos de la sociedad abolicionista para obtener la libertad de Mary.

esclavitud en los EE UU en 1865[82]. Tuvieron un papel decisivo en las luchas abolicionistas en Inglaterra y los EE UU e influyeron sobre las obras mayores de la literatura norteamericana[83]. La biblioteca del Congreso en Washington conserva la transcripción de más de 2.300 relatos orales de antiguos esclavos[84];

- archivos de las plantaciones, que tratan, en lo fundamental, de la gestión de estas empresas esclavistas. Los documentos más ricos en información sobre la vida de los esclavos son los planes de las plantaciones (localización y forma del hábitat), los inventarios y los "estados de esclavos" (nombre, edad, empleo, cualidades físicas, rasgos de carácter de cada esclavo censado), el "cuaderno de esclavos" (que indica después de cada nombre la fecha de entrada en la plantación o la fecha de nacimiento, los accidentes, las enfermedades, las posibles fugas y sus motivos, la eventual liberación, la venta, el alquiler, la muerte con su fecha y su causa), los diarios de trabajo que se hacían para informar al propietario de la organización del trabajo en la plantación (duración diaria y naturaleza del trabajo, número de enfermos y de huidos);
- escrituras notariales (inventarios de bienes tras el fallecimiento, capitulaciones matrimoniales, contratos de alquiler o de venta de esclavos, ventas o arrendamientos de haciendas esclavistas) que informan del nombre o el apodo, la edad, el origen étnico o el color, el estado sanitario, el oficio, el valor comercial, la vida cotidiana de los esclavos;

---

82. Algunos han sido traducidos al francés [N. del T.: y al castellano]: Douglass, 2006; Brown, 2012; Crafts, 2007; Jacobs, 2008. La página *Esclaves en Amérique* [http://esclavesenamerique.org] incluye extractos traducidos al francés de una quincena de estos relatos.
83. Obras de ficción inspiradas en estos relatos: Beecher Stowe, 1852; Styron, 1967; Haley, 1976; Morrison, 1987.
84. Estos testimonios fueron recogidos durante los años treinta por iniciativa del Gobierno federal, que creó dos instancias (el Federal Writers' Project y la Works Progress Administration) encargadas de recoger las memorias de algunas personas muy ancianas, últimos testigos del tiempo de la esclavitud. Una veintena de estos relatos junto con una selección de extractos fueron publicados por James Mellon y traducidos al francés por H. Pisar con el título *Paroles d'esclaves. Les jours du fouet* (Mellon, 1991). Las transcripciones de estos testimonios así como algunas fotos son consultables en línea en: http://memory.loc.gov/ammem/snhtml (el dossier se titula "Born in Slavery. Slave Narratives from the Federal Writers' Project, 1936-1938").

- fuentes judiciales, relaciones e informes de misioneros o de agentes de la administración, censos e informaciones de la prensa local, de las corresponsalías y relatos de viajes, grabados, tratados y obras que describen las sociedades esclavistas y contribuyen a la comprensión de las relaciones entre los esclavos y quienes les dominaban[85].

Lo esencial de los archivos ha sido, por tanto, producto de la pluma de blancos que dirigían a las poblaciones de origen africano una mirada distante, a menudo despreciativa, incluso hostil, alguna vez benévola, siempre alterada por los prejuicios y la "barrera de color" alimentada por la sociedad esclavista. Una cita de un plantador guadalupano ofrece una idea bastante precisa de cómo los colonos veían a sus esclavos:

> El negro tiene un espíritu perezoso y limitado, sus percepciones son lentas y difíciles, hacen falta verdaderas sacudidas para grabar ideas en su cerebro [...] en una palabra, la facultad intelectual de esta especie de hombre tiene con frecuencia más de instinto que de entendimiento. Une todos los vicios del salvaje a los del hombre civil. Demasiado ladrón, en exceso rencoroso y vengativo, oculta, bajo una apariencia en la que se unen el temor y la desconfianza, el odio más enconado, no solo contra el amo, a veces su mayor benefactor, sino contra sus semejantes: una simple observación, la disputa más ligera, una rivalidad de amor, la negativa a satisfacer sus deseos por parte de una negra a la que ha deseado, son los motivos ordinarios para los crímenes sin número de este ser feroz (De Marentille, 1790).

Mientras que se han conservado el punto de vista y la trayectoria individual de numerosos administradores, misioneros, colonos o simples viajeros, se conocen muy pocos de los destinos particulares de esclavos anteriores al siglo XIX. Casi todos resultan hasta tal punto anónimos que se acaba por deducir que de una plantación a otra, de una colonia a otra, las condiciones de su vida han sido análogas o al menos no presentan grandes diferencias, algo que no es cierto.

85. Para un estudio profundo de la historiografía y de las fuentes, véase Vidal y Ruggiu, 2009 y Bégot, 2011.

SER ESCLAVO EN LAS 'ISLAS DEL AZÚCAR'

LA 'REVOLUCIÓN AZUCARERA' Y EL DESARROLLO DE LAS 'HABITATIONS'

Desde mediados del siglo XVII hasta el siglo XIX, la *habitation*[86] fue la unidad productiva básica de las colonias tropicales. En los primeros años de la colonización las *habitations* dedicadas al cultivo de alimentos o de tabaco eran explotaciones pequeñas. El colono participaba en los trabajos agrícolas. Tenía a su servicio a algunos "contratados" y algunos esclavos indígenas o africanos. Los testigos de los primeros tiempos de la colonización hacen referencia a la brutalidad de la explotación de unos y otros: los "contratados" reciben "peor trato que los esclavos, se les hace trabajar debilitados por la miseria y el hambre, a golpes de alabarda [...]. Nuestros residentes no tratan a estos pobres miserables (a los esclavos) ni mejor, ni peor que como tratamos a los caballos en Francia" (Du Tertre, 1973).

Con la introducción del cultivo de la caña de azúcar, los esclavos se hicieron mayoritarios en la población de las pequeñas Antillas. Esta evolución fue más tardía en Santo Domingo, donde el tabaco era todavía el cultivo dominante en 1680, fecha en la que los esclavos no suponían más que un tercio de la población. Los cultivos "secundarios", especialmente el café y el algodón, conocieron buenos momentos en el siglo XVIII, pero las colonias antillanas habían pasado a ser ya "las islas del azúcar".

El azúcar se convirtió en el "oro blanco" del comercio internacional durante el siglo de las Luces. Su producción no dejó de crecer y el producto, raro hasta entonces, dejó de serlo. En París había en torno a tres centenares de cafés en 1716 y cerca de 2.000 en vísperas de la Revolución. Las bebidas no eran su único éxito: los sorbetes y los helados hacían furor. En 1763, en el Tratado de París firmado con los ingleses, Francia prefirió conservar sus "islas del azúcar" antillanas antes que unos "arpendes[87] de nieve" en territorio canadiense.

Los españoles habían introducido en las pequeñas Antillas a comienzos del siglo XVI, a partir de la isla de Madeira donde las habían aclimatado, plantas de caña de azúcar. Los amerindios y los primeros colonos europeos las cultivaron en sus jardines para producir zumos azucarados y

86. [N. del T.] Denominación de las haciendas agrícolas coloniales en las Antillas francesas, equivalentes a los *ingenios azucareros* hispanos en el caso de la producción de azúcar.
87. [N. del T.] Antigua medida de superficie.

bebidas alcohólicas. Pero fue con la llegada de los "holandeses de Brasil"[88], que habían abandonado la región del Nordeste de aquel país tras la restauración de la soberanía portuguesa, cuando se puso en marcha la "revolución azucarera". En 1645 comerciantes holandeses asociados a cultivadores de las islas Barbados importaron no solo las técnicas de cultivo y producción del azúcar, sino también los capitales necesarios para la compra de molinos de azúcar y de esclavos, así como las redes indispensables para la importación de la mano de obra servil y la exportación de la producción. La expansión fue fulgurante: de 1651 a 1654, las exportaciones hacia Inglaterra pasaron de 3.750 a 7.800 toneladas; en una veintena de años la producción azucarera había sustituido al tabaco y la isla fue calificada por lord Willoughby como la "más hermosa joya de la corona de su Graciosa Majestad" (Sainton, 2012).

"Nadie podría creer —escribe Jean-Baptiste Du Tertre (1973)— la cantidad de bienes que estos extranjeros refugiados aportaron a Guadalupe, porque llegaron allí y descendieron en ella 900 personas, tanto libres como esclavos con inmensas riquezas". Igual que en Barbados, el desarrollo azucarero de Guadalupe se vio favorecido por la acogida de los "brasileños", entre ellos 300 esclavos, de los que "uno sabía hacer las *formas*[89] que era obligado traer de Holanda con grandes costes y el otro preparaba la tierra de las azucareras para blanquear los azúcares"[90]. En Guadalupe y en Martinica la producción de azúcar pasó de 2.000 a 3.000 toneladas anuales a finales del siglo XVII a más de 18.000 toneladas por año en la década de 1780. Aunque más tardío, el desarrollo más espectacular de producción azucarera tuvo lugar en Santo Domingo, que producía 86.000 toneladas de azúcar en 1788.

La introducción del cultivo de la caña de azúcar, que suponía una inversión mucho más importante que la del tabaco, la del café o la del algodón, llevaba consigo la constitución de grandes posesiones:

88. Esta expresión designa una red de negociantes y de maestros azucareros con lazos económicos en Holanda. Se trataba de una comunidad cosmopolita en la que muchos de sus miembros eran judíos originarios de la península Ibérica y también protestantes de origen francés que habían huido de las persecuciones.

89. Moldes de arcilla de forma cónica y taladrados con un agujero. Se colocaba en ellos el azúcar todavía siruposo y caliente para que al enfriarse, cristalizara y escurriera, dejando gotear el jarabe por el agujero.

90. Se trataba de poner tierra arcillosa remojada con agua encima del azúcar seco. El agua de la arcilla drenaba las impurezas y blanqueaba el azúcar. A este azúcar *terrado* se le llamaba entonces *cassonade*.

habitations-sucreries, *sugar cane plantations*, *haciendas*, *fazendas* o *engenhos de açúcar* que contribuyeron a garantizar la dominación de una "plantocracia" dueña de las *habitations-sucreries* o ingenios azucareros, es decir, de "unas empresas agromanufactureras de grandes dimensiones (generalmente más de 100 hectáreas y varias decenas de esclavos) *integradas* y *autónomas* (cada una de ellas es *a la vez* plantación de caña y manufactura azucarera y solo manipula sus propias cañas); utilizaban técnicas de fabricación todavía rudimentarias y poco mecanizadas (molino vertical movido por agua, por animales o por el viento, evaporación y cocción a fuego directo en calderas al aire libre) basadas en el *empleo masivo de mano de obra servil* y producían una media de entre 50 y 100 toneladas de azúcar por año" (Schnakenbourg, 1987).

He aquí una descripción bastante precisa:

> La organización agrícola de la propiedad era siempre sensiblemente la misma: la caña, los cultivos de plantas comestibles, las extensiones no cultivadas o en *bois-debout*[91] se repartían el terreno. [...] Sobre un montículo, preferentemente, se eleva la casa del amo, amplia y bien ventilada. Un jardín rodea la casa, no lejos de la cual se alzan las oficinas y los almacenes. A una "distancia razonable", están el molino y la azucarera, cuyo ruido no debe incomodar al amo. A sotavento de la casa y los edificios anexos se alinean las "cabañas de negros", muy próximas las unas a las otras, formadas en una o dos calles. El redil para el ganado está cercano a las cabañas. [...] El molino se sitúa en el centro de las plantaciones, lo que simplifica el problema del transporte de la caña, que produce de 40 a 50 toneladas por hectárea. [...] Más allá de las cañas están los *jardins à nègres*[92] y los cultivos de plantas comestibles de la plantación: batata, mandioca, maíz, ñame, plátanos, etc. Hasta la revolución industrial de mediados del siglo XIX, existió una simbiosis entre la agricultura y la industria. El plantador era al mismo tiempo fabricante de azúcar. [...] Las cañas pasaban primero por el molino, entre rodillos que las trituraban, separando el jugo de la caña, o guarapo, del residuo, o bagazo. Los molinos se movían por medio del agua, del viento o por animales.[...] El jugo de la caña fluía por un reguero hasta las calderas de la azucarera. [...] El doble trabajo de purificación del guarapo y de concentración del jugo se producía sucesivamente en seis calderas de tamaño decreciente. El jarabe se vertía en unos "refrigeradores" de cobre, después en unas cubas donde acababa de enfriarse y de cristalizar (Lasserre, 1961).

91. [N. del T.] Tierra en la que los arboles no han sido talados, que no ha sido desbrozada.
92. [N. del T.] Literalmente: "jardín de negros": jardín doméstico.

En el siglo XVIII las colonias antillanas estaban dominadas por el azúcar; la producción de tabaco y de índigo había decaído mientras progresaba la del café[93]. A cada cultivo correspondía una organización particular del trabajo: para el cultivo de la caña, el *jardin*[94] estaba repartido en paralelogramos de en torno a cinco hectáreas, separados unos de los otros por una zanja ancha. Para plantar en estos espacios, los esclavos después de haber quemado las malas hierbas, cavaban hoyos bastante profundos y separados los unos de los otros unos 90 centímetros. En cada uno de ellos enterraban trozos de caña aún verdes cuyos nudos proporcionarían nuevos troncos. La caña podía plantarse en cualquier estación del año pero con preferencia debía hacerse en el periodo de *invernación*[95]. Durante tres o cuatro meses, se escardaba la tierra para que las hierbas no ahogasen los brotes jóvenes. Pasados de 14 a 18 meses, esclavos provistos de machetes cortaban las cañas a ras del suelo y les quitaban las hojas y las espigas. Otros esclavos las reunían en gavillas. Los troncos se cargaban en seguida en *cabrouets*[96] y se transportaban hasta el molino de la azucarera, donde eran triturados. Esta operación era particularmente peligrosa y más de un esclavo o esclava perdió allí un miembro. Durante el tiempo de la cosecha, la azucarera estaba en plena actividad y los esclavos trabajaban día y noche.

En los cafetales los esclavos plantaban después de haber desbrozado, escardado y talado. La mayoría de las veces, las cosechas empezaban en agosto o septiembre, cuando los arbustos se cubrían de frutos rojos que se ponían a remojo en un tanque donde se pudría su corteza. Después, se colocaban en unas plataformas construidas para facilitar el secado. Tras estos dos procesos los granos pasaban por un molino movido por mulas o por agua y después por otro molino de mano para quitarles la corteza y finalmente se escogían. El trabajo en los cafetales era menos agotador

93. A finales del siglo XVI, el café cultivado en laderas, no aptas para el cultivo de la caña, garantizaba un cuarto de las exportaciones de las Antillas francesas y la décima parte de las exportaciones de las Antillas inglesas. En Borbón (Reunión), a principios del siglo XVII, la introducción de cafetales originarios de Moca transformó la economía de subsistencia en economías de plantación orientada hacia la exportación con destino al mercado francés. Su producción cafetera conoció un crecimiento espectacular: de 500.000 libras producidas en 1735 pasó a 2.500.000 libras en 1745.

94. Se llamaba *jardins* o *places* a las tierras dedicadas a los cultivos coloniales.

95. En el periodo más fresco y menos húmedo, de noviembre a marzo.

96. Carretas pesadas tiradas generalmente por bueyes y conducidas por un *cabrouettier*. La caña que permaneciera mucho tiempo en el campo sin ser molida perdía su jugo azucarado.

que el que se hacía en las plantaciones azucareras, pero era muy exigente y requería la actividad de los esclavos durante largas veladas.

EL MARCO JURÍDICO Y LA COMPLEJIDAD DE LAS RELACIONES ENTRE LOS ESCLAVOS Y SUS DUEÑOS

Las autoridades locales adoptaron las primeras medidas reglamentarias antes de que las metrópolis empezaran a implantar progresivamente una legislación tendente a codificar la suerte de los esclavos que recibió el nombre de *Code noir* ("Código negro")[97] en las colonias esclavistas francesas. Textos de este mismo tipo se redactaron en las colonias españolas[98] y anglosajonas de América.

El edicto promulgado en marzo de 1685 por Luis XIV es el acto fundacional del derecho colonial francés porque deroga el derecho común que, desde un edicto de 1315, había prohibido la esclavitud en suelo francés. Dejando a un lado las interrupciones del periodo revolucionario, este texto tuvo valor legal hasta la abolición de 1848. Los 60 artículos que lo componen prohibían cultos distintos al catolicismo[99], reunían las normas aplicables a los esclavos y precisaban los deberes de los amos para limitar sus excesos por temor a una revuelta servil. El *Code noir* de 1685 es un texto jurídico, no filosófico y aún menos teológico. Cosifica al esclavo pero no se pronuncia explícitamente sobre su no pertenencia a la especie humana. Respecto al derecho canónico, el esclavo era un hombre, que podía ser bautizado, casarse y ser enterrado en tierra santa igual que un cristiano. Respecto al derecho laico, era penalmente responsable y podía ser liberado. Existía pues oficialmente, en toda una serie de aspectos, un reconocimiento de la condición humana del esclavo. Sin

97. En sentido estricto, la expresión *Code noir* hace referencia al edicto de marzo de 1685. Sin embargo, dicho edicto iba dirigido (al menos en principio) solo a las colonias de Martinica, Guadalupe y San Cristóbal, y fue completado por, al menos, otros dos: el de 1723, aplicable a las islas de Borbón y de Francia (Reunión y Mauricio), y el de 1724, aplicable a la Luisiana. A estos textos se añadieron disposiciones adoptadas por las autoridades centrales o coloniales (gobernadores, intendentes y consejos soberanos). De esta forma, el *Code noir* adquiere un sentido mucho más amplio: es el conjunto de la legislación relativa a la esclavitud (y en algunos casos al estatuto de los libertos). El *Code noir* en sentido lato debe entenderse también que incluye la legislación relativa a la esclavitud posterior al restablecimiento de 1802, y la que se elabora hasta la abolición de 1848.

98. [N. del T.] Para las colonias españolas en América puede leerse Lucena Salmoral, 1996.

99. Este edicto se publicó el mismo año que el edicto de Fontainebleau, que derogaba el edicto de Nantes.

embargo, este era también "una cosa": el artículo 44 lo definía como un bien mueble. Tenía precio, podía ser vendido, comprado o transmitido en herencia; no podía tener patrimonio, no tenía posibilidad de plantear demandas, e incluso de ser citado en un proceso civil... Este "mueble" podía sin embargo revolverse, y hasta rebelarse, lo que dio lugar a toda una jurisprudencia de vigilancia y de represión. Estaba previsto incluso que si un propietario denunciaba a uno de sus esclavos por un crimen o por huidas reiteradas, y era condenado a muerte, el Tesoro Público reintegraría al dueño el valor del esclavo ajusticiado: una sentencia del Consejo del Rey del 1 de mayo de 1778 establecía un precio "fijo" de reintegro para los esclavos ajusticiados o muertos en el momento de su huida: 1.300 libras por un hombre, 1.200 por una mujer. Estas sumas procedían de la "caja de negros ajusticiados" alimentada por un impuesto que gravaba la compra de cada esclavo.

El estudio de los textos oficiales contribuye a la comprensión del sistema esclavista, pero no hay que tomar la letra del *Code noir* por la realidad de las condiciones de existencia de los esclavos. En las *habitations* la autoridad del amo era absoluta. Los testimonios prueban que, hasta los últimos años en los que la esclavitud fue legal y a pesar de las prohibiciones, los amos torturaban a los esclavos. El poder real tenía la voluntad de limitar los excesos violentos de los propietarios y afirmar la autoridad soberana sobre libres o esclavos, pero la administración colonial se veía enfrentada al problema de aplicar la legislación, porque podía dar la impresión a la población servil de que quitaba la razón a los blancos. Además, los fiscales eran generalmente criollos blancos que defendían los intereses de su casta. El control de la administración real era, por tanto, limitado (Niort, 2010 y 2012).

Aunque tuvieran un estatuto jurídico común, los esclavos no formaban una masa indiferenciada. Su trabajo diario, sus condiciones materiales, la actitud frente a su condición y las relaciones que mantuvieron con sus amos variaron en función del contexto geohistórico, y también de esas relaciones con sus propietarios y de sus personalidades. Como en todas las sociedades humanas, a pesar de (o teniendo en cuenta) la brutalidad de la explotación, muchos prefirieron la vía de la preservación y de la supervivencia a la de la resistencia abierta (Régent, 2007) (véase el capítulo 11).

En un contexto de miedo y de violencia, se impuso la obediencia ordinaria. Era el resultado, en primer lugar, del agotamiento causado por un trabajo abrumador y una subalimentación crónica, además del terror resultante de unos castigos sin piedad. Era también el resultado de la persuasión y de una hábil política, elaborada progresivamente por los amos, que mantenían las divisiones en función del origen y la lengua hablada, del color, del género... Se incitaba al negro criollo a despreciar al esclavo nacido en África, al mestizo a creerse superior al negro, al esclavo cualificado o doméstico a diferenciarse del "negro de azada"[100]. Además, los amos se atrajeron la fidelidad de una parte de los esclavos mediante una política de gratificaciones: la promesa de una posible libertad, una función de mando en la plantación, algunas recompensas... "Un esclavo necesita cubrir su cabaña: os pedirá espigas de caña; haced que sean recogidas y transportadas hasta su puerta. [...] Un hogar está sobrecargado con una familia numerosa de hijos de corta edad: mostrad de cuando en cuando alguna largueza hacia el padre o la madre, encarecedles el secreto, diciéndoles que no podéis dar lo mismo a todos los esclavos, pero que distinguís a los buenos. Estas ayudas os aproximarán a vuestros esclavos, les facilitarán y procuraran mejor salud y un temperamento más firme a sus hijos" (Poyen de Sainte-Marie, 1802)[101].

TRABAJAR Y SOBREVIVIR

Aunque había esclavos en las ciudades y en los pueblos que ejercían como peones, obreros, dependientes, empleados domésticos, nodrizas, costureras, prostitutas, etc., la mayoría trabajaban en las plantaciones. La introducción de la caña de azúcar llevó consigo una nueva organización del trabajo y diversificó las tareas atribuidas a los esclavos, en los que se basó, a partir de entonces, todo el trabajo productivo de las plantaciones, incluidas las tareas de responsabilidad sobre quienes trabajaban en las

100. Es decir del esclavo sin cualificación empleado en los trabajos agrícolas. Se le llamaba también "negro de huerto".

101. En 1787 el marqués Poyen de Sainte-Marie, propietario de una importante azucarera situada en el barrio de Capesterre (Guadalupe), publicó en la línea de los tratados de agronomía ingleses y franceses de la segunda mitad del siglo XVIII un amplio tratado sobre el cultivo de la caña. En 1803, cuando Guadalupe vivía bajo el régimen de restablecimiento de la esclavitud, impuesto de facto pero no sin violentas reacciones locales por el primer cónsul, la obra fue reeditada. Que se haya producido esta segunda edición algunos años después de la muerte de su autor, con el aval del prefecto Lescallier, dice mucho sobre el interés que tenía el tratado a ojos del poder. Mucho más que el arte de cortar la caña y extraer de ella los "jugos esenciales" es la vuelta al trabajo de los esclavos en las *habitations* y el regreso al antiguo régimen económico y social lo que supone el verdadero desafío.

labores agrícolas, que se repartían en tres grupos: los empleados domésticos, los obreros cualificados y "cuadros" y los "negros de huerto". La proporción variaba según las plantaciones:

- del 5 al 10 por ciento lo formaban los criados domésticos entre los que, además de los servidores de la casa del amo, se podía incluir a una "enfermera", a sus asistentes y a algunos guardianes;
- del 10 al 20 por ciento eran esclavos cualificados (albañiles, herreros, toneleros, carpinteros, aperadores, carreteros, aserradores, refinadores, inspectores...);
- del 70 al 80 por ciento, a los que había que añadir niños y mutilados, que trabajaban en el campo y en la azucarera.

Los hacendados más ricos, en especial los de Santo Domingo, estaban rodeados de una servidumbre numerosa. Algunos criados tenían una especialización (sastres, modistos, peluqueros, cocineros, lavanderas), mientras otros eran gentes de servicio no especializado (empleados domésticos). Además el servicio del dueño y de su familia, participaba en la segmentación de la mano de obra servil: el plantador debía distinguir a los "criados domésticos [...] de los demás esclavos a fin de darles un espíritu de cuerpo que les una y les aleje de otros esclavos; deben servir de muralla entre el amo y los demás negros" (Poyen de Sainte-Marie, 1802). Gozaban de ventajas: estaban mejor alimentados, mejor vestidos, mejor alojados y recibían, a veces, regalos y propinas. "Bajaban" a trabajar la tierra solo en casos de extrema necesidad, en momentos de mucho trabajo o tras un castigo. Sin embargo, era un trabajo muy exigente, en especial para las mujeres: las criadas y las nodrizas dormían en un rincón de la alcoba y debían, en cualquier momento, responder a los caprichos de su dueño o de su dueña. Mary Prince (2002) atestigua las violencias que podían sufrir los criados:

Mi nuevo dueño era el capitán I[102] que vivía en Spanish Point (Bermudas). Después de haber dejado a mi madre y a mis hermanas, le seguí a su almacén donde me confió a su hijo, el amo Benji, un muchacho de, más o menos, mi misma edad que me condujo a mi nueva casa. [...] Antes de entrar en ella, dos esclavas alquiladas por otro amo, que trabajaban en el patio, me preguntaron a quién pertenecía.

102. Mary Prince no da el nombre de los amos que la maltrataron.

Cuando les dije: "Vengo a vivir aquí", dijeron ambas: "¡Pobre pequeña! ¡Pobre pequeña! ¡Va a hacerte falta mucho valor!" [...]. Al día siguiente por la mañana, mi dueña se dispuso a darme instrucciones y me enseñó todo tipo de tareas domésticas como hacer la colada, el pan, limpiar la lana o el algodón, fregar los suelos y cocinar. Me enseñó muchas más cosas todavía, ¿cómo olvidarlas nunca? Gracias a ella, supe la diferencia exacta entre la marca de una cuerda, de una fusta o de una correa de cuero aplicada por su mano cruel contra mi cuerpo desnudo. Y no era este un castigo más temible que los brutales puñetazos que me asestaba en la cabeza o en la cara. Era una mujer espantosa y un ama brutal con sus esclavos.

La diversidad de los trabajos de la *habitation* obligaba a los amos a formar a los esclavos en diferentes oficios. Cuando los vendían o alquilaban su precio era más alto que el de los esclavos sin cualificación. Se distinguen en las plantaciones azucareras tres categorías de obreros cualificados y de cuadros:

- los que atendían la dirección de los trabajos de campo (mayorales, carreteros);
- los que atendían a la construcción y el mantenimiento de los edificios y del material de la *habitation* (albañiles, carpinteros, toneleros, herreros...);
- los que intervenían en la producción del azúcar y del ron (vinagreros, destiladores) y ordenaban el trabajo de los demás esclavos en el molino, la azucarera o la destilería.

Conforme al doble modelo africano y europeo, las mujeres no participaban en los trabajos artesanales y se las empleaba en los cuidados del hogar. Había cada vez más hombres cualificados que mujeres, lo que les daba a ellos mayor libertad de circulación en el interior, e incluso en el exterior, de las *habitations*. Además, mientras las mujeres dedicadas al campo seguían utilizando la azada, que conocían ya en África, los obreros cualificados aprendieron a utilizar las máquinas que permitían producir azúcar y alcohol. La división sexual del trabajo no sirvió solo para reforzar la esclavitud, sirvió sobre todo para mantener la subordinación de las mujeres (Gautier, 2010).

Los propietarios de las explotaciones más importantes confiaban con frecuencia la gestión de su *habitation* a un "diligenciero" o gestor, que generalmente era un blanco, pero podía ser también un mestizo, a menudo un hijo ilegítimo del propietario. El "diligenciero" transmitía las órdenes a los mayorales, vigilaba los trabajos y sustituía a los *habitantes* que estaban ausentes. Habitualmente, había al menos un mayoral que dirigía los trabajos de los esclavos en los campos. El amo debía prestar mucha atención a su elección: "El plantador debe responsabilizarse personalmente de su formación, elegirlos jóvenes, inteligentes, activos, dóciles, aislados en el taller y predispuestos a la emulación. Debe vincularse a sus mayorales por medio de las recompensas que debe darles de vez en cuando, cuando esté contento, y saber contenerlos mediante reprimendas y correctivos siempre que se aparten de su deber" (Poyen de Sainte-Marie, 1803).

Los obreros cualificados tenían jornadas largas y penosas, especialmente durante la cosecha, pero estaban mejor alimentados, mejor alojados y mejor vestidos que los demás esclavos. Los *cabrouettiers* o carreteros, que conducían y mantenían las carretas y estregaban a los animales de tiro, tenían mayor libertad de movimiento que los agricultores que formaban la masa servil peor tratada y la más rigurosamente controlada. De acuerdo con su fortaleza y las necesidades, se les repartía en *ateliers* ("talleres")[103]:

- el *grand atelier* agrupaba a los esclavos adultos, sin ninguna discapacidad, de ambos sexos. Se encargaban de los trabajos más penosos (cortar la caña, escardar, talar árboles...). Las mujeres trabajaban en las mismas condiciones que los hombres;
- el *petit atelier* reunía a los niños de siete a 14 años, a las mujeres embarazadas, a los inválidos, a los ancianos y a los negros recién llegados. Durante la cosecha participaban en las tareas de recogida y trituración de la caña.

La vida de los "negros de *jardin*" estaba marcada por los chasquidos del látigo:

El látigo forma parte del régimen colonial; es su agente principal; es su alma; es la campana de las plantaciones, anuncia el momento del despertar y el de la retreta; señala la hora del trabajo; señala incluso la hora del descanso. Al son del látigo se castiga a los culpables, se reúne por la tarde y por la mañana, para la oración, a

103. [N. del T.] *Atelier* ("taller") no se refiere aquí al edificio, al lugar o a la instancia en la que se realiza un trabajo, sino al conjunto de personas que trabajan allí.

todos los que viven en la hacienda; el día de su muerte es el único en el que el negro puede disfrutar de que no le despierte el látigo; el látigo es, en una palabra, la expresión del trabajo en las Antillas. Si se quisieran simbolizar las colonias tal como son ahora, habría que hacer un haz con una caña de azúcar y un látigo de mayoral (Schœlcher, 1842: 84).

El día de trabajo empezaba con el amanecer, hacia las cinco de la mañana. Tras la llamada y el desayuno, los talleres se iban al campo. La jornada de mañana acababa entre las 11 y el mediodía, con dos horas de pausa para la comida. Por la tarde, se retomaba el trabajo hasta la puesta del sol. Los esclavos trabajaban en línea. Detrás de ellos, los mayorales supervisaban la regularidad de la cadencia. Durante la cosecha (de enero a julio), después de la jornada en el campo, se utilizaba a los esclavos en el molino, donde el agotamiento daba lugar a numerosos accidentes. Las cargas de trabajo se hacían aún más pesadas a causa de las prestaciones debidas al rey por las que debían participar en trabajos de construcción y mantenimiento de fortificaciones.

El trabajo servil era inseparable de la violencia y de los malos tratos. No todos los colonos eran unos sádicos, pero el terror era la base del sistema y garantizaba su mantenimiento. Así, cuando el padre Labat parece lamentar los "excesos" de los colonos ingleses en Barbados, no deja de justificarlos en nombre de esta lógica del terror:

Se castigaban con mucho rigor las menores desobediencias y aún más las revueltas. [...] A los que eran capturados y llevados a prisión se les condenaba a ser pasados por el molino, quemados vivos o expuestos en jaulas de hierro que les aprisionaban de tal manera que no podían hacer movimiento alguno, y, en este estado, se les ataba a la rama de un árbol donde se les dejaba morir de hambre y de dolor. [...] Reconozco que son suplicios crueles, pero hay que tener cuidado antes de condenar a los habitantes de las islas que son forzados a menudo a rebasar los límites de la moderación en el castigo a los esclavos para intimidarlos, para infundirles temor y respeto y evitar ser víctimas del furor de este tipo de gentes que, estando normalmente en la proporción de 10 contra un blanco, están siempre preparados para la revuelta, dispuestos a emprender cualquier tipo de acto y a cometer los crímenes más horribles con tal de liberarse (Labat, 1979).

Fuentes diversas nos informan de la indumentaria, el hábitat y la comida de los esclavos (Debien, 1974: 171-248). Los padres Du Tertre y

Labat han descrito su miserable uniforme: de los hombres, "unos simples calzones de tela gruesa" (Du Tertre, 1973), de las mujeres, una camisa y una falda que les llegaba hasta las rodillas. Estaba prohibido el uso de zapatos a los esclavos y a los libertos. Aun siendo poco generoso, el artículo 25 del *Code noir*[104] era respetado muy pocas veces. Los niños, hasta los cuatro o cinco años, seguían yendo "desnudos como la mano" (ibídem) y, la mayoría de las veces, el amo se contentaba con distribuir por Navidad unos retales de tela. "Hay amos razonables que dan dos trajes al año a cada negro. De esta forma, pueden lavarse sus trapos y no dejar que se los coma la miseria. [...] Otros que no lo son en absoluto, solo les dan la tela para hacerse una casaca y un calzón o una falda y unas agujas de hilo [...] de ahí que muchas veces vendan su tela y su hilo y vayan casi desnudos durante todo el año" (Labat, 1979).

¿Qué pensar entonces de los testimonios y de las imágenes que insisten en el cuidado que prestaban los esclavos a su indumentaria? Se esforzaban por vestirse lo más elegantemente que podían los domingos y los días de fiesta. En el curso de la semana, el esclavo llevaba el traje de trabajo y el domingo la prenda de vestir que se había comprado. De hecho, la indumentaria reflejaba las desigualdades entre ellos. Los criados y los mayorales vestían mejor que los demás esclavos. Señalaba las diferencias y distinguía a los esclavos de las ciudades y a los esclavos de las plantaciones, criados y trabajadores de la tierra, recién llegados y criollos[105].

Los esclavos vivían en las "cabañas de negros". Una vez más, los amos se aseguraban el mantenimiento de los esclavos a un precio escaso, ya fuera por la superficie que se les asignaba, por los materiales de los que se construían y por el mobiliario.

---

104. "Los propietarios estarán obligados a proporcionar cada año a cada uno de sus esclavos dos trajes de tela o cuatro varas de tela, a criterio de los susodichos propietarios" [N. del T.: la vara (*aune*, en francés) era una medida de longitud, equivalente a 1,182 metros].

105. "*Créole*, nombre y adjetivo, conocido en primer lugar bajo las formas hispanizantes *crollo* (1598) y *criollo* (1643), afrancesado después en *créole*, es un préstamo del español *criollo* en español, tomado a su vez del portugués *crioulo*, con el sentido de "mestizo negro nacido en Brasil", pero cuyo sentido original debió ser el de "servidor educado en casa de su amo" (definición del *Robert: dictionnaire historique de la langue française*, 2000). El término, aplicado primero a las poblaciones blancas "nacidas las islas", ha acabado por calificar a todo lo relativo a estas sociedades (personas que nacieron y se educaron allí, lenguas, culturas...).

Las cabañas de los negros, en su mayoría, estaban bastante limpias. Una de las obligaciones de los mayorales era no perderlas de vista. [...] Se les daban de ordinario 30 pies de largo por 15 de ancho. Si la familia no era bastante numerosa para ocupar todo ese espacio, se dividía su longitud por la mitad. [...] Cubren estas casas con espigas de caña, juncos o palmeras. Se las valla o rodea con juncos o cañizo para sostener una argamasa de arcilla y bosta de vaca sobre la que se echa una capa de cal. [...] Es raro que hagan más de una ventana. Los hay que levantan una caseta al lado donde hacer fuego y cocinar, pero la mayoría lo encienden dentro de la cabaña y lo mantienen durante toda la noche. Esto es lo que hace que sus cabañas estén siempre ahumadas. [...] Las camas de los negros consisten en dos o tres tablas puestas sobre travesaños sostenidos en horquillas. Estas tablas están a veces cubiertas con una estera y tienen un tronco de madera como cabezal. Cuando los dueños son un poco razonables, les dan algunas mantas de mala calidad o alguna tela gruesa con la que cubrirse. [...] El resto de sus muebles consisten en calabazas, *couis*, *canaris*[106], bancos, mesas, algunos utensilios de madera y si son un poco acomodados, un baúl o dos donde apretujar sus trapos (ibídem: 406 y ss.).

Las "cabañas de los negros" eran visibles desde la casa del dueño. Estaban orientadas a sotavento para disminuir los riesgos de incendio y no perturbar el buen olor de los habitantes de la "gran casa" y estaban cerca de una fuente o de un río. Al comienzo de la colonización, la forma, el plano y la agrupación de las chozas eran típicamente africanos: "Todos los esclavos de la misma familia construyen sus cabañas en el mismo lugar [...] cuando son muchos, forman habitualmente un círculo, dejan una plaza común en medio de todas las cabañas que se cuidan mucho de mantener limpia. [...] Los negros solteros viven en pequeñas cabañas separadas. El hombre y la mujer solo tienen una para ellos y sus hijos pequeños, pero cuando crecen, se preocupan de construirles una cercana a la suya" (Du Tertre, 1973). Sin embargo, estos grupos de cabañas no formaban pueblos, porque los esclavos no habían concebido su morada ni escogido el emplazamiento de su hábitat. Solo el interior conservaba trazas africanas, porque los esclavos podían "arreglarlas" libremente. Para facilitar la vigilancia, el padre Labat incitó a "hacer observar la simetría y la uniformidad, haciéndolas todas de la misma longitud, anchura y altura, todas en fila haciendo una o varias calles, según la

106. *Coui*: nombre que se da en las Antillas al recipiente hecho con la mitad de una calabaza vacía y seca. *Canari*: olla.

cantidad de negros que se tengan" (Labat, 1979). A finales del siglo XVIII, en Santo Domingo, en las grandes plantaciones, los alojamientos de los trabajadores se transformaron, poco a poco, en campos de dormitorios comunes.

Las cabañas no se mantenían mucho tiempo en pie habida cuenta la fragilidad y la mala calidad de los materiales. Se destruían y se reconstruían con frecuencia tras una tormenta o un ciclón o cuando el dueño quería utilizar aquella tierra fertilizada por la presencia humana y animal. Como atestigua el inventario de la cabaña de un viejo esclavo que había trabajado 56 años para su amo, los muebles eran a imagen y semejanza de la construcción:

> Una mesita defectuosa, un tarro viejo de dulces donde conservar agua, una calabaza gruesa con la que coger agua del río, un trozo de tabla apoyado en dos piedras que servía de asiento, unas piedras componiendo un hogar para la lumbre, un tarro, una sopera pequeña, un cántaro de barro, cuatro calabazas pequeñas para comer y para beber, una bolsa de latania con la que apretar la harina, una escoba. En el dormitorio, que no estaba mejor amueblado, había: dos tableros puestos sobre dos rocas haciendo las veces de armadura de la cama, dos hojas de plátano que servían de colchón, dos mitades de barril para lavar mandioca, una calabaza agujereada en la parte superior donde ponía su harina de mandioca; por último, un baúl defectuoso de madera blanca que guardaba dos pantalones de tela gruesa, tres viejas camisas, dos pañuelos y un sombrero (Félix Longin, *Voyage à la Guadeloupe*, 1818, citado en Sattineau, 1928: 261-262).

Este esclavo, a comienzos del siglo XIX, no tenía una vida más "acomodada" que sus predecesores del tiempo del padre Labat. Solo los criados domésticos y los mayorales tenían acceso a condiciones de vida más decorosas.

La alimentación de los esclavos fue "la mayor vergüenza del régimen colonial" (Debien, 1974). Los víveres que se distribuían solo aseguraban la alimentación de los esclavos en algunas plantaciones, como comprobó, además de otros muchos, el padre Labat: "Puede verse, por lo que dije de la alimentación que los dueños están obligados a dar a sus esclavos, que estos no gozan de ningún festín. Incluso podrían considerarse felices si sus amos les dieran exactamente lo que establecen las ordenanzas reales" (Labat, 1979). En las más grandes, se daban con frecuencia muchas "pérdidas" entre el almacén central y la marmita del esclavo. Los artículos 22 y 24 del *Code noir* dedicados a la alimentación de los esclavos no fueron respetados ni en lo que hacía a la distribución semanal de mandioca, buey salado y pescado, ni en cuanto a la prohibición de "desentenderse de la alimentación y la subsistencia de los esclavos". La frecuencia de los decretos, las ordenanzas y los reglamentos dictados por los administradores coloniales ordenando a los colonos poner en cultivo parcelas para poder alimentar a los esclavos y evitar las situaciones de escasez, prueba que estas medidas no eran aplicadas por los propietarios. Los colonos preferían intensificar los cultivos destinados a la exportación y abandonar tierras de mediocre calidad a sus esclavos, que debían cultivarlas durante sus periodos de descanso. Se instauró poco a poco, a finales del siglo XVII, el hábito de dar una porción de tierra y una jornada (generalmente el sábado) para que el mismo esclavo garantizase su subsistencia. Este modo de hacer era satisfactorio para el amo y para el esclavo: el primero se descargaba de una parte del mantenimiento de su población servil y el segundo podía con su trabajo satisfacer sus necesidades y, a veces, ahorrar para conseguir alguna mejoría de su situación.

Los alimentos más consumidos eran los tubérculos: mandioca, ñame, patata. La harina de mandioca era la base de la alimentación antillana en el siglo XVII. La patata fue ganando, en el siglo XVIII, una parte creciente de la dieta porque se cocinaba con rapidez y se almacenaba fácilmente. Los guisantes, el arroz y el mijo también se cultivaban y se importaban. El plátano proporcionaba la parte fundamental de los alimentos verdes. A finales del siglo XVIII, se introdujo el árbol del pan, así como las coles de China. El consumo de caña de azúcar ayudó también a la subsistencia de los esclavos.

La carne y el pescado se consumían sobre todo en forma de salazón (buey, bacalao, arenque, tortuga). La ración, que era insuficiente, se reservaba para los días de fiesta. Los esclavos consumían pocas veces cerdos y aves de corral, pues cuando los criaban, los vendían en el mercado. Además del alcohol, que bebían los días de fiesta o cuando el amo repartía una copa de cachaza para conseguir un esfuerzo suplementario, las bebidas habituales eran agua y *oicou*, agua hervida con trozos de caña.

Es difícil calcular con precisión la ración calórica de los esclavos, pero se sabe que "más que las epidemias o las enfermedades, la mayor responsabilidad de la lamentable situación de los esclavos fue la escasez, consecuencia de la falta de reservas, de la ausencia de previsión, de la deficiente atención y de la avaricia de los colonos" (Tardo-Dino, 1985: 138).

Distintas fuentes, entre ellas el padre Labat, hacen referencia a los conocimientos de los curanderos negros que, en vez de la sangría de los cirujanos coloniales, practicaban la fitoterapia. Pero eran objeto de sospechas en cuanto se hablaba de envenenamiento, sobre todo porque ejercían una gran influencia sobre sus compañeros. En 1743 una ordenanza real prohibía a los esclavos "preparar y distribuir remedio alguno". En este ámbito como en otros, se puede dudar de la eficacia de las prohibiciones de la autoridad estatal dado que los colonos y sus esposas, pese al temor que experimentaban ante los "poderes" de los curanderos, o a causa del mismo, recurrían también a sus servicios, sobre todo en lo relacionado con la procreación (o el aborto).

Se deduce una constante demográfica: la elevada tasa de mortalidad de una población mal alimentada, mal alojada, mal vestida, sometida a un trabajo agotador y a la arbitrariedad de los colonos. Se han comprobado sin embargo diferencias, sobre todo en lo que hace a las tasas de fecundidad y de natalidad, conforme a los periodos y los espacios geográficos estudiados ("Démographie", en Pétré-Grenouilleau, 2004; Gautier, 2010; Régent, 2007).

La "escasez de negros" fue una constante en las quejas de las colonias esclavistas. El aumento de la población servil entre el siglo XVII y finales del XVIII solo pudo conseguirse por el constante y creciente recurso a la trata. Según Gaston Martin, se habrían desembarcado 140.000 africanos, entre 1763 y 1776, en las colonias francesas de las Antillas y, durante esos 13 años, la población de estos territorios solo aumentó en 85.000 personas (Martin, 1948)[107]. Estos datos desmienten todas las aseveraciones de los defensores de la esclavitud sobre la pretendida "capacidad de adaptación" de los africanos a las condiciones de esclavitud en los trópicos. El "forzado a perpetuidad", como ha escrito Charles-André Julien[108], ¿no era más bien un "condenado a muerte con prórroga"?

107. Basándose en trabajos muy recientes, Frédéric Régent confirma que el "movimiento natural de la población servil es negativo o nulo según la colonia y según el periodo", lo que se explica por la muy alta mortalidad infantil, las altas tasas de mortalidad de los "negros nuevos" y por las muy malas condiciones de vida de los esclavos. Myriam Cottias (2011: 369 y ss.) actualiza los conocimientos sobre la fecundidad y la mortalidad de las esclavas de Martinica.

108. El historiador Charles-André Julien es sobre todo el autor del prefacio del libro de Aimé Césaire *Toussaint Louverture* (1961) y, con Magali Morsy, de *Une pensée anticoloniale* (1979).

SER ESCLAVO EN LAS COLONIAS BRITÁNICAS CONTINENTALES, MÁS TARDE EN LOS EE UU

La historia de los esclavos en las colonias británicas continentales, más tarde, tras la independencia, en los estados del sur de los EE UU, difiere sensiblemente de la de los esclavos brasileños o antillanos. Mientras que la "edad del tabaco" acabó en las Antillas al final del siglo XVII, la producción alcanzó su apogeo en Virginia en el siglo XVIII, antes de que el algodón llegase a ser el producto dominante en los nuevos territorios colonizados en los que los dueños introdujeron máquinas (cribadora de arroz, desgranadora de algodón...) para aumentar la productividad del trabajo servil (Fogel, 1989). Otra especificad más significativa está ligada al mantenimiento de un sistema esclavista sin recurso masivo a la trata[109] durante un periodo mucho más largo en los EE UU (unos 60 años) que en Brasil o en las Antillas (una veintena de años). De entrada, los EE UU excluyeron de la nacionalidad a los negros esclavos y a los negros libres, así como a los mestizos y los indios. La mayoría de los nuevos estados que se incorporaron a la Unión durante las primeras décadas del siglo XIX instauraron un sistema esclavista. En 1860, los EE UU fueron, con Brasil y las colonias españolas de Cuba y Puerto Rico, los últimos territorios americanos en los que la esclavitud continuaba siendo legal (Dorigny y Gainot, 2006).

EN LOS ORÍGENES DE LA 'INSTITUCIÓN PARTICULAR' (SIGLO XVII)

Los territorios coloniales británicos ocupados en el siglo XVII en el litoral de América del norte eran muy diferentes desde el punto de vista climático y social:

- las colonias de Nueva Inglaterra vivían de la explotación de la tierra y del mar por parte de las familias puritanas;

109. Después de 1808 las importaciones clandestinas de esclavos, procedentes sobre todo de Cuba y de Brasil, continuaron hasta la guerra de Secesión, pero, por su carácter ilegal son difíciles de valorar con precisión. Historiadores norteamericanos consideran que se introdujeron de 50.000 a 70.000 esclavos entre 1808 y 1860. Una certeza, sin embargo: la trata ilegal del siglo XIX, a diferencia de Cuba y de Brasil, contribuyó solo de manera despreciable al crecimiento de la población servil de los EE UU.

- entre el Hudson y el Chesapeake se instalaron colonias de economía más diversificada y más abiertas a los intercambios por vía marítima;
- al sur, la situación era todavía más diferente. En las Carolinas, donde se estaban instaladas familias inglesas, con frecuencia de origen aristocrático, dominaba un régimen de grandes propiedades en las que las producciones (tabaco, maíz, algodón) se destinaban a la exportación con destino a Europa.

En un contexto de crisis social y político-religiosa, las autoridades británicas favorecieron el recurso, para poblar sus colonias de Virginia y de las Carolinas, a *convicts* (condenados de derecho común) y a *indectured servants* (trabajadores contratados). Los pocos centenares de negros (entre 1600 y 1650), cuyo estatus jurídico no estaba todavía definido, tenían entonces unas condiciones de trabajo comparables a las de los trabajadores con contrato.

A partir de la década de 1670, el crecimiento de la mano de obra de origen africano fue paralelo al aumento de las exportaciones de tabaco, como muestra la tabla siguiente:

TABLA 2

ESCLAVITUD Y TABACO EN LAS COLONIAS BRITÁNICAS DE AMÉRICA CONTINENTAL (SEGÚN FOHLEN, 1998)

AÑO	NÚMERO DE ESCLAVOS	EXPORTACIÓN DE TABACO (EN LIBRAS)
1670	4.535	9.000.000
1690	16.730	12.600.000
1700	27.800	37.840.000

Varios factores contribuyeron a este crecimiento de la población negra en las colonias inglesas de América a partir de finales del siglo XVII: el desarrollo del tráfico negrero inglés con la fundación de la Royal African Company y la institucionalización progresiva de la esclavitud según el modelo de colonias antillanas y de sus "códigos negros". A diferencia de los trabajadores bajo contrato, el color de la piel facilitaba la identificación y la separación de esta mano de obra del resto de la población. Además, el estatuto de esclavo, a diferencia del de los contratados, se transmitía de generación en generación (ibídem).

La trata hacia las colonias inglesas de América no fue monopolio de los negreros británicos. La parte esencial de los ingresos de la trata benefició a los armadores de Nueva Inglaterra (Boston, Rhode Island, Salem), mientras que la casi totalidad de los esclavos se destinaba a las colonias del sur. Sin embargo, estas colonias, en comparación con las de las Antillas y Brasil, "importaron" un número relativamente bajo de cautivos (de 500.000 a 600.000, es decir, menos del 5 por ciento del número de cautivos desembarcados en las colonias esclavistas). Pero, a diferencia de en las demás colonias, la población servil aumentó. Así, mientras que entre 1780 y 1810, la población servil de Jamaica disminuía, la de América del norte se multiplicó por dos. Varias hipótesis permiten comprender esta especificidad: un trabajo menos agotador en las plantaciones de tabaco que en las *habitations* azucareras, una alimentación más variada, mayor número de pequeños propietarios que estaban más "atentos" al mantenimiento y la renovación de su "capital" humano que los propietarios de las grandes haciendas azucareras que "rentabilizaban" más rápidamente las cantidades invertidas en la compra de un esclavo.

A finales del siglo XVII, la esclavitud se había implantado en las colonias continentales, pero estaba limitada tanto geográfica como demográficamente: las tres cuartas partes de los esclavos (20.000 sobre 27.000) se concentraban en los territorios dedicados al cultivo del tabaco (Maryland, Virginia) y solo representaban el 10 por ciento de la población de las colonias británicas continentales.

EL ARRAIGO (SIGLO XVIII)

El cultivo del tabaco, que estuvo en el origen de la expansión de la esclavitud en Virginia y en Maryland, tuvo en el siglo XVIII un crecimiento mucho más lento que el arroz y menor que el del algodón en el siglo siguiente.

Los africanos llevados a América contribuyeron a la difusión del cultivo del arroz en las tierras bajas de la costa de Carolina del Sur, antes de extenderse por Georgia y llegar, a finales del siglo XVIII, a ser la producción principal de las colonias del sur, y la principal utilizadora de mano de obra servil. Lento a principios del siglo XVIII, el crecimiento de la población servil se acelera mucho a partir de 1740, en paralelo con el aumento de la producción de arroz[110]. Carolina del Sur se convirtió en la única colonia inglesa continental en la que los negros eran más numerosos que los blancos (66 por ciento de la población en 1740). Algunos cherokees, que cultivaban maíz, tabaco e índigo en las Carolinas, explotaban, ellos también, esclavos de origen africano que llevaron consigo al *indian territory* cuando fueron deportados al oeste del Mississippi. En el siglo XVIII se ahondó la diferencia entre las siete colonias del norte y el centro y las seis colonias del sur que tenían, en vísperas de la independencia, casi el monopolio de la población de esclavos[111], sin embargo, eran los hombres de negocios puritanos del norte quienes obtenían los mayores beneficios de la trata.

Mientras en el siglo anterior en Virginia, los negros vivían y trabajaban con los contratados y los demás colonos, en el siglo XVIII se levantaron barreras de separación entre los esclavos y los demás residentes en las plantaciones. Durante la primera mitad del siglo, se multiplicaron las prohibiciones dirigidas contra los negros: salir de la plantación durante la noche, frecuentar a los blancos y, sobre todo, a las blancas, reunirse sin la autorización del amo, llevar armas, aprender a leer y escribir... Se confinó a los esclavos negros en unos *quarters* situados a alguna distancia de la residencia del amo. Estos *quarters* estaban formados de míseras barracas hechas con troncos (*cabins*), de techo bajo, que medían de 15 a 25 metros cuadrados, donde se apiñaba la familia en condiciones de higiene generalmente deplorables. En unos pequeños cercados podían cultivar legumbres y criar aves de corral y cerdos. He ahí la descripción que hace de su cabaña Solomon Northup:

Las camas más mullidas del mundo eran desconocidas en las barracas de madera de los esclavos. En la que yo me alojaba, un día tras otro, medía 12 pulgadas de ancho por 10 pies de largo. Mi almohada era un tronco. La ropa de la cama, una manta basta, sin más andrajos ni trapos. Habría podido emplearse algún relleno pero se hubiera llenado muy pronto de pulgas. La cabaña estaba hecha de troncos, sin piso ni ventanas, que no hacían falta, porque los huecos entre los troncos dejaban pasar

110. Mientras la producción de tabaco se estancaba, la de arroz se multiplicó por cuatro entre 1730 y 1770. A esta producción se añadió la de índigo. En 1700 había 27.000 esclavos, que se convirtieron en 150.000 en 1740 y en 500.000 a final del siglo.

111. En 1780, las seis colonias del sur (Delaware, Maryland, Virginia, Carolina del Norte, Carolina del Sur y Georgia) reunían más de 520.000 esclavos sobre los 570.000 del conjunto de las 13 colonias.

suficiente luz. Cuando hacía tormenta, la lluvia entraba dentro, haciendo la cabaña incómoda y poco grata. La puerta, rudimentaria, descansaba sobre grandes bisagras de madera. Una chimenea mal acondicionada ocupaba un extremo de la pieza (Northrup, 1853)[112].

EN LOS CAMPOS DE ALGODÓN (1810-1860)

A pesar de la revolución que dio nacimiento a los EE UU y la abolición de la trata por la ley de 3 de marzo de 1807, la esclavitud, lejos de desaparecer progresivamente como esperaban los abolicionistas se vio reforzada por el cultivo del algodón. "La revolución americana había hecho nacer la falsa esperanza de que tras la supresión de la trata, la esclavitud se extinguiría por sí misma. [...] Estos cálculos fueron desbaratados por la irrupción de un nuevo cultivo en suelo norteamericano y su éxito inesperado entre los hilanderos de los dos mundos, el algodón. Su cultivo revolucionó la economía de los EE UU y creó tales necesidades de mano de obra que solo el relanzamiento de la esclavitud y su extensión a nuevas tierras podían satisfacerla. Paradójicamente, el florecimiento de la servidumbre iba a ir acompañado por el de la democracia tal como ilustró Tocqueville en su célebre obra aparecida en 1835" (Fohlen, 1998: 123).

Entre 1810 y 1860, la producción de tabaco se estancó y bajó la de arroz, mientras la producción azucarera aumentaba por la compra por los EE UU de la Luisiana y por la llegada de plantadores de Santo Domingo. No obstante, esta producción permaneció limitada al bajo Mississippi (entre Natchez y Nueva Orleáns). El fenómeno más importante del periodo fue la expansión extraordinaria del algodón por las necesidades de materia prima de la industria británica y de la invención en 1793 del *cotton gin* en Georgia por Eli Whitney[113].

En medio siglo, la producción de algodón pasó de 36.000 toneladas (1810) a 765.000 (1860). La expansión del algodón acompañó al avance del poblamiento hacia el oeste y el sur así como a un considerable

112. Extracto traducido por Hélène Tronc [http://esclavesenamerique.org/auteurs/solomon-northup]. Cuando era libre, Solomon Northup fue secuestrado a la edad de 30 años y obligado a trabajar entre 1841 y 1853 como esclavo en las plantaciones de algodón de Luisiana.

113. Maquina desgranadora que separaba la semilla del algodón de su fibra. La *cotton gin* aumentó considerablemente la productividad de la "limpieza" de la materia prima.

aumento del número de esclavos: de aproximadamente 1.200.000 en 1810 a cerca de cuatro millones en 1860. Sin embargo, pese a este crecimiento tan fuerte de la población servil, la proporción de esclavos respecto al total de la población siguió siendo inferior a la de las "islas del azúcar", donde pudo alcanzar, como en Santo Domingo en el siglo XVIII, casi el 90 por ciento de la población total[114]: en 1860 los esclavos suponían el 38 por ciento de la población total de los estados esclavistas del sur y solo Carolina del Sur tenía más del 50 por ciento de esclavos en su población total.

Cerca de las tres cuartas partes de los esclavos de la Unión eran explotados entonces en plantaciones de algodón. La colonización de nuevas tierras en beneficio de la producción azucarera supuso una "redistribución interregional de los esclavos" de los "estados exportadores" del Viejo Sur (Carolina del Norte, Maryland y Virginia) hacia los "estados importadores" del Sur Profundo (Alabama, Luisiana, Mississippi y Texas): 835.000 fueron deportados por medio de una organización interna de los estados del sur comparable a la de la trata (Fogel y Engerman, 1974). Fue generalmente a pie como los esclavos encadenados realizaron esa migración forzada, pero los traficantes empleaban también el tren y el barco, como la compañía Franklin & Armfield, propietaria de tres embarcaciones que enlazaban Virginia con Nueva Orleáns. William Wells Brown, que trabajó como esclavo a bordo de un barco de vapor, escribía: "Algunas semanas más tarde, mientras descendíamos por el Mississippi, embarcamos en Hannibal una expedición de esclavos destinados a Nueva Orleáns. Había entre 50 y 60 hombres y mujeres de 18 a 40 años. Es tan habitual ver, a bordo de un vapor, un grupo de esclavos en ruta a las regiones del algodón o del azúcar que nadie, incluidos los pasajeros, parecen advertirlo, aunque las cadenas entrechoquen con cada uno de sus pasos" (Brown, 2012: 75).

Viajeros del siglo XIX formularon la idea, retomada por algunos historiadores, de que se estaría desarrollando entonces una división del trabajo entre los propietarios de esclavos del Viejo Sur y los plantadores de los estados del Sur Profundo: los primeros estarían aprovechando la prohibición de la trata para "criar" esclavos y venderlos a los segundos. Esta tesis ha sido criticada por Robert Fogel que, sin negar la realidad del tráfico, ha mostrado que la mayoría de los esclavos deportados hacia el

114. En 1788, había en Santo Domingo en torno a 405.000 esclavos para poco más de 454.000 habitantes.

Sur Profundo lo hacían siguiendo a sus dueños que abandonaban unas tierras agotadas por el cultivo del tabaco en el Viejo Sur a la búsqueda de tierras nuevas en el Sur Profundo. Aunque las migraciones de esclavos contribuyeron al desarrollo del cultivo del algodón, hay que tener también en cuenta la fuerte natalidad de las poblaciones serviles. Las principales características demográficas de estas poblaciones eran su juventud (en 1850, más de la mitad de los esclavos tenían menos de 20 años), la fecundidad de las mujeres (con una media de ocho hijos por cada una de ellas) y una débil esperanza de vida. La más alta natalidad de las esclavas en las plantaciones de algodón norteamericanas que en las plantaciones de caña de azúcar antillanas se explicaría, fundamentalmente, por la existencia de una verdadera célula familiar que los propietarios habrían favorecido en la medida en la que conciliaba su buena conciencia moral y religiosa con sus necesidades de mano de obra servil. Aunque los esclavos carecieran de derechos civiles, los testimonios confirman la importancia de los lazos familiares porque los plantadores habían entendido que contribuían a la perpetuación del sistema facilitando el mantenimiento y la reproducción de la "fuerza de trabajo" y haciendo disminuir el número de huidas. Así, aunque las familias de los esclavos no tenían reconocimiento legal, se las confirmaba a menudo con una ceremonia religiosa en la que incluso podía participaba el amo.

Pese a todo, estas familias podían ser desmembradas por la venta separada de maridos y mujeres, padres e hijos. Este es un testimonio entre otros:

No hacía mucho tiempo que estábamos en Nueva Orleáns cuando el señor Abram cayó enfermo y murió y nos llevaron al mercado para vendernos. Recuerdo que debía tener entonces seis o siete años. [...] Una mañana nuestra familia estaba reunida en un rincón del patio y entonces llegó el comandante Long, con su vergajo en la mano, acompañado de otro hombre. Forzó a Mary a levantarse y dijo al otro: "Esta es la chica que usted quiere como nodriza". Mamá suplicó al comandante Long que no nos separase y nos estrechó contra ella a Mary, a Jane y a mí. [...] El comandante le arrebató a Mary. No la volvimos a ver hasta después de la Libertad. ¡Por Dios! ¡Por Dios! Los que no habéis pasado por la esclavitud no sabéis lo que es. [...] Yo era todavía un niño pero recuerdo el sitio como si fuera ayer, los maridos separados de sus mujeres y los niños separados de sus madres. En aquellos tiempos, para un comerciante, la venta de un bebé o de un niño, arrebatándoselo a su madre, no tenía más importancia que separar a un ternero de una vaca (testimonio de Stephen Williams, en Mellon, 1991: 246-248)[115].

Este testimonio remite al muy conmovedor de Mary Prince:

La sombría mañana ha acabado por levantarse, demasiado pronto para mi pobre madre y para nosotros. Tras ponernos los vestidos nuevos que debíamos llevar para la venta, dijo con una voz lastimera que no olvidaré jamás: "¡Miradme! ¡Envuelvo a mis pobres niños en un sudario! ¡Qué horrible trabajo para una madre!". Después: "¡Voy a llevar a mis polluelos al mercado!" [...] Mi madre llamó a las otras esclavas para decirnos adiós. Había entre ellas una mujer llamada Molly que llevaba un bebé en brazos. "¡Infeliz!", dijo mi madre viéndola desviar los ojos llenos de lágrimas hacia su hijo; "¡después te tocará a ti!". Las esclavas no podían decir nada para consolarnos, solo podían llorar y lamentarse con nosotros. Creí que mi corazón iba a estallar cuando dejé a mis hermanos pequeños en la casa donde había crecido. [...] Seguimos a mi madre hasta la plaza del mercado, nos hizo ponernos en fila contra una casa grande, de espaldas a la pared y con los brazos cruzados sobre el pecho. Como yo era la mayor, estaba la primera, después venía Hannah, después Dinah, y nuestra madre de pie al lado, lloraba nuestra suerte. [...] Por último, el responsable de la subasta que debía ponernos en venta como a los corderos y a las vacas vino para preguntar a mi madre cual de nosotras era la de mayor edad. Me señaló sin decir nada. Entonces él me cogió él de la mano y me llevó al centro de la calle, haciéndome girar sobre mí misma, me expuso a las miradas de las gentes que esperaban la venta. Rápidamente me rodearon desconocidos que me examinaban y me palpaban igual que un carnicero cuando quiere comprar un becerro o un cordero. Empleaban las mismas palabras para referirse a mi apariencia o mi talla que las que utilizarían si yo fuera un animal mudo y no pudiera entenderlas. Fui puesta a la venta. Las pujas empezaron bajas hasta subir poco a poco a 57 libras y fui adjudicada al mejor postor. Los que asistían a la subasta opinaron que era una buena cantidad por una esclava tan joven. Vi después que traían a mis hermanas y las vendían a propietarios diferentes, de tal forma que no tuvimos tampoco la triste satisfacción de ser compañeras de esclavitud. Acabada la venta, mi madre llorando nos estrechó entre sus brazos y nos animó a mantener el ánimo y a cumplir con nuestros deberes hacia nuestros nuevos amos. Fue una triste separación, cada una se iba por un lado y nuestra pobre madre se quedó sola en casa (Prince, 2000).

---

115. En el mismo libro, otros testimonios relatan separaciones traumáticas sufridas por esclavos, sobre todo la Mary Ferguson (251-252). Testimonios similares, como los de Charles Ball y de Moses Grandy pueden encontrarse en http://esclavesenamerique.org.

Las descripciones más frecuentes del trabajo y de la vida cotidiana de los esclavos hacen referencia a las grandes haciendas que eran las que con mayor frecuencia tenían archivos, aunque en los EE UU esto fuera la excepción. En vísperas de la guerra de Secesión, había 385.000 propietarios de esclavos entre los 1,5 millones de familias que formaban la población de los estados esclavistas del sur. Más de la mitad de estos propietarios poseían menos de cinco esclavos, y solo 3.000 plantadores eran propietarios de más de 100 esclavos. La mayoría de los esclavos vivían en pequeñas haciendas agrícolas. Las grandes explotaciones estaban limitadas a Luisiana, a las tierras húmedas de Alabama y del Mississippi, así como a la zona costera de Carolina del Sur y de Georgia (Fohlen, 1998: 116 y ss.). Las condiciones de vida de los esclavos eran muy diferentes si trabajaban en una pequeña explotación o en una gran plantación, según fuera el cultivo en el que se les empleaba, sus funciones y su cualificación, según también el comportamiento de su amo y las relaciones que mantuvieran con él[116].

Algunos esclavos, con la esperanza de ahorrar, daban muestras de ingenio:

Tuve enseguida una idea que se reveló muy beneficiosa. Mi padre inventó una nueva manera de preparar el tabaco de fumar, diferente a todas las utilizadas antes y después. Tenía la doble ventaja de dar al tabaco un gusto particularmente agradable y de permitirme fabricar un buen producto a partir de una materia prima muy común. Mejoré un poco el método y me puse a fabricar este tabaco, realizando, como ya he dicho, todo mi trabajo de noche. Envasaba el tabaco que preparaba en paquetes de en torno a un cuarto de libra cada uno y los vendía a 15 céntimos. Solo podía fumarse en pipa y, como tenía un gusto muy agradable, tuve la idea de fabricar una pipa que enfriara el humo al pasar, para satisfacer a los que prefieren el humo al calor. Utilicé para ello una caña que crece en abundancia en esta región, la vacié con la ayuda de un hilo de hierro caliente, antes de pulirla y de unirla a una pipa de arcilla por una de sus extremos para que el humo se enfriase al pasar por el tallo, igual que el whisky o el ron cuando pasan por el serpentín del alambique.

116. Los recuerdos recogidos durante la década de 1930 expresan esta diversidad de experiencias. Algunos relatan la brutalidad de sus amos, mientras que otros hacen referencia a comportamientos más humanos. Un mismo individuo, como Frederick Douglass o William Wells Brown, ha podido sufrir de parte de sus sucesivos amos terribles humillaciones o mantener con ellos relaciones, en algunos casos, teñidas de simpatía. Sea como fuere, todos los esclavos estaban sometidos a la arbitrariedad, tomase esta una forma brutal o paternalista.

Vendía estas pipas a 10 céntimos la unidad. Vendía mi tabaco y mis pipas en la primera parte de la noche y las fabricaba en la segunda. Cuando la Asamblea se reunía en Raleigh, cada año, vendía mucho a los diputados, por lo que adquirí no solo en la ciudad sino en muchas partes del Estado fama de tabaquista (Lane, 1842: 7-10)[117].

Otros podían incluso heredar algunos bienes participando en una economía "informal" tolerada por algunos dueños: "Cuando mi padre murió, tenía unas 20 cabezas de ganado y unos 60 puercos, pavos, ocas, patos, pollos. [...] A su muerte repartimos estos bienes entre sus hijos y seguimos haciendo como él" (Fohlen, 1998: 157).

Sin embargo, la intensidad de la explotación del trabajo servil no dejaba tiempo libre a la gran mayoría de los esclavos que, como Solomon Northup, trabajaban en los campos de algodón:

Una jornada ordinaria de trabajo permite recoger 200 libras de algodón. Los esclavos, hombres y mujeres, acostumbrados a la cosecha, eran castigados si no conseguían ese peso. [...] Los esclavos debían estar en los campos de algodón desde el alba y, con la excepción de los 10 o 15 minutos que se les concedían al medio día para engullir su ración de tocino frío, no podían parar un solo instante antes de que estuviera suficientemente oscuro y no se viera nada. No era raro que trabajasen también con luna llena hasta la media noche. No se atrevían a parar a la hora de la cena, ni volverse a sus alojamientos, por tarde que fuera, hasta tanto el vigilante no diera la orden de parar.

Cuando se termina la jornada en los campos, se "totalizan" las cestas, es decir, se llevan a la desgranadora para pesarlas. Incluso los esclavos más cansados y más extenuados, hasta los que solo piensan en dormir y en descansar nunca se aproximan con su cesta a la desgranadora sin sentir miedo. Si no han cosechado el peso requerido, si no han cumplido la tarea que se les había asignado, saben que van a padecer algún sufrimiento. Y si han superado el peso en 10 o 20 libras, su dueño, con toda probabilidad, reajustará las tareas al día siguiente. Hayan recogido demasiado o demasiado poco se acercarán siempre a la desgranadora temblorosos y llenos de miedo. La mayoría de las veces, la cosecha no es suficiente y los esclavos no tienen ganas de salir de los campos. Al peso siguen los latigazos. A continuación se llevan las cestas hasta la nave del algodón y se ponen a cubierto, como se hace con el heno. Los trabajadores deben pisar el algodón para apretarlo. Si no está seco, en

117. Traducción francesa de Hélène Tronc para la página http://esclavesenamerique.org.

lugar de llevarlo inmediatamente a la desgranadora, se extiende sobre unos cañizos de dos pies de alto y seis de ancho, cubiertos con tablas y separados por calles estrechas.

La jornada de trabajo está todavía lejos de terminar. Cada uno debe ocuparse de sus respectivas tareas. Uno a dar de comer a las mulas, otro al cerdo, un tercero a cortar madera, y así sucesivamente; todo el embalaje se hace a la luz de las bujías. A horas muy avanzadas de la noche los esclavos vuelven a sus alojamientos, abatidos y cansados por su larga jornada de trabajo. Tienen todavía que encender fuego en sus cabañas, moler maíz con un molinillo y preparar la cena y el desayuno del día siguiente. [...] Una hora antes del alba suena la trompa. Los esclavos se levantan, preparan su desayuno, llenan una calabaza con agua, otra con la comida fría compuesta de tocino y pan de maíz y se apresuran otra vez hacia los campos. Es un delito castigado invariablemente con una sesión de latigazos ser encontrado en la zona de los esclavos después del amanecer. Empiezan los miedos y las penalidades de una nueva jornada; hasta que se acabe no habrá el menor reposo. Miedo a ser sorprendido rezagado durante la jornada; miedo a ir por la noche a la desgranadora con la cesta de algodón; miedo a dormirse y no despertar a tiempo el día siguiente. Esta es una descripción verdadera, fiel y sin exageraciones de la vida cotidiana de los esclavos en la estación de la cosecha de algodón en las riberas de Bayou Boeuf, en Luisiana (Northrup, 1853).

Dos sistemas de trabajo coexistieron en las plantaciones americanas:

- el *task system* (trabajo por tareas), se desarrolló en las arroceras de Georgia. Una vez que ha realizado la tarea asignada, el esclavo podía hacer otra cosa, como mantener una parcela de tierra. Allí donde se practicó, este tipo de explotación permitía a los esclavos, sobre todo a los que tenían alguno de los oficios indispensables para el funcionamiento de la plantación (herreros, ebanistas, carpinteros de carros...) vender los objetos que fabricaban después del trabajo;
- el *gang system*, que era el más extendido. Consistía en trabajar en equipos (los "talleres" de las *habitations* antillanas) bajo la dirección de un *driver*, esclavo encargado de imponer la cadencia del trabajo y la disciplina.

He aquí como Solomon Northup describe la organización del trabajo servil en el que tomó parte como jefe de equipo:

En las grandes haciendas, que empleaban 50, 100, incluso 200 esclavos, se consideraba indispensable la presencia de un mayoral. Estos señores van a caballo hasta los campos, todos sin excepción, por lo que yo sé, armados de pistolas, de un cuchillo de caza y de un látigo, y acompañados de varios perros. Así equipados, cabalgan detrás de los esclavos para vigilarlos. Las cualidades requeridas para ser mayoral son no tener corazón, una brutalidad y una crueldad totales. Su trabajo es conseguir cosechas abundantes cualquiera que sea el sufrimiento que esto suponga. Los perros sirven para alcanzar a los fugitivos que se escapan, como puede suceder cuando algunos esclavos débiles o enfermos son incapaces de mantener la cadencia y de soportar el látigo. Las pistolas se reservan para situaciones de peligrosa urgencia que requieran su utilización. [...] Además de los mayorales, están los vigilantes puestos a sus órdenes en número proporcional al de los esclavos que trabajan en los campos. Los vigilantes son negros; además de su propia carga de trabajo, se les encarga fustigar a los equipos de esclavos. Llevan un látigo colgado del cuello y no dejan de utilizarlo si son azotados a su vez. Se benefician, sin embargo, de algunos privilegios. [...] Cuando un esclavo deja de transpirar, como sucede cuando se le fuerza a trabajar más de lo que puede, se desploma en tierra y no es capaz de hacer nada. El papel del vigilante es llevarlo a la sombra de las plantas de algodón, de las cañas de azúcar o de un árbol cercano, rociarlo con cubos de agua y hacer todo lo que pueda para que vuelva a transpirar. El esclavo puede entonces volver a su sitio y continuar su trabajo (ibídem).

Los diarios de los plantadores y los relatos de los viajeros confirman esta organización del trabajo. Los estudios econométricos permiten concluir que, aunque la rentabilidad del trabajo servil ha podido variar en función de las regiones, los productos y las fluctuaciones del precio de las materias primas, el beneficio conseguido por los plantadores era comparable al de los capitalistas del norte que habían invertido en industrias textiles o en los ferrocarriles. Durante la década de 1850, el precio de los esclavos se duplicó, lo que prueba que los beneficios obtenidos del cultivo del algodón permitían estas inversiones a los plantadores más ricos. Pero, más allá de las realidades contables y de las tasas de beneficio, la esclavitud se mantuvo hasta el día de su abolición como un sistema basado en la dominación arbitraria de hombres y mujeres. El látigo que desgarraba los cuerpos sigue siendo, décadas después de la abolición, su símbolo aterrador.

CAPÍTULO 7

LAS RESISTENCIAS DE LOS ESCLAVOS

La historiografía francesa ha descuidado durante mucho tiempo el estudio de las resistencias de los esclavos y el importante papel de la revolución haitiana, que fue el origen de la proclamación en 1804 del primer Estado negro de América. El mito del esclavo sumiso fue puesto en duda por los intelectuales anticolonialistas (James, 1949; Césaire, 1961), que han contribuido a que los historiadores se interroguen sobre el papel jugado por los esclavos en su propia emancipación.

Sin embargo, estas resistencias formaron parte de la historia de las tratas desde sus orígenes. Las revueltas que tuvieron lugar en África siguen siendo las peor conocidas, aunque los historiadores africanos las estudian seriamente en la actualidad. Fue también en África, en Santo Tomé, donde tuvo lugar la primera revuelta de tipo "americano"; se saldó con una victoria por parte de los esclavos, que arruinaron definitivamente las explotaciones de caña de azúcar de la isla. Se produjeron también numerosos motines en los barcos negreros. La mayoría fracasaron, pero algunos tuvieron éxito, como el del *Amistad*, que concluyó en 1840, tras un proceso en los EE UU, con la liberación de los amotinados que habían dado muerte a los marineros. En América, las formas de oposición más evidentes a la explotación esclavista fueron las revueltas colectivas y la huida de las plantaciones; sin embargo, la resistencia a las violencias y al trabajo agotador adoptó distintas manifestaciones.

REVUELTAS EN ÁFRICA

Una primera sublevación de esclavos *zenj* (negros) habría estallado en las plantaciones de Arabia a finales del siglo VII d.C. La mayor revuelta conocida se produjo en la baja Mesopotamia (Irak) en el siglo IX, donde los malos tratos produjeron un levantamiento *zenj* en el año 869 que solo pudo ser controlado en el 883. De ahí la amplitud de su número de víctimas, que habrían oscilado entre 500.000 y 2.000.000 (Popovic, 1976). Esto es, quizás, lo que explica que, en el mundo arabomusulmán, los esclavos varones no fueran empleados, antes del siglo XIX, en las grandes plantaciones: la agricultura era confiada mayoritariamente a los pequeños campesinos (los *fellahs*). Los esclavos estaban dedicados más bien a tareas domésticas, especialmente como eunucos en los harenes donde las mujeres eran concubinas.

Se conocen bastante bien las revueltas tempranas de la isla de Santo Tomé, donde un clima terrible y la crueldad de los colonos blancos, particularmente frustrados en sus relaciones con la metrópoli, provocaron reacciones violentas por parte de una población mestiza y negra discriminada desde muy pronto. Los disturbios, característicos de una economía de plantación de tipo "protoamericano", se debieron en primer lugar a las reivindicaciones de los plantadores mestizos y negros, que jugaban un papel importante en la producción de caña de azúcar. Una primera explosión de cólera tuvo lugar en 1513-1514. Aunque su dirigente, el esclavo mestizo Bras Gil, intérprete de oficio, fuese arrestado, la revuelta alcanzó sus objetivos ya que, en 1515, los mestizos podían ser liberados aunque su madre fuera esclava. Lograron también estar representados en el consejo municipal. Sin embargo, esto no fue suficiente para que volviera la calma. El poder era detentado por metropolitanos de origen a expensas de los colonos blancos de la isla. Ahora bien, el impresionante desarrollo de la trata de esclavos llevó consigo la oposición violenta, en el campo, entre bandas de blancos y de mulatos, dirigidas unas y otras por personas integradas en el sistema, instruidas, ricas y ambiciosas. El conflicto estalló en 1545, tras de un incidente racista: una joven mestiza había rechazado casarse con un plantador "mulato", porque quería casarse con un blanco para "hacer más clara su descendencia" como había hecho una hermana suya. El plantador rechazado, Damião Lopes, para llevarse a la joven, decidió atacar la plantación del futuro marido a la cabeza de una banda de 600 a 800 esclavos. Poco a poco, los "mulatos" fueron haciéndose con el control de la isla. Pero, en 1547, la metrópoli intervino y desató una amplia represión. Los dos "cabecillas" mestizos fueron arrestados y los demás se fortificaron en sus haciendas donde implantaron su propio orden social. Se produjo entonces una casi secesión entre el campo y la ciudad, donde la discriminación apartó definitivamente a los "mulatos" y los negros de todas las funciones administrativas. La situación se volvió muy pronto insostenible, hasta el punto que todos los excluidos, negros y mulatos, e incluso algunos plantadores blancos, participaron juntos en la revuelta. El primer intento de los "mulatos" fracasó, pero los negros tomaron el relevo; sin olvidar que los "cimarrones" (*mocambos* en portugués) se habían hecho fuertes en el interior del país, manteniendo un clima de inseguridad y de miedo al llevar a cabo razias en las plantaciones.

Algunos años más tarde, en 1553, el día de la votación municipal, los insurgentes invadieron el consejo (entonces enteramente blanco), dando lugar a una rebelión de gran amplitud. En Lisboa el Gobierno estaba dividido: teniendo en cuenta el número muy limitado de portugueses en las islas, no se podía prescindir de los lusoafricanos en el poder. No obstante, debido a la desproporción de medios militares y políticos, la insurrección fue duramente reprimida. El plantador Mateus Vaz, que probablemente había traicionado a sus compañeros, fue liberado tras abonar una sanción de 2.000 cruzados, una suma muy elevada que muestra la riqueza de los plantadores implicados; pero al principal jefe, João Rodrigues Gato, se le deportó hacia el reino sin esperanza de retorno; los demás fueron condenados a penas de prisión en la isla, y el funcionario blanco (*ouvidor*) Manuel Telles, comprometido con los insurgentes, fue juzgado y castigado con la deportación por sus colegas blancos. Los "mulatos" se enriquecieron cada vez más, pero se les mantuvo en un estatus de segundo orden mediante una discriminación racial cada vez más evidente (Batista de Sousa, 2010: 147-155).

Fueron los cimarrones que, desde el principio, se habían ocultado en el centro de la isla, en el entorno de la montaña Ana de Chaves, quienes mantuvieron un clima de violencia. Disponemos de testimonios desde 1530: "Supimos que la selva se había convertido en el refugio ideal para los negros. Corremos el riesgo de perder el control de la isla. Hemos sabido también que esos negros mataban a muchos habitantes, hombres blancos y negros que intentaban combatirlos" (ibídem: 157, citando una carta de 1531 publicada en Bràsio, 1952: 548).

La guerra contra los cimarrones creó una fuerte ligazón entre las capas sociales más diversas, cualquiera que fuese el color de sus miembros. Se organizaron milicias, financiadas en parte por los plantadores y los comerciantes, y se instaló de forma permanente un clima de guerra. La amenaza era real: los cimarrones habían erigido auténticos campos atrincherados, bien organizados y socialmente estructurados, que resistían la ampliación de los desbroces exigidos por la caña de azúcar. El proyecto de poblamiento de la isla hubo de ser abandonado por las autoridades debido al peligro que representaban, en un clima cálido y húmedo considerado poco favorable para los blancos.

La primera operación de envergadura contra los cimarrones se emprendió en 1547, la segunda en 1553. Pero, en cada oportunidad, los *mocambos* lograron rehacerse pese a sus pérdidas. Obligaron incluso a las autoridades a repensar la explotación de la isla, y renunciar al monocultivo de la caña. A finales de siglo, se construyó un fuerte militar destinado a combatir a la vez a los cimarrones y a los piratas (o angolares). El papel de este fuerte se mostró decisivo durante las dos revueltas de 1574 y de 1595.

A diferencia de los *mocambos*, los angolares no habían sido esclavos en la isla. Eran negros que escapaban de los barcos negreros al pasar frente a ella, que habían conseguido, a lo largo del tiempo, sobrevivir en su parte sur. Solo se tienen noticias de su presencia a partir de la insurrección de 1574. Reforzados por fugitivos de una plantación vecina, marcharon sobre la ciudad de Santo Tomé atacando las plantaciones a su paso, saqueando campos de caña y molinos de azúcar. "Al llegar al ciudad, como estaban armados de flechas y arcos, fueron cazados por los cuerpos militares armados con fusiles que sembraron el pánico entre ellos y los forzaron a abandonar la ciudad y refugiarse en las zonas bajo su control" (ibídem: 157, citando a José Lima, 1844).

Fue a partir de entonces cuando los plantadores, cuya vida se hacía cada vez más difícil, empezaron a abandonar la isla, en la que las actividades esclavistas decaían desde que Loanda y la costa congoleña se habían convertido en sus centros principales. La mano de obra servil empezaba a faltar, mientras muchos plantadores, empobrecidos por el descenso de su producción vendían las haciendas a bajo precio, cuando encontraban comprador. La región sur, ocupada por los angolares, se había hecho impracticable, y el resto de la isla era cada vez más inestable. En 1595, un nuevo conflicto marcó el inicio de un amplio levantamiento.

Casi todos los insurgentes se agruparon en torno a Amador, esclavo de una gran cultura, nacido en la isla y probablemente criado doméstico. "Auténtico líder, Amador poseía un carisma innegable, un temible sentido de la organización, así como una autentica capacidad de mando" (ibídem: 167). Seis hombres eran sus asesores más cercanos en este intento de liberar la isla de la influencia portuguesa y del sistema esclavista. Se trataba, en suma, de un anticipo de la acción de Toussaint Louverture en Santo Domingo: "En el año de 1595, un negro de la isla de Santo Tomé, llamado Amador, acompañado de hombres de su color, se sublevó, y el citado Amador se proclamó rey de la isla. Cometieron brutalidades propias de bestias salvajes" (ibídem: 167, citando un documento anónimo de 1595).

El 9 de julio de 1595, Amador dio comienzo a una acción arriesgada apoderándose de la parroquia de Nossa Senhora de Trinidade, a 10 kilómetros de Santo Tomé y a 250 metros de altura, lugar muy valorado por los europeos por su clima fresco. Casi todos los propietarios blancos que estaban en la iglesia (era domingo) fueron masacrados. Amador celebró su victoria bebiendo vino de palma en el cáliz, evidenciando así el carácter anticristiano de su movimiento. Siguieron varios días de destrucción; las plantaciones y las azucareras fueron entregadas a las llamas... y los esclavos liberados se unieron en buena parte al movimiento. Toda la región, desde Trinidade a Pantufo, a cinco kilómetros de Santo Tomé, fue devastada, y Pantufo, aunque fue incendiada, resistió. En el bando de Amador, el conde Silvestre y 200 de sus hombres encontraron la muerte. Sin embargo, el movimiento consiguió hacerse con el control de la isla. Amador se erigió en libertador, atento a que su poder estuviera representado allí donde existían injusticias. Organizó su reino nombrando a los diferentes capitanes siguiendo un sistema electivo a la africana que se inspiraba en parte en el modelo colonial. El 27 de julio, 5.000 insurgentes intentaron apoderarse de la capital incendiándola. Pero, mal armados, no pudieron resistir a los arcabuces portugueses. La batalla fue feroz y duró toda la jornada, acarreando pérdidas humanas considerables, que han sido camufladas sin duda por las fuentes portuguesas, las únicas a las que hemos tenido acceso. Lo cierto es que las fuerzas "blancas" y sus esclavos acabaron por imponerse y recuperaron el territorio, plantación tras plantación. Amador, refugiado en el interior del país, murió en soledad mientras el último de sus compañeros era colgado.

Sin embargo, la insurrección no fue un fracaso total. Su objetivo se consiguió parcialmente puesto que el cultivo del azúcar fue prácticamente erradicado de la isla que, a partir de entonces, se convirtió en objetivo de corsarios holandeses, franceses e ingleses (ibídem: 164-175)[118]. En el curso de los dos siglos siguientes, las revueltas de esclavos, las enfermedades aparecidas en las plantaciones y la piratería hicieron que un buen número de plantadores se volvieran a la Amazonía. Hubo que esperar a 1822, a la independencia de Brasil, para que los colonos portugueses abandonasen aquel país para volver a Santo Tomé y Príncipe, donde poseían todavía grandes plantaciones. Se llevaron algunas de las riquezas del Nuevo Mundo, entre ellas arboles del cacao, y relanzaron las plantaciones.

En el continente, como los esclavos formaban parte del paisaje social africano, la rebelión era poco concebible y, sobre todo, carente de salida: ¿dónde ir? Las hubo sin embargo, sobre todo al principio de la trata atlántica. Entre 1673 y 1677, se desarrolló un movimiento de resistencia contra los jefes negreros desde Mauritania al norte de Senegambia. Tomó la forma de una reivindicación que preconizaba, en nombre del islam, la sobriedad respecto del alcohol importado por los traficantes: "Dios no os ha dado reyes para que os vendan o para que os maten sino para que garanticen vuestra seguridad. Si no cumplen con estos principios, combatidlos y expulsadlos" (Amadéi, 2012)[119]. En 1765, estalló una revolución política contra la trata en el valle medio del Senegal: la dinastía en el poder fue derrocada y sustituida por un imam que hacía inspeccionar los barcos en el río y liberar a los cautivos capaces de recitar unos versículos del Corán (el islam excluye a los creyentes de la esclavitud).

Sin embargo, se trataba con mucha frecuencia de huidas individuales o de rebeliones de escasa amplitud, en las que las fugas eran más que inciertas: ¿qué podía hacer un esclavo huido de una comunidad, si escapaba para pedir asilo en otra, sino volver a caer en la esclavitud? El caso de las mujeres es, en este sentido, esclarecedor, a todas se las consideraba inferiores, susceptibles de ser esclavizadas, sobre todo como concubinas.

Salvo el de Santo Tomé, se conocen en África pocos ejemplos de cimarronaje como el que existió en América en zonas apartadas, generalmente montañosas o de acceso difícil. El relieve apenas se prestaba para ello; además, el sistema social era un sistema de castas y no de clases, y la

118. La fuente principal es P. Manuel do Rosário Pinto, *Relação do descobrimento da ilha de São Tomé*, 1734, publicado por Ambrósio, 1970: 245-248.

119. Citando una conferencia de Ibrahima Thioub del 2 de diciembre de 2011.

"promoción social" solo era posible en la propia casta. Un antiguo esclavo solo podía ser jefe en su propia sociedad, en algunos casos por medio del combate... para practicar a su vez el tráfico más rentable de la época: la trata de esclavos. Ese fue el caso del "rey" Jaja, esclavo igbo vendido a los 12 años, más tarde regalado al rey Pepel de Bonny, donde llegó a ser uno de los comerciantes más renombrados. Harto de ser rechazado por las familias aristocráticas y del entorno real, recurrió a la secesión para crear en 1869 un nuevo centro negrero, de pequeño tamaño y bien situado, Opobo, que atrajo a numerosos igbos, mercaderes, guerreros y hechiceros. Como la mayoría de los mercaderes africanos de la costa, se opuso a la penetración británica y fue finalmente deportado por los ingleses al Caribe en 1887 (M'bokolo, 1992: 136). Puede citarse también el caso de Lat Dior, célebre por haber resistido a los franceses hasta su muerte (1883-1886) y que es honrado como un héroe en Senegal. No podía, por derecho, llegar a ser *damel* de Cayor[120] porque, aunque formaba parte del linaje real guedj por su madre, estaba excluido de la sucesión porque su padre no era fall; sin embargo, se apoderó del poder eliminando a los esclavos reales y sustituyéndolos por sus propios esclavos, algo que sus descendientes no quieren reconocer todavía hoy (Diouf, 1990).

Otro ejemplo famoso es el de los pueblos sometidos, en el siglo XIX, por la yihad conquistadora del jefe peul Hadj Omar, empujado progresivamente hacia el este por los avances paralelos de los franceses, a partir de Senegal, y de los ingleses, a partir del *hinterland* de Costa de Oro. A mediados de siglo, su aventura religiosa se transformó en imperio de la violencia, que redujo a los campesinos sometidos a la condición de esclavos; razón por la que su reputación es excelente en su Senegambia de origen, pero detestable en Costa de Marfil o en Mali, donde, como hemos visto, había conquistado y sometido a pillaje al reino bamana de la región de Segú aunque estuviese poblada por musulmanes (es cierto que recientemente convertidos). Terminó su vida de forma trágica, tras de una amplia rebelión de la que cabe preguntarse si no fue, lisa y llanamente, una revuelta de esclavos. Fue finalmente acorralado en el acantilado de Bandiagara donde se había refugiado junto a los que quedaban de sus compañeros entre, ¡oh paradoja!, los dogones paganos. Murió en 1864 en la explosión de su refugio convertido en polvorín.

120. Soberano de un reino situado en Senegal, entre Dakar y Saint-Louis.

Sin embargo, las revueltas se multiplicaron cuando pareció posible una escapatoria, es decir, a finales del siglo XIX, ante un poder político conquistador pero a la vez debilitado por la intromisión de las primeras invasiones europeas. Así, a partir de 1887, los franceses crearon en el África occidental 150 "poblados de libertad" para acoger a los esclavos fugitivos. Basándose en el principio liberador del suelo francés, su objetivo estaba claro: posibilitar la liberación de los esclavos por vía del rescate y constituir así una reserva de mano de obra para los regimientos de tiradores, las construcción del ferrocarril y otras obras públicas en las colonias de Senegal y de Sudán (Mali). La administración hace notar en 1907 que "cualquier elemento indígena que se recluta en las ciudades de nuestras colonias africanas, las personas de la servidumbre, los artesanos, carpinteros y herreros, albañiles, jardineros, los obreros que trabajan en los desmontes y los peones son antiguos cautivos" (Fall, 2011:79)[121].

El atractivo de la libertad fue especialmente importante para las mujeres, sobreexplotadas en la sociedad tradicional (Rodet, 2009: 51). Pero la mano de obra masculina se mostró reacia: "Los cautivos que se escapan de Cayor, de Futa y de la región de los moros, cautivos a los que declaramos libres en cuanto están en nuestro territorio, son por lo general auténticos granujas que estorban en nuestras ciudades, sobre todo en Saint-Louis, no queriendo trabajar, viviendo de la rapiña y de la mendicidad" (ibídem).

TRATA Y REVUELTA

Las rebeliones de esclavos aparecen ligadas fundamentalmente a los procesos de trata. Para escapar de ella, fueron numerosos, y a veces repetidos, los intentos de fuga individuales. Se sabe también que, sobre todo a principios del siglo XVI, los jefes costeros, que iban a sucumbir más tarde al atractivo de los beneficios en ultramar, intentaron oponerse de entrada a la extorsión europea. El rey Álvaro de Kongo, en los años 1570, hizo enviar por uno de sus parientes una carta de protesta al rey de Portugal, "para rescatar a unos esclavos originarios de su país que se encontraban en Santo Tomé o en Portugal, tras haber sido vendidos por necesidad.

121. Carta del gobernador de Senegal de 20 marzo de 1882, citada por el inspector Deherme, 1884.

Algunos de ellos quedaron en servidumbre voluntaria. Otros fueron liberados o repatriados" (Pigafetta y Lopes, 2002: 181-182).

Algunos testimonios hacen pensar que los *obas* de Benin City intentaron excluir de la venta de esclavos a sus propios súbditos, los edos, especialmente si se trataba de hombres. El *oba* Esigio, que reinó de 1504 a 1550 y que, de acuerdo con las fuentes, llegó a aprender portugués, se habría esforzado en proteger a su pueblo, sobre todo a los hombres. Un mercader portugués informaba en 1522 que "de los 83 esclavos comprados, solo dos eran varones, y es posible que hubieran sido comprados fuera del territorio del *oba*"; ninguno de estos esclavos era edo. Pero el reino era amplio y había en él otros grupos tales como yorubas, igbos, itsekiris, igalas, etc. En 1778 un capitán mercante francés hacía constar también "que el jefe más rico de Benín, que poseía más de 10.000 esclavos, no los vendía nunca"; era impensable, se decía, vender a un edo, reconocible, y protegido por tanto, por las escarificaciones de su cara (Ryder, 1965).

Se conocen mejor las rebeliones ligadas a la trata en los barcos negreros, sobre todo las que se producían en el momento del embarque, cuando los esclavos, desesperados, pensaban que no tenían nada que perder. Empezaron muy pronto y a veces tuvieron éxito. En 1532, los portugueses a bordo del *Misericordia* tuvieron una experiencia amarga: los 80 esclavos embarcados se amotinaron, se apoderaron de las armas de la tripulación y los mataron a todos con la excepción del piloto y dos marineros que lograron volver a São Jorge en seis días, en una canoa que habían podido echar al mar; en cuanto a los esclavos liberados, llevaron al barco hasta la costa de Benín de donde eran originarios (Ballong-Wen-Mewuda, 1985)[122].

A comienzos del siglo XVIII, el comerciante holandés Willem Bosman (1705) describe también la violenta resistencia de esclavos del interior convencidos de que los blancos los capturaban para comérselos: "Entonces deciden juntos (y convencen a otros) escaparse del barco, matan a los europeos y encallan en el río". El mismo Bosman cuenta que los holandeses sufrieron esta misma desventura en dos oportunidades, pero que los portugueses, más desafortunados, perdieron cuatro barcos, cuatro años más tarde, en circunstancias similares. Joseph Mosneron, que hizo su primera expedición negrera en 1764, ha descrito dos

122. Cita las actas de una investigación judicial abierta en Santo Tomé el 21 de febrero de 1533.

revueltas de esclavos. La primera tuvo lugar en alta mar en un barco inglés y la segunda cerca de la costa en un navío portugués:

El inglés *Barry* llevaba una carga de unos 200 negros controlados por una tripulación con buena salud porque había estado muy poco tiempo en África. El navío llevaba más de 15 días en el mar. [...] Los esclavos no estaban desmoralizados por el alejamiento de tierra que no veían hacía más de dos semanas. La revuelta la iniciaron las mujeres, que no estaban encadenadas. Los hombres se quitaron las cadenas y alcanzaron el puente. La tripulación se parapetó en la parte trasera e hizo fuego con cuatro pedreros[123], matando e hiriendo a muchos. Los que no habían sido alcanzados escalaron el parapeto, se lanzaron contra los blancos, los degollaron a todos menos a uno que reservaron para que los llevara a su país. El retorno no fue fácil. Necesitaron más de un mes para volver y encallaron en los bancos de las Bissagos[124]. [...] Estos mismos negros fueron de nuevos esclavizados por los insulares y revendidos a los navíos que estaban en Bissau.

Un navío portugués con gran surtido de mercancías y una tripulación vigorosa de 50 hombres había conseguido tratar a 60 negros en el espacio de 12 días. Una parte de ellos estaba encadenada pero no se les sometía a una vigilancia muy activa. Aprovecharon un momento en el que la tripulación estaba cenando. Habían tenido la precaución de conseguir unas limas. Cortaron sus cadenas y, aunque desarmados en una rada llena de barcos, iniciaron la revuelta, recurriendo a leños, a garrotes, a todo lo que cayó en sus manos y atacaron a los blancos que, enseguida, corrieron a las armas. Se dispusieron a la defensa izando el pabellón a media asta o de socorro para advertir a los demás barcos de la rada. [...] Hubo más de 100 blancos armados a bordo del navío portugués. Pese a esta superioridad de número y a la ventaja de las armas frente a un puñado de negros desnudos y sin defensa, el combate duró más de dos horas. Murieron 15 negros y al menos otros tantos resultaron heridos. Los demás, viéndose vencidos y abrumados por el número de enemigos, se arrojaron en parte al mar de suerte que de los 60 solo se pudieron recuperar 27. Varios de los blancos resultaron heridos y dos murieron, pocos días después, a consecuencia de sus heridas (Mosneron, 1995: 71-72).

Muchos negreros tuvieron que enfrentarse a revueltas a bordo pese a las precauciones: hombres desnudos y encadenados al fondo de la

123. Cañones pequeños, móviles, que podían servir a bordo de los barcos negreros para disparar contra los amotinados.

124. Archipiélago de las Bissagos, también llamado archipiélago de las Bijagos, situado frente a Bissau en la desembocadura del río Geba.

bodega durante las noches, mientras recorrían las costas africanas y en los primeros días de navegación; cañón cargado de metralla durante las salidas a cubierta; parapeto erizado de puntas y de láminas metálicas en la parte trasera del navío donde los marineros podían refugiarse en caso de amotinamiento. Las formas de resistencia fueron variadas: rechazo a la comida, saltos por la borda, suicidios, rebeliones individuales o colectivas... Pero pocas de estas rebeliones tuvieron éxito[125]. Estallaban sobre todo cuando el barco estaba todavía a la vista de África. Eran raras las que se producían en alta mar y tenían lugar casi siempre de la misma forma. Se preparaba un complot en el que podían participar algunas mujeres, habitualmente vigiladas con menos severidad. Los cautivos que habían conseguido librarse de las cadenas atacaban por sorpresa. Los marineros se reagrupaban entonces en el alcázar desde donde dominaban la cubierta. Protegidos por el parapeto y armados con fusiles cargados de metralla, podían acabar con la revuelta. Las represiones eran terribles: encadenamientos, azotes, torturas y ejecuciones espectaculares de quienes habían encabezado el motín. Cuando los amotinados tenían éxito, el navío corría riesgo de zozobrar o de vagar sin rumbo por los mares. Prosper Merimée relata en *Tamango* el final espantoso de unos amotinados condenados a morir de hambre y sed. Como hemos visto ya, el episodio más representativo fue el del *Amistad*, barco español cargado clandestinamente en 1839 con esclavos en Sierra Leona, es decir, en una colonia británica teóricamente a la cabeza de la lucha contra la trata. Los esclavos, que se apoderaron del navío tras haber dado muerte a la tripulación, no lo ignoraban. Desembarcados en New Haven en Connecticut, estado no esclavista, fueron absueltos tras una batalla judicial encarnizada que sacudió los fundamentos del sistema norteamericano.

RESISTENCIAS EN AMÉRICA

Numerosos escritos expresan el temor permanente de los esclavistas[126]. Las violencias físicas y psicológicas que usaron los negreros, propietarios y administradores para prevenir y reprimir las rebeliones individuales o

125. Según Serge Daget, hubo, en el siglo XVIII, 155 revueltas "reconocidas" en 3.341 expediciones negreras francesas (el capitán no tenía interés en dar a conocer unos hechos que podían perjudicar su reputación). Para Hugh Tomas, en el conjunto de la trata atlántica, hubo una insurrección cada ocho viajes.

126. Véase por ejemplo Oudin Bastide, 2013.

colectivas muestran que las luchas de los esclavos, lejos de ser marginales al sistema esclavista colonial, lo minaron durante cuatro siglos. Tras de las primeras revueltas en las colonias españolas a comienzos del siglo XVI hasta las de los EE UU[127] y de Brasil[128], en el siglo XIX, la "cadena de insurrecciones" (Benot, 2003: 178 y ss.; 2005) fue uno de los elementos fundamentales del proceso que acabó por imponer la desaparición de la esclavitud[129]. Sin embargo, solo el levantamiento de Santo Domingo, que se inició en agosto de 1791 en la planicie del norte y que implicó a decenas de miles de esclavos, condujo a la abolición de la esclavitud (véase el capítulo 10).

Las actitudes de los esclavos ante su condición fueron muy diversas. Algunos se resignaron o acomodaron para mejorar su situación material, tanto más cuando, antes de finales del siglo XVIII, la supresión del sistema esclavista no se contemplaba: "Incluso en 1791, fecha de la gran insurrección[130], los esclavos no luchaban todavía por su libertad. Reclamaban una mejora de la esclavitud. [...] Luchaban por disponer de más tiempo para dedicar a su pequeño pedazo de tierra" (Hector, 1990: 189). No obstante, desde los primeros tiempos, algunos de ellos se esforzaron por perjudicar los intereses de quienes les habían comprado[131]. Negarse a comer, mutilarse, suicidarse, provocarse abortos, ralentizar o sabotear el trabajo, golpear o insultar al mayoral, intentar envenenar el ganado o a los amos, incendiar los campos de caña de azúcar, huir, etc., fueron diversas facetas de la resistencia contra el orden y la rentabilidad del sistema esclavista. Cantar, bailar o trabajar durante su tiempo libre permitían mantener una parte de la herencia africana pero no eran necesariamente contrarias a los intereses de los dueños (Régent, 2007; 2011: 421 y ss.):

---

127. Claude Fohlen (1998: 185 y ss.) da cuenta de las principales revueltas serviles en los EE UU, entre ellas la dirigida en 1822 por Denmark Vesey o la dirigida en 1831 por Nat Turner.
128. Entre las revueltas que dieron lugar a disturbios, la más celebre fue la de los *malês* (malís, esclavos musulmanes). Tuvo lugar en enero de 1835 en Salvador de Bahía, donde más de un millar de negros atacaron el campamento que protegía la ciudad.
129. Nelly Schmidt (2005: 357-360) relaciona más de un centenar de levantamientos que cuentan con algún rastro en los archivos de las islas del Caribe y otras partes de América entre 1503 en La Española (Haití/Santo Domingo) y 1874 en Brasil.
130. Véase *infra*, en el capítulo 10, el apartado "La revolución en el Caribe".
131. El artículo "Résistance" en Pétré-Grenouilleau, 2004, propone una revisión de los debates historiográficos y de las distintas formas de resistencia practicadas por los esclavos desde la Antigüedad.

Las vacaciones forman parte del gran fraude, la injusticia y la inhumanidad de la esclavitud. Son en teoría una costumbre establecida por benevolencia de los propietarios; pero lo que yo quiero decir es que es consecuencia del egoísmo, y uno de los fraudes más groseros de que se hace víctima al esclavo pisoteado. [...] La mayoría de nosotros estaba dispuesta a aceptarlo todo y el resultado era perfectamente previsible: muchos nos mostrábamos dispuestos a creer que la diferencia entre libertad y esclavitud era mínima. [...] Así que cuando terminaban las vacaciones nos levantábamos tambaleantes de la inmundicia en la que nos habíamos revolcado, inspirábamos hondo y volvíamos a tomar el camino de los campos, sintiéndonos a fin de cuentas aliviados por abandonar lo que nuestro amo nos había hecho tomar como libertad, para regresar a los brazos de la esclavitud (Douglass, 2006).

La huida fue una de las formas más frecuentes de resistencia:

Se llama cimarrón al esclavo que huye. Ningún autor, que nosotros sepamos, está en el origen o la etimología de este término[132]. Nos llega a nosotros, sin duda, de los españoles que llamaban cimarrón al negro fugitivo. Aplicaban primitivamente este término a los animales que una vez domesticados volvían a ser salvajes, cuando un accidente cualquiera los alejaba del medio de los hombres y es por ello, sin duda, que lo extendieron hasta sus negros. Si se dice cerdo cimarrón, ¿por qué no decir negro cimarrón? Hubo cimarrones desde que hubo esclavos. [...]. El padre Du Tertre cita, en 1639, una evasión de esclavos suficientemente numerosa como para inquietar a la isla. [...] Todo el mundo ha oído hablar del famoso edicto del consejo de la Martinica, del 13 de octubre de 1671, que permitía a sus habitantes cortar las corvas a aquellos de sus esclavos que fueran detenidos como reincidentes de fuga. El edicto de 1685, conocido como *Code noir* encontró el procedimiento adecuado [...]. Podría hacerse un volumen con las disposiciones reglamentarias, las órdenes policiales dedicadas al tema de la huida de los esclavos o contra aquellos que los ocultaban, llamados encubridores en los decretos (Schœlcher, 1842: 101 y ss.).

Los esclavos tenían muchas razones para escaparse: la aspiración a la libertad, la inadaptación del recién llegado, el temor a los castigos, los malos tratos y las injusticias, la escasez de alimentos, la esperanza de encontrar a un ser querido... Los motivos eran los mismos para los hombres y las mujeres, pero, mientras que en el siglo XVII las esclavas seguían a su compañero, fueron pocas las que en el siglo XVIII escaparon en

132. Es posible que el término haya sido tomado a los arawaks por los españoles. Ha dado lugar en francés a *marron* y *marronage* y en Jamaica a *maroon*. El créole adoptó el termino *nèg mawon*.

pareja o en grupo con algunos hombres. Preferían refugiarse en las ciudades donde se hacían pasar por libres. Huyeron siempre en menor número que los hombres[133]. Los más numerosos eran los esclavos recién llegados, pero eran también a los que se apresaba de nuevo más fácilmente porque no conocían el país ni su idioma. Los esclavos criollos eran menos numerosos que los esclavos africanos a la hora de afrontar la rudeza de la supervivencia en el bosque o en las montañas. Cuando el cimarrón criollo conocía alguna profesión[134] encontraba la forma de alquilarse como trabajador en las ciudades; según los riesgos de su huida, podía pasar algún tiempo oculto en las proximidades de la plantación, unirse a una banda, encontrar refugio en una ciudad o pasar de una colonia a otra. Las salidas clandestinas de una isla a otra existieron desde el siglo XVII y se multiplicaron tras la abolición de la esclavitud en las colonias británicas. Victor Schœlcher (1842: 116) relata la anécdota siguiente:

> Cinco negros de Guadalupe preparan un plan de evasión por el lado de la punta de Antigues (Antigua), dos de ellos faltan a la hora de la cita, y ven al llegar a sus tres cómplices que, por temor a una traición, están ya en el mar. Inmediatamente corren a la casa del señor X, su amo: "mire, tres negros se escapan". X da un trago de ron a los fieles denunciantes, coge con ellos una chalupa y reman hacia los que huyen; pero, por más que se esfuerzan los remeros solo consiguen tener a la vista la barca fugitiva. "Amo, son tres contra dos", X se quita su chaqueta blanca y se pone también a remar. Finalmente llegan a Antigues, los tres negros llegan los primeros, X llega poco después, pero entonces sus dos hombres le dicen: "Buen amo, no sabíamos cómo hacer para alcanzar la piragua que habíamos perdido y usted mismo nos ha traído, ¡muchas gracias!". Y huyeron.

Los plantadores distinguían el "pequeño cimarronaje", huida momentánea, y el "gran cimarronaje", evasión duradera, incluso definitiva, que asociaban con las bandas organizadas que perturbaban el orden esclavista. El "pequeño cimarronaje" era con frecuencia individual, se daba en casi todas las plantaciones y afectaba sobre todo a los "negros de campo". El cimarrón permanecía generalmente en la proximidad de la

133. Entre los 14.845 esclavos descritos en los 10.860 anuncios de huida publicados entre 1766 y 1790 por el principal diario de Santo Domingo, *Les Affiches américaines*, 12.377 corresponden a hombres y 2.407 a mujeres (16 por ciento). Véase http://www.marronnage.info y Gautier, 2010: 206 y ss.

134. [N. del T.] En el original se utiliza la formula "était un *négre à talent*".

plantación de la que había huido y sobrevivía de pequeños robos de frutas u hortalizas o de la complicidad de personas a las que conocía. Pese a la pérdida de mano de obra, los propietarios se acomodaban a la situación si no implicaba reincidencia demasiado frecuente y la asimilaban al "vagabundeo" del que raramente advertían a las autoridades. Sin embargo, este "pequeño cimarronaje" podía hacerse más prolongado. Algunos esclavos huían hacia colonias españolas como la actual Venezuela o la parte oriental de Santo Domingo, donde al no existir cultivo de caña de azúcar se convertían en pastores de rebaños, un trabajo menos fatigoso. Otros esclavos encontraban refugio en las ciudades donde sobrevivían en función de las necesidades de mano de obra. El "gran cimarronaje" inquietaba más a los plantadores y a la administración colonial porque llevaba asociada la creación de bandas cuyas correrías en las plantaciones creaban inseguridad, además de ofrecer "mal ejemplo" a los otros esclavos.

En los casos de "pequeño cimarronaje", el castigo más corriente, además de los latigazos, eran unas noches de detención en "la barra": en el calabozo, las piernas del castigado se aprisionaban entre dos pequeñas vigas de madera al pie de la tabla de dormir. Si era reincidente se pasaba a la cadena, al collar o al retaco. La cadena, al ralentizar la marcha, hacía del esclavo un forzado. El "collar" era un aro de hierro del que salían puntas con una longitud de una decena de centímetros. Fijado al cuello del cimarrón, impedía todo contacto físico con él. El retaco era un argolla gruesa de hierro de varias libras de peso que se fijaba en frío al pie y que hacía imposible cualquier nuevo intento de fuga.

Los castigos a las bandas de cimarrones eran aterradores. Se daban en público y tenían por objetivo llenar de pavor a los demás esclavos. En 1796, William Blake realizó unos grabados masivamente difundidos en Europa y América para subrayar la atrocidad de esta represión: en el más conocido aparece uno de los jefes cimarrones que, colgado de un garfio de carnicero, tardó tres días en morir[135]. Se conocen también las torturas infligidas a los fugitivos: azotes, mutilaciones, muerte en la hoguera, en la rueda o en la horca. Estos siniestros métodos remiten al artículo 38 del *Code noir*[136] y al famoso texto de Voltaire (*Cándido*, capítulo 19):

135. Estos grabados se realizaron a partir del relato y de los dibujos del capitán Jean-Gabriel Stedman, que había participado en la campaña contra los cimarrones de Surinam.
136. "Al esclavo fugitivo que haya estado huido durante un mes, a contar desde el día en que su amo lo haya denunciado a la justicia, se le cortarán los orejas y se le marcará con una flor

Cuando se acercaban a la ciudad, se toparon con un negro tumbado en el suelo, vestido con medio traje, es decir, con un calzón de tela azul, y al que le faltaban la pierna izquierda y la mano derecha.

—¡Eh! ¡Dios mío! —le habló Cándido en holandés—. ¿Qué haces ahí, amigo mío, en tan terrible estado?

—Estoy esperando a mi amo, al señor Vanderdendur, el famoso comerciante —contestó el negro.

—¿El señor Vanderdendur —dijo Cándido— te ha tratado así?

—Sí, señor —dijo el negro—, eso es lo que se estila. Como única vestimenta nos dan un calzón de tela azul dos veces al año. Al que trabaja en las azucareras y la muela le pilla el dedo, se le corta la mano; al que huye se le corta la pierna: yo he vivido ambas situaciones. En Europa se come azúcar a ese precio [...].

En Brasil, las primeras manifestaciones de cimarronaje tuvieron lugar desde finales del siglo XVI. Algunos fugitivos se establecían en las proximidades de zonas habitadas donde vivían de la rapiña. Muy distinta fue la amplitud del quilombo[137] de Palmares (en los actuales estados de Alagoas y Pernambuco), territorio autónomo de cimarrones que llegó a contar con hasta 20.000 personas y se mantuvo durante casi un siglo. Algunos esclavos huidos de las plantaciones de caña de azúcar del Nordeste construyeron allí, en una zona montañosa de 27.000 km^2, nueve poblados rodeados de empalizadas y se dotaron de un rey electo. Hacia 1675, los dos más importantes contaban, ellos solos, con 2.300 casas. Sus habitantes cultivaban maíz, frijoles negros y mandioca; comerciaban con los indios y, en los periodos de tregua, con los colonos. En 1678, tras el fracaso de numerosas expediciones, el gobernador portugués propuso reconocer la libertad de los habitantes de Palmares a condición de que no recibiesen nuevos fugitivos. Uno de los jefes aceptó, pero Zumbi (hacia 1655-1695) encabezó un grupo de insurgentes que resistió durante una quincena de años. En 1694, la destrucción del quilombo de Palmares no puso fin al cimarronaje, que continuó hasta la abolición de la esclavitud.

Los archivos de la pequeñas Antillas dan cuenta regularmente, tras la represión de una primera banda de cimarrones en Saint-Christophe en

---

de lis en un hombro; si reincide durante otro mes, a contar de la misma manera desde el día de la denuncia, se le cortará la corva y se le marcará con una flor de lis en el otro hombro; y la tercera vez, se le castigará con la muerte."

137. Nombre de una comunidad de esclavos cimarrones en Brasil.

1639, de grupos de ellos que perturbaban y, a veces, amenazaban las *habitations*: en la Martinica, hacia 1665, la primera banda importante habría reunido más de 400 personas que se dispersaban en pequeños grupos para robar, durante las noches, armas y alimentos. En Guadalupe, en 1726, más de 600 cimarrones habrían formado cuatro bandas que enviaban destacamentos de entre 60 y 80 hombres para saquear las *habitations*. Entre 1776 y 1832, una comunidad cimarrona, la banda de los Kellers, vivió en los bosques del centro de Guadalupe. Los cimarrones cultivaban mandioca, ñame y plátanos. Intercambiaban con algunos esclavos pequeños objetos de su fabricación por utensilios o alimentos robados en las *habitations*. En 1882, su jefe Grand Papa, cimarrón desde hacía 45 años, traspasaba el mando a uno de sus hijos nacido en los bosques.

Mientras la colonización estuvo limitada a la franja costera, los cimarrones pudieron encontrar zonas de refugio que se fueron reduciendo por los desbroces sucesivos de la "revolución azucarera" de finales del siglo XVII. La estimación del número de esclavos cimarrones sigue siendo problemática, porque las informaciones de los gobernadores estaban probablemente engrosadas por el miedo. Se planteaba, de hecho, el problema del abastecimiento[138]. Estas bandas probablemente no se reunían más que los días de ataque y pillaje. El resto del tiempo, estaban diseminadas en pequeños grupos: "Los cazadores de Martinica al descubrir en el año 1657 el bohío de un negro fugitivo, encontraron en él mandioca, patatas y dos calabazas grandes llenas de serpientes saladas. [...] Algunos han vivido cinco y seis años en este estado, y se cree incluso que hay todavía en Martinica quienes se multiplican con sus mujeres. [...] Estos fugitivos son muy de temer, porque cuando han gustado esta forma de vida, fácil y miserable, se necesitan todos los trabajos del mundo para reducirlos; son capaces de pervertir a los demás" (Du Tertre, 1973).

En Santo Domingo las bandas de cimarrones fueron numerosas y su presencia continuada. El interior del país, deshabitado durante mucho tiempo, les sirvió de refugio, y más tarde, cuando estas tierras fueron ocupadas en el siglo XVIII por las plantaciones de café, recurrieron especialmente a la región montañosa de Barohucos, en la frontera con la parte española de la isla (Fouchard, 1972). En Jamaica, después de la conquista

138. La geografía de las pequeñas Antillas, teniendo en cuenta la limitada superficie de las zonas de refugio, no permitió, como en las Grandes Antillas, en Brasil o en las Guayanas, el establecimiento de comunidades estables y numéricamente importantes.

en 1645 por los británicos, con el apoyo de los esclavos alzados contra los españoles, la pacificación no fue nunca completa. El cimarronaje hacia la montaña continuó tanto más cuanto que los ingleses importaron masivamente esclavos. A partir de finales del siglo XVII los cimarrones mantuvieron a raya a la milicia local y después a los soldados del ejército regular. En 1734, la asamblea de colonos de la isla declaró en un llamamiento dirigido al rey: "Su éxito tiene tal influencia entre nuestros otros esclavos que no cesan de abandonarnos en número creciente; la insolencia que estos muestran aumentan las razones para que temamos una deserción general". En 1739, un tratado firmado el 1 de marzo entre el Gobierno británico y el jefe de los cimarrones, Cudjoe, puso fin a una guerra que duraba desde 1730. Los cimarrones fueron declarados libres y recibieron un territorio de 6 km^2 en las Montañas Azules[139] en el que podían establecer cualquier cultivo a excepción de la caña de azúcar. En contrapartida, se comprometieron a devolver a todos los nuevos fugitivos. Los ingleses se vieron obligados de esta manera a tolerar un enclave cimarrón en su colonia. En 1795-1796 una nueva guerra enfrentó a los *maroons* con los británicos. Pese a la bravura de sus jefes, entre ellos Leonard Parkinson, al que se consideraba el más hábil y el más duro de todos, fueron derrotados. En 1796 deportaron a cerca de 600 cimarrones desde Jamaica a Halifax, en Nueva Escocia. El Gobierno intentó, en vano, convertirlos al cristianismo. Se les empleó como servidores domésticos, marineros y obreros agrícolas y rechazaron recibir salarios inferiores a los de los blancos. En 1800 casi todos emigraron a Sierra Leona.

El inmenso bosque amazónico y la debilidad del poblamiento europeo de las Guayanas favorecieron la creación de comunidades cimarronas que están en el origen de pueblos que han llegado hasta nuestros días. En Surinam, colonia holandesa desde 1674, algunos fugitivos se instalaron en el límite del bosque. El fracaso de las expediciones represivas obligaron en 1749 al gobernador a firmar un tratado con el capitán Adoe, representante de los cimarrones instalados a lo largo de los ríos Saramaka y Surinam. Después de que los grupos reconocidos por las autoridades coloniales aceptaran, a cambio de armas, entregar a cualquier fugitivo reciente, apareció un nuevo grupo de rebeldes y se reanudó la guerra. Los bonis, del nombre del jefe cimarrón Boni Bokilifu, paralizaron la colonia

139. Cadena montañosa situada en el este de la isla.

entre 1772 y 1776. Ante la violencia de la represión[140], buscaron refugio a lo largo de los ríos de la Guayana francesa. Al igual que otros grupos descendientes de esclavos africanos, los saramakas, los djukas o incluso los paramakas, los bonis vivieron al margen del sistema colonial. En 1860, un tratado firmado por los gobernadores de Surinam y de la Guayana francesa reconoció la independencia de los bonis y les atribuyó un territorio (Moomou, 2004; Pouliquen, 1992; Bastide, 1996: 57 y ss.; Dupuy, 2002).

En Cuba, en el siglo XIX, el considerable aumento del número de esclavos estuvo acompañado de la proliferación de cimarrones. Las autoridades, sin poder estimar el número, daban cuenta de su flujo incesante: "Es imposible establecer el número actual de cimarrones porque aumenta cada día con el de los esclavos que se ausentan de las plantaciones y disminuye a medida que se les vuelve a coger a viva fuerza en los refugios o cuando vagan por los bosques" (carta del gobernador Juan Tello del 26 de febrero de 1840, citada en Yacou, 2009: 127). Los principales focos del cimarronaje se situaban en la región de La Habana, donde se concentraba lo esencial de la producción azucarera, pero sobre todo en la parte oriental de la isla, donde se alzan los macizos que rodean a Santiago de Cuba (sierra Maestra, sierra de Cristal). El prestigio de las sociedades cimarronas del Oriente fue tal que algunos esclavos atravesaban toda la isla para encontrar refugio en ellas. El palenque[141] más importante descubierto por las autoridades agrupaba en torno a 300 guerreros y agricultores con una treintena de mujeres. Conocido con el nombre de El Frijol, este palenque se había erigido en una zona de montaña escarpada, recubierta de bosque denso. Una docena de palenques formaban una confederación bajo la autoridad de dos jefes apodados Gallo y Coba. El Frijol fue dispersado por primera vez en 1816, pero buena parte de sus miembros se refugiaron un poco más al sur. Con la complicidad de otras bandas, constituyeron pequeñas unidades autónomas de 20 a 25 cimarrones dispersos en la montaña. Hacia 1831, El Frijol se había reconstruido con la aportación de nuevos miembros. Muchos de estos refugios eran auténticos nidos de águila en montañas de pendientes empinadas que los

140. El Gobierno de Surinam hizo un llamamiento a la metrópoli que reclutó contra ellos un ejército de 1.200 soldados. Jean-Gabriel Stedman, joven oficial de 24 años, participó entre 1772 y 1777 en la guerra librada contra los cimarrones y escribió un relato ilustrado de la misma: *Voyage à Surinam et dans l'interieur de la Guiane*, con una colección de 44 láminas (Stedman, 1798).

141. Esta palabra designa, en Cuba y en América central, a un conjunto de cabañas que los cimarrones rodeaban con una empalizada (véanse los quilombos brasileños).

cazadores debían escalar sin sus perros y arriesgándose a ser lapidados por los defensores del sitio: "Se había instalado sobre una altura cubierta de bosques, unos senderos sinuosos conducían hasta allí, habían disimulado en los bordes infinidad de estacas colocadas en fosas. Las cabañas tenían, a lo sumo, una altura de un par de metros y estaban a buena distancia las unas de las otras" (descripción del palenque Maluala; ibídem: 160). En los territorios costeros al sur de La Habana, las bandas encontraban refugio en las zonas pantanosas, pero no todos los cimarrones estaban instalados en comunidades estructuradas en zonas difícilmente accesibles. Existían también refugios precarios y cimarrones solitarios como Esteban Montejo, que tras estar oculto durante un año y medio en una gruta, vivió en el bosque hasta la abolición de la esclavitud:

Toda mi vida me ha gustado el monte. Pero cuando se acabó la esclavitud dejé de ser cimarrón. [...] Cuando salí del monte me puse a caminar y encontré a una vieja con dos niños en brazos. La llamé de lejos y cuando se me acercó, le pregunté: "Dígame, ¿es verdad que ya no somos esclavos?" Contestó: "No, hijo, ya somos libres". Seguí andando por mi cuenta y empecé a buscar trabajo. Muchos negros querían ser amigos míos. Y me preguntaban por qué había sido cimarrón. Yo les decía: "Por nada". A mí siempre me ha gustado la independencia. Las palabras y los gritos no sirven para nada. Estuve años y años sin hablar con nadie (Barnet, 1967: 58)[142].

En las colonias británicas continentales, se desarrollaron algunas comunidades de cimarrones en los límites de los territorios colonizados. Así, a finales del siglo XVII, hubo esclavos que huyeron de las plantaciones de arroz de Carolina del Sur para establecerse en Florida, donde algunos se unieron con amerindios[143]. En el siglo XIX la continuidad territorial entre estados libres y estados esclavistas abrió nuevas posibilidades a los fugitivos, que pudieron beneficiarse, a partir de la década de 1820, de una red de fugas denominada "ferrocarril subterráneo" (*underground railway*). Un sistema de agentes (conductores) los tomaba a su cargo en el sur, después unos comités los acogían en ciudades como

142. En 1963, Miguel Barnet etnólogo cubano, registró las memorias de Esteban Montejo que tenía entonces 104 años.
143. La nación semínola, que mantuvo guerras contra el Gobierno norteamericano en 1818 y entre 1835 y 1842, se constituyó en el siglo XVIII. Había nacido del encuentro entre indios, la mayoría procedentes de la nación creek, y de cimarrones afroamericanos.

Boston, Filadelfia o Nueva York. Los más activos fueron los negros libres que los ayudaban a llegar a Canadá:

> El barco llegó hacia las nueve de la mañana a Cincinnati y esperé a que casi todos los pasajeros hubieran desembarcado; después empecé a subir la calle con toda la gracia posible, como si no estuviera huyendo, hasta que recorrí una gran parte de Broadway. Quería llegar a Canadá pero no conocía el camino, debía informarme antes de dejar la ciudad. Tenía miedo de preguntar a alguien blanco y no veía a ninguna persona de color a la que dirigirme. Afortunadamente para mí, tropecé con una banda de chicos que jugaban en la calle y a través de preguntas indirectas descubrí la casa de un hombre de color. [...] M. D. me hizo entrar y encontré en él a un auténtico amigo. Me preguntó si era un esclavo de Kentucky y si pensaba volver a ser esclavo. No sabiendo todavía si estaba de acuerdo o no con la evasión de los esclavos, le respondí que había ido a pasar las vacaciones de Navidad y volvería después. Me dijo: "Hijo mío, yo en tu lugar no volvería nunca, tienes derecho a la libertad". Le pregunté cómo conseguirla. Me habló de Canadá, sobre la que ondeaba la bandera de la libertad, defendida por el Gobierno británico, que rechazaba aceptar la huella de un esclavo sobre su suelo. Se puso a hablarme de los medios para llegar a Canadá, de los abolicionistas y de las sociedades abolicionistas, así como de su fidelidad a la causa de la humanidad que sufre. Era la primera vez que oía hablar de su existencia. Pensaba que debía tratarse de una raza diferente. Me condujo a la casa de uno de esos afectuosos amigos de Dios y de los esclavos que estaba dispuesto a ayudar a un pobre fugitivo en camino hacia Canadá, compartiendo si era necesario su último centavo o un trozo de pan (Bibb, 1849: 50-55)[144].

El "paso de la frontera" era una aventura difícil y arriesgada, en especial para los esclavos que venían de los estados sudistas más lejanos:

> A intervalos cada vez más cortos, escuchaba los aullidos de la jauría. Los perros ganaban terreno. Cada ladrido estaba más cerca que el anterior. En cualquier momento iban a caer sobre mi espalda; iba a sentir sus largos colmillos clavarse en mi carne. Había muchos; sabía que iban a destrozarme, que me matarían inmediatamente de pavor. Me ahogaba y, cuando estaba casi asfixiado, balbucí una oración implorando al Todopoderoso que me salvara, que me diera fuerza para alcanzar un *bayou*[145] sufi-

144. Traducción de Hélène Tronc consultable en http://esclavesenamerique.org.
145. [N. del T.] En Luisiana un *bayou* es una extensión de agua formada por los antiguos brazos y meandros del Mississippi. Los *bayous* se extienden por todo el sur del estado formando una red navegable de millares de kilómetros.

cientemente largo y profundo como para hacerles perder mi pista o para engullirme. [...] Recuperé un poco de esperanza cuando llegué al agua. Si se hacía más profunda, perderían quizás mi rastro y, al dudar, me permitirían escapar de ellos. Por suerte, cuanto más avanzaba, más me hundía. [...] Mojado y agotado, pero con el alivio de no tener que luchar contra un peligro inminente, proseguí mi camino con más prudencia que al principio de mi huida pero con más miedo a las serpientes y a los aligátores. [...] Al no tener pase, estaría a merced de cualquier hombre blanco, que podría detenerme y llevarme a la cárcel hasta que mi amo "pruebe su derecho de propiedad, pague los gastos y me lleve con él". Era un animal extraviado. [...] ¡Era difícil saber a qué debía temer más: a los perros, a los aligátores o a los hombres!" (Northrup, 1853: 136-142).

Nacida esclava en una plantación de Maryland en 1822, Harriet Tubman (1822-1913), que huyó en 1849, guió 19 convoyes con cerca de 300 esclavos hacia la libertad. La Moisés del Pueblo Negro proporcionó también informaciones detalladas a los que deseaban escapar con sus propios recursos[146]. Es difícil precisar el número de fugas que posibilitaron estas redes, quizás 75.000 personas se beneficiaron de ellas[147].

En el siglo XVIII, pero sobre todo en el XIX, antiguos esclavos continuaron su combate contra la esclavitud utilizando el "arma" del testimonio: algunos mostraban las cicatrices físicas dejadas en su cuerpo por los azotes, todos contaban las pruebas que habían padecido. Los que podían hacerlo escribieron:

No he anotado mis experiencias para llamar la atención sobre mí; hubiera preferido, por el contrario, guardar silencio sobre mi propia historia. Tampoco deseo suscitar compasión. Sin embargo, deseo sinceramente despertar la conciencia de las mujeres del norte sobre la condición de dos millones de mujeres del sur, siempre esclavizadas, que soportan lo que yo tuve que soportar, incluso, muchas veces, situaciones peores. Quiero añadir mi testimonio al de plumas mucho más capaces, para explicar a los habitantes de los estados libres la verdadera naturaleza de la esclavitud. La sola experiencia permite comprender la profundidad, la perfidia

146. "If you hear the dogs, keep going. If you see the torches in the woods, keep going. If they're shoutingafter you, keep going. Don't ever stop. Keep going. If you want a taste of freedom, keep going." Véase http://www.quaibranly.fr.

147. Cruzar la frontera no garantizaba la libertad porque la Constitución federal reconocía implícitamente un "derecho de seguimiento" a los propietarios de esclavos fugitivos, que fue confirmado en 1850 por la Corte Suprema (sentencia Dred Scott).

y la pestilencia de este abismo abominable. ¡Que Dios bendiga este esfuerzo imperfecto afrontado en nombre de mi pueblo perseguido! (Jacobs, 2008).

Se trataba de pintar, según la expresión del abolicionista Theodore Weld, "la esclavitud en América tal como es"[148] (*american slavery as it is*). Los relatos de esclavos que las asociaciones antiesclavistas contribuyeron a difundir obedecían "a las reglas de un género político-literario muy particular; respetan un marco común, aunque difieran en sus anécdotas, en la región de origen del narrador, en una variedad y originalidad de situaciones que ponen más en evidencia la autenticidad de los relatos. De donde quiera que sea, el esclavo es sometido siempre a las mismas pruebas. [...] Tomados en conjunto, estos relatos componen una memoria colectiva de la institución dirigida fundamentalmente a la voluntad de un público blanco. [...] Los relatos permitían a los antiguos esclavos dotarse de una voz, una identidad, de combatir los estereotipos que predominaban en el sur y en el norte" (introducción de Claire Parfait y Marie-Jeanne Rossignol en Brown, 2012: 21-22).

148. En 1839, Theodore Weld y las hermanas Grimké publicaron una recopilación de documentos sobre la esclavitud en los estados del sur en la que daban un papel central a los testimonios que denunciaban los malos tratos padecidos por los esclavos: *American Slavery as It Is. Testimony of a Thousand Witnesses*. Puede consultarse en http://docsouth. unc.edu/neh/weld/summary.html.

CAPÍTULO 8

LA CRIOLLIZACIÓN EN ÁFRICA

A partir de los "grandes descubrimientos" portugueses y españoles, quedó constituida en el ámbito marítimo una comunidad económica y cultural cuyas huellas son todavía visibles a través del mundo. Se hicieron particularmente importantes los lazos entre ambas orillas del Atlántico, que dieron lugar durante varios siglos, por la pujanza comercial portuguesa, a una especie de mar interior (Sansone *et al.*, 2010). Se trató de un proceso de larga duración que ha marcado la historia de los hombres y los paisajes urbanos relacionados en una y otra parte del océano: una simbiosis cultural que ha afectado a África al menos tanto como a América. Es lo que se llama la "criollización", una suerte de hibridez identitaria evolutiva que se encarna, entre otras, en unas similitudes lingüísticas y de los modos de vida, de los cultos religiosos y de una arquitectura igualmente sincréticas. Los africanos han aportado a América, con incesantes reciprocidades, una doble cultura mestiza: la de los esclavos que no tuvieron otra opción y también la de los mercaderes de esclavos que trabajaron en estrecha relación con sus compradores occidentales.

LAS APORTACIONES RECÍPROCAS

Uno de los efectos más notables, y más inmediatos, de este cruce de culturas fue favorecer, de una y otra parte del Atlántico, los intercambios agrarios. Fueron los esclavos africanos quienes aportaron a América el arroz y su saber hacer agrícola, ya utilizados en los navíos que los transportaban. A ellos se debe el plato básico de toda la América Latina popular, plato criollo si cabe llamarlo así, dado que se trata de una mezcla, convertida en "tradicional", de arroz (venido de África) y de judías (autóctonas). En el otro sentido, los efectos fueron también importantes. De entrada, los portugueses organizaron en torno de sus fuertes unos huertos, cultivados por esclavos, para satisfacer las necesidades de estas nuevas colectividades. De esta forma, los esclavos aprendieron a conocer las plantas importadas: mandioca, maíz, judías, tomates. Poco a poco, los caravaneros que llegaban a la costa difundieron estos nuevos cultivos muy lejos, en el interior del continente, donde el trabajo de los esclavos y las mujeres habían modificado el paisaje agrario varios siglos antes de que los europeos llegaran a la zona. Se atribuye al maíz y a la mandioca el surgimiento, a partir del siglo XVI, de los imperios de África central, Luba y Lunda: su cultivo generalizado permitió el crecimiento demográfico necesario para la estructuración política de los nuevos Estados. Fue también el caso de Ruanda, cuyo paisaje agrario cambió totalmente a partir del siglo XVII. A la llegada de los belgas, la agricultura del país estaba dominada por el maíz y las judías.

Los africanos "aculturados", a veces antiguos esclavos atlánticos, no tenían solamente, como no sin paternalismo pensaron más tarde los colonizadores, la ventaja de haber aprendido a hablar, y a veces a leer y escribir, en una lengua europea. Habían hecho una opción. Educados en una cultura más bien urbana, querían acelerar la evolución hacia la cultura occidental, cuyas técnicas les parecían más elaboradas que las ligadas a su propio patrimonio cultural, y cuyo espíritu, cristiano o más tarde humanista, les pareció conciliable con su forma de pensar y de vivir. Así había reaccionado, en el siglo XVI, el rey de Kongo Afonso I, al que la codicia de sus socios portugueses hizo finalmente fracasar. El carácter especialmente integrado, a lo largo de los siglos, de estos grupos mestizados —en los que las clases subalternas, y en primer lugar los esclavos, jugaron un papel considerable— permite explicar por qué ejercieron en África una influencia sin relación con el número reducido de sus miembros. Fueron ellos quienes difundieron hasta muy dentro del continente la cultura atlántica.

UNOS ESCLAVOS AFRICANOS MUY VIAJEROS

Estos intercambios consentidos tienen una larga historia, y presentan un ejemplo muy notable a mediados del siglo XVIII. Este primer relato conocido revela la permeabilidad que existía entonces entre los mundos americano y africano, y la colusión posible de los negocios de la trata a través del mundo. Porque el personaje del que se trata es un peul ilustrado, que permaneció en América solo tres años, entre 1731 y 1734, antes de ser repatriado a Inglaterra, desde donde volvió a su país, Senegambia, y allí murió en 1773, después de haber desempeñado un papel importante como socio comercial, y naturalmente como negrero, de la Royal African Company. Inteligente y erudito, muestra por su propia existencia los lazos que pudieron anudarse entre gentes de negocios de los tres continentes. Durante su paso por occidente, trabó amistad con un británico que redactó su biografía en inglés el año antes de su vuelta a África[149]. Ayuba, que recibió el nombre de Job (hijo de Solomon, hijo de Ibrahima) cuando se le esclavizó, había nacido hacia 1702 en una familia noble de Bunda (Senegal oriental) que practicaba la trata (véase el capítulo 2). Capturado en torno a febrero de 1730 por unos bandidos en el curso de una de sus expediciones, fue enviado a Annapolis, en Maryland (entonces colonia británica), donde fue vendido a una plantación de tabaco. Huyó pero fue capturado de nuevo y encarcelado en Pensilvania. Es allí donde Bluett, su futuro biógrafo, lo conoció en 1731. Job no hablaba inglés, pero era piadoso y cortés, y podía comunicarse en wolof gracias a un esclavo que hablaba esta lengua. Escribió una carta a su padre en árabe en la que le suplicaba que viniera a liberarlo. Se la confió a su amo que se las arregló para enviarla, por medio de un negociante de Annapolis, a un intermediario de Londres. Éste, a su vez, la remitió al capitán Pyke, el mismo que había comprado a Ayuba en el momento de su captura en la costa africana y lo había transportado hasta Maryland (¡era un mundo tan pequeño!). Pyke, a su vez, la entregó al director de la Royal African

149. Se trata de Thomas Bluett, a quien conoció en América en 1731, que tituló su obra *Some Memoirs of the Life of Job* (Bluett, 1734).

Company que, como no conocía a nadie que supiese árabe, tuvo la idea de hacerla traducir por un profesor de Oxford. Impresionado por su contenido, el general James Oglethorpe, fundador de la colonia de Georgia, ordenó entonces a la compañía que rescatara a Ayuba y lo devolviera a Londres. En marzo de 1733, Job y su protector, Bluett, se embarcaban para Inglaterra. En una veintena de días de travesía, aprendió suficiente inglés para poder comunicarse, y se ganó la admiración de sus compañeros escribiendo de memoria el Corán en árabe. A su llegada a Gran Bretaña, se valoraron sus cualidades intelectuales y fue recibido por el rey Jorge II. Intervino ante sociedades científicas y fue nombrado miembro honorario de la Spalding Gentlemen's Society, club eminente del que eran miembros Isaac Newton y Alexander Pope. Entre estas personalidades reunieron el dinero suficiente para volver a comprarlo a la compañía.

No hay duda alguna de que la Royal African Company vio en él un socio inestimable. Es en lo que se convirtió a su regreso a Gambia en 1734. Lo primero que hizo a su llegada fue cambiar por un caballo todos los obsequios que había recibido en Londres y comprar una mujer esclava. Trabó amistad con un agente de la compañía, Francis Moore, que lo frecuentó durante casi un año y reforzó con él sus relaciones comerciales (Moore, 1738). Por la correspondencia que Job mantuvo a partir de entonces con sus amigos de Londres, sabemos que viajó con frecuencia entre Bunda y Gambia. No sin riesgos: Francis Moore cuenta que los dos amigos se encontraron un día, cuando estaban tranquilamente sentados a la orilla del río, con la media docena de hombres que, tres años antes se habían apoderado de él para venderlo (estas personas, vendedores y bandidos, no eran muy numerosas y podían encontrarse con bastante facilidad). Moore, gracias a la espada y la pistola que no abandonaba, pudo, no sin dificultades, evitar que les matasen; una prueba, si era necesaria, del contexto de violencia dominante en aquella época. Se sabe también que Job fue durante un corto tiempo prisionero de los franceses que buscaban intervenir en el comercio de la goma y del oro (y también de los esclavos). La Royal African Company, en la ruina, no hizo nada por él. Fueron los mercaderes musulmanes quienes le liberaron, optando definitivamente por el comercio inglés en el río Gambia.

Ayuba no fue el único en volver de América en el siglo XVIII. Fue también, entre 1730 y 1750, el caso de Domingos Álvares, nacido en el país mahi, en el interior del Benín actual, hacia 1710. Su vida evidencia la capacidad de adaptarse a las culturas en las que tuvo que moverse. Nacido en una familia de curanderos e instruido en el vudú, sembró inquietud en el poder de Dahomey por su saber chamánico hasta el punto de ser vendido, en torno al 1730, por el rey de Abomey que acababa de apoderarse en 1727 del gran puerto negrero de Ouidah. Fue deportado a Recife, en Brasil, donde sus talentos de curandero le permitieron evitar el trabajo en una plantación. Pero, otra vez, su dueño tuvo miedo de sus poderes y lo revendió en Río de Janeiro, donde continuó ejerciendo como sacerdote del vudú y recibió el bautismo. Tuvo tal éxito, dirigiéndose a una clientela diversificada (los propietarios blancos así como otros esclavos), que pudo reunir el dinero necesario para comprar su libertad; sin embargo, una vez libre, lo persiguió la Inquisición y lo envió en 1741 a Portugal donde fue torturado y juzgado por brujería. Escapando por poco a la muerte, tuvo la suerte relativa de ser condenado solo a cuatro años de deportación en un apartado pueblo portugués del Algarve, donde continuó ejerciendo su talento de curandero y donde se le perdió el rastro (Sweet, 2011)[150].

Fue también el caso de dos hijos de jefes de la isla de Viejo Calabar, muy implicada en la trata negrera, que dejaron una amplia correspondencia escrita por sus propias manos. Mientras la isla estaba en guerra contra Nuevo Calabar, su vecina rival, el capitán de un barco negrero inglés, que había tomado partido por la segunda durante una auténtica masacre, aprovechó la oportunidad para secuestrar en el puerto de la primera a los dos hijos de los jefes. Se trataba de africanos criollizados, negreros también ellos, e instruidos en inglés. Sin embargo, a diferencia de lo que pasaba en la costa africana o en Brasil, en el Atlántico norte, los africanos, una vez vendidos como esclavos, solo eran valorados por los ingleses teniendo en cuenta el color de su piel. Capturados en 1767, se convirtieron en esclavos con los nombres de Ancona Robin y de Little Ephraim Robin John, en la isla Dominica, en las Antillas. Comprados por un médico, negociaron su huida en un barco que, en lugar de devolverlos a África como se había comprometido, los revendió en Virginia. Después de cinco años de esclavitud, huyeron de nuevo pero, engañados una vez más, les llevaron y revendieron en Bristol, en Inglaterra. Allí fueron ayudados por un negrero que los hizo liberar y por un pastor metodista que se preocupó de su educación y los envió al juez local: ambos príncipes fueron los primeros liberados por la justicia británica en virtud del caso

150. La vida de Álvares se conoce por los abundantes archivos de la Inquisición.

Somerset, en 1772, que había reconocido la ilegalidad de la esclavitud en su territorio. Vueltos a África, retornaron sus actividades negreras en contacto con sus socios de Bristol. Fueron ellos quienes invitaron a África al primer misionero metodista (Sparks, 2004).

Las aventuras de Abd ar-Rahman, peul de Futa Yalon nacido en Tombuctú (véase el capítulo 2), son todavía más asombrosas. Capturado cuando tenía en torno a 26 años, en 1788, fue pasando de mano en mano. Tras una semana en la que descendió por el río Gambia, fue vendido a un negrero británico y permaneció en su barco de forma casi ininterrumpida durante seis meses. Atravesó primero el Atlántico y tardó seis semanas en alcanzar la isla Dominica; necesitó otras seis semanas más para llegar al Mississippi, donde esperó una semana antes de que le desembarcasen en Nueva Orleáns (entonces española). Finalmente, le hicieron remontar el río durante un mes para alcanzar a su término, la ciudad de Natchez, en el corazón de la Luisiana esclavista. Aunque apodado Príncipe por sus orígenes, de los que hacía ostentación, acabó siendo esclavo en una plantación. Maltratado y azotado, se escapó, volvió a ser capturado y revendido. Decidió entonces "colaborar", aparentó convertirse a la religión de su amo y se casó con una esclava baptista en 1794 o 1795. Una vez reconocidos sus méritos y su cultura se convirtió en el hombre de confianza de su amo y administrador de su plantación. No volvería a África y a Timbo en Futa hasta 1829, para morir allí algunos meses más tarde. Las circunstancias de su liberación, casi milagrosas (aunque tardías), ponen de manifiesto las extraordinarias relaciones que podían establecerse entre africanos y americanos en la era negrera. Un día tuvo un encuentro providencial: reconoció en la calle a John Coates Cox, antiguo médico que, en los años 1780, abandonado muy enfermo en la costa africana, había encontrado refugio junto a su padre Ibrahima Yoro Pate Sori, *almamy* (jefe) de Futa Yalon y practicante del comercio de esclavos. Tratado con consideración, asistido y curado, Cox fue escoltado hasta la costa por orden del *almamy* para volver a encontrar al buque que lo había desembarcado algunos meses antes (los hombres del *almamy* habían recibido instrucciones de no subir al barco, ¡prueba de que la confianza entre socios era limitada!). Cuando Cox volvió a encontrarse por casualidad con Abd ar-Rahman años más tarde, él y su hijo hicieron lo imposible para rescatarlo, a lo que se opuso su dueño hasta 1826. Enviaron entonces una carta escrita en árabe por Abd ar-Rahman hacia África vía Marruecos, único país africano con el que Washington mantenía relaciones. El Departamento de Estado aceptó pagar su travesía a través de Liberia, y el viaje tuvo lugar finalmente en 1829 gracias a la American Colonization Society. Avejentado y enfermo, murió antes de haber podido volver a Timbo. Fue su mujer la que acogió, en 1830, a ocho de sus hijos rescatados finalmente de la esclavitud gracias a la campaña de sensibilización que su padre, célebre ya entonces, había lanzado en los EE UU antes de su salida[151].

Estos itinerarios vitales, ciertamente excepcionales, revelan sin embargo la complejidad del comercio negrero que, en el siglo XVIII, dominaba las relaciones de colaboración entre africanos, europeos y americanos. Además, en aquella época, los jefes costeros africanos eran, no lo olvidemos, independientes. Algunos de ellos hicieron fortuna con el comercio negrero, y otros abandonaron el continente como hombres libres: unos padres acomodados pudieron sacar provecho a sus relaciones internacionales y mandar a sus hijos para que se educaran en Europa. Este fue el caso de Philip Quaque, trasladado a Inglaterra en un barco negrero en calidad de pasajero libre; en 1754, a la edad de 13 años, había sido tomado a su cargo por la Sociedad para la Propagación de la Fe, gracias a la contribución de la asociación de negreros británicos (la Company of Merchants Trading to Africa). Ordenado sacerdote de la Iglesia de Inglaterra, el reverendo Philip Quaque volvió en 1766 a Costa de Oro donde, en calidad de misionero y maestro, evangelizó a su propio pueblo durante medio siglo (murió en 1816)[152].

La cristianización, y en consecuencia la aculturación, de esclavos atlánticos, rara en África en el siglo XVIII, se hizo más importante en el siglo siguiente. Fue la consecuencia directa de la acción antiesclavista británica.

151. Abd ar-Rahman escribió su autobiografía en árabe. Dictó la traducción a Ralph R. Gurley, quien la hizo publicar en *The African Repository* en mayo de 1828, pp. 77-81 (véase "Abd ar-Rahman and his Two Amazing Journeys" en Austin, 1997: 63-83).

152. Introducción y extractos de su correspondencia en Curtin, 1997: 99-139.

LOS LUSOAFRICANOS

Los portugueses, habiendo sido, de entrada, los primeros y únicos europeos en recorrer las costas africanas, tuvieron evidentemente una influencia aventajada. Como estos marineros y exploradores iban solos, sin sus familias, tuvieron rápidamente descendencia en el país. De ahí, como hemos visto, la presencia desde el siglo XVI y hasta el siglo XVIII de los "lusoafricanos", al menos de Casamance a Sierra Leona, en Costa de Oro y en las costas del Congo. Los representantes de esta primera ola de mestizaje cultural se diluyeron entre el resto de la población, sobre todo porque tras ellos y por toda el África occidental llegaron colonizadores no portugueses; quedaron a salvo de este proceso la pequeña Guinea portuguesa (hoy Guinea Bissau) y Angola.

Los lusoafricanos, tanto en África del oeste como en Angola, se reconocían entre ellos por su profesión: comerciantes, preferentemente especializados en la trata, sirviendo de intermediarios entre los occidentales y los pueblos del interior del país; en el África del oeste la denominación *portugués* no tuvo, al comienzo, mayor significación que la denominación *diula* que se daba en África a sus socios de la diáspora mandé. Tenían otros rasgos ligados a su profesión que los diferenciaban: un buen conocimiento de las lenguas de intermediación, que dio lugar a un criollo con una aportación importante de portugués, así como una buena comprensión de las culturas y, además, su condición de cristianos —al menos se tenían por tales, aunque vivían muy lejos de cualquier lugar de culto y continuaban ligados a las religiones del territorio (algunos eran, como hemos visto, de origen judío)—. Los "portugueses" constituían por tanto un grupo económico y social a la vez complejo y privilegiado. La adopción del estilo arquitectónico portugués por los jefes locales y por los comerciantes era el símbolo de su estatus social elevado y de su riqueza. Los relatos de los observadores europeos hacen referencia a sus casas señoriales y a su relativa opulencia.

Algunos relatos de esclavos liberados muestran que estos hombres sabían defenderse. Así, en 1738, Jorge Inœcio, un "negro libre del reino de Angola", viudo y padre de cuatro niños, había sido encarcelado en Loanda y condenado a ser enviado como esclavo a Río de Janeiro. A la altura de la "nova colônia do Sacramento" (actual Uruguay), los españoles se apoderaron de la carabela e hicieron esclavos a todos los negros capturados a bordo. Sin embargo, Inœcio consiguió probar que había nacido libre gracias al testimonio de algunos miembros de la tripulación. Consiguió llegar a Río de Janeiro, después a Bahía y, de ahí, fue embarcado para Portugal. En Lisboa, envió directamente una petición al rey requiriendo ayuda —era el procedimiento utilizado en Brasil y en la colonia portuguesa de Angola— a fin de regresar a Loanda[153].

Desde finales del siglo XVII, los miembros de las comunidades lusoafricanas no se distinguían físicamente del resto de las poblaciones africanas. Esto se hará difícil de comprender en los siglos siguientes por los precursores de la colonización cuyos prejuicios raciales no les preparaban en absoluto para entender esta situación. Francis Moore, instalado en el río Gambia, señalaba en 1738 con cierta brusquedad que se tenían por blancos y rechazaban enérgicamente que se les considerara "negros" (*negroes*). A principios del siglo XIX, en Geba, no lejos de Bissau, Gaspard Mollien hablaba "de negros y de mulatos a los que se llama blancos porque todo el que es libre aspira a ese trato" (Mollien, 2007: 224). "Portugueses" o "blancos", en ambos casos la denominación de un grupo procedente de un mestizaje ya antiguo remitía al ámbito cultural y no al racial.

Desde la década de 1540, los colonos portugueses de Senegambia habían iniciado en Brasil, sobre la base de sus experiencias en las islas cercanas a la costa africana, la economía de plantación basada en la utilización de esclavos para cultivar caña de azúcar. La influencia africana fue vehiculada tanto por los esclavos enviados allí como por los marineros portugueses. Estas hibridaciones culturales eran *a fortiori* más habituales en las costas africanas. Un buen ejemplo es la ciudad de Loanda, en la costa congoleña, donde la presencia portuguesa fue continua desde mediados del siglo XVI (Miller, 1986: cap. 8-9; Castro Henriques, 1996), con la salvedad de que los "portugueses" de Kongo se instalaron muy pronto como mercaderes en Brasil en el marco del comercio directo. A diferencia de los lusoafricanos de Senegambia, marginados por la presencia francesa o británica, los lusoafricanos brasileños de Angola resistieron mejor. Constituyeron un sólido y estable núcleo urbano, rodeado de una multitud de servidores esclavos, "aculturados". Desde el siglo XVIII eran ellos quienes dominaban y daban a la ciudad una atmósfera resueltamente africana. La colonia de población había incentivado el mestizaje debido fundamentalmente a que, desde el principio, la población portuguesa era casi toda masculina. Tan tarde como en 1846, habría en los

153. "Tribunal de Mucanos", en Ferreira, 2012 (véase el capítulo 4).

"reinos de Angola y de Benguela" solo 1.832 blancos de los que 156 eran mujeres, frente a unos 5.800 mestizos —la mitad mujeres— y 86.000 esclavos (Coquery-Vidrovitch, 1994b: 286-291).

LOS AFROBRASILEÑOS

A partir de finales del siglo XVIII, al núcleo antiguo de poblaciones africanas "portuguesas", herencia de esta primera ola de mestizaje cultural, se añadió una nueva aportación, esta vez directa, de africanos de vuelta de Brasil. Estos afrobrasileños no tenían en común con los precedentes lusoafricanos más que una herencia cultural de origen parcialmente portugués.

La criollización afrobrasileña de los *agoudas*[154] afectó de manera preferente, además de al reino Kongo, a la costa de los Esclavos, desde el Benín actual hasta Lagos (en Nigeria). Se trataba en principio, sobre todo en el siglo XVIII, de antiguos esclavos libertos —liberados o que habían comprado su libertad— enriquecidos en alguna medida en Brasil antes de volver al país (su ascendencia era en muchos casos yoruba o mahi). Estos africanos liberados o descendientes de africanos emancipados, que en su mayoría procedían de Salvador de Bahía, volvieron a África portadores de una cultura adquirida en tierra extranjera, "brasileñizados", "bahianizados" y "portuguesizados" en su modo de vida y en sus costumbres. Sus padres habían sido llevados en otro tiempo a Brasil; ellos afirmaron, de vuelta a África, su brasilidad. Trajeron de América su gusto por la harina de mandioca, las golosinas de guayaba, las devociones del vudú revisadas y transformadas por su mestizaje brasileño, y algunas especificidades arquitectónicas (Verger 1968a; Carneiro da Cunha, 1986). Igual que el término *portugués*, el de *brasileño* se hizo muy pronto genérico para designar a un grupo africano culturalmente homogéneo pese a sus orígenes muy variados. En el siglo XIX, el medio se volvió más complejo; incluía tanto a comerciantes portugueses como brasileños propiamente dichos y mestizos de origen local.

La provincia costera de Cabinda, que había dependido del antiguo reino de Kongo, al norte del río, fue un centro importante de mestizaje

154. [N. del T.] Así se llama en Benín y los países vecinos a los descendientes de esclavos retornados de Brasil. La palabra parece proceder del portugués *ajuda* ("ayuda"), que es también el nombre en ese idioma del puerto negrero de Ouidah.

cultural, dominado en la segunda parte del siglo XIX por príncipes mercaderes locales que sustituyeron a negreros portugueses, y después, a partir de 1850, a los brasileños y cubanos, progresivamente eliminados por el fin oficial de la trata atlántica. Una de las figuras dominantes entre esos mercaderes fue Francisco Franque (hacia 1777-1875) que hizo fortuna aliándose con negreros de Brasil —en especial con el muy rico Manuel Pinto de Fonseca, representado en Cabinda por un agente— y que se trasladó repetidas veces a Río (entre 1812 y 1830). Prosiguió sus actividades después de la década de 1850, pero sus herederos fueron desplazados por otra familia local, la de los Puna. En 1871, Manuel José Puna, envió dos de sus hijos (Vicente y João) a estudiar a Portugal. Los visitó personalmente en 1871. Fue recibido por los soberanos portugueses que le otorgaron el título de barón de Cabinda. Pero sus descendientes se vieron forzados a entrar, como empleados, al servicio de las nuevas casas de comercio europeas (Martin, 1987).

En la costa de Benín, los brasileños se aliaron con los fons, los yorubas, los evés y algunos dignatarios locales protegidos por los soberanos negreros. Su opulencia llegó a ser célebre en algunos casos. El más conocido de ellos es Francisco Félix de Souza (muerto en 1849), que llegó a ser en el cambio del siglo XVIII al XIX un poderoso negrero y después ministro favorito del rey de Dahomey, Ghezo, con el título de *cha-cha*, tras su toma del poder en 1818. Afrobrasileño de origen, fue gobernador durante un tiempo del fuerte portugués de Ouidah, y se atribuyó la nacionalidad portuguesa, la única tolerada por los británicos en el siglo XIX para practicar la trata negrera (Law, 2004: 165-168). Pero era "portugués" en el sentido empleado en Senegambia: no se sabe con certeza, incluso después de haberse hecho un retrato, cuál era su color... Lo cierto es que permanece como un ejemplo característico de ese círculo local de negocios que vivió fastuosamente en Ouidah, en los puertos vecinos o en Lagos, de acuerdo al mismo tiempo con la cultura cristiana y con las creencias y prácticas ancestrales. Cristiano o no, Francisco de Souza dejó una descendencia abundante de más de un centenar de hijos; vivía en una amplia y lujosa residencia, rodeado de una multitud de sirvientes y de esclavos; los visitantes quedaban deslumbrados por su vajilla de oro y plata y su tren de vida. Los grandes mercaderes eran aficionados a los modos aristocráticos y sabían rodearse de artesanos, albañiles y carpinteros traídos de Bahía, a donde no dudaban en enviar para su formación a los nuevos aprendices. Su poder económico siguió siendo importante mientras se mantuvo la trata de contrabando.

Otro de estos grandes mercaderes, José Francisco dos Santos, llamado el Alfaiate, *cabécère*[155] (ministro) honorario del rey de Dahomey, mantuvo relaciones comerciales activas con Bahía, Río de Janeiro, Marsella, El Havre y Bristol. En Lagos, el más conocido y más boyante de aquellos hombres de negocios fue Domingo Martinez, que se estableció en los primeros años de la década de 1840. En este puerto, que se había convertido en el más activo de la trata occidental, amasó, se dice, una fortuna de más de un millón de dólares antes de volver a establecerse en Porto-Novo. Tenía también entonces una casa en Ouidah y había invertido una parte de su inmensa fortuna en palmerales y un rebaño de 200 reses vacunas. Su hospitalidad era legendaria. Importaba su mobiliario de Europa, había reunido una soberbia colección de piedras preciosas y de platos, compraba muchos trajes europeos que apenas utilizaba, y pretendía mantener una vida comparable a la de los grandes plantadores del otro lado del Atlántico, aunque, a partir de la década de 1860, sus actividades, más o menos reconvertidas en el aceite de palma, se vieron claramente disminuidas (Ross, 1965).

Más tarde, eliminados de la vida política por la conquista colonial, los afrobrasileños no dejaron de ser un grupo social privilegiado. Desde la llegada de los misioneros, sus hijos fueron a la escuela (católica o protestante según los lugares) y formaron parte de la elite ilustrada del país. Junto con las actividades comerciales y de la acumulación de tierras que les aseguró hasta comienzos del siglo XX un papel predominante en la producción de aceite de palma, supieron aprovechar, tan pronto como aparecieron, las posibilidades de orientarse hacia profesiones liberales (abogados, periodistas, médicos). Estuvieron también entre los primeros (junto con sus homólogos ghaneses) que apoyaron la contestación colonial.

LOANDA, CIUDAD MESTIZA

En el siglo XVIII, la ciudad de Loanda se había vuelto cosmopolita. Sin embargo, los comerciantes inmigrados, agentes de las casas de Lisboa, adquirieron entonces ventaja al controlar los flujos de capitales europeos que irrigaban el comercio de hombres y de armas hacia el interior del

155. [N. del T.] El término portugués *cabeceiro* utilizado en toda esta región tras la llegada de los brasileños dio lugar al francés *cabécère* utilizado ya por autores de aquella época. Una traducción al castellano de los mismos sería *ministro* o *jefe de palacio.*

continente. La distancia social entre lusoafricanos y portugueses aumentó en el siglo XIX. Las dos comunidades vivían a la vez en simbiosis y en desconfianza: de una parte, los portugueses y los brasileños blancos, cuyos negocios se diversificaban y de otra, los lusoafricanos, afrobrasileños y criollos de ascendencia local y procedencia frecuentemente provincial, ampliamente mestizados y que continuaban siendo profundamente esclavistas. Más de dos tercios de los lusoafricanos se agrupaban entonces en el barrio comercial de la ciudad baja, que incluía las grandes casas de negocio y las empresas de servicios correspondientes. Pese a ello, algunos llevaban todavía un gran tren de vida, y los más ricos ocupaban la parte alta, la parroquia de Sé. Las casas grandes con galerías, a las que se denominaba *sobrados*, se convirtieron en Loanda en el símbolo del éxito. En Benguela, por el contrario, el muy reducido número de colonos portugueses incentivó un fuerte mestizaje cultural entre brasileños y angoleños. Así, a principios del siglo XIX, Dona María, una mujer de la elite de Benguela, pidió autorización para reunirse con su esposo en Río, y solo renunció a ello cuando le llegaron noticias de su muerte. Siguió entonces un proceso en el que acusó a una de sus domesticas africanas, Francesca, de brujería y de haber hecho aplicar a su esposo ritos mágicos que le habrían producido la muerte. Francesca fue condenada a la esclavitud, pero se descubrió pronto que, en realidad, había utilizado la medicina africana tradicional con el objetivo de sanarlo (Ferreira, 2012. cap. 3). Múltiples testimonios muestran que la buena sociedad de Benguela, cualquiera que fuese su color, recurría con más frecuencia a estos cuidados que a una medicina europea prácticamente inexistente. Lo mismo sucedía con las prácticas religiosas que, a pesar de la presencia de iglesias y de cofradías católicas, incluían ritos tomados en una medida amplia de los cultos africanos y de sus dignatarios religiosos, o *gangas*, cualquiera que fuese el color de los miembros de la elite social urbana de los que se tratase (ibídem: cap. 5).

LA MEDIACIÓN LUSOAFRICANA Y LUSOBRASILEÑA

En la primera mitad del siglo XIX, el papel de los africanos "portugueses" se hizo fundamental a partir del momento en el que los primeros europeos decidieron internarse en el continente. Estos africanos que reconocían tener un antepasado portugués, con frecuencia lejano, del que llevaban su nombre, vivían sobre todo tierras adentro de Loanda o de Benguela. Se les llama amabaquistas. Cristianos y vestidos a la europea (iban calzados), eran muchas veces consejeros de los jefes locales. Algunos de ellos eran artesanos (sastres, zapateros, carpinteros) y podían actuar como asesores de las tropas coloniales auxiliares; otros llegaron a ser comandantes de los *presidios*, fuertes dedicados al comercio que jugaban a veces un papel administrativo. Más allá del río Cuango comerciaban con el rey de Lunda y frecuentaban su capital, Musumba, donde compraban sobre todo esclavos (mujeres y niños) que garantizaban su prosperidad. La vida de una decena de estos esclavos es hoy bien conocida. Es el caso de Germano de Jose Maria, antiguo esclavo mozambiqueño que trabajó al servicio de un oficial de la marina portuguesa, quien lo llevó a Lisboa, donde fue liberado. De ahí, pasó a Angola donde encontró a otro *portugués*, Joaquim Rodrigues Graça, muy conocido por su expedición ante el rey de Lunda en 1846-1848. Los amabaquistas servían de intérpretes y de organizadores de las expediciones de los exploradores, y fueron ellos quienes abrieron la ruta transversal del Atlántico al océano Índico (antes de que los *pombeiros* les tomasen el relevo en la exploración del interior de la colonia angoleña). Germano sirvió de guía sobre todo a exploradores y etnólogos alemanes; condujo una caravana en 1863, llevó al gran cazador alemán Paul Pogge a Musumba en 1875-1876, y guió a varios otros exploradores en los años 1878-1889. Leo Frobenius, famoso antropólogo de la época, recurrió todavía a sus servicios en 1905 (Heintze, 2011).

Estos hombres eran negros, porque la africanización se incrementaba de generación en generación por medio de las mujeres, lo que tenía la ventaja de mejorar sus relaciones con los jefes del interior que les daban así fácilmente a sus hijas en matrimonio. Por más que los blancos quisieran ahora desmarcarse mucho de los tratantes de esclavos lusoafricanos, tenían cada vez más necesidad de ellos, puesto que eran los mejores intermediarios con las redes africanas para el abastecimiento del comercio en el interior del país.

LOS CRIOLLOS Y EL PAPEL DE LAS MUJERES

En todas partes, la criollización fue en primer lugar un asunto de mujeres. Este es un punto común a todo el Atlántico, tanto del lado africano como del americano, porque si los hombres blancos no mostraban dudas a la hora de meter en sus camas a una mujer de color o incluso de casarse con ellas, lo contrario seguía siendo impensable para las sociedades blancas de la época.

La escasez de mujeres estuvo en el origen de la aparición de una categoría de mujeres privilegiadas (al lado de una multitud de concubinas más o menos maltratadas), núcleo de una "elite" criollizada que jugó en algunas ocasiones un papel importante: las *signares* de Saint-Louis en Senegal, las criollas de cultura inglesa o portuguesa, o incluso las *brasileñas*, de Costa de Oro, de Benín, de Loanda o de Lourenço Marques (hoy Maputo). Mujeres, con frecuencia de las castas más bajas o esclavas de origen, que aprendieron muy pronto a sacar ventaja del papel que podían jugar ante los europeos, comerciantes o colonos, que venían a instalarse en su país, principalmente en las ciudades de la costa. Con frecuencia, pero no necesariamente (en especial en países musulmanes), convertidas al cristianismo, a veces instruidas, dedicadas a los negocios, eran concubinas o cortesanas más que prostitutas. Aunque fuesen pocas, se las conoce bien porque, cercanas al mundo europeo, estaban en contacto con los viajeros y dejaron a veces escritos y archivos. Algunas de estas mujeres eran autóctonas. En muchas de ellas la criollización era solo cultural, porque servían a los negreros para crear lazos personales con los jefes del interior, que les proporcionaban mercancías, humanas o no. Estas mujeres conocían bien las costumbres vigentes en uno y otro lado y fueron hábiles a la hora de explotar los circuitos comerciales que los relacionaban.

En Saint-Louis de Senegal o en Gorée, se trataba, en la mayoría de los casos, de esclavas de origen. Porque las sociedades wolofs, tucorores o peuls locales, fuertemente jerarquizadas, no autorizaban a sus hijas de condición libre a establecer compromisos, contrariamente a lo que sucedía entre las esclavas o las pertenecientes a las castas. A estas mujeres se las conoció con los nombre de *nhara* en la alta Guinea portuguesa, de *senora* en Gambia o Loanda o de *signare* en Senegal, todos derivados del portugués *senhora*. Sus uniones con los negreros de paso eran provisionales, puesto que no duraban más que el "tiempo de colonia" de estos últimos, que regresaban más tarde a Europa para casarse (Brooks, 2003). La costumbre fue introducida por los portugueses y seguida por el conjunto de los europeos, que se plegaron a los usos del matrimonio local, con la excepción de que abandonaban a su mujer y con frecuencia a sus hijos al regresar a la metrópoli, a pesar de que se hubieran casado por la iglesia o según la costumbre wolof, con el consentimiento previo de la familia de la desposada, entrega de regalos y ceremonia ritual de matrimonio. La mujer tomaba el nombre de su marido y lo transmitía a sus hijos, incluso si el regreso del hombre a Europa suponía de facto la disolución del matrimonio, lo que no obstaba para que ella ocupara el mismo lugar junto al nuevo empleado llegado para relevarlo. En cuanto a los hijos, bautizados por el capellán de la Compañía de Senegal o por un sacerdote de paso, entraban en su momento al servicio de la empresa y contribuían a la perpetuar la criollización de la cultura esclavista de Saint-Louis.

La fortuna de las *signares* de Saint-Louis y de Gorée llegó a ser importante en el siglo XVIII, debido al papel de intermediarias y de auxiliares que jugaron en el comercio del río. Fueron especialmente útiles porque la compañía, que había prohibido oficialmente a sus agentes comerciar en su propio nombre, aceptó que ellas actuaran como testaferros. Disponían incluso de varias decenas de esclavos que podían alquilar a la compañía. Por otra parte, sucedía con frecuencia que los hombres expatriados, por regla general de más edad que sus esposas, morían jóvenes, por su escasa resistencia al clima. Dejaban entonces a sus mujeres, mestizas o no, solas a la cabeza de sus negocios. Este fue el origen de la fortuna mantenida en el tiempo, a la vez mercantil e inmobiliaria, de este entorno criollo. Negras de origen, pertenecientes a las castas, o esclavas compradas y después liberadas por sus amos, las mujeres fueron cada vez más mestizas. Cuando remontaban el río, los europeos tenían regularmente relaciones sexuales con africanas. Sin embargo, no se encuentran rastros de niños mestizos en el interior del país. La explicación habría que buscarla en el posible recurso al aborto o a los infanticidios.

En el siglo XIX se había establecido, en las ciudades de Senegal, en el seno de esta alta burguesía mercantil, un estilo de vida francoafricano, mestizo y no segregado. La riqueza de las *signares*, su encanto y su elegancia, sus joyas, las recepciones y los bailes que ofrecían (los *folgars*, palabra de origen portugués que designa todo tipo de regocijos) marcaban la tónica; los más altos personajes servían de ejemplo: así el caballero de Boufflers, ultimo gobernador real de Senegal antes de la ocupación inglesa durante la Revolución, se hizo célebre por su favoritismo a la vez comercial y amoroso hacia Anne Pépin, considerada la más hermosa *signare* de la ciudad y probablemente la más sobresaliente mujer de negocios. Los círculos mestizos, convertidos en un grupo social cerrado, casaban a sus hijos entre sí, dando lugar a una consanguinidad cada vez más acentuada. En efecto, sus hijas, católicas y de color, rechazadas por una sociedad mayoritariamente musulmana y sensible a su origen servil o de casta baja, no encontraban pretendientes más que entre los *petits blancs*. Con el final de la trata atlántica, este ambiente criollo de Saint-Louis dio lugar a negociantes "lícitos" que participaron en el siglo XIX en el comercio de la goma, después en el del cacahuete, antes de dar lugar a aquellos que iban a dedicarse a las profesiones liberales: abogados, periodistas, médicos, etc. Todos estos grupos, victimas del retroceso social al que dieron lugar las restricciones coloniales, se convirtieron en el siglo XX en los más ardientes defensores de un reformismo político al servicio de esta burguesía moderna en gestación. En la británica Costa de Oro se vivió el mismo fenómeno.

En cambio, a diferencia de Loanda, no se cita apenas como ejemplo, en la costa occidental guineana, a las afrobrasileñas, es decir, a las mujeres liberadas o libres de Brasil que volvieron a la costa africana, como habían hecho numerosos hombres, algunos de los cuales llegaron a ser ricos negreros. Se conoce, sin embargo, hacia mediados del siglo XIX, la existencia de una mujer yoruba, Madame Timbu, mujer de negocios en Ibadán, que dirigía una granja de 2.000 esclavos. Hizo fortuna en el comercio de los esclavos y del tabaco con Brasil. Gracias a sus riquezas y a su don de gentes, contribuyó al regreso del *oba* Akitoye, forzado al exilio por los británicos en el momento del establecimiento de su protectorado en Lagos en 1851. Expulsada de la ciudad porque inquietaba al poder local, encontró asilo en Abeokuta, donde su comercio de armas de trata[156] supuso una ayuda importante en la guerra mantenida por los egbas contra los dahomeyanos durante la década de 1860. Recibió en agradecimiento el título de *iyalode* o primera dama (Biobaku, 1957).

En Loanda, ciudad de antigua colonización portuguesa muy católica (Miller, 1986), los enlaces matrimoniales de negocios se concluían generalmente entre un comerciante y la hija o hermana de un tratante lusoafricano o brasileño. Como en Saint-Louis, el fallecimiento en muchos casos temprano del esposo daba lugar a familias criollas dirigidas por ricas viudas, en su mayor parte residentes en las hermosas casas del barrio de Sé. El censo de 1777 incluía allí a 16 mujeres "blancas" y cinco

156. Armas (en general, fusiles) especialmente concebidos para el mercado africano, de menor calidad u obsoletos en Europa, por ejemplo.

"mulatas", aunque la mención reflejaba más el prestigio social que el color de la piel. Cada una poseía más de siete esclavos; ellas solas disponían, pues, de más de los dos tercios de los esclavos del barrio. Su papel social se incrementó en el siglo XVIII, debido a la multiplicación de este tipo de uniones y porque los maridos debían alejarse cada vez más a menudo de la capital para practicar su comercio. A diferencia de lo que sucedía en África del oeste, el matrimonio de las "princesas" del lugar con los invasores no era rechazado, sino todo lo contrario, por los jefes africanos negreros que veían en ello una ventaja. Al menos una de estas africanas, doña Ana Joaquina dos Santos e Silva, había constituido hacia mediados del siglo XIX una autentica potencia comercial en el interior del país (ibídem: 294; Heywood y Thornton, 2007).

EL ESTILO DE LA CASA LLAMADA 'COLONIAL'

El ejemplo de la arquitectura permite mostrar hasta qué punto esta cultura atlántica acabó por constituir un complejo cultural imbricado en el que se mezclaban influencias venidas de todos los rincones del mundo. Fueron los lusoafricanos de África los primeros en transformar los modelos arquitectónicos portugueses adaptándolos al clima tropical y utilizando materiales locales de construcción, especialmente los techos de paja. El modelo estaba inspirado fundamentalmente en las casas del Algarve, provincia meridional de Portugal de donde procedían muchos de los marineros de los primeros viajes (Mark, 2002). Evoca, además, la influencia heredada de la etapa arabomusulmana de la península Ibérica; el modelo del Algarve es el de las casas encaladas, técnica que fue sin duda exportada a África y después a Brasil, como lo sugieren algunos croquis que se remontan al siglo XVIII. Fue, pues, la primera ola portuguesa la que, a través de los europeos y de sus esclavos africanos, exportó desde África hacia el Caribe y Brasil, a partir del siglo XVI, un modelo de casa con porche aparecida en primer lugar en África antes de generalizarse en Brasil hacia finales del siglo XVII. Al modelo se añadieron influencias holandesas ya que, a partir de 1630, el nordeste de Brasil fue explotado por la Compañía Neerlandesa de las Indias Occidentales, dirigida de 1637 a 1644 por un gobernador que protegía generosamente las artes. Su influencia se difundió gracias al gobernador de Brasil Johan Maurits de Nassau, que hizo venir desde los Países Bajos a dos artistas profesionales para que ejecutasen una importante serie de dibujos y de cuadros en los que se describían las formas y los estilos arquitectónicos en uso entonces en Brasil. La casa con galerías tipo tenía un tejado a cuatro aguas, un pórtico sostenido por dos columnas que se prolongaban en un mirador a lo largo de la fachada principal, una serie de ventanas pequeñas que sugerían una hilera de cuartos y un espacio entre la pared y el techo que favorecía la ventilación en clima tropical o semitropical. Desde Brasil hacia las costas africanas la devolverían en bumerán los afrobrasileños, más espaciosa y mejorada por las técnicas de los plantadores esclavistas de Brasil.

Habiendo salido "portuguesa" de la costa africana hacia Brasil y regresado "brasileña", o *sobrado*, la casa con galería se generalizó en África en el siglo XIX desde la llamada costa de los Esclavos hasta el interior del país fon y, más aún, yoruba (Cameiro da Cunha y Verger, 1985). Se añadió allí, en la misma época, al modelo importado desde la India por vía del bungaló llevado por los británicos a Inglaterra y después reexportado en el siglo XIX hacia Nigeria (King, 1984). Puede verse hasta qué punto el estilo de la casa que se llamará más tarde "colonial" tiene una historia larga y rica en los mestizajes más diversos.

Estas mezclas se vieron animadas por el saber hacer de los productores de ladrillos, los albañiles, los carpinteros y otros artesanos, antiguos esclavos formados en Brasil, que lo transmitieron a numerosos aprendices, los cuales lo propagaron a su vez por todo el país... La difusión del estilo que podríamos llamar, por su historia, "lusoafricano anglobrasileño", fue un corolario del sistema mercantil que, durante siglos, puso en contacto a personas, técnicas y medios financieros en un juego complejo de relaciones internacionales e interregionales. Adoptado en la ciudad y a veces (como en el país yoruba) en el campo por sus habitantes, es el exacto reflejo de la "globalización atlántica" y la consecuencia de la permeabilidad de los sistemas sociales en presencia; sistemáticamente, las economías dominantes y dominadas, aunque aparentemente contradictorias (sociedades patriarcales *versus* economía negrera, plantaciones esclavistas *versus* capitalismo), se encontraron de hecho en simbiosis, cada una sabiendo utilizar a la otra a su manera.

Todos estos elementos han contribuido a la formación de lo que se puede llamar la "cultura atlántica"; y lo que es más, las influencias del Atlántico sur y del Atlántico norte, ordinariamente diferenciadas la una de la otra y estudiadas por separado como dependientes, respectivamente, de América

Latina o de Norteamérica, se han encontrado simultáneamente o de manera sucesiva y a veces amalgamadas en las costas africanas. La criollización lusoafrobrasileña no fue única. El mismo fenómeno se produjo en la casi totalidad de las ciudades negreras de la costa africana de influencia británica o francesa. La criollización de origen africano, muy abierto al Atlántico, ha repercutido evidentemente sobre el conjunto de la cultura atlántica.

Este proceso de mestizaje cultural no es propio ni de África ni del Atlántico *sricto sensu*. Los portugueses han suscitado el mismo tipo de cultura urbana, mercantil y cristiana, y en consecuencia el mismo tipo de arquitectura urbana y de criollización de la lengua, en lugares tan diferentes como Salvador de Bahía en Brasil o la isla de Goa en la India. El estilo llamado "colonial" fue también importado en la Reunión y en el océano Índico. Este auge lingüístico, urbanístico y cultural a través del mundo merece pues una aproximación global.

CAPÍTULO 9

LA CRIOLLIZACIÓN EN AMÉRICA

A diferencia de las sociedades africanas que fueron colonizadas por los europeos en el siglo XIX, las sociedades criollas de América, después de la destrucción o la marginación de los amerindios, nacieron de la puesta en contacto, en un contexto de dominación y de explotación esclavista, de culturas diversas, "teniendo como resultante un elemento nuevo, imposible de prever a partir de la suma o la simple síntesis de estos elementos" (Glissant, 1997). La criollización, por tanto, no afectó solo a los esclavos, sino también a las poblaciones libres que se distinguían de los inmigrantes europeos. Estuvo acompañada de un mestizaje[157] que, en general, fue el resultado de uniones entre colonos europeos y mujeres amerindias y africanas.

157. *Mestizo* y *mestizaje* son palabras trampa, porque suponen, en el ámbito humano, la mezcla de "razas" a las que se considera puras, lo que, desde un punto de vista biológico, es un absurdo. No obstante, la historia de la colonización ha dado origen a categorías de individuos para los cuales se elaboró progresivamente una legislación discriminatoria. Recibieron diversas denominaciones: *mestizo*, *rojo*, *mulato* (de mulo), *cuarterón*, *octavón*, *zarpa*, *câpre* [N. del T.: denominación específica de las Antillas francesas para los descendientes de negro y mulato], *mameluco*... Moreau de Saint-Méry, defensor de la esclavitud y de la segregación racial, propuso en una obra escrita a finales del siglo XVIII, una clasificación sistemática en función ¡de las 128 combinaciones posibles, según él, del mestizaje! (Régent, 2004; Schmidt, 2003).

¿Cómo se integraron los esclavos africanos desembarcados en las colonias americanas en una sociedad brutal y opresiva de la que no conocían ni las costumbres ni la lengua? ¿Qué conservaron, ellos y sus descendientes, de su pasado africano? ¿Qué lugar ocupaban los mestizos, que, a diferencia de los recién llegados, habían asimilado la cultura criolla, en unas sociedades marcadas cada vez más por la "barrera de color"?

EL SURGIMIENTO DE UNA NUEVA CULTURA

En las Antillas, la llegada de cautivos procedentes de la trata mantenía las herencias africanas, pero el individuo trasplantado y esclavizado había perdido sus referentes sociales y debía sobrevivir en un sistema del que desconocía las reglas. La aclimatación era siempre difícil y se acompañaba muchas veces de intentos de suicidio o de fuga. La mortalidad era alta en los primeros meses de estancia en la *habitation*. El africano recién desembarcado era apadrinado por un esclavo elegido por el dueño para hacer posible su integración, que pasaba por el aprendizaje del criollo, medio de comunicación entre el colono y el esclavo y entre esclavos de orígenes diversos. El francés y el inglés eran entonces, teniendo en cuenta también a los colonos, idiomas reservados para las elites. El criollo mezcla palabras de origen europeo, caribe y africano[158]. El éxito del criollo fue tanto mayor porque las lenguas africanas estaban prohibidas. El idioma se aprendía al mismo tiempo que el trabajo y el respeto a las jerarquías internas de la población servil, así como al amo y a los blancos en general. Los domingos y días de fiesta eran la ocasión de reunirse para bailar, cantar e interpretar música. La participación en manifestaciones culturales llegadas de Europa, como el charivari[159] o el carnaval, permitían la trasgresión del orden social. Los esclavos criollizaron los bailes

158. Se han formulado dos teorías para explicar el nacimiento del criollo: la primera supone la génesis de un lenguaje rudimentario sometido a las necesidades de comunicación entre dos comunidades culturalmente dispares en un marco colonial. El criollo (*créole*) haitiano habría nacido en la isla de la Tortuga en el siglo XVII, donde cohabitaban esclavos africanos, filibusteros, bucaneros, corsarios y colonos europeos. La segunda teoría se apoya en la existencia de una lengua base "africano-portuguesa" que habría tenido su origen en las factorías portuguesas construidas en el siglo XV en la costa atlántica. Se han registrado más de 200 lenguas criollas o emparentadas (*pidgin*) (Goury, 2005). El criollo es actualmente la lengua nacional en Haití y la lengua materna de la mayoría de las Antillas.

159. [N. del T.] Cencerrada. Véase http://www.vallenajerilla.com/berceo/carobaroja/cencerrada.htm.

europeos como el minué y la contradanza mezclando tambores, violines y banjos, o acompasándolos a su manera con la ayuda de manos y pies. Los trabajos de los etnólogos arrojan luz sobre la variedad de expresiones culturales llevadas desde África que fueron "aclimatadas": prácticas hortícolas, culinarias, festivas, terapéuticas, ceremonial mortuorio, producciones artesanales, cuidados del cuerpo (Réunion des musées nationaux, 1998; Walker, 2009). Los esclavos que habían vivido en África transmitían a los esclavos criollos elementos de su cultura: cuentos, relatos sobre África, creencias. Los cuentos africanos no se han conservado tal cual, porque hubo que adaptarlos al nuevo entorno geográfico y social, y hacerlos pasar del fon o del wolof al criollo. Los cuentos transmitidos por las tradiciones orales describen de manera simbólica la sociedad esclavista recurriendo a personajes animales que expresaban la realidad de una sociedad en la que no era bueno decir toda la verdad. Cada personaje es caracterizado socialmente por su modo de expresarse. El principal personaje animal es Compère Lapin, Br'er Rabbit o Tío Conejo, que encontramos desde el *Deep South* hasta Brasil pasando por el archipiélago antillano. En los cuentos del oeste africano, el conejo (Leuk-le-Lièvre) era un personaje positivo cuya acción contribuía a reforzar la cohesión del grupo. Después de haber cruzado el Atlántico su actitud se volvió más ambigua: utiliza la astucia tanto en su relación con los poderosos como con sus congéneres más fuertes físicamente pero menos inteligentes (Compadre Tigre o Elefante). A diferencia del Compadre Sapo, campesino pobre que aspira a la emancipación colectiva, el Compadre Conejo es un individualista que sale de las peores situaciones rechazando someterse a las reglas establecidas (Césaire y Laurent, 1976).

La expresión cultural de los esclavos es coartada pero, sin embargo, existente. Los esclavos, utilizando su tiempo libre, crean modos de vida y de comportamiento. Fundan una cultura que no es totalmente africana ni europea. Toman prestados y adaptan elementos de ambas civilizaciones. Los esclavos dan origen a una cultura de adaptación con dos caras, una legal con carácter ritual, festivo y preventivo, animada por el amo, y otra ilegal y clandestina que lo desafía. [...] Las prohibiciones y las tolerancias en el folklore ponen de manifiesto el funcionamiento del sistema esclavista, riguroso en sus textos legislativos y más permisivo en la práctica. Los colonos integran a los esclavos en la civilización occidental en la estricta medida en que ello favorece su explotación. Separados de su cultura de origen, los esclavos consiguieron sin embargo conservar algunos rasgos pasados a través del tamiz colonial. Una cultura propiamente criolla con sus usos estaba ya presente a comienzos de la Revolución. Se caracteriza por la lengua criolla, las tradiciones culinarias y festivas específicas, las creencias populares que mezclaban supersticiones europeas y herencia africana. Los estratos sucesivos de esclavos dejaban su impronta hasta constituir un conjunto cultural coherente (Régent, 2004: 139 y ss.).

Participaron religiosos (capuchinos, dominicos, carmelitas y jesuitas) en la colonización de las islas teniendo por misión la de evangelizar a los indios y a los esclavos y velar por la práctica religiosa de los habitantes de las colonias. Mientras que el siglo XVII estuvo marcado por una intensa actividad misionera, el siglo XVIII conoció un reflujo de la enseñanza religiosa (Debien, 1957): "Llegué a Martinica con todos los prejuicios europeos contra el rigor con el que se trata a los negros y a favor de la instrucción que se les debe conforme a los principios de nuestra religión; sin embargo, la sana política y las consideraciones humanas se oponen a ello. La instrucción es capaz de dar a los negros una amplitud de miras que puede llevarles a otros conocimientos, a una especie de raciocinio. La seguridad de los blancos, menos numerosos, rodeados por las viviendas de aquellas gentes, abandonados a ellos, exige que se les mantenga en la ignorancia más absoluta" (Fénelon, 1764).

La mayoría de los esclavos estaban bautizados, pero los demás sacramentos se les administraban raramente. Muchos misioneros y administradores insistieron en que una instrucción religiosa reforzaría la sumisión de los esclavos al orden colonial. Pero los colonos no contaban solo con "buenas palabras" para contenerlos. Querían controlar las enseñanzas del clero, porque no se trataba de apiadarse de las desgracias de los negros, ni de insistir en la igualdad de todos los hombres ante Dios. Los clérigos debían tener la misión de predicar los "deberes" de los esclavos y anunciar un castigo eterno a los que se rebelaran. Con la excepción de los jesuitas, el clero colonial se plegó a estas directrices (Debien, 1974: 249 y ss.).

Por su parte, los esclavos se apropiaron y transformaron algunos ritos: "Los negros conservan secretamente todas las supersticiones de su antiguo culto idólatra con las ceremonias de la religión cristiana. [...] Respecto del agua bendita, cualquiera que sea la cantidad que se disponga en la misa mayor del domingo, es raro que se encuentre una sola gota cuando acaba el servicio; se la llevan en calabazas pequeñas, beben algunas gotas al tiempo que se levantan y pretenden quedar a salvo de ese modo de todos los maleficios que se puedan echar sobre ellos" (Labat, 1979: t. IV, 132; VI, 330-331). Solo tenemos informaciones dispersas sobre los cultos "paralelos", porque las creencias de los negros estaban devaluadas y se las acusaba de favorecer el desenfreno y la holgazanería. Los observadores señalan que los esclavos, a pesar de las prohibiciones, se reunían para bailar, sin precisar, sin duda porque no asistían a esas reuniones, si se trataba de ceremonias religiosas o de simples esparcimientos tolerados, en los que baile y alcohol contribuían a hacer olvidar la explotación diaria.

Creencias y prácticas de origen africano fueron recreadas en las colonias americanas bajo distintas formas y denominaciones: candomblé en Brasil, santería en Cuba, obeayismo en Jamaica, vudú en Haití, shango cult en Trinidad. La prohibición formulada contra las prácticas religiosas procedentes de África fue anulada por la propia práctica del catolicismo: los esclavos se implicaron en el culto de los santos, los sacramentos y las fiestas litúrgicas. Crearon religiones que amalgamaban prácticas procedentes de diferentes regiones de África (Bastide, 1996; Verger, 1995), elementos tomados del cristianismo (signos de la cruz, imágenes de santos) y supersticiones llegadas de Europa, como los maleficios que se practicaban con la ayuda de muñecas que reproducían la efigie de la víctima elegida. Las prácticas religiosas africanas que exigían una mutilación (escisión, circuncisión, escarificaciones) o un ceremonial elaborado se perdieron con la deportación, pero las que se transmitían oralmente pudieron adaptarse a las nuevas condiciones de vida. Los misioneros comprobaron, a pesar de la aparente cristianización de los esclavos, la supervivencia de prácticas religiosas llevadas desde África. "Lo que es necesario advertir —escribió Labat— antes de bautizar a los adultos, es quiénes de ellos han ejercido como brujos en su país, porque cualquier promesa que hagan, difícilmente renuncian a ella". Los propietarios de esclavos sabían que, pese a las amenazas de castigo, algunos de ellos se beneficiaban de la reputación de conocer "sortilegios". Moreau de Saint-Méry[160] fue el primero en afirmar que los negros de

160. Médéric Louis Élie Moreau de Saint-Méry (1750-1819), hijo de un notable de Martinica, se casó, tras sus estudios de derecho, con la hija de un negociante de Santo Domingo. Fue el principal artífice de la creación del club Massiac, constituido en agosto de 1789 para impedir toda evolución de la situación política que pudiera, aunque fuese ligeramente, ser favorable a los esclavos o a los negros libres de las colonias. Autor de varias obras sobre las colonias, publicó en 1797 una *Description topographique, physique, civile, politique et historique de la partie française de Saint-Domingue*, en la que presentó los ritos y creencias de los negros de la isla.

Santo Domingo habían elaborado un verdadero ritual. Debió de asistir a una ceremonia que describe con bastante precisión. La ceremonia era secreta y nocturna. Los iniciados, con el cuerpo cubierto con tejidos rojos, presentaban ofrendas a una serpiente encerrada en una caja y colocada sobre un altar. Tras los saludos al sacerdote, inmolaron una cabra y su sangre se derramó sobre los fieles que entraron en trance. En ausencia de testimonios sistemáticos sobre el tema, es imposible conocer con precisión el origen y el desarrollo de lo que ahora denominamos vudú[161], más aún cuando hicieron falta casi tres siglos para que los distintos mitos y prácticas se homogeneizaran formando un conjunto. Fue en el siglo XIX cuando se manifestó como religión popular de los haitianos y, por extensión, de los africanos de las Antillas.

En Santo Domingo, según las regiones, los esclavos daban culto a distintas familias de espíritus, creando una nueva mitología que se enriqueció gracias a los contactos entre etnias y a las aportaciones del cristianismo. "Hasta el siglo XVIII, los estereotipos sobre un culto denominado diabólico o salvaje dominan las primeras descripciones que se tienen del vudú. Su capacidad de cohesión cultural entre los esclavos, su lenguaje ordenado y controlado no se evidenciaban todavía a ojos de los observadores exteriores. Sin embargo, colonos y administradores, percibían ya su carácter secreto y misterioso como un peligro para el sistema esclavista" (Hurbon, 1993: 31). A juzgar por los testimonios más numerosos que datan del periodo de la revolución haitiana, "parece que dos tipos de religiones emparentadas, pero distintas, coexistían en las Antillas a finales del siglo XVIII: por un lado una serie de cultos africanos, practicados probablemente por bozales, es decir esclavos nacidos en África, agrupados por etnias. [...] Por otro, la amalgama de elementos religiosos africanos a la que venían a añadirse elementos católicos (con atisbos de ceremonias masónicas y manipulaciones mesmerianas) que constituyen la forma previa al actual vudú y que practicaban sobre todo esclavos nacidos o criados en las colonias" (Hoffmann, 1992).

161. En Santo Domingo, la influencia de los fons de Benín, junto a la de los yorubas de Níger, fue predominante y sirvió como base unificadora de las prácticas culturales trasladadas por los esclavos. En lengua fon, *vodun* identifica una potencia temible capaz de intervenir en la vida de los humanos. Cada grupo disponía de sus propias divinidades tutelares y participaba en las ceremonias (danzas y sacrificios de animales) organizadas en los templos por los sacerdotes que se encargaban de interpretar los mensajes de los "espíritus" cuando tomaban posesión de un iniciado (Hurbon, 1993; Hainard *et al.*, 2008).

En las colonias continentales inglesas y más tarde en los estados esclavistas de los EE UU, la acumulación de prohibiciones obligó a las poblaciones negras a constituir comunidades vinculadas por los cantos, la música y las danzas practicadas en las fiestas en las que se mezclaban rituales de origen africano y cristiano. Los amos, que mantenían distintas obediencias, dudaban sobre la actitud a adoptar: deseaban evangelizar a los esclavos pero los consideraban excluidos de la gracia divina. En las primeras décadas, amos y esclavos celebraban el culto en el mismo lugar; después los pastores toleraron que los esclavos tuvieran un lugar separado para reunirse el domingo, lo que permitió el nacimiento de una "institución invisible" en la que se forjaron solidaridades. Los baptistas y los metodistas enviaron predicadores, entre ellos algunos negros, a los estados del sur. "Sabían cómo hacer vibrar a su auditorio, revelándoles una moral y una teología más adaptada a sus expectativas. Había menos lugar para el pecado porque lo que los negros buscaban en el cristianismo era más la esperanza que el temor, la felicidad más que el castigo, en resumen, el paraíso más que el infierno" (Fohlen, 1998: 177). A diferencia del catolicismo, el protestantismo ignoraba el culto a los santos, lo que le impedía asimilar a las divinidades de origen africano. Además, las predicaciones se nutrían de referencias bíblicas que permitían a los esclavos comparar su condición con la suerte de los hebreos esclavizados por los egipcios y los babilonios. Así se creó una cultura religiosa afroamericana como demuestran los *espirituales*[162]: "Estos cantos relataban una historia de desgracias que superaban entonces mis débiles capacidades de comprensión; sus sonoridades eran fuertes, largas, profundas; expresaban la oración y la queja de almas desbordantes de las angustias más amargas. Cada uno de sus sonidos era un alegato contra la esclavitud y una oración hecha a Dios para implorarle que liberara a los esclavos de sus cadenas" (Douglass, 2006: 34). A semejanza de Olaudah Equiano, cuya autobiografía incluye un retrato en el que lleva los *Hechos de los Apóstoles*, los textos escritos por Harriet A. Jacobs, Frederick Douglass o William Wells Brown están salpicados de citas de las Escrituras. Pero esta religiosidad no les cegó respecto al compromiso de las Iglesias y de sus representantes:

162. Los espirituales son antiguos cantos de esclavos o cantos nacidos de la esclavitud, e inspirados en la Biblia.

Un pastor que va al sur por primera vez tiene la sensación, por difusa que sea, de que la esclavitud es un mal. El esclavista lo adivina y no descubre su juego. Se muestra todo lo agradable que puede, habla de teología y otros temas cercanos. Invita al *reverendo-gentleman* a bendecir una mesa rebosante de los productos más opulentos. Después de cenar, se pasea por la residencia y ve los bosques magníficos y las viñas floridas así como las cabañas confortables de los esclavos más privilegiados. El hombre del sur le invita a hablar con estos esclavos. Les pregunta si quieren ser libres y responden: "¡Oh! No, amo". Esto basta para satisfacerlo. Vuelve a su casa y publica *La esclavitud: perspectivas sudistas*, en el que fustiga las exageraciones de los abolicionistas (Jacobs, 2008: 121-122).

LA EMERGENCIA DE UN NUEVO GRUPO SOCIAL: LOS 'LIBRES DE COLOR'

Mientras que durante las primeras décadas de la colonización de las Antillas, los niños nacidos de las uniones entre colonos blancos y mujeres indias o negras eran libres y asimilados a los blancos, a partir de los años 1670 las disposiciones legales empezaron a imponer al niño la condición de la madre[163]: "Todos los niños nacidos de negras esclavas serán igualmente esclavos, hayan sido procreados con indios o con blancos, con la excepción sin embargo de los que disfruten en el presente de libertad"[164].

En Brasil la sociedad estaba estratificada según los colores de la piel con arreglo a cuatro categorías principales: blancos, indios, negros (*pretos*) y morenos (*bruns*). Mientras que la categoría *negros* designa a los esclavos, la de los *pardos* califica a la población libre de color y "asigna una posición social precisa, más favorable que la del negro, menos envidiable que la del blanco. [...] Es el Imperio de Brasil, en 1824, el que borra las diferencias jurídicas, haciendo de la población libre de color

163. La administración real se remitió al derecho romano según el cual *partus sequitur ventrem*. Este "principio" se retomó en el momento de la redacción del edicto de marzo de 1685 (*Code noir*): "Artículo 12. Los hijos que nacieran de matrimonios entre esclavos serán esclavos y pertenecerán a los dueños de mujeres esclavas, y no a los de su marido, si el marido y la mujer tienen dueños diferentes. Artículo 13. Queremos que si el marido esclavo se ha casado con una mujer libre, los hijos tanto varones como hembras sigan la condición de su madre y sean libres como ella a pesar de la servidumbre de su padre; y que si el padre es libre y la madre esclava, los hijos sean igualmente esclavos".

164. Resolución del Consejo de Guadalupe del 1 de junio de 1680.

(y por tanto a los mestizos) ciudadanos de pleno derecho. En el siglo XX, el mestizo (*mulato*) y más todavía, la mestiza (*mulata*) fueron elevados a la consideración de tipos nacionales por excelencia, a tal punto que se denunció como una maquinación destinada a cubrir la realidad de la discriminación racial en Brasil y hacer olvidar que la esclavitud fue masiva y duró hasta 1888" (Enders, 2008: 10).

Igual que en otros países, la población de origen africano se criollizó. Así, en Minas Gerais (región de las minas), que conoció un crecimiento demográfico excepcional coincidiendo con el apogeo de la "fiebre del oro" entre 1690 y 1760, algunos esclavos que tuvieron acceso a empleos diversos (vendedores ambulantes, albañiles, carpinteros, vaqueros...) pudieron ahorrar y comprar su carta de manumisión firmada ante notario. Algunos *forros* (emancipados) se enriquecieron lo suficiente para llegar a ser propietarios de esclavos. Para las *forras*, las artes de adivinación, el comercio y la galantería fueron los medios más eficaces de ascenso social. La mestiza Chica da Silva fue liberada en 1753 por su dueño, el rico y poderoso João Fernandes de Oliveira. Siguió siendo su concubina y fue la madre de sus hijos, lo que le permitió frecuentar la mejor sociedad. Gracias a la literatura, el cine y la televisión, su historia se ha convertido en un mito que mezcla sueños de ascenso social y fantasmas sobre la sensualidad de las mujeres mestizas.

"Como sucede siempre que un cierto número de prejuicios poco habituales marcan con el sello de la locura a todo lo que tiene relación con la especie humana, aquí es el color de la piel el que, con todos los matices del blanco al negro, sirve para establecer las distinciones de rango, de mérito, de nacimiento, de honores e incluso de fortuna" (De Wimpfen, 1797). A finales del siglo XVII se estableció una progresiva confusión entre una categoría jurídica (los "libres de color"[165]), un hecho biológico (el mestizaje) y una categoría social con una posición intermedia entre los esclavos y los propietarios de grandes plantaciones. Las primeras menciones a los "negros libres" o los "mulatos libres" aparecieron en los censos de 1660 para Martinica y de 1664 para el resto de las

165. Tres medios permitían a un africano (o a uno de sus descendientes) llegar a ser legalmente libre: nacer de una madre ya emancipada, la concesión de la libertad por su dueño o el rescate por las autoridades públicas. Teniendo en cuenta las categorías etnojurídicas elaboradas por las colonias esclavistas, los blancos estaban considerados a priori libres, mientras que negros africanos o criollos y mestizos ("gentes de color") podían ser o libres o esclavos.

Antillas francesas. Estos libres descendientes de esclavos tenían los mismos derechos que los libres blancos y solo a finales del siglo XVII empezaron a desarrollarse los prejuicios respecto al color que iban a distinguir a los "libres de color" de los "considerados blancos", aunque un buen número de personas a las que se consideraba "blancas" eran mestizas (Régent, 2010). A la oposición inicial entre "libres" y "esclavos", la administración añadió una distinción interna en el grupo de los "libres" basada en el color estableciendo un nuevo impuesto (capitación) a los "libres de color" (los colonos blancos estaban dispensados de él) y organizando milicias con compañías diferenciadas para los blancos y los "libres de color". A pesar de las diferencias en las legislaciones y a una mayor proporción de estas poblaciones en las colonias españolas, había muchos puntos comunes en las medidas discriminatorias adoptadas contra los "libres de color" en las colonias esclavistas europeas. La población de estas sociedades quedó así dividida en tres "clases jurídicas": los blancos, los "libres de color" y los esclavos.

TABLA 3

REPARTO DE LA POBLACIÓN POR 'CLASES JURÍDICAS' EN 1789

	"BLANCOS"	"LIBRES DE COLOR"	ESCLAVOS	PORCENTAJE DE "LIBRES DE COLOR" SOBRE LA POBLACIÓN TOTAL
Santo Domingo	30.826	27.548	465.429	5 por ciento
Martinica	10.634	5.779	83.965	6 por ciento
Guadalupe	13.712	3.058	89.523	3 por ciento
Guayana	1.735	460	10.478	4 por ciento
Total	56.907	36.865	649.395	5 por ciento

El pequeño mundo de la libertad, una octava parte aproximadamente de la población de las colonias francesas de América en vísperas de la Revolución, monopolizaba autoridad y propiedad pero no constituía un grupo homogéneo: estaba subdividido en capas superpuestas que respetaban criterios sociales y "raciales". Los blancos dominaban las sociedades esclavistas. En el siglo XVIII su porcentaje relativo no dejó de disminuir. A los blancos nacidos in situ se les llamaba blancos criollos, pero una parte importante de los blancos eran inmigrados, en su mayoría originarios de ciudades metropolitanas. El número de esclavos que poseían era un elemento determinante de la jerarquización de la población blanca:

- en la cumbre, los *grands blancs* ("grandes blancos") eran dueños de las plantaciones azucareras y de más de un centenar de esclavos. Controlaban las instituciones locales (Asamblea Colonial, Consejo Soberano, milicias, Cámara de Agricultura). Eran habitualmente criollos que llevaban un tipo de vida aristocrático (equitación, recepciones), escasamente intelectual, y frecuentemente endeudados con hombres de negocios, por lo general de origen metropolitano, que les proporcionaban esclavos, importaban las mercancías europeas y exportaban los productos coloniales. Las ciudades (Pérotin-Dumon, 2000) eran los lugares de residencia de otra categoría de "grandes blancos", los administradores: oficiales reales y magistrados;
- un grupo intermedio estaba formado por los propietarios de explotaciones dedicadas a cultivos secundarios (café, algodón, cacao, alimentos). Eran dueños de unas decenas de esclavos y de hectáreas. En la ciudad, la clase media estaba formada por juristas, maestros artesanos, comerciantes acomodados;
- los *petits blancs* eran plantadores modestos, dueños de algunos esclavos y empleados de las grandes plantaciones. En las ciudades eran tenderos, taberneros, marineros y soldados. En la parte baja de la escala social, se esforzaban y vegetaban bajo la mirada despectiva y suspicaz de la "buena sociedad".

Según los censos, los "libres de color" eran, al final del Antiguo Régimen, menos numerosos que los blancos. Sin embargo, hay que leer estas cifras con prudencia, porque no tomaban en consideración a los "libres de hecho", es decir a los que eran, con el acuerdo tácito de sus amos, libres en sus movimientos pero cuya libertad no había sido oficializada. El racismo y la defensa de los intereses de los "pequeños blancos", que veían en los "libres de color" a unos competidores, dieron lugar a finales del siglo XVIII a la multiplicación de medidas legales discriminatorias. Fueron sometidos a un aumento de la presión fiscal, a la multiplicación de medidas vejatorias (prohibición de llevar el nombre de su antiguo amo o de su padre natural si era blanco, de hacerse llamar "señor" o "señora", de sentarse en la iglesia, en la escuela o en el teatro en los mismos bancos que los blancos, de llevar trajes y objetos lujosos...), a la exclusión de las profesiones liberales, del clero, de puestos de oficiales en el ejército o de jefes administrativos. Sobre todos ellos, y en especial sobre los más pobres, pesaba la amenaza de convertirse (o, para los emancipados, volver a ser) esclavos. "Un prejuicio terrible pesaba sobre los hombres de color: se daba el desprecio y se le añadía la ofensa. [...] Jóvenes de color educados en Francia en nuestras mejores escuelas [...] llegaban a la colonia. Su aspecto exterior bastaba para mover a la consideración: y sin embargo, en el momento en que sus pies habían tocado el suelo de Santo Domingo, permanecían expuestos al desprecio público y a todos los insultos que cualquier cara blanca quisiera hacerle sentir" (De Laujon, 1833: 120). Sin embargo, estas disposiciones discriminatorias no impidieron a este grupo crecer a todo lo largo del siglo XVIII, gracias a su dinamismo demográfico y a la aportación de esclavos emancipados que, al final de este siglo, eran mayoritariamente mujeres —en torno al 70 por ciento de las liberaciones oficiales correspondieron a mujeres— y mestizos/as —más de la mitad de los liberados en Santo Domingo entre 1776 y 1789 eran mestizos/as que representaban solo el 2 por ciento de la población servil— (Régent, 2007: 188-189). En la cumbre de la jerarquía de los "libres de color" había un pequeño grupo de *habitants* claros de piel, después venía un grupo dinámico constituido por artesanos y comerciantes urbanos. En vísperas de la Revolución poseían aproximadamente el 20 por ciento de los esclavos de Santo Domingo y el 5 por ciento de los de Guadalupe. Más abajo en la jerarquía, pequeños campesinos explotaban una parcela de tierra. En la parte baja de la escala, los más miserables sobrevivían en los puertos.

La posición social de los "libres de color" era ambigua; los ideólogos del orden esclavista veían en ella una clase-tope: su sangre negra debía limitar sus derechos y sus ambiciones. La inferioridad de su condición estaba allí para recordar a los esclavos que todos los que tenían un origen africano, por lejano que fuera, debían estar sometidos a los blancos:

Los libres son emancipados o descendientes de emancipados. A cualquier distancia que estén de sus orígenes, conservan siempre la mancha de la esclavitud. [...] Pensamos que en un país donde hay 15 esclavos por cada blanco, habría que establecer suficiente distancia entre ambas especies, habría que infundir a los negros suficiente respeto por aquellos a los que están sometidos. Esta distinción rigurosamente establecida, incluso después de conseguida la libertad, es el principal vínculo de subordinación del esclavo, porque debe deducir de ella que su color está destinado a la servidumbre y que nada puede hacerlo igual a su amo[166].

Los "libres de color" eran también una clase-muralla: su libertad, su parte de sangre blanca y el hecho de que pudieran ser propietarios de esclavos los vinculaban al poder colonial y debían obligarlos a defender el orden esclavista. Mantenían relaciones económicas permanentes con los blancos, a quienes compraban bienes raíces e inmuebles. Se habían hecho indispensables en determinados sectores como los cultivos destinados a la alimentación, la artesanía y el pequeño comercio. Las escrituras notariales y los registros parroquiales ponen de manifiesto otros tipos de contactos entre los blancos y los "libres de color": los blancos eran, en numerosos casos, padrinos de sus hijos o testigos de sus matrimonios, cosa que a la inversa no se producía. Se tejían lazos clientelares porque los "libres de color" necesitaban un protector lo más poderoso posible para prevenirse de la arbitrariedad. Los colonos blancos tenían, ellos también, necesidad de los "servicios" prestados por las "gentes de color" que participaban en el mantenimiento del orden con las compañías de milicias. En resumen, las relaciones entre blancos y "libres de color" eran complejas y contradictorias. Estos últimos buscaban asimilarse a los blancos, que, por su parte, reforzaban las medidas discriminatorias. Los blancos, pese a inquietarse por su dinamismo económico y demográfico, contribuían a él mediante el hábito de tomar concubinas "de color" (Régent, 2004).

El concubinato de blancos con mujeres negras y mestizas era frecuente, y los viajeros han reducido a menudo el grupo de las "gentes de color" solo a las mujeres (Gautier, 2010). Los dueños usaron y abusaron de su posición hacia a las mujeres, sometidas a una doble forma de subordinación: la de la mujer respecto al hombre, la de la esclava respecto al amo. El mestizaje fue en parte la consecuencia de violaciones sórdidas a bordo de los barcos o en las *habitations*. Sin embargo, las relaciones sexuales entre blancos y negras no pueden reducirse a la sola práctica de la violación. La esclava forzada a aceptar una relación sexual podía a veces ver en ella un medio para mejorar su condición y la de su descendencia. En el contexto de la dominación masculina y esclavista, las mujeres

166. *Mémoire du roi pour servir d'instructions au sieur Clugny, gouverneur de la Guadeloupe...*, Versalles, marzo de 1784.

podían usar de la seducción para elevarse en su posición social (Cottias, 2003).

> La mujer de color, en la que un visitante poco advertido de las costumbres coloniales no veía más que un canto de seducción, de erotismo y de dulzura, abre la cortina de un horizonte velado. La discriminación racial se afirmó con fuerza. Las órdenes son precisas. Se tolera el libertinaje, pero se condenan las uniones legales. El 26 de diciembre de 1703, el secretario de Estado de la Marina informa al gobernador general de las islas de América que Luis XIV no quiere que las cartas de nobleza de algunos franceses "sean examinadas, ni recibidas dado que se han casado con mulatas". El 7 de diciembre de 1733, el gobernador general de Fayet, transmitiendo instrucciones de Versalles, hizo saber al gobernador del norte de Santo Domingo que "todo habitante que se casara con una negra o una mulata no [podrá] ser oficial, ni poseer ningún empleo en la colonia. [...] La mulata, cuyo hechizo embriaga al visitante, pertenece a una casta que nadie acepta, ni los negros que las odian, ni los blancos, que aun cediendo a las seducciones del exotismo, las desprecian". El racismo, clave de la bóveda del orden esclavista en las colonias de la zona tórrida, se manifestaba como una virulencia tanto más furiosa cuanto que los blancos se hacían minoritarios y los mestizos competían con ellos en los empleos de obreros y de artesanos y rivalizaban en la compra de plantaciones de pequeña y mediana importancia (Pluchon, 1982: 173 y ss.).

Con la Revolución francesa, los "libres de color" consiguieron la igualdad jurídica en marzo de 1792. Muchos dirigentes de la revolución en las Antillas francesas pertenecían a este grupo: Vincent Ogé, André Rigaud, Jean-Baptiste Beley, Toussaint Louverture en Santo Domingo, Louis Delgrés y Joseph Ignace en Guadalupe (Abenon *et al.*, 1989). El restablecimiento de la esclavitud en 1802 estuvo acompañado de la rehabilitación de las discriminaciones contra los "libres de color". En 1824 en Martinica, Cyrille Bissette, Louis Fabien y Jean-Baptiste Volny, acusados de difundir un folleto (Laisné de Villevèque, 1823) denunciando las iniquidades sufridas por los "libres de color", fueron condenados a presidio de por vida. En 1827, tras una campaña de opinión dirigida en la metrópoli por sus abogados, Fabien y Volny fueron absueltos, Bisette fue condenado a 10 años de destierro en las colonias. Su combate por la igualdad jurídica entre los "libres de color" y los blancos, retomado por los abolicionistas franceses, consiguió sus objetivos en 1833; sin embargo, los censos continuaron hasta la abolición de 1848 distinguiendo entre libres, "blancos" y "gentes de color".

El problema del mantenimiento o de la abolición de la esclavitud dividió a los patriotas norteamericanos desde el principio del conflicto. Así, en 1775, cuando lord Dunmore, gobernador de Virginia, prometió libertad a los esclavos que se unieran a las tropas británicas, algunos estados, como Maryland, respondieron enrolando esclavos a los que prometieron la emancipación, mientras que otros, como Carolina del Sur o Georgia, se opusieron a cualquier incorporación de negros. En nombre de la construcción de la Unión, los autores de la Constitución de 1787, con su silencio cómplice sobre la esclavitud, aceptaron implícitamente mantenerla en los estados del sur. La abolición legal inmediata (Vermont y Massachusetts) o gradual (Pensilvania, Connecticut, Rhode Island, Nueva York, Nueva Jersey) por los estados del norte, así como las medidas de emancipación en Delaware y en Maryland dieron lugar a un aumento del número de negros libres: hacia 1850 había en torno a 435.000 negros libres en los EE UU, es decir menos del 2 por ciento de la población total y cerca del 14 por ciento de la población negra[167]. Pero para estos hombres y mujeres, cuyo número aumentó con la llegada de fugitivos a los estados del norte, la libertad no garantizaba en modo alguno la igualdad: "Cuando el señor Durham nos entregó los billetes, dijo: 'Tengo miedo de que el viaje no sea agradable, pero no he podido conseguir billetes de primera clase'. Pensando que se trataba de dinero, quise darle más: '¡Oh no! —dijo—, no es cuestión de dinero. Los negros no están autorizados a viajar en primera clase'. Este incidente enfrió mi entusiasmo por los estados libres. En el sur, los negros pueden viajar en un coche mugriento detrás de los blancos, pero no tienen que pagar por este privilegio. Me entristeció ver al norte copiar las costumbres sudistas" (Jacobs, 2008: 251). Una minoría de ellos pudo, como Benjamin Bannecker[168], desde el siglo XVIII, participar en la vida cultural. Otro

167. El 90 por ciento de los negros eran libres en Delaware y el 45 por ciento en Maryland, mientras que en los estados del "sur profundo", como Alabama, Georgia o Mississippi, menos del 1 por ciento de los negros eran libres (fuente: *Historical Statistics of the United States, 1789-1945*).

168. Benjamin Bannecker (1731-1806), hijo de negros libres de Maryland, fue iniciado en astronomía y construyó un telescopio. Publicó un almanaque que, además de observaciones astronómicas y desarrollos científicos, contenía reflexiones sobre la sociedad. En 1791, envió un ejemplar de su almanaque a Jefferson con una carta en la que denunciaba la iniquidad de la esclavitud.

destino excepcional fue el de Phillis Wheatley (1753-1784): nacida en Senegambia (wolof), fue comprada en Boston, a la edad de ocho años, por John y Susannah Wheatley. Aprendió muy pronto latín y griego. Escribió con 12 años su primer poema inspirado en Ovidio, Virgilio y Milton. En 1767, uno de sus poemas fue publicado por el *Newport Mercury*. Sus amos la animaron. En 1773, acompañó a un hijo de la familia Wheatley a Londres, donde algunos de sus textos fueron publicados en la prensa inglesa y tuvieron buena acogida. De regreso a Boston, se le concedió la emancipación. En 1776 volvió a publicar, en esta ocasión un poema escrito en honor de George Washington (Frund, 2007). Sin embargo, la gran mayoría de los negros libres no hacían más que sobrevivir en las ciudades donde ocupaban generalmente barrios miserables y trabajaban en los empleos menos remunerados.

CAPÍTULO 10

LAS ABOLICIONES EN AMÉRICA (FINALES DEL SIGLO XVIII-SIGLO XIX)

Las realidades de la trata y de la esclavitud fueron ignoradas por la inmensa mayoría de las poblaciones europeas y presentadas de modo falaz por los que se beneficiaban de ellas. Hubo, sin embargo, quienes denunciaron estas prácticas y pidieron que se mejorase la suerte de los esclavos, antes de pasar a militar a favor de la supresión gradual o inmediata de aquellas. El papel de los esclavos en la marcha hacia las abolicio-nes fue importante, sin que pueda hacerse de las rebeliones serviles la única causa de las emancipaciones. Existieron correlaciones entre resistencias negras y movimientos abolicionistas (Dorigny, 1995; Schmidt, 2005). Las luchas mantenidas por los esclavos, entre las que están las que condujeron a la independencia de Haití en 1804, tomaron ideas de los revolucionarios norteamericanos y franceses. A cambio, las diversas formas de resistencia de los esclavos influyeron en las estrategias de los militantes abolicionistas, algunos de los cuales, como Olaudah Equiano, Frederick Douglass o Harriet A. Jacobs eran antiguos esclavos. El impacto de la revolución haitiana fue considerable, dado que fue la única revolución antiesclavista que logró triunfar y dio nacimiento a un nuevo Estado. "Al crear una sociedad que reconocía a todos los individuos el derecho a la libertad, a la ciudadanía, cualquiera que fuese el color de su piel, la revolución haitiana cambió el mundo de manera radical y definitiva. Jugó un papel central en la desaparición de la esclavitud en América y, en consecuencia, supone un momento fundamental en la historia de la democracia" (Dubois, 2005)[169].

Tras la abolición de la esclavitud por la Convención y su restablecimiento por Bonaparte, después de la independencia haitiana y la aceptación, bajo presión británica, de la abolición de la trata en el Congreso de Viena de 1815, la "salida" del sistema esclavista atlántico se convirtió en uno de los mayores retos del siglo XIX.

DEL ANTIESCLAVISMO AL ABOLICIONISMO

Desde el siglo XVI, algunos espíritus libres habían denunciado los horrores de la esclavitud. Dos humanistas españoles tuvieron un papel esencial: Francisco de Vitoria, teólogo, profesor en la Universidad de Salamanca, y Bartolomé de las Casas[170], que refutó en 1550, los argumentos esclavistas enunciados en la junta o debate de Valladolid. Escribió ese mismo año que "la esclavitud de los negros es tan injusta como la de los indios". Sin embargo, estas posiciones siguieron siendo minoritarias. Los intelectuales renacentistas se apoyaban en Aristóteles para justificar la esclavización de los prisioneros de guerra, de los criminales y de los *homunculi*, esclavos "por naturaleza". El papado aceptó la esclavitud colonial, que no denunciaron ni Lutero, ni Calvino. La conversión de los "paganos" se mantuvo como argumento principal: "Su servidumbre es el origen de su felicidad y su desgracia el motivo de su salvación, porque la fe que abrazan en las islas les permite conocer a Dios, amarlo y servirlo" (Du Tertre, 1973).

El abolicionismo se constituyó en corriente organizada entre los años 1770 y 1780. Apareció primero en el mundo anglosajón (Gran Bretaña y las 13 colonias de América del norte) donde la Sociedad de los Amigos (dicho de otra forma, la secta de los cuáqueros[171]) desempeñó un

169. Véanse extractos de la primera Constitución haitiana en el anexo, página 291.

170. Dominico, obispo de Chiapas (México) y autor de una *Historia de las Indias* y de la *Brevísima relación de la destrucción de las Indias*.

171. La Society of Friends fue fundada por George Fox en 1688, que se convirtió en el apóstol de la luz interior que, en las reuniones, se manifestaba por medio de discursos improvisados y también a través de temblores debidos a la devoción (*quakers* significa literalmente "tembladores" en inglés). Los cuáqueros proclamaban la fraternidad y la igualdad entre todos los hombres. Fox predicó su doctrina en Irlanda, en las Antillas, en América del norte, donde William Penn fundó, conforme a sus principios, la colonia de Pensilvania.

papel pionero. Cuando empezó la guerra de la Independencia, la opinión de las 13 colonias estaba muy sensibilizada por los argumentos religiosos y políticos contrarios a la esclavitud. Thomas Jefferson afirmó, en 1781, que la esclavitud era impropia de la democracia. Llegaba a la conclusión de que había que emancipar a los esclavos y deportarlos hacia los territorios del oeste, porque no creía posible que los liberados negros pudieran llegar a ser "libres e iguales en derechos". Vermont (1777) y después Massachusetts y New Hampshire (1783) fueron los primeros estados en abolir la esclavitud. En 1787, el Congreso prohibió la esclavitud en el territorio del Noroeste, pero, en el momento de la adopción de la constitución federal, se negoció un compromiso ante la intransigencia de los estados del sur (Georgia y Carolina del Sur). La abolición de la trata se aplazó hasta 1808 y la decisión de abolir la esclavitud pasaba a depender de la soberanía de cada estado. Este compromiso tuvo duras consecuencias en la futura marcha de la Unión, porque, mientras la abolición de la trata dejaba entrever la progresiva desaparición de la "institución particular", el desarrollo del algodón supuso un aumento considerable del número de esclavos en los nuevos estados meridionales (véase el capítulo 6).

En el Reino Unido, el movimiento abolicionista se desarrolló coincidiendo con la renovación religiosa metodista del predicador John Welwy (1703-1791). En 1765 un joven funcionario británico, Granville Sharp (1735-1813), defendió la causa de los casi 15.000 esclavos negros que habían seguido a sus amos a Gran Bretaña. Consiguió en 1772, tras un proceso, que la esclavitud se aboliese en suelo británico. En 1787 constituyó con 12 amigos, entre ellos Thomas Clarkson (1760-1846)[172], la

Había cerca de 90.000 cuáqueros a los dos lados del Atlántico en torno a 1750. Anthony Benezet, un cuáquero de origen francés instalado en Londres y después en Filadelfia, predicó la prohibición de la trata y la abolición de la esclavitud. No se contentaba con denunciar su carácter impío, sino que imaginaba una solución que asociaba la "salida de la esclavitud" con las necesidades de mano de obra. En 1775, convocó la primera reunión de la Sociedad para la Liberación de los Negros Libres Ilegalmente Mantenidos en Esclavitud. La mayoría de sus miembros eran cuáqueros que fundaron en 1784 la Sociedad de Pensilvania para la Abolición de la Esclavitud.

172. Clarkson es el autor de un grabado con planos y secciones del buque negrero *Brooks* cuya precisión pone de manifiesto uno de los métodos de propaganda adoptados por los abolicionistas ingleses: la prueba de los hechos. La multitud indiferenciada de esclavos representados en los planos del buque de la manera más fría posible da sensación de ahogo. Los planos del *Brooks* fueron difundidos masivamente, Francia incluida, donde Mirabeau hizo una maqueta inspirándose en ellos.

Sociedad para la Abolición de la Trata de Esclavos (Society for the Abolition of the Slave Trade). En 1788 los abolicionistas ingleses compraron tierras al sur de Guinea, en lo que más tarde sería la colonia británica de Sierra Leona, para hacer posible el "retorno a África" de antiguos esclavos. Utilizaron los medios más diversos para sensibilizar a la opinión pública: conferencias en las que participó Olaudah Equiano, cuando se publicó su autobiografía, peticiones, boicots de mercancías procedentes de territorios esclavistas, folletos, hojas impresas e ilustradas que estigmatizaban la condición de los esclavos en los barcos negreros y en las plantaciones. A los argumentos religiosos y morales, añadían consideraciones de orden económico, argumentando que el trabajo libre era más eficaz que el trabajo servil, a lo que había que sumar la deportación violenta de poblaciones, costosa en hombres y en medios, mientras que el comercio "legítimo" con África respondería a las necesidades crecientes de la industria británica en materias primas (goma, índigo, aceite, madera...)[173]. En cuanto a la cristianización, podría hacerse enviando misioneros a África.

William Wilberforce (1759-1833) trasladó al parlamento la acción de masas, pero el partido antiabolicionista, que reunía a la mayoría de los almirantes y los grupos de presión del comercio londinense, respondió con peticiones hostiles que emanaban de los plantadores y de los medios portuarios (Thomas, 2006: 539 y ss.). En 1791, una propuesta de abolición de la trata no obtuvo en el parlamento más que 88 votos frente a 163. Cada año Wilberforce renovaba sus ataques hasta que la abolición fue votada, el 23 de febrero de 1807, por 100 votos contra 36 en la Cámara de los Lores y 283 contra seis en la de los Comunes[174]. Dueños de los mares después de Trafalgar, los ingleses proyectaban imponer un nuevo orden económico basado en el libre cambio en ruptura con el exclusivo orden colonial. La prohibición de la trata en 1807 llevaba implícita la cuestión de la internacionalización de la medida, porque Inglaterra, tras haber sido durante dos siglos una de las principales potencias negreras no podría aceptar, durante mucho tiempo, ver desde lejos como continuaba. El libre cambio se convirtió en el credo de la potencia británica,

173. Estos argumentos de orden económico fueron enunciados, en especial, por Thomas Clarkson en *An Essay onthe Impolicy of the African Slave Trade*, 1788.

174. Dinamarca fue el primer estado europeo que abolió la trata en 1803. La abolición británica precedió en un año a la de los EE UU. Francia, que en 1794 había abolido la esclavitud antes de su restauración en 1802, no había formalmente abolido la trata.

que dominaba los mares y que, además de sus colonias esclavistas, poseía en Asia (India) y en América (Canadá) colonias sin esclavos. Gran Bretaña hizo entonces del abolicionismo uno de los elementos de su orgullo nacional y de su imperialismo cultural y colonial.

En Francia, la *intelligentsia* denunció más la esclavitud que la trata. El discurso de las Luces sobre este tema cambió con el tiempo y no fue uniforme. Una primera etapa se superó hacia 1750 cuando los filósofos, al hacerse conscientes de las contradicciones entre los principios que enunciaban y las practicas negreras, evolucionaron desde la indiferencia al malestar. A partir de la década de 1770 pasaron del malestar a la condena. Entonces nació el movimiento abolicionista (Ehrard, 1995: 143 y ss.). La *Enciclopedia* da cuenta de los distintos puntos de vista de los filósofos: algunos autores, como Véron de Forbonnais en el artículo "Colonias", se acomodaban a la dominación colonial, a la trata y a la esclavitud, mientras que otros como Domilaville, autor de la entrada "Población", o Louis de Jaucourt, autor de "Trata de negros" y "Esclavitud" las condenaban sin ambigüedad: "La esclavitud es la implantación de un derecho basado en la fuerza. [...] Después de haber repasado la historia de la esclavitud, desde su origen hasta nuestros días, vamos a probar que ofende a la libertad del hombre, que es contraria al derecho natural y civil, que contradice las formas de los mejores gobernantes y que, por último, es inútil por sí misma. [...] No hay nada en el mundo que pueda hacer legítima la esclavitud"[175]. Igual que en el Reino Unido, a la condena moral y filosófica se unió una condena económica de la esclavitud elaborada por los fisiócratas[176]: el trabajo forzado era una rémora para el desarrollo económico basado en el trabajo libre y el desarrollo de un mercado interior. Preconizaron, en nombre de la moral y de la eficacia económica, que se cultivaran con mano de obra libre asalariada las plantaciones coloniales y se desarrollara el cultivo de la caña en África.

Pasada la década de 1770, el antiesclavismo filosófico se radicalizó. Louis-Sébastien Mercier (1740-1814), en una novela en la que la anticipación se mezcla con la utopía, solo se imagina la emancipación de los

175. Artículo "Esclavage" del caballero Louis de Jaucourt en el tomo V de la *Enciclopedia*, publicado en 1755.

176. Los fisiócratas criticaron el mercantilismo y preconizaron la libertad del comercio y del trabajo. Estos economistas influyeron en las reformas de Turgot al principio del reinado de Luis XVI. El marqués de Mirabeau, padre del orador revolucionario, y Dupont de Nemours tomaron posición contra el sistema esclavista.

esclavos por medio de la insurrección. Hace despertar a su héroe después de un sueño de 772 años, en 2440, en París, Mientras visita la ciudad, descubre un "monumento singular": "Sobre un magnífico pedestal, un negro, con la cabeza desnuda, el brazo tenso, la mirada orgullosa, la actitud noble, imponente. [...] A sus pies se leían estas palabras: '¡Al vengador del nuevo mundo!'". El "visitante" recibe una explicación: "Rompió las cadenas de sus compatriotas. Tantos esclavos oprimidos bajo la más odiosa esclavitud parecían esperar tan solo su señal para comportarse como héroes. [...] Derramaron la sangre de sus tiranos: franceses, españoles, ingleses, holandeses, portugueses, todos fueron presa del hierro, del veneno y de la llama. [...] Los naturales retomaron sus derechos imprescriptibles porque eran los de la naturaleza. Este heroico vengador hizo libre a un mundo del que él es dios y el otro le otorgó homenajes y coronas" (Mercier, 1999). La *Histoire philosophique et politique des établissements et du commerce des Européens dans les deux Indes*, del abad Guillaume Raynal, que contó con una amplia contribución de Diderot, fue uno de los manifiestos filosóficos más leídos y más influyentes en vísperas de la Revolución. Predice el advenimiento de un "Espartaco negro" y anuncia una insurrección servil:

> A los negros solo les falta un jefe suficientemente valeroso para conducirlos a la venganza y a la carnicería. ¿Dónde está ese gran hombre que la naturaleza debe a sus hijos vejados, oprimidos, atormentados? ¿Dónde está? Aparecerá, no lo dudemos, se mostrará, alzará el estandarte sagrado de la libertad. Esta honorable señal reunirá en torno suyo a los compañeros de infortunio. Más impetuosos que los torrentes, dejarán por todas partes señales imborrables de su justo resentimiento. Españoles, portugueses, ingleses, franceses, holandeses, todos sus tiranos serán presa del hierro y de la llama. [...] Entonces desaparecerá el *Código negro* y el código blanco será terrible si el vencedor solo tiene en cuanta el derecho de represalias (Raynal, 1783)[177].

El vigor de la condena teórica contrasta con la timidez de las propuestas de acción. La *Histoire des deux Indes* solo sugiere un plan de

177. Esta obra tuvo al menos 30 ediciones entre 1770 y 1787, a las que hay que añadir algunas antologías. Para la tercera edición, de 1772, Raynal solicitó a Diderot, con el que compartía convicciones anticolonialistas, que revisara y aumentara considerablemente el número de páginas de la obra. Yves Benot prologó y publicó en ediciones Maspero, en 1981, una selección de textos de la edición de 1781.

abolición gradual y condicional: los esclavos nacidos en las colonias serían liberados a la edad de 20 años, a condición de trabajar cinco años más para el mismo amo, esta vez a cambio de un salario. Pasado este periodo, al fin libres, podrían elegir entre cultivar un pedazo de tierra o el trabajo asalariado en la plantación. La colonia, preservando la jerarquía social, estaría compuesta de grandes haciendas propiedad de plantadores blancos y pequeñas explotaciones de los antiguos esclavos. Las *Réflexions sur l'esclavage des nègres*, de Condorcet[178] (1781) consideraban que la trata y la esclavitud eran "crímenes" y excluía toda indemnización a los dueños de los esclavos. Pero incluía un plan de abolición gradual que preveía "someter a los negros a una disciplina severa, reglamentada por la ley". Harían falta 70 años para que la emancipación fuera completa. Por su parte, los publicistas de la esclavitud reconocían que esta condición podría ser "lamentable" pero que era imprescindible para la prosperidad de las colonias. Minimizaban los sufrimientos de los negros que eran, según ellos, menos desgraciados que los campesinos pobres de Francia e insistían en la "distancia inmensa" que "separa al hombre blanco del hombre negro"[179].

La Sociedad de Amigos de los Negros, se fundó en febrero de 1788 por iniciativa de Jacques-Pierre Brissot[180] y de Étienne Clavière, un año después de la de Londres. Condorcet redactó los estatutos y Mirabeau aseguró la difusión de las informaciones. Nobles liberales como La Fayette se integraron en la Sociedad, así como el químico Lavoisier y dos sacerdotes ganados por los ideales de las Luces, Sieyès y Grégoire. Esta "academia negrófila" (Benot, 1988) estaba constituida por 100 o 200 adherentes que pertenecían a la elite de los ilustrados. Limitaron sus reivindicaciones a la supresión de la trata, porque, al igual que los británicos, estaban persuadidos de que la abolición pondría en peligro el orden social de las colonias. Sin embargo, la opinión pública empezaba a

178. Este libro fue publicado bajo el seudónimo de pastor Joachim Schwartz.

179. Se atribuye a Dubucq la publicación en 1785 de *Lettres critiques et politiques sur les colonies*, que son una respuesta al libro de Raynal. Pierre-Victor Malouet publicó en 1788 *Mémoire sur l'esclavage des nègres*, una respuesta a Condorcet. Fueron obras de una difusión limitada, pero sus autores, colonos y altos funcionarios, eran personas influyentes.

180. Después de haber sido encarcelado por sus escritos, Jacques-Pierre Brissot (1754-1793) viajó por América y por Inglaterra, de donde volvió persuadido de la justeza de las reivindicaciones de los abolicionistas británicos. Fundó en 1789 *Le Patriote français* y fue diputado en la Asamblea legislativa y en la Convención. Ministro en 1792, se opuso a la Montaña. Proscrito con los girondinos (o *brissotins*), fue detenido en mayo de 1793 y ejecutado en octubre de 1793.

estar informada. Algunas decenas de *cahiers de doléances* tomaron posición contra la trata de esclavos[181]. El más célebre fue el de la pequeña parroquia de Champagney, cuyos "habitantes no pueden pensar en los males que padecen los negros en las colonias sin tener el corazón penetrado por el más vivo dolor. [...] Temen con razón que las generaciones futuras más ilustradas y más filósofas acusen a los franceses de este siglo de haber sido antropófagos"[182]. Estas reivindicaciones son poco numerosas comparadas con las peticiones dirigidas al Parlamento de Londres que contenían decenas de miles de firmas contra la trata. Pero en Inglaterra, donde las libertades fundamentales se ejercían desde hacía un siglo, el movimiento abolicionista era, a diferencia del movimiento francés, un movimiento de masas.

LA REVOLUCIÓN EN EL CARIBE: EL VIRAJE HAITIANO

En las colonias, los acontecimientos revolucionarios fueron catalizadores de situaciones conflictivas preexistentes. "Todos los elementos están presentes, en efecto, mucho antes de 1789 para favorecer la aparición de cambios radicales: el espíritu de independencia heredado de los primeros habitantes, las rebeliones blancas contra el monopolio comercial y la tiranía administrativa que se dan en el siglo XVIII, la resistencia sorda pero activa de los libres contra el agravamiento del prejuicio de color, y sobre todo la de los esclavos contra la iniquidad de su situación. Cada grupo social verá en la conmoción revolucionaria la oportunidad para llevar al primer plano sus aspiraciones profundas [...]" (Abenon *et al.*, 1989: 117).

Los plantadores criollos (los "grandes blancos") vieron en los acontecimientos de 1789 la ocasión para afirmar su voluntad de autogobierno y su derecho a comerciar libremente con el extranjero, especialmente con los EE UU. Pero tuvieron que enfrentarse con los cuadros militares y administrativos atentos a los intereses de la metrópoli. Consiguieron de la Asamblea la creación legal de asambleas coloniales dotadas de amplios poderes, pero, cegados por sus prejuicios, debilitaron el orden colonial del que se beneficiaban.

181. Marcel Dorigny y Bernard Gainot (2006: 51) presentan un mapa con la distribución de los "memoriales de agravios" en los que se hacía referencia a la abolición.

182. Artículo 29, memorial de agravios del tercer estado de Champagney, conservado en los archivos de Vesoul.

Los "libres de color", que en Santo Domingo eran tan numerosos como los blancos y poseían un tercio de las tierras y un cuarto de los esclavos, esperaban conseguir de la Asamblea la igualdad de derechos y la supresión de las discriminaciones. Sus representantes en Francia no consiguieron hacer avanzar su causa pese al apoyo de los "amigos de los negros", por lo que los "hombres de color" se sublevaron. Fueron aplastados en 1791 y su jefe, Vincent Ogé, fue ejecutado en circunstancias atroces. En este contexto de enfrentamiento violento entre amos, blancos y "libres de color", estalló la insurrección de los esclavos. Eran en torno a 500.000 en Santo Domingo, es decir el 85 por ciento de la población total. ¿Qué influencia tuvieron en su comportamiento los acontecimientos revolucionarios franceses? Se sabe que las noticias les llegaban aunque fuera por intermedio de los criados. Además, algunos de ellos habían sido armados para tomar parte en las luchas de las distintas facciones en conflicto. En este contexto, una ceremonia vudú se habría celebrado la noche del 14 de agosto de 1791 en Bois-Caïman, en el norte de la colonia[183]. La insurrección estalló la noche del 22 al 23 de agosto y se propagó por la llanura del norte, la parte más rica de la colonia: murieron un millar de colonos, fueron incendiados centenares de cafetales y de azucareras. En toda la colonia, en las semanas que siguieron al levantamiento, miles de esclavos desertaron de las plantaciones (James, 2008 y Dubois, 2005). El levantamiento de estos millares de esclavos y la evolución de la situación política en Francia cambiaron en pocos meses las opciones políticas y las relaciones de fuerza: el poder colonial se vio debilitado por los conflictos metropolitanos y las deserciones de los "libres de color", algunos de los cuales se unieron a los esclavos sublevados. El 4 de abril de 1792, la Asamblea legislativa votó la igualdad de derechos para los "libres de color" en las colonias. Algunos diputados esperaban así preservar el orden colonial esclavista. Tres comisarios

183. Boukman, que se impuso como dirigente de la insurrección, era al parecer un jefe religioso. Habría hecho prestar, a los conspiradores que preparaban el levantamiento, un juramento de venganza contra los blancos. Este juramento fue sellado con el sacrificio de un cerdo negro del que bebieron la sangre. Este tipo de pacto probablemente se inspiraba en tradiciones de África occidental. Los cultos religiosos favorecieron el levantamiento y se combinaron con una organización política que permitió llevar a cabo la insurrección teniendo como objetivo proclamado por los "jefes de banda" el de disfrutar de la libertad que les conferían los derechos humanos. Algunos insurrectos estaban persuadidos de que el rey de Francia les había liberado, pero que los amos se negaban a someterse a su voluntad.

civiles próximos a Brissot (Sonthonax, Polverel y Ailhaud) fueron enviados con 14.000 voluntarios de la Guardia Nacional para hacer aplicar esta decisión y restablecer el orden. La colonia vivía una situación cercana al caos. Además, habida cuenta de la evolución de las relaciones internacionales, debieron hacer frente a la invasión de Santo Domingo por españoles e ingleses. Tras haber intentado apoyarse en los "libres de color" y en los "pequeños blancos", Sonthonax y Polverel hicieron esfuerzos para ganarse a los jefes militares negros, entre ellos a Toussaint Louverture, que había sabido transformar las bandas rebeldes en tropas armadas y disciplinadas (Césaire, 1961 y De Cauna, 2004).

El 21 de junio de 1793 los comisarios concedieron la libertad "a todos los guerreros negros que combaten por la República"; más tarde, el 29 de agosto, Sonthonax proclamó la abolición de la esclavitud en el norte de Santo Domingo. Le siguió, el 21 de septiembre de 1793, su colega Polverel, que amplió la abolición al sur y al oeste de la colonia. Los "nuevos libres" convertidos en ciudadanos franceses fueron enrolados en el ejército para luchar contra los ingleses que ocupaban los puertos con el apoyo de los "grandes blancos". Ambos comisarios hicieron elegir a tres diputados para representar en la Convención al "nuevo pueblo" de Santo Domingo y confirmar las aboliciones locales: Jean-Baptiste Belley, un antiguo esclavo negro, Luis-Pierre Dufay, un blanco, y Jean-Baptiste Mills, un mestizo. Después de muchos obstáculos, los tres hombres accedieron el 3 de febrero de 1794 a la tribuna de la Convención. El día siguiente, 16 de pluvioso del año II, los diputados presentes declararon "abolida la esclavitud de los negros en todas las colonias". La Constitución del año III (22 de agosto de 1795) estableció que "las colonias están sometidas a las mismas leyes constitucionales" y les confirió el estatuto de departamento. Mills y Belley ocupaban un escaño como representantes de Santo Domingo, mientras que Toussaint Louverture fue nombrado general de división en 1796 y más tarde, en mayo de 1797, "comandante en jefe de la colonia". Enfrentada por primera vez a una revolución antiesclavista, una potencia europea adoptaba tales medidas: abolir la esclavitud sin indemnizar a los antiguos dueños y reconocer a los "nuevos libres" el estatuto de ciudadanos (Benot, 1988)[184].

184. Benot plantea un análisis riguroso de la articulación entre política colonial de la Revolución y procesos revolucionarios antillanos.

Entre 1789 y 1794, procesos revolucionarios similares se desarrollaron en Martinica y en Guadalupe: enfrentamientos entre blancos, "libres de color" y "pequeños blancos", levantamientos de esclavos, intervención inglesa con apoyo de los contrarrevolucionarios blancos de la clase dominante. Sin embargo, cada colonia conoció una situación diferente: Martinica fue ocupada por los británicos a partir de marzo de 1794. No hubo abolición y la plantocracia dominó la vida de la isla. Guadalupe, ocupada durante un tiempo, fue recuperada a los ingleses por el comisario de la República Victor Hugues, que proclamó el decreto de pluvioso, enroló en el ejército a algunos "nuevos ciudadanos", impuso al resto el trabajo en las plantaciones e hizo ejecutar y confiscar los bienes de los plantadores que se habían "sumado" a los ingleses. La "gente de color" desempeñó un papel importante en la organización del ejército y de la administración de la isla (Régent, 2004). La Guayana, a pesar de la "efervescencia de los esclavos", no conoció un movimiento revolucionario. Fue abolida la esclavitud pero se tomaron medidas rápidamente para limitar los efectos de esta medida: el trabajo de los "obreros cultivadores" fue obligatorio y los propietarios conservaron sus derechos de policía sobre los antiguos esclavos. En las Mascareñas los colonos se esforzaron por todos los medios para evitar la abolición y mantener secreto el "decreto fatal". En 1796 los dos agentes generales (Barco de La Chapelle y Burnel) enviados por el Directorio para imponer la medida fueron expulsados por los colonos de la Isla de Francia (Mauricio). Los colonos de la Reunión se alegraron de la noticia, y a pesar de las declaraciones de fidelidad a la República, la isla vivió una situación de autonomía de hecho. Los republicanos sospechosos, con razón o sin ella, de ser favorables a la abolición fueron *encarcelados* o expulsados. A los esclavos y a los "libres de color" se les sometió a estrecha vigilancia. En 1799, un "complot", más o menos real, llevó consigo una sangrienta represión contra los esclavos.

Bonaparte rompió con la política colonial de la Primera República (Benot, 1991; Manceron, 2003: 63-79). La Constitución del año VIII (diciembre de 1799), a diferencia de la del año III, excluyó a las colonias de su campo de aplicación. En Santo Domingo, Toussaint Louverture, informado de la evolución de la situación política en Francia, se hizo nombrar "gobernador vitalicio" tras haber promulgado una constitución que solo mantenía lazos formales con la metrópoli. Animado por el "partido criollo" y por el ministerio de Marina, Bonaparte decidió poner fin a la secesión y restablecer la esclavitud. Hizo armar dos flotas, una destinada a Guadalupe y la otra a Santo Domingo.

El año 1802 es el de los intentos franceses, o más bien napoleónicos, de reconquista. En Martinica, la recuperación se hizo sin colisiones, facilitada por el mantenimiento, bajo los ingleses, de la sociedad del Antiguo Régimen. En Guadalupe, la empresa hubo de hacer frente a la viva resistencia de Delgrès[185], que recuerda en todos sus puntos a la de Toussaint Louverture en Santo Domingo. Delgrés, cercado, se hace saltar por los aires en Matoula, el 28 de mayo; Toussaint se somete el 6; es detenido un mes más tarde, el 7 de junio. [...] A partir de entonces, Santo Domingo continúa en solitario por la vía revolucionaria, que se convierte rápidamente en una guerra racial y le conduce a la independencia (Abenon *et al.*, 1989: 215).

En Guadalupe la represión provocó cerca de 10.000 víctimas y la esclavitud fue oficialmente restablecida: "El título de ciudadano francés solo podrá ser llevado, en toda la extensión de esta colonia y sus dependencias, por los blancos" (artículo primero de la orden de 16 de julio de 1802). La nueva vigencia del *Code noir* estuvo acompañada, con el regreso de los colonos emigrados, de una brutal política de discriminación contra los "libres de color". En la Guayana, la esclavitud fue restablecida el 25 de abril de 1803 por Victor Huges, el mismo que había llevado a Guadalupe el decreto de abolición de pluvioso del año II[186].

185. Louis Delgrès nació en Martinica en 1766. "Libre de color", se adhirió a los ideales de la Revolución. Combatió en los ejércitos revolucionarios y llegó a ser coronel de infantería. Dirigió a partir del 10 de mayo la resistencia contra las tropas enviadas por Bonaparte. Comandante en jefe de la fuerza armada de la Tierra Baja, hizo fijar en las paredes una "proclama" cuyo extracto es el que sigue: "En los más hermosos días de un siglo para siempre célebre por el triunfo de las Luces y de la Filosofía, cuando una clase de desgraciados, a la que se quiere destruir, se ve obligada a alzar la voz hacia la posteridad, para que se conozca, cuando haya desaparecido, su inocencia y sus desgracias. [...] Nuestros antiguos tiranos permitían a un amo liberar a su esclavo, y todo nos anuncia que, en el siglo de la Filosofía, existen hombres, por desgracia demasiado poderosos por su alejamiento de la autoridad de la que provienen, que solo quieren ver a los hombres negros, o a los que tienen antecedentes de este color, sometidos a los hierros de la esclavitud. [...] La resistencia a la opresión es un derecho natural. La misma divinidad no puede sentirse ofendida porque defendamos nuestra causa. Es la de la Justicia y la Humanidad. [...] Y tú, Posteridad, concede una lágrima a nuestras desgracias y moriremos satisfechos" (Adélaïde-Merlande, 1986).

186. El autor cubano Alejo Carpentier escribió una magnífica novela, *El siglo de las Luces* (1962), uno de cuyos protagonistas es Victor Hugues.

Los acontecimientos de Guadalupe contribuyeron a relanzar los combates en Santo Domingo: "Deberé conducir una guerra de exterminio. Las noticias sobre el restablecimiento de la esclavitud en Guadalupe me han costado buena parte de mi influencia sobre los negros"[187]. Por su parte, Jean-Jacques Dessalines, convertido en jefe de las tropas insurgentes tras la captura de Toussaint Louverture, rindió homenaje a Delgrès: "Guerrero magnánimo, la nobleza de tu muerte, lejos de desviar nuestro coraje, no hace sino atizar en nosotros la sed de vengarte y de seguirte".

En Santo Domingo la guerra fue terrible. Desembocó, tras la derrota de las tropas francesas, en la proclamación por Dessalines, el 1 de enero de 1804, de la República de Haití[188]. Más de 50.000 soldados franceses y más de 100.000 habitantes de la isla perdieron la vida durante la revolución. La población, estimada en más de 500.000 personas en 1789, era inferior a 300.000 en 1804. El nuevo Estado nacido de la revolución haitiana sufrió los efectos de su aislamiento político y económico impuesto por las potencias coloniales y los EE UU. En 1825, el Gobierno haitiano, para obtener el reconocimiento diplomático de la antigua potencia colonial, acabó por aceptar el pago a Francia de una indemnización destinada a resarcir a los antiguos colonos de la pérdida de sus haciendas. Para hacerlo, pidió un préstamo a los bancos franceses, entrando así en la espiral del endeudamiento[189].

187. Leclerc, responsable francés de la expedición, 18 de septiembre de 1802.

188. Proclama del general en jefe, Jean-Jacques Dessalines, al pueblo de Haití, del 1 de enero de 1804, primer año de la independencia: "Ciudadanos, no es suficiente con haber expulsado de vuestro país a los bárbaros que lo han ensangrentado desde hace dos siglos; no es suficiente con haber frenado a las facciones siempre renacientes que os presentaban sucesivamente el fantasma de libertad que Francia exponía ante vuestros ojos. Se necesita un último acto de autoridad nacional: asegurar para siempre el imperio de la libertad en el país que nos vio nacer; arrebatar al gobierno inhumano, que mantiene desde hace tanto tiempo nuestros espíritus en la torpeza más humillante, toda esperanza de someternos. En fin, se debe vivir independiente o morir". Jean-Jacques Dessalines, antiguo esclavo que había vencido a las tropas francesas mandadas por Rochambeau, fue proclamado emperador en febrero de 1804. Promulgó una Constitución el 20 de mayo de 1805 (véase *infra*, anexo, página 291). Su reinado fue breve. Después de su asesinato, en 1806, sus principales lugartenientes se disputaron la sucesión, teniendo como fondo el antagonismo entre negros y mulatos. Henri Cristophe fue rey en el norte, mientras Petion llegó a ser presidente de la República en el sur.

189. El 11 de julio de 1825, bajo la amenaza de una escuadra de 14 naves y quinientos cañones, el presidente haitiano Jean-Pierre Boyer se resignó a firmar un tratado con Carlos X. Este reconoció la independencia de la antigua colonia a cambio de una indemnización de 150 millones de francos de oro que se redujo a 90 millones en 1838. Los haitianos la pagaron a plazos hasta 1883.

Las elites del nuevo Estado relanzaban, con la producción de café, una economía de plantación, pero la mayoría de los antiguos esclavos y de sus descendientes rechazaban sustituir el trabajo servil por el trabajo asalariado. Querían una economía campesina que pudiera garantizar su libertad; pero fueron víctimas de la represión de los gobiernos que se opusieron con violencia a sus aspiraciones. En Cuba, se multiplicaron las plantaciones azucareras, algunas de las cuales estaban dirigidas por antiguos colonos de Santo Domingo; recibieron tantos africanos víctimas de la trata entre 1791 y 1867 como Santo Domingo en todo el siglo XVIII.

Sin embargo, la revolución haitiana llegó a ser y se mantuvo como una fuente de esperanza y de inspiración para los esclavos americanos, y de terror para sus dueños: en Jamaica, en Cuba, en Luisiana, en Brasil, se quejaban de la "insolencia" de sus esclavos que atribuían a la victoria de la revolución negra; interpretaban cualquier incidencia en los talleres (*ateliers*) como una consecuencia de complots alimentados por agentes de Haití.

La imagen de los jefes de la revolución haitiana inspiró a individuos de origen africano en todos los rincones de América. En 1805, en Río de Janeiro, llevaban medallones con la efigie de Dessalines. En Cuba, en 1812, un negro libre llamado José Antonio Aponte fue acusado de conspirar: tenía en su casa retratos de Henri Christophe, Toussaint Louverture, Jean-François y Dessalines. Se percibía a Haití como un potencial apoyo a los rebeldes. Denmark Vesey, que había vivido durante un periodo corto de tiempo en Santo Domingo, prometió a sus partidarios la ayuda de soldados haitianos una vez se hubieran apoderado de la ciudad de Charleston. [...] Con el paso del tiempo, es la figura de Toussaint Louverture, el gran hombre de la revolución haitiana, la que emerge con fuerza. Frederick Douglass que fue embajador de los EE UU en Haití tras el restablecimiento de las relaciones diplomáticas entre las dos naciones, declaró en 1893 que "cuando los hijos negros de Haití reclamaron la libertad, lo hicieron en nombre de la libertad de todos los hombres negros del mundo". En el momento en el que se implicaba en la batalla por la descolonización en África y en el Caribe, es todavía hacia Haití, hacia donde se vuelve el escritor y militante C. L. R. James para analizar y comprender las perspectivas y los peligros de la revolución (Dubois, 2005: 409-410).

LAS ABOLICIONES... ¿Y DESPUÉS?

Después de haber prohibido la trata en 1807, Inglaterra situó un crucero de vigilancia contra el tráfico negrero a lo largo de las costas africanas e instaló en Freetown, en Sierra Leona, un tribunal para juzgar a las tripulaciones de los barcos y decidir la suerte de los cautivos. El 8 de febrero de 1815, en el Congreso de Viena, los británicos obtuvieron de las otras potencias (Austria, Rusia, Prusia, Suecia, Francia, España y Portugal) la firma de una declaración común: "El comercio conocido bajo el nombre de trata de los negros de África ha sido considerado, por los hombres ilustrados de todos los tiempos, como una práctica repugnante a los principios de humanidad y de moral universal". Pero la prohibición efectiva de la trata fue considerada por Francia, España y Portugal como susceptible de "lesionar intereses que merecían las mayores atenciones". Cada gobierno conservó la libertad de decidir acerca de la implantación efectiva de leyes para reprimir la trata. Poderosos intereses se oponían a su abolición, porque la economía de plantación siguió creciendo en el siglo XIX, vinculada con las necesidades de Europa en materias primas de origen tropical. Hasta 1830, estas medidas solo se aplicaron al sur del ecuador, dejando vía libre a la trata masiva hacia Brasil y en el océano Índico. Hubo que esperar hasta la década de 1840 para que se implantara un sistema eficaz de represión internacional, y a los años 1860 para que desapareciera efectivamente la trata atlántica[190].

La Sociedad para la Abolición de la Esclavitud (Antislavery Society), fundada en 1823, multiplicó los proyectos de emancipación y los informes para demostrar que la política del Colonial Office, pese a la aparente aceptación de los plantadores, no se estaba llevando a la práctica[191]. Después de una nueva campaña de opinión, consiguieron el voto por el Parlamento de una ley "para la abolición de la esclavitud en las colonias inglesas"[192] (28 de agosto de 1833): los 770.400 esclavos censados en las colonias esclavistas británicas (entre ellas Jamaica, Antigua, Dominica,

190. 7.750 expediciones negreras clandestinas se realizaron entre 1808 y 1867, de ellas 1.635 (es decir, cerca del 20 por ciento) fueron inspeccionadas y supusieron la liberación de en torno a 160.000 cautivos (véase http: //www.slavevoyages.org).

191. El Colonial Office, después de la abolición de la trata, había reformado el régimen de la esclavitud para favorecer la creación de familias de esclavos y la posibilidad de que se rescataran de sus amos y constituyeran un peculio.

192. Nelly Schmidt plantea un análisis de esta legislación (2005: 216 y ss.) e incluye largos extractos del texto de la ley (ibídem: 372 y ss.).

Barbados, Tobago, Trinidad, la Guayana británica y la isla Mauricio) pasaron a ser "trabajadores aprendices" (artículo primero). Este tiempo de "aprendizaje" de la libertad no podía "prolongarse más allá del 1 de agosto de 1840" (artículo 5). Los aprendices debían 40 horas y media de trabajo semanal, que, como bajo la esclavitud, continuarían proporcionándoles vivienda, alimentos, ropa y cuidados médicos. Si los antiguos dueños no podían ya, de acuerdo con la ley, castigar a los nuevos aprendices, tenían la facultad de enviarlos a unos "talleres disciplinarios". Había jueces encargados de arbitrar los conflictos entre dueños y aprendices... La complejidad de la reglamentación del aprendizaje, la supervivencia de las relaciones sociales del tiempo de la esclavitud y los motines que a veces tuvieron lugar incitaron al Colonial Office a acabar el sistema transitorio antes de lo previsto. "Todos los aprendices fueron declarados libres el 1 de agosto de 1838. Pero todo un arsenal de medidas componía el marco de control social destinado, con toda evidencia, a colmar los vacíos dejados por la desaparición del régimen esclavista. Se establecieron limitaciones a la superficie de tierra que los nuevos libres podían comprar o alquilar. [...] El objetivo era llevar de nuevo al mayor número posible de ellos a las grandes plantaciones. [...] Se plantearon todo tipo de medidas para dificultar el progreso de los antiguos esclavos hacia actividades que supusieran responsabilidades políticas" (Schmidt, 2005: 219-220).

En Francia, tras el restablecimiento de la esclavitud, solo unos pocos individuos continuaron su lucha por la igualdad. El abad Henri Grégoire (1750-1831) se había quedado "solo en pleno combate en el momento en el que el miedo cerraba la boca de los pretendidos filántropos que, tras ocultar su cobardía en nombre de la prudencia, volvieron a la arena jactándose de su bravura cuando el peligro había pasado" (Grégoire, 1827). Fundador de la Sociedad de Amigos de los Negros, el antiguo diputado de la Constituyente y de la Convención fue el lazo de unión entre la generación de abolicionistas del periodo revolucionario y los de la Restauración. En 1808 publicó *De la littérature des nègres ou recherches sur leurs facultés intellectuelles* para combatir las tesis sobre la desigualdad de las razas. Los gobiernos de la Restauración hicieron votar dos leyes (en 1817 y en 1827) prohibiendo la trata de esclavos, pero no se dotaron de los medios para hacerlas respetar: cerca de 80.000 cautivos fueron llevados a Martinica y a Guadalupe entre 1815 y 1831. El rey Luis Felipe, rodeado de liberales anglófilos, hizo votar en 1831 una ley que establecía trabajos forzados para los capitanes y las tripulaciones negreras. Más tarde firmó un acuerdo franco-británico en el que se reconocía el "derecho de visita"[193]. Estas medidas provocaron, sin erradicarlo, un descenso considerable del tráfico negrero francés; pero el nuevo poder no cuestionaba la esclavitud. La entrada en vigor del *Abolition bill* dio un nuevo impulso a la corriente abolicionista francesa. En 1834 se creó la Sociedad Francesa para la Abolición de la Esclavitud, cuyos fundadores pertenecían a la elite política y social: el duque de Broglie, Charles de Rémusat, Alexis de Tocqueville... El objetivo era conseguir del Gobierno una legislación que mejorase la suerte de los esclavos, primera etapa hacia la abolición progresiva de la esclavitud, que tendría en cuenta los intereses de las colonias y de los plantadores. A partir de 1835, una serie de debates en la Cámara de Diputados desembocaron en reformas limitadas, tendentes a suavizar las condiciones de vida de los esclavos sin cuestionar el sistema de explotación. El problema de la indemnización de los propietarios de esclavos dividía a los abolicionistas. Los colonos, por su parte, no dejaron de agitar el espectro de Haití desde que se planteó la cuestión de su poder sobre la suerte de los esclavos. Los discursos de Lamartine expresaron la ambigüedad de los abolicionistas, que pretendían conciliar la abolición de la esclavitud con el mantenimiento del orden colonial: "¡Queremos introducir gradualmente, lentamente, prudentemente, al negro en el goce de los favores de la humanidad a los que le invitamos, bajo la tutela de la madre patria, como un niño para que la complete y no como un salvaje para que la destruya!"[194]. Además de Schœlcher[195], algunos opositores republicanos a la Monarquía de Julio como Arago y Ledru-Rollin se adhirieron a la Sociedad Francesa para la Abolición de la Esclavitud. La

193. Después del Congreso de Viena, los británicos, para imponer la prohibición efectiva de trata, firmaron con los estados que toleraban, de hecho, el tráfico negrero, unos convenios bilaterales que permitían a los barcos de guerra controlar en el mar a los buques mercantes. Si se trataba de un buque negrero, el barco era escoltado hasta Sierra Leona, colonia británica, donde los cautivos eran liberados y los marineros juzgados.

194. Cita de un discurso de Lamartine pronunciado durante un banquete en París el 10 de marzo de 1842.

195. Victor Schœlcher (1804-1893), hijo de una familia burguesa, descubrió la realidad de las sociedades esclavistas en un viaje de negocios que hizo por América en 1830. Se pronunció entonces por una prohibición efectiva de la trata que permitiría, pensaba, una extinción progresiva de la esclavitud. Después de una estancia en las colonias antillanas entre 1840 y 1841, publicó *Des colonies françaises. Abolition immédiate de l'esclavage.* Tras comparar la situación de las colonias francesas con la de las colonias británicas, en las que se había abolido la esclavitud, llegó a la conclusión de que era necesaria su abolición completa e inmediata.

prensa republicano socialista y *L'Abolitioniste* [sic] *français*, periódico de la Sociedad, lanzaron en aquel momento una campaña de peticiones. En 1847 se enfrentaban dos lógicas: la del Gobierno, favorable al statu quo colonial, y la de los abolicionistas, casi todos convertidos al republicanismo, que exigían la abolición inmediata. La caída de la Monarquía de Julio en las jornadas insurreccionales de febrero de 1848 supuso el restablecimiento de la República y la formación de un Gobierno provisional, en el que Arago fue nombrado ministro de Marina y de las Colonias. Schœlcher le persuadió de la necesidad de una "abolición inmediata y completa". El 4 de marzo, el Gobierno provisional firmó un decreto que adoptaba el principio de la liberación de los esclavos. Creaba una comisión "para preparar, en el plazo más breve, el acto de emancipación inmediata en todas las colonias de la República". El 27 de abril de 1848, se firmó el decreto que abolía la esclavitud en las colonias francesas. La constitución de la nueva República confirmó el principio de la abolición e instituyó el sufragio universal masculino en las colonias, lo que permitió a los "nuevos ciudadanos" participar en la elección de los diputados. Pero la abolición iba asociada a la indemnización de los colonos[196]. Mientras que Schœlcher había propuesto indemnizar a los esclavos para permitirles tener tierras, fueron los amos quienes recibieron el dinero por la pérdida de sus esclavos, incluyendo aquellos que habían sido adquiridos con plena ilegalidad (ley de 3 de abril de 1849).

El decreto de 27 de abril preveía su entrada en vigor dos meses después de promulgarse en cada una de las colonias. Sin embargo, los esclavos de Martinica y de Guadalupe decidieron otra cosa. Tan pronto como llegó, a finales de marzo, la noticia de la adopción por parte del Gobierno provisional del principio de abolición, se multiplicaron los abandonos del trabajo y las revueltas contra los castigos corporales. El 22 de mayo estalló una insurrección en Precheur y en Saint-Pierre, en Martinica, lo que forzó al gobernador Rostoland a proclamar la libertad el 23 de mayo[197], sin esperar la llegada del comisario de la República encargado de aplicar el decreto de 27 de abril (De Lépine, 1999). Ante las concentraciones de esclavos en Guadalupe, el gobernador tuvo que proclamar la

196. Artículo 5 del decreto de 27 de abril de 1848.

197. "Era la única tabla de salvación que le quedaba al país, el único medio de salvar a la ciudad del incendio y de la devastación, el único recurso para la campaña en la que los propietarios hasta entonces sin defensa serían todos degollados sin piedad si no se tomaba esa medida" (de un informe del gobernador Rostoland).

libertad general (27 de mayo) cuando ignoraba todavía las decisiones tomadas en París. En la Guayana, el decreto se aplicó respetando el calendario previsto, a partir del 10 de agosto de 1848. En la Reunión, hubo que esperar hasta el 20 de diciembre para que entrase en vigor.

La instauración simultánea de la libertad y del sufragio universal masculino suponía una ruptura jurídica y política. Como consecuencia, cada "nuevo ciudadano" debió tomar un apellido, lo que hasta entonces había estado reservado a los ciudadanos libres. Sin embargo, la estructura social y los conflictos heredados del pasado no desaparecieron de un día para otro, tanto más cuanto que la indemnización de los esclavos y la expropiación, aunque parcial, de las tierras de los colonos había sido rechazada por el Parlamento. Se mantuvo la estructura del trabajo de la economía de plantación. Informes oficiales y testimonios confirman la miseria en la que vivían los "nuevos ciudadanos" y la perpetuación de las relaciones sociales y de los prejuicios raciales heredados del periodo esclavista (Schmidt, 2009).

> No era pues la forma del trabajo lo que cambiaba, sino la formulación de un compromiso recíproco, escrito entre antiguos amos y antiguos esclavos. [...] En la discusión de estos contratos es donde se pone en evidencia el sentido de la libertad para los recién emancipados: se convierten en verdaderos actores de su libertad en las cláusulas que rechazan. Se afirman como auténticos interlocutores frente a los propietarios y adoptan formas colectivas de expresión que se perciben como una novedad. Mientras que a lo largo del periodo de esclavitud lo que se subraya es la división en el seno del grupo de los esclavos, la acción colectiva es lo que se describe ahora, especialmente por parte de los propietarios. [...] Pese a los medios coercitivos puestos en práctica por el amo, que hace anotar estrictamente las ausencias, se organizan actos colectivos de resistencia. Todo el taller llega tarde al trabajo, todas las mujeres rechazan ponerse a trabajar durante la noche en el periodo de corte de la caña, todos los talleres se oponen a la salida de los azúcares de una plantación, todo el taller defiende su trabajo impidiendo la llegada de jornaleros contratados por el amo para cortar la caña. [...] La emancipación no supone un alivio de las tensiones (Cottias, 2006: 153 y ss.).

Ante la decadencia de la trata, y más tarde las abolicionesⁱ[198], los plantadores reclamaron la introducción de trabajadores agrícolas con

198. Las aboliciones provocaron desplazamientos de población hacia los arrabales y los lugares donde había tierras que no habían sido cultivadas.

contrato reclutados en África, en la India y en China. Entre 1820 y el principio del siglo XX, llegaron a las Antillas centenares de miles de "trabajadores con contrato", cuyas condiciones de vida y de trabajo eran cercanas a la esclavitud. Venían de las Indias británicas (en torno a 500.000), de China (150.000 aproximadamente) y de África (unos 60.000)[199]. Unos salarios de miseria gastados en las tiendas del amo y las frecuentes multas apenas les permitían ahorrar y hacían que, incluso después de acabar el contrato, no pudiesen escapar a la dependencia.

Inspirándose en el modelo británico, el poder colonial francés reforzó las medidas de coerción contra los "nuevos ciudadanos"[200] e introdujo, entre 1854 y 1890, en torno a 85.000 contratados en Martinica y en Guadalupe. Con autorización del Ministerio de Marina y de las Colonias, algunas empresas comerciales reclutaban trabajadores en África o en Asia y les hacían firmar un contrato por el que se obligaban a trabajar durante varios años por cuenta del plantador ("el contratista") que iba a comprar ese contrato. Entre 1854 y 1862, 21.000 personas fueron reclutadas a lo largo de la costa occidental africana. Más del 90 por ciento de estos "emigrantes" fueron contratados entre poblaciones cautivas, según el procedimiento del "rescate previo": los reclutadores compraban cautivos cambiándolos por mercancías de trata y después los "liberaban" imponiéndoles un contrato de trabajo al otro lado del Atlántico. Estaban sometidos a un modo de explotación que algunos calificaron de "segunda esclavitud"[201].

Engañados y atrapados, intentaron que se respetase su dignidad protestando contra las condiciones que se les imponían, ya fuese huyendo de su contratista, denunciándolo o haciendo huelgas. Sin dejar de defender sus derechos, la gran mayoría de los "inmigrantes" africanos se integraron plenamente en la vida de sus sociedades de llegada. Crearon y mantuvieron lazos con su pasado africano, que transmitieron a sus descendientes por medio del idioma, los relatos y el apellido. Pero

199. A partir de 1850 y durante la guerra civil, el Gobierno de los EE UU propuso a los gobiernos británico y francés organizar la emigración de negros libres hacia sus colonias del Caribe. La propuesta fue rechazada. Se topó con la oposición irrevocable de Frederick Douglass.

200. En 1852, unos decretos hicieron obligatorio para los obreros agrícolas llevar una cartilla de trabajo y reprimieron el "vagabundeo".

201. Algunos *engagés* (contratados) fueron sometidos a una privación casi total de sus derechos sociales hasta 1923. Su mortalidad fue muy elevada: "Solo quedaban 15.947 en Guadalupe en 1892 de los 42.600 que habían llegado. Solo el 10 por ciento habían sido repatriados [...] y el 15 por ciento liberados de su contrato" (Schmidt, 2009: 185).

aunque desarrollaron un universo que les era propio, ello no significa que quedasen al margen de su sociedad de acogida. Muy pronto aprendieron los códigos lingüísticos, culturales y sociales del grupo con el que compartían su cotidianidad: el de los antiguos esclavos (Flory, 2012).

Después de la abolición en las colonias británicas y francesas, se mantuvieron algunas fortalezas esclavistas: hasta 1863 las Antillas holandesas, hasta 1865 el sur de los EE UU[202], hasta 1873 Puerto Rico, hasta 1886 Cuba[203] y hasta 1888 Brasil[204]. Frederick Douglass, que había dedicado su vida a la causa de la libertad y de la igualdad, juzgó, no sin lucidez: "Es cierto que ya no somos esclavos, pero es verdad también que no somos completamente libres; no hemos vuelto a la casa de la esclavitud, pero no hemos sido todavía admitidos plenamente en el glorioso templo de la libertad norteamericana; estamos todavía en un estado de transición y el futuro está cubierto de dudas y de peligro".

202. El 31 de enero de 1865, la Cámara de Representantes votó la decimotercera enmienda, que fue promulgada el 18 de diciembre de 1865: "No habrá en los EE UU, ni en ningún lugar bajo su jurisdicción, ni esclavitud ni servidumbre involuntaria". La decimocuarta enmienda, votada en 1866, parecía regular definitivamente el estatuto jurídico de los negros concediéndoles la igualdad con el resto de ciudadanos norteamericanos, sin embargo, fue apartada de sus objetivos para que no se aplicase en beneficio de los antiguos esclavos. En 1881, se adoptó en Tennessee la primera ley de segregación en los transportes públicos. Véase Fohlen, 1998.

203. En 1880, España, para ganarse a los negros con la esperanza de conservar su colonia, votó una ley por la que se liberaba a los esclavos aunque se les mantenía durante ocho años bajo la autoridad de sus antiguos amos. En 1886 la reina abolió la esclavitud.

204. En 1872, había en Brasil en torno a 10 millones de habitantes de los cuales 1,5 millones eran esclavos. La salida masiva de esclavos hacia los quilombos y la esperanza de la monarquía de hacer frente al movimiento republicano, que contaba con numerosos abolicionistas, contribuyeron a que se votase, el 13 de mayo de 1888, la abolición de la esclavitud sin indemnización a los propietarios. Sin embargo, privada del apoyo de los plantadores, la monarquía cayó en 1889. Los republicanos en el poder contemporizaron con los plantadores oponiéndose a toda reforma agraria y favoreciendo la inmigración a fin de abastecer de mano de obra los latifundios.

CAPÍTULO 11

LA ESCLAVITUD INTEGRADA EN ÁFRICA (FINALES DEL SIGLO XVIII-SIGLO XIX)

El siglo XIX vive el resultado de los importantes cambios impuestos a la esclavitud en África con la intensificación de las tratas exteriores en todas las direcciones: hacia Mediterráneo vía Sahara y hacia Egipto desde Jartum, hacia el océano Índico dominado por las sultanatos de Omán y de Zanzíbar, y hacia el océano Atlántico donde, a pesar de la prohibición oficial, el contrabando siguió siendo muy activo hasta mediados de siglo. Durante este periodo, a pesar de los esfuerzos británicos, más de 3,5 millones de esclavos fueron embarcados todavía desde África occidental hacia América, de los que las tres cuartas partes procedían de las bahías de Benín y de Biafra y el resto eran originarios de la costa de Senegambia y de los ríos Volta.

¿Cuáles fueron las causas de esta voluntad británica de poner fin a la trata atlántica en 1807 (poco después de los daneses, que lo habían hecho en 1802)? La decisión de Dinamarca se explica con más facilidad porque su poder marítimo era ya un recuerdo[205]. En cambio, entre los británicos, la medida se enfrentaba al florecimiento de sus actividades negreras en el siglo XVIII, en las que utilizaron una parte no despreciable de su flota —la primera del mundo— para abastecer de esclavos a sus colonias

205. En 1792, Dinamarca aprobó la prohibición de la trata en un plazo de 10 años. Véase Schmidt, 2005: 353.

americanas y a las de otros (en especial las del Caribe español). La construcción de barcos negreros y la actividad de las azucareras y las destilerías del Reino Unido hicieron entonces la fortuna de los puertos ingleses, de la misma forma que la trata atlántica garantizó la de los puertos franceses. Los historiadores atribuyen pues la decisión británica a una conjunción de factores: por una parte, la revolución industrial en marcha en Gran Bretaña desde finales del siglo precedente y de otra, la toma de conciencia tardía, pero real del horror de la esclavitud; factores a los que puede añadirse la voluntad política, habida cuenta de las guerras napoleónicas, de controlar el conjunto del Atlántico norte a expensas de otras naciones europeas. El politólogo Eric Williams, especialista en Trinidad, fue el primero en expresarlo de forma directa: los británicos "se dieron cuenta de que la esclavitud era un crimen cuando dejaron de necesitarla" (Williams, 1968). Es una formula lapidaria que puede ser discutida —y no hemos dejado de hacerlo—, pero contiene una parte de verdad. Los colonos y los plantadores siguieron obteniendo grandes beneficios, a pesar del descubrimiento del azúcar de remolacha, y la producción de azúcar de caña no dejó de crecer a lo largo del siglo XIX; pero el Gobierno británico estaba entonces preocupado por el desarrollo de las minas nacionales de carbón, fuente de energía que se había vuelto indispensable para la expansión de la máquina de vapor, y servía para el desarrollo de la nueva industria: la textil. Esta se inició con la lana de Escocia, pero el algodón indio y americano tomó el relevo. Por esta razón, en la primera mitad del siglo XIX, el principal tipo de esclavitud en los EE UU fue el de las plantaciones algodoneras del sur. Unas condiciones sanitarias menos deplorables que las de las Antillas permitieron que se sustituyera en ellas la trata por el crecimiento demográfico de la población negra. Pero los EE UU eran ya independientes, lo que en suma garantizaba la no intervención del Gobierno británico... y su abastecimiento de algodón.

A pesar de la prohibición de 1807, impuesta a los europeos en 1815, la mayoría de los poderes locales africanos lograron proteger su tráfico y su independencia hasta finales de siglo. En efecto, en paralelo con la implantación europea, los dignatarios locales dedicados al gran comercio fueron cada vez más numerosos; hicieron presión para continuar imponiendo a los traficantes europeos ventas masivas de esclavos. El periodo en el que la trata se convirtió en casi una "industria" alcanzó su punto álgido entre los años 1760 y 1840.

MAPA 5

LA MUNDIALIZACIÓN DE LAS TRATAS AFRICANAS EN LOS SIGLOS XVIII Y XIX

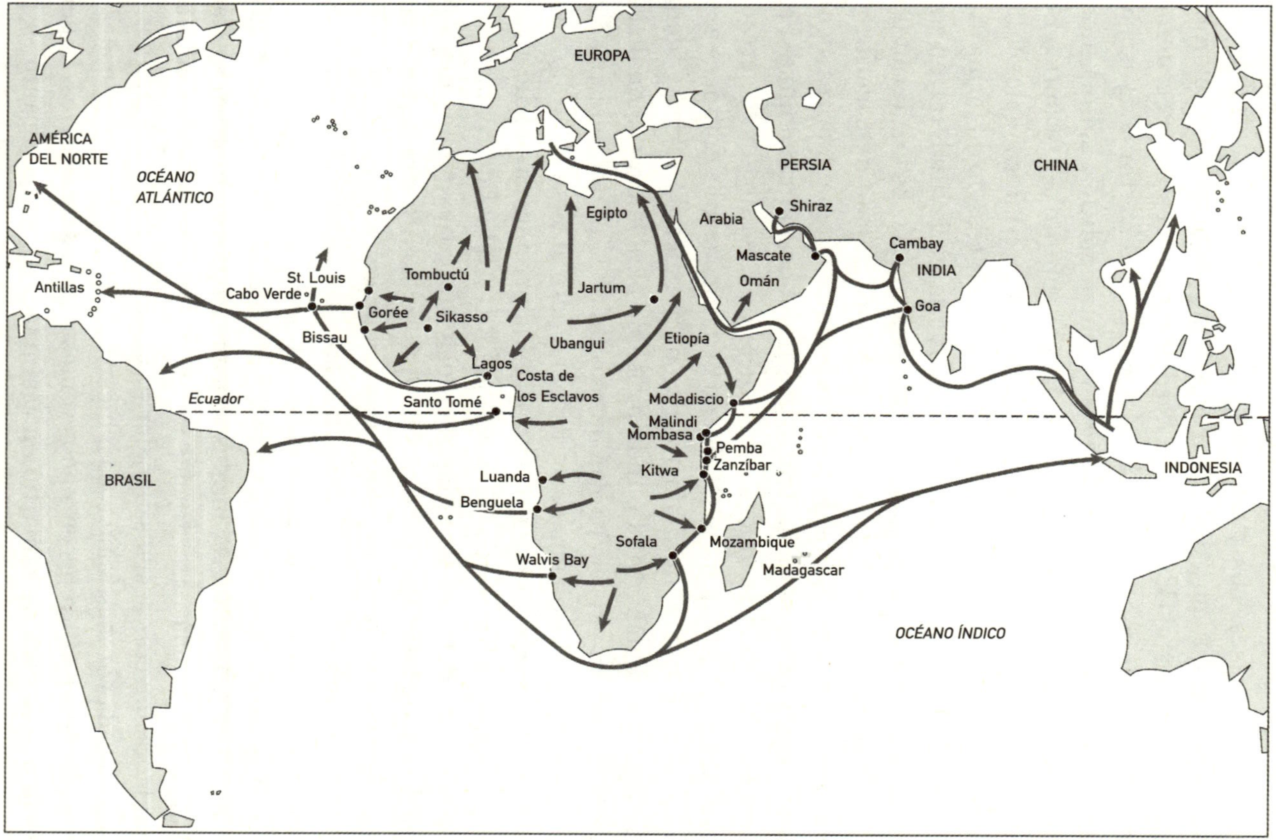

FUENTE: COQUERY-VIDROVITCH, 1999.

EL AUGE DE LA ESCLAVITUD INTERNA

Grandes mercados de esclavos se celebraban un poco por todas partes en el interior del continente. Uno de los más importantes fue el de Salaga, en la Ghana actual, en el que se vendía también nuez de cola. Este mercado desempeñaba un triple papel: además de abastecer a los ashantis, estaba abierto hacia el norte —y desde allí hacia el comercio transahariano— tanto como hacia el sur —y de ahí hacia el Atlántico— (Bailey, 2005: 84-85). La evolución del mundo fuera de África jugó un papel de catalizador de estas transformaciones internas, debido a la integración del continente en el sistema mundial de la época. Al lado de las antiguas demandas internas de esclavos (como soldados, hombres de confianza de los jefes o esposas), la nueva orientación de la producción interna y del transporte hizo estallar la demanda. El número creciente de esclavos disponibles en el interior de África favoreció a su vez la reorganización de la economía y de la sociedad. El modo de producción se hizo esclavista, tanto en el este como en el oeste. Así, igual que sucedía en Brasil o en el sur de los EE UU en la misma época, la casi totalidad del trabajo en África lo proporcionaron a partir de entonces los esclavos. La trata interna se intensificó en la medida en la que los mercados externos tendían a cerrarse, lo que sucedió en la segunda mitad del siglo XIX en el oeste hacia el Atlántico, y en el último tercio del siglo hacia el océano Índico. Era el corolario de dos acontecimientos de mayor relevancia: el cierre oficial y progresivo del mercado de la trata atlántica, entre 1807 y 1850 según los casos, y la revolución industrial británica basada en el asalariado obrero en la metrópoli, dos acontecimientos que se relacionaban de manera compleja[206].

Aun observando una relación estrecha con el mundo y el mercado atlántico, la historia política africana del siglo XIX fue un asunto interno. El proceso era inseparable de un fenómeno económico dominante en la segunda mitad del siglo: el auge del comercio de armas de fuego modernas, cada vez más eficaces, que iban a cambiar radicalmente las relaciones de fuerza en el interior del continente entre los que eligieron o tuvieron la posibilidad de armarse y los que se opusieron a ello[207]. Las dificultades incrementadas de la trata atlántica incitaron también a los

206. No es este el lugar en el que abordar este problema de historia económica y política general, ampliamente discutido por historiadores de la economía, sobre todo americanos.
207. Véase el detalle de este tráfico en Coquery-Vidrovitch, 1974b, cap. XI.

soberanos locales a promover la exportación de productos "lícitos" —goma, aceite de palma, cacahuete, etc.—, a reactivar la explotación del oro y a desarrollar nuevos sectores (como el de la nuez de cola, desarrollada por los ashantis en la zona sudanesa, donde las conversiones masivas al islam, y por tanto la prohibición del alcohol, aumentaron la demanda de este excitante ligero). Así, en el momento de la conquista colonial, entre los años 1870-1890, entre la mitad y los dos tercios de los africanos, dependiendo de los lugares (y el parecer de los administradores de la época), eran esclavos. Un informe británico de 1894 afirmaba que, a lo largo del río Gambia, dos de cada tres hombres eran esclavos, es decir entre cinco y 10 veces más que un siglo y medio antes.

ÁFRICA OCCIDENTAL

En África occidental la trata atlántica fue oficialmente prohibida antes de la mitad del siglo, pues los británicos dejaron de tolerar, en la década de 1840, el tráfico directo que los portugueses mantenían en el hemisferio sur con las costas brasileñas. Brasil, por su parte, no prohibió la trata hasta 1850. Sin embargo, los reyezuelos esclavistas de la costa, igual que las redes de comerciantes del interior, a los que naturalmente no se les había pedido su opinión, manifestaron su disconformidad. Se establecieron en primer lugar hábitos semiclandestinos en connivencia con los blancos; los barcos negreros procedentes del sur del ecuador venían a abastecerse de alimentos frescos y de agua en la costa norte, y aprovechaban esas escalas para proveerse clandestinamente de esclavos. Mientras los europeos empezaban a estar más interesados en las nuevas materias primas industriales (oleaginosas tropicales para la producción de aceites y jabones, maderas para tintura, marfil, que se había puesto muy de moda en Europa y, a final de siglo, látex para hule), fueron los negreros africanos especializados quienes siguieron imponiendo el tráfico de esclavos, tanto interno como externo, aunque no faltaban tampoco negreros occidentales clandestinos. El monopolio del contacto directo que se reservaban los africanos de la costa con sus socios occidentales se mostraba frágil. Un incidente revelador se produjo hacia 1850 en la costa togolesa, en la playa de Atorkor. Un grupo de conocidos percusionistas, emparentados con el jefe local, se habían reunido allí para tocar sus instrumentos. Desde hacía décadas, en esta zona muy activa se practicaba un comercio regular con barcos negreros a costa de esclavos aportados hasta entonces por el interior del país, pero esta vez el capitán de un barco danés invitó a los músicos a que subieran a bordo ofreciéndoles bebida... y los embarcó para América. Esta historia dejó entre los anlo-ewés del lugar un recuerdo tan penoso como duradero y se contaba todavía en la región en 1992 (Bailey, 2005: 27-36). Desde un punto de vista más global, refleja la degradación del sistema: tras la prohibición de la trata se hacía cada vez más difícil conseguir mercancía humana. A las relaciones relativamente estructuradas del siglo XVIII les habían sucedido el recurso a las soluciones expeditivas y el caos.

El relato de Mahommah Gardo Baquaqua, nacido entre 1824 y 1831 en Djougou, 185 kilómetros al norte de Abomey, la capital del reino de Dahomey, nos informa sobre la esclavitud interna[208]. Existía allí una colonia de mercaderes musulmanes, los wangaras (llamados en otro sitio diulas), de la que él formaba parte, y era habitual que una parte de los niños se incorporasen a una dedicación religiosa y los demás al mundo de los negocios. Esta última actividad fue la elegida por Baquaqua, a pesar de los esfuerzos de su padre, originario de la región, por enviarlo a una escuela coránica. Su madre, también comerciante, procedía de Katsina, una ciudad hausa (en el norte de Nigeria). Djougou era una encrucijada multilingüe, un mercado muy activo que ponía en relación dos de los principales Estados de la época: al oeste el país ashanti, proveedor de nueces de cola, de oro y de productos europeos importados a través del país fanti en la costa ghanesa; al este, vía Borgu, el califato de Sokoto, en el norte de Nigeria, que proporcionaba, llegando de Bornu, en la proximidad del lago Chad y del desierto, sal, natrón, paños para cubrirse el cuerpo, especias, ganado y esclavos. Durante la estación seca, caravanas de más de un millar de portadores hacían escala también allí. Baquaqua se movía mucho en el comercio de cereales. Había aprendido también de su tío, herrero del jefe local, a fabricar cuchillos, agujas y otras herramientas de metal. En resumen, formaba parte de la diáspora comercial musulmana. A comienzos de los años 1840, fue capturado como esclavo en Gonja, donde causaba estragos una guerra civil, y durante un cierto tiempo fue vendido y revendido por el país. Habría sido rescatado por su hermano, a condición de que entrara al servicio de un jefe local (no

208. Hay contradicciones entre las dos biografías que se tienen de él, pero un estudio reciente (Law y Lovejoy, 2007) ha aclarado la cuestión.

musulmán), todavía, sin duda, como esclavo. Fue capturado de nuevo tras una borrachera y vivió todavía varios años en esclavitud. Al intentar escapar, parece que acabó, como castigo, en un barracón de la costa, en Ouidah, desde donde fue deportado en 1845 (clandestinamente, por tanto) hacia Brasil. Se estaba, más o menos, en el final de tráfico en la costa occidental.

En el siglo XIX, los exploradores europeos avanzaron por primera vez en el interior del continente, pero, con la excepción de Argelia y El Cabo, pocos de entre ellos acabaron por instalarse de manera estable. Sin embargo, en las posesiones portuguesas ocupadas sin solución de continuidad desde el siglo XVI, particularmente en Loanda y en la isla de Mozambique, la frecuencia de los matrimonios mixtos les había hecho fundirse con la población local. Esos aventureros, algunas decenas o algunos centenares como mucho, no avanzaban en tierra conquistada sino todo lo contrario. En vísperas de la colonización, debían mostrarse muy prudentes; les iban en ello no solo sus negocios, sino también su supervivencia. Debieron negociar durante mucho tiempo, y a veces con dureza, con personajes políticos a los que, con frecuencia, admiraban: no son pocas las descripciones que nos han dejado de sus ciudades, de su corte, de su autoridad y de su prestancia. Desde el principio, los occidentales habían sabido distinguir entre su mercancía (los esclavos) y sus socios (los jefes y los intermediarios, o "tratantes" africanos). Por lo demás, este término de "tratante" se había impuesto, muy pronto, también entre los intermediarios europeos que se establecían localmente y que cumplían las mismas tareas que sus socios africanos. Cuanto más se desarrolló la trata negrera, hasta ser el tráfico casi exclusivo a mediados del siglo XIX en África occidental, y hasta el final del siglo en África central, más se hicieron necesarios estos socios.

EL AUGE DE LOS REINOS NEGREROS

Los pueblos del litoral de la "costa de los Esclavos" participaron en la eclosión, hacia finales del siglo VII, de pequeños y sólidos Estados-nación (el término no es exagerado). Se trataba de formaciones políticas cuya emergencia, apogeo (entre los años 1760-1840) y decadencia coinciden en el tiempo con la evolución paralela de la trata negrera atlántica, sincrónica a su vez con la extensión de las plantaciones de caña de azúcar en Brasil y en el Caribe.

MAPA 6

LOS PRINCIPALES REINOS DEL ÁFRICA GUINEANA EN EL SIGLO XVIII

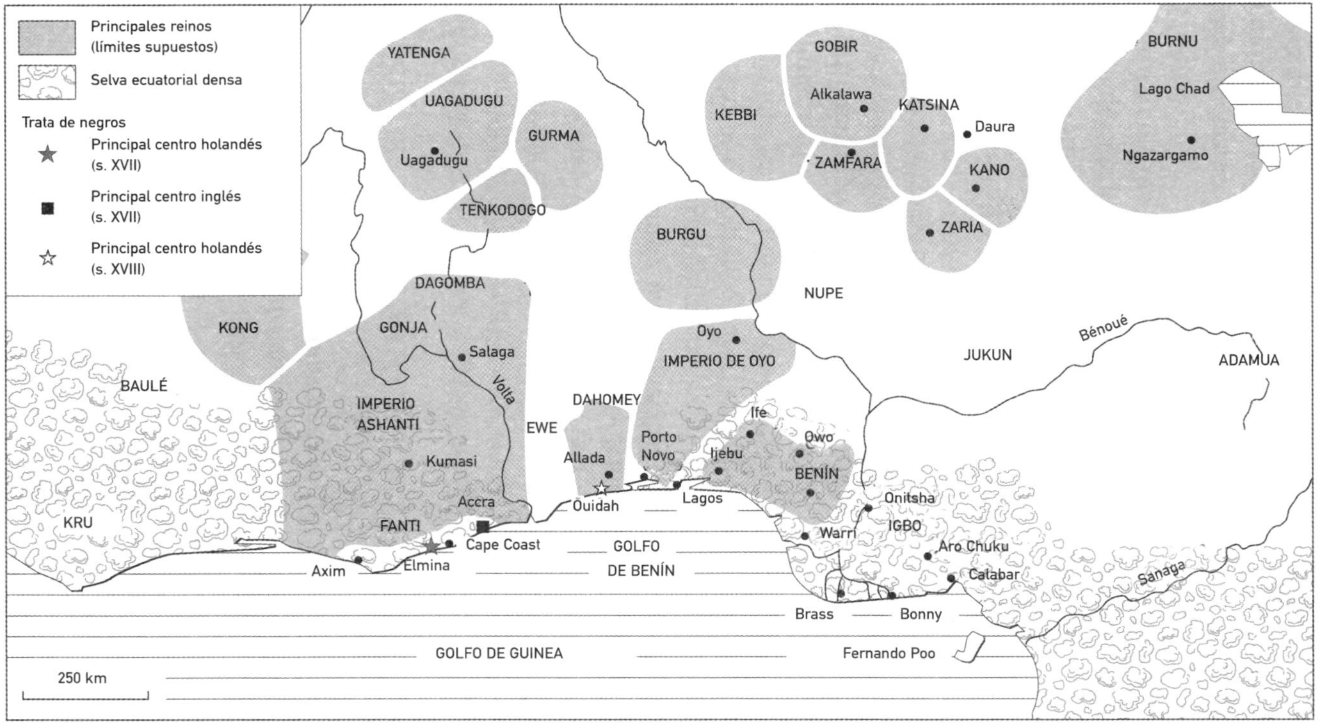

FUENTE: SELLIER, 2003.

La existencia de estos Estados negreros africanos es reveladora de la inclusión simultánea, en África, de los circuitos del norte y del sur del Atlántico. Es lo que muestra la actividad, en todas las costas, de los "afrobrasileños" que volvieron en masa, en especial después de la gran insurrección de esclavos musulmanes de Salvador de Bahía, en 1835 —se estima que entre 7.000 y 8.000 *agoudas* volvieron entonces a Dahomey (Guran, 1010)—. Se integraron sin problemas en los circuitos de la "trata triangular" (clandestina pero muy activa) del Atlántico norte que dominaba en África occidental, mientras se intensificaba la trata directa tolerada por los británicos en el Atlántico sur. Nada de esto se debe al azar, obedece al hecho de que los organismos políticos se desarrollaron en estrecha correlación con el mercado de la época, al menos hasta mediados del siglo XIX.

Las regiones africanas dedicadas a cultivos de exportación (aceite de palma y cacahuete) se habían mostrado propensas a adoptar un modo de producción esclavista, sobre todo cuando la estructura política y territorial se prestaba a una organización a amplia escala. En el momento de la prohibición de la trata, el ajuste no fue siempre fácil. Entre 1807 y 1820, la caída del precio de los esclavos de la trata fue brutal y afectó momentáneamente al tren de vida de las elites de la costa. En la Costa de Oro, la actividad de fuertes como Cape Coast, Elmina o Accra conoció un periodo de crisis, de la que los jefes fantis fueron las primeras víctimas. Sin embargo, los precios se restablecieron pronto debido a los riesgos cada vez más costosos del contrabando. Además, el cambio no afectó a todo el mundo: así los daneses continuaron como en el pasado al sureste de Costa de Oro, hasta la década de 1840, manteniendo sus plantaciones esclavistas, cuya producción se orientaba más a uso local que a la exportación (Kea, 1995: 119-143).

Las regiones de la trata se adaptaron poco a poco a los productos "lícitos" de sustitución de exportaciones, sin renunciar por ello al comercio de esclavos. Así, el rey Ghezo de Dahomey (1818-1858) supo sacar partido con habilidad de la nueva situación, de acuerdo con el negociante marsellés Régis, tan deseoso como él de hacer simultáneamente el comercio de esclavos y de aceite de palma. En cuanto al reino ashanti, nacido de una confederación de pueblos de lengua akan, en el centro de la actual Ghana (Wilks, 1965; Mccaskie, 1995), era una formación a la vez militar, política y comercial. Debía su originalidad a los contactos con los europeos de la costa proveedores de armas y a los intercambios con las regiones del interior, basados en la redistribución por todo el Sahel musulmán de nueces de cola, de la que era un productor importante —el árbol de la cola crece en las regiones ecuatoriales, pero la nuez es consumida por los musulmanes del norte de la sabana y del Sahel— (Lovejoy, 1995: 32-56). A principios del siglo XIX, su capital, Kumasi, tenía de 25.000 a 30.000 habitantes. El nombramiento de los altos funcionarios por el *ashantehene* dependía de su aptitud para acumular riquezas, en jarras llenas de polvo de oro, en esclavos, en armas y también en vasallos y en soldados. Sin embargo, los ashantis, acostumbrados a conseguir armas y polvo a cambio de los esclavos que exportaban tras su campaña militar anual, debieron readaptarse. En un primer momento, los esclavos se acumularon en un número importante en Kumasi y sus alrededores. Sin saber qué hacer con ellos, muchos fueron ejecutados (Terray, 1994); los sacrificios humanos celebrados ritualmente cada año en honor de los antepasados, y en mucha mayor proporción, con ocasión de los funerales de los reyes tendieron a exagerarse en este periodo (igual sucedía en Dahomey). Pero pronto el rey y los jefes provinciales utilizaron a los esclavos para cosechar las nueces o para explotar el oro; en la década de 1870 casi la mitad de la población ashanti tenía condición servil. Los reyes de Dahomey y de Porto-Novo hicieron lo mismo, promoviendo la explotación de palmerales naturales que aumentaron la riqueza de sus reinos. En las capitales (Porto-Novo, Kumasi, Abomey, donde, en 1851, un tercio de los habitantes eran esclavos) o en los grandes centros de la cola como Salaga, Bonduku o Buna, los esclavos aseguraban todos los trabajos necesarios: abastecimiento de agua, de madera y de alimentos a los mercaderes y las caravanas desde las grandes plantaciones periurbanas que podían emplear cada una a centenares de esclavos.

En Dahomey, el largo reinado del rey Ghezo estuvo marcado por la trata de esclavos pese a los reiterados intentos británicos para que la abandonara. Como hemos visto, Ghezo supo adaptarse a las nuevas demandas del mercado occidental produciendo aceite de palma. Durante un periodo transitorio de una veintena de años, este nuevo comercio, lejos de sustituir a la trata negrera, no hizo sino complementarla. El rey Glelé, sucesor de Ghezo en 1858, se rodeó de un ambiente más conservador que quiso volver a poner el acento en la trata. Los principales dignatarios locales habían continuado implicados en ella y los negreros afrobrasileños de la costa recuperaron su influencia; hacia 1860, Quenum, hijo de un gran mercader (y antiguo esclavo) de Abomey, era dueño de millares de esclavos, lo mismo que el *brasileño* Domingo Martínez. Pese a todo, el comercio de aceite de palma seguía progresando. En grandes plantaciones no divididas, grupos de esclavos aseguraban la producción de nueces de palma y el transporte de este "comercio legítimo". En cuanto al rey, garante del equilibrio del país, su único vínculo con el comercio internacional era el tributo y las concesiones percibidas por los grandes dignatarios, junto con las famosas fiestas anuales de las "costumbres" celebradas en la capital, a las que estaban imperativamente invitados todos los negociantes europeos de la costa (Coquery-Vidrovitch, 1964). En Ouidah, el puerto de trata del país, actuaba a través de sus grandes dignatarios: el *yovoghan* (literalmente, el "jefe de los blancos"), encargado de las relaciones con los europeos y el famoso *cha-cha*, brasileño o, más probablemente, mestizo portugués Francisco Félix de Souza, muerto en 1849, gran traficante de esclavos que habría financiado el complot por el que el rey Ghezo usurpó el trono; después de la muerte del *cha-cha*, el nuevo favorito fue Quenum, que dio origen a una estirpe de notables, mercaderes, sacerdotes e intelectuales. El rey supo jugar permanentemente con la competencia franco-británica en todos los dominios, incluso en la esfera religiosa, en la que misioneros católicos y protestantes se enfrentaban siguiendo los intereses de sus metrópolis respectivas (Coquery-Vidrovitch, 1962).

Sin llegar a estar tan estructuradas, fueron muchas las pequeñas formaciones políticas que supieron sacar partido de su posición privilegiada de intermediarios y de actores del sistema atlántico. Sucedió así a todo lo largo de la costa occidental de África, desde el Camerún hasta la Namibia actuales, y en las tierras del interior de Loanda. Tanto en las sociedades desestructuradas en las que el poder no pasaba del jefe de poblado, como en las sociedades laguneras de Costa de Marfil (Memel-Fotê, 2007), no existían apenas campesinos libres que no tuvieran al menos uno o dos esclavos, sin contar la práctica de la entrega en prenda para el pago de una deuda o la reparación de una ofensa (Lovejoy y Falola, 1994). Es en las regiones sometidas a razias frecuentes donde la esclavitud local parece haber sido menos habitual, igual que en el país mosi o el gurunsi (en la actual Burkina Faso), que servían de reservas para la trata.

En el país igbo (sureste de Nigeria), donde el aceite de palma se producía a nivel local (de los poblados), una clase de notables basó su riqueza en el control de las tierras, la importancia de las transacciones comerciales, el número de clientes y de esclavos; las empresas africanas que comerciaban en el río empleaban centenares de esclavos organizados de forma paramilitar. Se cita a una propietaria de la zona que en 1841 era dueña de 200 esclavos para la producción de aceite y de ñames (Ohadike, 1994: 186). Las ciudades mercantiles, como Onitsha, o las islas del delta del Níger, como Bonny u Opobo, encerraban millares de esclavos porteadores o piragüeros; un mercader de Calabar, hacia 1880, poseía 3.000 repartidos en tres plantaciones. La ciudad-Estado de Bonny, sobre el río del mismo nombre en el delta del Níger, es uno de los centros de trata más conocidos que, como los demás, inició su auge a finales del siglo XVII. El rey Pepel, "auténtica celebridad negrera" (Daget, 1997: 151) reinó en ella desde 1792 a 1828. Exigía a los hombres libres un tributo en esclavos que revendía a los barcos negreros que conseguían llegar a la isla. Hablaba inglés, lo que facilitaba sus negociaciones con los comerciantes británicos, muy activos en los golfos de Benín y de Biafra desde el siglo XVIII. Se conoce en detalle su manera de proceder gracias a dos expediciones que hizo hasta allí el barco nantés *La Bonne-Mère*, en 1802, antes de la prohibición, y en 1815, después (Saugera, 2012). El ceremonial y las prácticas comerciales apenas diferían de las que venían teniendo lugar al menos desde hacía dos o tres siglos.

Lo mismo sucedía entre los tucorores de Futa Toro y los peuls de Futa Yalon, así como en las grandes ciudades-Estado yorubas —Ibadán, Ijebu, Abeokuta, Lagos— (Mann, 2010) que continuaban siendo esclavistas debido a las guerras internas incesantes que padecieron en el siglo XIX. Así, en 1807 (el mismo año de la prohibición oficial de la trata) fue capturado en el alto Gambia, en el transcurso de una campaña militar enemiga, Omar Ibn Said; según sus afirmaciones, había nacido hacia 1770 en un lugar entre los ríos Senegal y Gambia, y había recibido una profunda educación en árabe bajo el gobierno de tres jeques. Escribió su autobiografía, también en árabe, en 1831 en los EE UU. Murió allí en 1863, siendo todavía esclavo (Alryyes, 2011).

En todos estos reinos negreros, los hombres libres eran tan solo una minoría de la población, cualquiera que fuese la religión que practicasen, animista, musulmana o cristiana. Así, el jefe Kurumi de Ijaye poseía, en 1859, 300 mujeres y un ejército de 1.000 esclavos, sin contar a todos los que hacía trabajar en sus plantaciones. Porque los ejércitos de esclavos debían ser alimentados por otras hordas de esclavos.

Además de Lagos antes de la ocupación inglesa (1851), la ciudad más esclavista era Ibadán, por la que pasaban varios miles de esclavos cada año, en su mayoría hausas musulmanes; a los "malos" se les vendía, a las mujeres se las colocaba en harenes, los más ágiles servían como soldados, otros eran utilizados como artesanos o portadores y a la mayoría se les enviaba a los campos, donde trabajaban a las órdenes de jefes de equipo también esclavos, y donde corrían el riesgo de ser capturados en alguna incursión producto del menor disturbio. En los años 1860-1870, un centenar de familias eran dueñas de más de 50.000 esclavos. La señora Efustan poseía 2.000 en sus tierras, sin contar los que tenía en la ciudad (Lovejoy, 1983: 173-175).

De Camerún, hasta entonces poco penetrado, a Angola, las empresas comerciales europeas establecían cada vez más factorías. En 1828, la fundación de Kribi, en el sur de Camerún, dio lugar a la creación rápida de una red comercial en el interior del país, hasta entonces protegido del comercio atlántico. Más al sur, en el estuario del Ogué (en el Gabón actual) la sociedad mpongwe se transformó en una verdadera empresa dedicada al comercio de esclavos y empezó sus primeras interacciones con la cultura francesa (M'bokolo, 1980). Al mismo tiempo, tierras adentro, aumentaron la trata y la utilización de esclavos; se intensificó la caza de elefantes, a causa del marfil, efectuada por especialistas como los keles del estuario del Ogué, o los tchokwes de la cuenca del Congo. Así las zonas del interior se transformaron en un espacio económico integrado.

LOS ESTADOS DE CONQUISTA

El gran aumento de conversiones al islam, consecuencia de las yihads, que desembocaron en mutaciones políticas internas de considerable importancia, fue en parte una respuesta africana a la conmoción económica provocada en occidente por la revolución industrial. En efecto, la prohibición de la trata atlántica por los europeos y los americanos, decisión unilateral resultado de la conjunción entre intereses económicos nuevos y el auge del "humanismo liberal", supuso el cierre progresivo del mercado atlántico. Las redes africanas internas de la trata debieron pues reorganizarse, transformando los pueblos del interior en amplias reservas de razias.

En el Sudán occidental, los peuls se desplazaron masivamente hacia el este durante la yihad conducida por Usman Dan Fodio (en lo que ahora es el norte de Nigeria) entre 1804 y 1810. Además de los peuls, otros nucleos de emigrantes venidos del norte se establecieron también en el país hausa, refugiados de los grupos dependientes de los tuaregs (bereberes) de Bornu, que instalaban siempre más al sur sus colonias serviles. Antiguos esclavos abandonaron sus exiguos rebaños para dedicarse al comercio de la sabana; algunos se establecieron en el país hausa en Kano o Katsina. En la década de 1850 ocupaban allí barrios enteros. Su comercio de dátiles, de sal del desierto y de nueces de cola (muy solicitadas por los peuls), estaba dirigido tanto hacia el norte como hacia el sur. La lengua hausa se convirtió en el idioma del comercio en toda la sabana. Se instalaron un poco por todas partes, favoreciendo los desplazamientos y los tratos de las caravanas que reunían a un número considerable de viajeros debido a la inseguridad dominante en la ruta del norte. Una expedición reunía fácilmente a 1.000 o 2.000 personas, incluso más, entre ellas esclavos, conductores de asnos, y muchas mujeres y niños. El explorador inglés Clapperton habla de una caravana de 4.000 esclavos entre Sokoto y Kano en 1827. Se sabe también que una caravana de más de 1.000 personas fue atacada y dispersada mientras atravesaba Bornu a finales de los años 1880 (Lovejoy, 1980: 102).

Los tratantes negreros africanos no sabían qué hacer con los esclavos que el Atlántico ya no aceptaba. Se les indujo a utilizarlos de otra manera y, cada vez más, a los esclavos capturados se les empleaba en el mismo país como trabajadores o como soldados. Los aristócratas musulmanes de las ciudades del Sahel fueron los principales beneficiarios de este proceso. Por ejemplo, Kano, importante ciudad hausa del interior, dio lugar a un artesanado textil muy activo de paños de algodón cuya mano de obra era exclusivamente servil (Frishman, 1977: 212-250). Las manufacturas de Kano abastecieron al conjunto del mercado de África del oeste con algunos centros textiles secundarios, como Gumbu en el Sahel (Meillassoux, 1970 y 1973) antes de que la colonización británica las sustituyese, a finales del siglo XIX, por cotonadas importadas de Inglaterra. En cuanto a los esclavos soldados, fueron a engrosar las filas de los ejércitos internos de conquista que dieron lugar a imperios tanto en el oeste africano (teocracias religiosas) como en el África centrooriental (imperios que practicaban abiertamente el pillaje).

En la segunda mitad del siglo, la esclavitud interna africana se intensificó a medida que se reducía el mercado atlántico. Ninguna de las formaciones políticas africanas había aceptado esta reducción, aunque los ingleses habían intentado conseguirla por medio de tratados ajustados a tal fin, acuerdos internacionales negociados y nunca por *diktats* impuestos. Es cierto que acabaron por firmarse algunos tratados, pero en ningún caso el fin de la trata atlántica ralentizó los tráficos internos. En Senegambia o en Futa Yalon, el trabajo servil se convirtió, como nunca hasta entonces, en el modo de explotación más extendido. Al norte del actual Senegal, a lo largo del río, la cosecha de goma la hacían esclavos de los "moros" que podían recoger cada uno hasta cuatro kilos de goma diarios. Esta población servil procedía de razias en el país wolof. El emir moro de los trarzas mantenía estrechas relaciones con los comerciantes wolofs de Saint-Louis (Webb, 1995).

Incluso allí donde la presión antiesclavista era muy fuerte, como en la península de Freetown en Sierra Leona, a la que habían traído a lo largo del siglo millares de "liberados", la esclavitud *interna* de las poblaciones temnes y mendes de tierras adentro, progresivamente integradas en la colonia, no fue prohibida por los británicos hasta 1928. El comercio impulsado por la presencia europea había multiplicado los intercambios de sal, arroz y productos manufacturados de importación por oleaginosas y productos alimenticios del interior; la necesidad de incrementar la cantidad de estos últimos se hizo a costa del trabajo de numerosos esclavos. A finales del siglo XIX se estimaba que, en el interior de Sierra Leona, a la mitad de la población mende se la mantenía en condición servil (Lovejoy, 1983).

En 1815, la paz acordada en Viena había provocado que se desecharan cantidades importantes de armas, cantidades periódicamente renovadas a lo largo del siglo a causa de los progresos tecnológicos que modernizaban a los ejércitos europeos. Los fusiles inutilizados se transformaban, en centros siderúrgicos especializados (como la ciudad de Lieja, en Bélgica), en "armas de trata" con las que Europa occidental inundó al mundo mediterráneo arabomusulmán. Además, la apertura del canal de Suez en 1869, que establecía un contacto directo entre el Mediterráneo y el mar Rojo, permitió que se evitase la circunnavegación de África. Así, paradójicamente, el fin de la trata atlántica (orgullo de los europeos) contribuyó a intensificar la trata africana central y oriental, haciendo del océano Índico su último centro de negocios. En el último tercio del siglo XIX, el sultanato de Zanzíbar se convirtió en el foco negrero más importante que dominaba la costa oriental africana, desde Omán (en el sur de Arabia) hasta la isla de Mozambique. Árabes, indios y swahilis fueron los principales actores.

"¿La formación de sociedades esclavistas en África [...] fue una consecuencia del final de la trata atlántica?"[209]. El hecho es que las sociedades africanas del siglo XIX se transformaron casi todas en sociedades esclavistas *stricto sensu* (Meillassoux, 1986), e hicieron de la guerra el instrumento más importante de las transformaciones sociales y políticas. Así, emergieron nuevos jefes políticos, religiosos y militares que se pusieron a la cabeza de ejércitos compuestos de millares de soldados esclavos. Los imperios que resultaron de este proceso de conquista adoptaron la forma de teocracias musulmanas en África del oeste, y la más brutal de imperios esclavistas en África oriental y central. En esta región, los jefes se convirtieron en grandes negreros, encargados en lo sucesivo de abastecer de esclavos sus propias fuerzas así como los mercados serviles del océano Índico. El Ministerio francés de las Colonias reconocía a finales de siglo un fenómeno análogo en Costa de Marfil: "Como en el resto de África, hay todavía, por desgracia, cautivos en el círculo de Lahou; pero no son originarios de allí; comprados en el interior y sobre todo entre los samoris, se les lleva clandestinamente a las regiones sometidas a nuestra influencia"[210].

LOS ESCLAVOS DE CONTRABANDO

Los únicos relatos de esclavos no musulmanes que tenemos en la actualidad datan del siglo XIX. Son por tanto fruto de hombres llegados de zonas cercanas a la costa, donde el islam apenas había aparecido salvo en la forma de colonias, limitadas en número, de comerciantes extranjeros procedentes del norte. En esta época, los primeros conversos alfabetizados por las misiones cristianas pudieron, a su vez, comunicar sus aventuras. Fue en particular el caso de los esclavos "liberados", cuando la

209. Según el título de una conferencia del historiador Ibrahima Thioub. Coloquio *Yves Person. Un historien engagé dans son temps*, Centre d'études des mondes africains, París, 20 de junio de 2013. Véase también Klein *et al.*, 2013.

210. Carta del administrador del círculo de Lahou al gobernador de Costa de Marfil, 5 de febrero de 1898, citada en Memel-Fotê, 2007: 501.

marina inglesa empezó a interceptar barcos negreros de contrabando, después de 1807. En efecto, desde 1787, el Gobierno británico, bajo la presión de misioneros abolicionistas, buscaba desembarazarse en la península de Sierra Leona de los negros pobres que vivían en Inglaterra y de los negros leales de las antiguas colonias americanas, algunos de los cuales se habían refugiado en Canadá. Para hacer frente a las consecuencias de la abolición de la trata, Sierra Leona pasó a ser en 1808 colonia de la Corona; se trataba de acoger a los "liberados" en el mar cuando no se sabía qué hacer con ellos. Se les confiaba a la Church Missionary Society en la ciudad de Freetown, fundada en 1792. Fueron bautizados y educados con mano de hierro a fin de transmitirles los valores occidentales. Muchos de estos cristianos nuevos eran yorubas, víctimas como tantos otros de los disturbios y de las guerras incesantes provocadas por la presión de los peuls musulmanes de Usman Dan Fodio. Algunos de ellos escribieron el relato de sus aventuras.

La historia de Osifekunde, originario del país ijebu (entre Benin City y Oyo), nacido hacia 1798, se remonta a la década de 1810. La contó en torno a 1840 a un etnólogo francés[211]. Osifekunde era nieto de un jefe muy polígamo, y comerciaba, como su padre, en piragua por las lagunas. En 1820, a la edad de 22 años, cuando transportaba unas mercancías europeas compradas en Lagos, fue capturado al amanecer por unos piratas que, pasados cuatro días, lo vendieron en la costa nigeriana. No dice más sobre su apresamiento.

Samuel Crowther, más conocido porque llego a ser, con ese nombre cristiano, el primer obispo anglicano nacido en África, tenía en torno a 15 años cuando le capturaron, en marzo de 1821 o 1822. Su familia se vio inmersa en el torbellino de las guerras yorubas provocadas por la influencia musulmana en la ciudad de Oyo, tomada por una fuerza de unos 20.000 soldados peuls reforzados por los esclavos hausas (y musulmanes) que se habían sublevado. En efecto, tras la conquista del país hausa por la yihad de Usman Dan Fodio, a comienzos del siglo XIX, hausas musulmanes del norte y yorubas animistas o cristianos del sur no dejaban de hacerse la guerra y de tomarse como esclavos unos a otros. Samuel permaneció un tiempo, especialmente agitado, en el circuito interno de la trata. Fue hecho prisionero no lejos de Oyo, en Osogun,

211. Marie-Armand d'Avezac había recogido y publicado finalmente su relato en 1845 (véase Avezac, 1845).

asediada y entregada a las llamas, de la que intentaban huir, presas del pánico, sus casi 10.000 habitantes. Su madre, sus dos hermanas (una de ellas un bebé de 10 meses de edad) y uno de sus primos fueron también capturados. Finalmente, Samuel fue adjudicado al jefe de la banda, que lo cambió inicialmente por un caballo. Más tarde, poco satisfecho con el animal, recuperó a Samuel que trabajó como esclavo para él hasta el principio de la estación de las lluvias, mientras la circulación era posible para el comercio. Lo revendió después a cambio de armas y conchas de cauri y fue rescatado por una comerciante oyo que lo utilizó como tejedor durante la temporada seca hasta traspasarlo a los pocos meses, vendiéndolo esta vez en el circuito de la trata de exportación. Separado de los demás miembros de su familia y vendido de mercado en mercado, acabó en la laguna de Lagos, que le hicieron cruzar clandestinamente para embarcar, en diciembre (Page y Crowther, h. 1892), hacia América. Liberado, sin embargo, por la marina británica, llegó a Freetown donde recibió educación y tradujo la Biblia (entre otros libros) al yoruba y preparó varios diccionarios.

A partir de 1815 los portugueses retomaron sus actividades en la costa llamada de las Minas (Costa de Oro) dado que habían sido los únicos autorizados para seguir con la trata. Es cierto que su comercio solo se toleraba al sur del ecuador, pero bastaba que sus barcos hicieran escala cerca de Loanda para justificar su cargamento, aunque se hubiera realizado de manera ilegal más al norte. No renunciaron a practicar un contrabando activo en la costa nigeriana con los afrobrasileños retornados al país. Los minas y los yorubas fueron los últimos esclavos enviados a Brasil, hasta que los británicos empezaron a oponerse firmemente a este tráfico e hicieron de Lagos, en 1851, un protectorado para luchar contra aquel foco de trata de esclavos.

Las tierras del interior continuaron siendo muy inseguras incluso hasta comienzos del siglo XX, en especial el Sahel, en el país hausa. Baba de Karo (Nigeria del norte), que relató su vida en 1950, ha descrito cómo —al principio de la colonización británica, hacia 1902— los saqueadores se dirigían con preferencia a las mujeres y a las niñas: "Un día [un día de boda] los hombres de Mai Sudan capturaron a la esposa de Kado, a la novia, a una nieta llamada Laraba y a Rabi, la esposa de nuestro padre [...]. Las capturaron a todas mientras trabajaban en los arrozales". Y añade: "Forzaron la entrada de la concesión y se llevaron a tres [hijos de Ubangida, tío de Baba] y a Gambo, su mujer, que estaba encinta de varios meses, y una decena de sus esclavos" (Baba de Karo, 1954: 56-57). El marido expoliado (que se había escondido en el hogar)[212] los recuperó ("los hombres de Mai Sudan no conservaban nunca a sus prisioneros, los vendían y cogían el dinero") pero debió pagar fuertes rescates cuyo importe solo consiguió reunir la familia al cabo de tres meses: 400.000 cauris[213] por la mujer, 400.000 por cada uno de los tres hijos y 400.000 por el hijo que iba a nacer. Baba no indica el precio pagado por los esclavos secuestrados al mismo tiempo, ni incluso si fueron recuperados.

LA ESCLAVITUD ENTRE LOS SEÑORES DE LA GUERRA

En las zonas colonizadas pero todavía no ocupadas, y por tanto fuera de control, la trata africana siguió siendo intensa. Existen pruebas gracias a un documento excepcional, la agenda de un jefe peul esclavista ilustrado del norte de Camerún, Hamman Yaji, el traficante de esclavos más conocido de la montañas Mandara, en los límites con Nigeria. Aprovechó las rivalidades entre los colonizadores británicos, alemanes y franceses para mantener su tráfico en la impunidad más total hasta el cambio de siglo (Van Beek, 2012).

Hasta entonces, en las costas y en tierra adentro, tanto en el Atlántico como hacia El Cabo o en el océano Índico, la esclavitud, muy extendida, presentaba características mixtas, entre especificidades internas y las de la trata internacional. Una forma de esclavitud productiva próxima, en principio, a la que se desarrollaba en la misma época en el sur algodonero de los EE UU, acompañaba a una esclavitud autóctona en el país de los akans, entre los yorubas, los igbos, los tchokwes, los babanguis, los tios (batekes) en el oeste, los nyamwezis o los yaos en el este. Así, entre los batekes, la aldea de Mswata, sobre el río Congo, contaba tan solo con ocho o nueve hombres libres, las 85 mujeres del jefe Ngobila y cerca de 200 esclavos; los más importantes príncipes-comerciantes de Ntamo, sobre el Pool, tenían cada uno al menos 20 mujeres y varios centenares de esclavos (Vansina, 1991). Eran, como pasaba entre los bobanguis y otros pueblos de la depresión del Congo o la del Zambeze, unas sociedades

212. La cama hausa es una banqueta alzada hecha de arcilla debajo de la cual se ha cavado un hueco donde se puede encender fuego cuando hace frío.

213. En aquella época, 400.000 cauris equivalían a unas 10 libras.

profundamente esclavistas donde un número alto de mujeres esclavas eran utilizadas en la producción de alimentos y en la reproducción del linaje.

Progresivamente, en el siglo XIX, el papel de los africanos del interior en la trata fue haciéndose determinante (Médard y Doyle, 2007: 2). Hasta entonces, no había una relación evidente entre el uso interno de los esclavos y la trata internacional: era un sistema de poder regional autóctono, en el que la guerra proveía de esclavos que se utilizaban para la supervivencia local. Esto cambió en el siglo XIX. Así, por ejemplo, según algunos testimonios, a final de siglo en el país nyamwezi (Tanzania actual), las tres cuartas partes de sus habitantes iban a ser en lo sucesivo esclavos. Además de los numerosos porteadores de las caravanas que dirigían hasta la costa, los nyamwezis utilizaban esclavos (sobre todo burundeses o masáis de Kenia) que buscaban en el interior para que abastecieran de alimentos a las caravanas. A partir de entonces, el país nyamwezi fue más importador que exportador de esclavos. En toda África se produjo un proceso comparable al analizado por Claude Meillasoux en los Estados yihadistas de África del oeste: se implantó un "modo de producción esclavista" a la africana.

LA REACTIVACIÓN DE LA TRATA TRANSAHARIANA

Hacia el norte, la trata conoció también, a todo lo largo del siglo, una actividad renovada, generada por la amplitud de las yihads peuls que asolaban el oeste africano, procesos a los que hay que añadir las demandas de esclavos de Egipto y los estragos del Imperio de Rabah, que ocupó, desde el alto Nilo a los alrededores del lago Chad, el conjunto del Sudán central entre los años 1879 y 1900.

Se conocen pocos relatos precisos de esclavos víctimas de la trata transahariana. Pero al menos se ha reconstruido, en el siglo XVIII, el itinerario de un esclavo célebre por más de un motivo, ya que llegó a ser general en jefe del ejército del zar Pedro el Grande y bisabuelo del gran poeta Pushkin: hijo de un jefe, con una edad de seis o siete años, Hanibal habría sido secuestrado en algún lugar del norte de Camerún hasta acabar, a través de Egipto, en la corte del sultán otomano de Constantinopla, que lo regaló al zar. Este, atraído por las ideas de la Ilustración, quería demostrar que la cultura no era fruto del color, sino de la clase social.

Seducido por la inteligencia de aquel hijo de un jefe africano, decidió velar por su educación (Gnammankou, 1996 y Tourneux, 2006).

Otro esclavo hizo un itinerario al menos igual de sorprendente: fue Ali ben Said, cuyo periplo le llevó por cuatro continentes. Su relato se publicó en 1867, cuando ya era libre y enseñaba en los EE UU, en un periódico de Boston, *The Atlantic Monthly*, con el título "A Native of Bornoo". Esta autobiografía demuestra las interconexiones mundiales de la trata negrera. Está confirmada por la cualidad del personaje, las huellas que dejó en los archivos y los relatos contemporáneos de otros viajeros, tanto en África como en Rusia o en otros lugares. Said nació en Kuka, capital de Bornu, a principios de los años 1830. Era uno de los hijos de Barca Gana, también esclavo pero de calidad, puesto que era uno de los oficiales más importantes de la caballería del soberano de Bornu, El-Kanemi, apodado por el autor "el Washington de Bornu". Este Estado saheliano a orillas del lago Chad no fue visitado por primera vez hasta los años 1850, por el explorador Heinrich Barth.

Said era "uno de los 19 hijos de su padre, 12 varones y siete hembras, y el noveno de su madre". Todos sus hermanos fueron educados en árabe y en turco. Dos de ellos eran ricos mercaderes y habían peregrinado a la Meca. Cuando su padre murió, guardaron sus bienes y su oro hasta que los varones tuvieran 20 años. Él, que tenía entonces siete, fue enviado a la escuela coránica donde, en cuatro años y medio, aprendió a escribir árabe y también su propia lengua en caracteres árabes. Hacia los 12 años fue circuncidado junto con unos 300 chicos en unas ceremonias que duraron tres semanas. En torno al año 1849, fue invitado con tres de sus hermanos a cazar en la provincia arbolada de "Yaoori y Laree". Como su madre le había predicho, le perdió su gusto inmoderado por la caza: se había llevado al bosque a 18 de los 40 chicos de su grupo. No fue una buena idea: unos saqueadores tuaregs que merodeaban por la zona se los llevaron a caballo y después les hicieron atravesar el Sahara con quinientos caravaneros cargados de esclavos y de marfil. Said fue vendido en dos ocasiones: primero en Murzuq y después en Trípoli. A partir de allí sus desplazamientos se rigen por el azar de las ventas de las que fue objeto, habiendo tenido la relativa suerte de no frecuentar más que a aristócratas que, debido a su elegancia natural, lo utilizaban como criado de calidad: primero residió en la Meca, después en Egipto y de ahí pasó a Turquía, donde no tenía más ocupación que la de preparar el tabaco y la pipa de su amo. Este lo cedió a un hermano suyo que lo vendió de nuevo en

Constantinopla a un príncipe ruso enviado de embajada ante el sultán por el zar Nicolás I. Lo hallamos pues instalado en San Petersburgo en 1853, donde su dueño, llamado a combatir en la guerra de Crimea, lo vendió antes de partir a otro aristócrata, ahijado del zar. Mientras, había aprendido francés, el idioma de la nobleza. Un año más tarde, en 1854, su dueño lo hizo bautizar (y sin duda lo liberó) con el nombre de Nicolás, aparentemente sin su conformidad, porque escribe: "No puedo dejar de pensar que fue discutible la forma en la que fui bautizado, porque debía haber estado plenamente advertido de lo que suponía". A partir de ahí, empezó a recorrer Europa siguiendo a su dueño, pasando de Dresde a Venecia y a Florencia, más tarde a París y a Londres en 1856. Tres años después se embarcó en Liverpool "en compañía de un holandés" hacia Canadá. Desde allí pasó a Detroit, donde salió de la pobreza enrolándose como "Massachusetts Colored Volunteer" en las tropas de la Unión en la guerra de Secesión norteamericana. Herido en Carolina del Sur en 1865, quedó a salvo del regreso forzado a África (a Liberia) gracias a su matrimonio con una *african-american*. Así acabaron las tribulaciones de un esclavo que debía a la trata haber dado la vuelta al mundo y que murió en Tennessee en 1880 (Austin, 1997).

ÁFRICA ECUATORIAL

Por toda el África ecuatorial, la trata africana, que se había iniciado en connivencia con la trata portuguesa clandestina, continuaba tardíamente con la complicidad de los portugueses (en Angola), también de los belgas (en el Congo), de los franceses (en el Congo y en Gabón), de los españoles (en Río Muni), de los holandeses e incluso de los traficantes británicos que no vacilaban en recurrir a la mano de obra esclava, casi gratuita, que les proporcionaban los jefes africanos. Se sabe, gracias al testimonio de dos esclavos, que reinaba entonces en la costa congoleña una inseguridad total: Lichi y su mujer fueron capturados en 1828 a raíz del rapto de sus padres y del de sus madres. Solo el abuelo y la joven pareja consiguieron salvarse. Conscientes de la creciente inseguridad, decidieron ponerse a cubierto alejándose del río. Pero Lichi fue capturado cuando se había aventurado en el bosque para llevar brotes de palmera a su amada, mientras ella, inquieta al no verlo regresar, se hizo prender saliendo en su búsqueda[214]. Los dos fueron embarcados finalmente en un barco negrero.

El comercio de esclavos se intensificó también al sur del ecuador, por debajo de Libreville, puesto creado en 1848 por los franceses para luchar, en principio y como indica su nombre, contra la trata. Pero el resto de Gabón (en especial la zona meridional de Fernan Vaz) y la desembocadura del río Congo solo estaban sometidos a un control laxo. En la segunda mitad del siglo XIX, traficantes y empresas de importación y exportación de todas las nacionalidades rivalizaban en una zona que no estaba todavía (salvo el entorno de Loanda) políticamente "atribuida" y por tanto no estaba controlada por las potencias europeas en competencia. Los exploradores Henry M. Stanley y Pierre Savorgnan de Brazza no la exploraron hasta años cercanos a 1875. Fue por tanto una zona propicia para la trata de contrabando hasta una fecha avanzada, ya que la emancipación de los esclavos no se produjo hasta 1875 en el conjunto del Imperio portugués (África incluida), en 1878 en Cuba (donde se había anunciado 10 años antes) y en 1888 en Brasil. Los testimonios de los exploradores de finales del siglo XIX hacen referencia a sociedades esclavistas que no solo utilizaban localmente a los esclavos, sino que intervenían también en su comercio, como lo prueban las actividades caravaneras rentabilizadas, además, por los jefes locales que obtenían ventajosos "derechos de paso": así, el poblado de M'Buku, "situado en medio del bosque, se fundó en la ruta de negocio por un jefe que se rodeó de sus esclavos armados de fusiles y se arrogó el poder de recaudar derechos de peaje exorbitantes a cualquier caravana, tanto de ida como de vuelta" (Coquery-Vidrovitch, 1969: 379)[215]. A comienzos de 1885, debido a una hambruna severa que se produjo tras seis meses de sequía, un traficante intérprete o *linguister* "se pone de acuerdo con los españoles y los portugueses de Fernando Poo y contrata a unos indígenas por un periodo de año y medio; pero como habían hecho ya con los *krowmen* [esclavos comprados en el país][216] en Santo Tomé, los plantadores portugueses se guardan mucho de repatriarlos al final de su contrato y los convierten casi en esclavos. ¿No

214. Tomado de Xavier Tanc, *De l'esclavage aux colonies françaises et spécialement à la Guadeloupe*, y Adolphe Juston, *Lettre d'un magistrat de la Guadeloupe pour rendre compte de sa conduite* (1832), libelos reeditados por Picard, 1998 (citado en Sainton, 2012: t. 2, 201).

215. Informe del lugarteniente Manchon al comandante de los establecimientos franceses del golfo de Benín, Loango, 27 de noviembre de 1884.

216. Se les llamaba así en toda la zona, en recuerdo de los piragüistas *krumen* [hombres de Kru] utilizados desde hacía mucho tiempo en la costa de los Kru a lo largo del golfo de Benín.

podríamos detener este tipo de trata que despuebla el país? ¡400 hombres se han ido ya!" (Coquery-Vidrovitch, 1969: 381)[217].

Los europeos continuaron comprando y utilizando esclavos mucho después de que la trata fuese oficialmente prohibida. Charles Dolisie, integrante de la misión Brazza de 1883, había tomado como guía, para ir del río Congo al Ubangui, "a Mololo, esclavo de Ibaka-Sile-Mokemo en Esuku; a Yambi, esclavo de Combabeka en Bonga; a Matsamema, esclavo del poblado de N'Dombi en Bonga. En el camino, tomé un cuarto" (ibídem: 332)[218]. Para solucionar una disputa entre jefes, "Mokemo y N'Koko reclaman ocho hombres [con seguridad esclavos], 10 grandes dientes, ocho barriles de pólvora, dos fusiles y una braza de borra roja" (ibídem: 336).

Oficialmente, las compañías europeas hacían comercio "lícito" de maderas de tinte, de marfil y más tarde de látex y los informes oficiales se mostraban discretos, aunque el control era imposible. El comercio más rentable para los africanos seguía siendo el de los esclavos y no solamente hacia el Atlántico. Tenemos algunos indicios respecto a una zona a la vez muy comercial y de difícil acceso, la del "país de los ríos", a lo largo del Almina, afluente de la margen derecha del río Congo (Coquery-Vidrovitch, 1972: 254). Había sido colonizado hasta entonces por las tribus bubanguis venidas de partes más altas del río a mediados del siglo XIX. A la llegada de los europeos era un centro vital del gran comercio congolés. En la confluencia del Almina, los likubas aseguraban el tránsito, hacia el río Congo y hacia el Pool, de los productos transportados desde el Sangha y el Ubangui: esclavos, palo rojo, marfil y pronto látex, a cambio de mercancías de trata —tejidos, pólvora y productos de pacotilla— aportados por la mediación de los bakongos hasta lo que iba a ser Brazzaville. Pueblo adaptado al agua, instalados en una zona pantanosa donde no podían pescar, los likubas debían desde tiempo atrás su riqueza al comercio, en el que los esclavos ocupaban una posición importante. Resistieron bien la ficticia vigilancia de los primeros franceses. Todavía en 1911 seguían siendo incontrolables y pasaban de contrabando, por la noche, delante de las factorías del bajo Almina, los productos comprados río arriba con destino a puestos intermedios y pistas clandestinas: "Cómo se podría, en efecto, impedir la circulación clandestina de las piraguas

217. *Rapport de l'enseigne de vaisseau Mauduit au commandant supérieur*, Libreville, 14 de enero de 1885, CAOM, fondo Brazza.

218. Carta de Dolisie a Chavannes, puesto de Ubangui-Domino, 19 de mayo de 1885.

indígenas que, con un calado de unos pocos centímetros, llevan fácilmente una tonelada de mercancías y se deslizan silenciosamente entre los brazos del río y los innumerables arroyos que se entrecruzan y comunican unos ríos con otros" (ibídem: 254)[219].

No hay duda que uno de los factores decisivos de la decadencia, además de la expansión de la enfermedad del sueño, fue la dificultad creciente para seguir practicando el comercio más lucrativo de la zona: el de los esclavos; y también, que las "poblaciones de reserva" de la trata buscaron sustraerse a la explotación de la que eran víctimas acercándose a los colonizadores. Así, los fangs, iniciando su descenso hacia la costa, dieron prueba, pese a la oposición de los bubanguis, de una notable capacidad de adaptación para sacar provecho de la protección de los blancos y de asimilar sus técnicas comerciales (véase al respecto Balandier, 1969).

ÁFRICA PORTUGUESA

En África central, en la segunda mitad del siglo, la evolución del armamento y la intensificación de las incursiones interiores para abastecer el comercio del marfil y la trata de esclavos trastornaron las tradiciones políticas. El modelo antiguo de jefaturas territoriales arraigadas en las estructuras de linaje y sostenidas por los cultos de la lluvia y el papel de los intercesores con los espíritus sobrenaturales (hechiceros o *spirit mediums*) fue minado por el bandidismo y por la guerra. El jefe nyamwezi, traficante de esclavos msiris, se apoderó de la zona de Katanga, relevado hacia el nordeste, sobre el alto Congo, por el zanzibareño Tippu Tip. Al oeste, el antiguo reino Kongo no era más que un recuerdo. El país estaba abandonado y minado por el alcohol y la carencia de herederos de los antiguos poderes, lo que supuso la fragmentación de las antiguas jefaturas. La supremacía portuguesa se había hecho total en la costa angoleña: Loanda estuvo ocupada de manera continua desde el siglo XVI hasta 1975. Los conflictos generados por la trata despoblaron la región. La densidad de población era, hasta la llegada de los portugueses, del orden de 35 habitantes por km^2, y había caído dramáticamente a cinco habitantes por km^2 a comienzos del siglo XIX.

219. Informe al ministro de las Colonias, Misión de delimitación Cottes y Périquet, Congo-Camerún, 1911, ANOM (Archives nationales d'outremer), *Rapports généraux*, 2D.

A partir del siglo XVIII, dos esclavos de cada tres procedían de África central. Desde la década de 1790, Benguela, en el sur, exportaba casi 12.000 esclavos y se cargaba allí una quincena de barcos por año, es decir, mantenía una frecuencia superior a uno al mes, más que en Loanda. Se calcula que entre comienzos del siglo XVIII y mediados del siglo XIX las mesetas del interior más cercano a la costa, una de las regiones más pobladas de Angola, proporcionaron 700.000 esclavos (se conoce el lugar de nacimiento de la mayoría gracias a los registros que se llevaban) que fueron embarcados desde Benguela hasta Brasil (Candido, 2011). A diferencia de Loanda, en la que un tercio de los esclavos se cambiaba por ron brasileño, el intercambio allí se hacía por textiles y armas. A la mayoría de los esclavos se los enviaba a Río de Janeiro (75 por ciento a finales del siglo XVIII, 90 por ciento en 1850), donde la corte del rey de Portugal se había refugiado en 1808 ante las amenazas de invasión napoleónica. Río de Janeiro se convirtió en el centro neurálgico del Imperio portugués, provocando el retorno de un número importante de afrobrasileños, principales vectores de la trata, hacia Benguela donde no había más que 13 o 14 blancos. Los afrobrasileños podían tener hasta 14 hombres y ocho mujeres esclavas; la mayoría disfrutaba de los servicios de tres o cuatro hombres y de tres a seis mujeres. Tanto brasileños como esclavos estaban habituados a los desplazamientos circulares entre la costa africana y Río: se señala así, entre 1809 y 1811, y de nuevo entre 1822 y 1823, la travesía del Atlántico por 50 esclavos africanos, hombres y mujeres, originarios de Benguela, junto con su amo. Al final de la década de 1820, el padre Thomé Fernandez envió desde Río a Benguela, donde había ejercido como sacerdote, a cuatro esclavos, para que vigilasen sus negocios. No era el primer caso: en los años 1750, el africano João Teixeira de Carvalho, nacido tierras adentro de Benguela, residente durante mucho tiempo en Loanda, que pasó varios años en Río de Janeiro, volvió a África para ocupar su puesto de eclesiástico ("instructor" de la catedral de Loanda) y practicar su oficio de comerciante. Se ganó muchas envidias y entró en dimes y diretes con el obispo de Angola que le acusó, aunque fuera negro, de "cristiano nuevo" (Pantoja, 2012). Se conoce también el caso de mujeres esclavizadas en Benguela y exportadas a Brasil, de donde regresaron, emancipadas y liberadas, convertidas en afrobrasileñas. Esta transformación identitaria tanto de hombres como de mujeres fue incentivada por la comunidad afrobrasileña de Benguela, igual que los benguelas de Río acogieron a sus primos africanos. Los lazos con Brasil eran tan fuertes que los habitantes de Benguela intentaron, en el momento de la independencia brasileña, en 1821-1822, convertirla en dominio brasileño. En 1830, a petición británica, Brasil aceptó formalmente acabar con la importación de esclavos. En realidad, el tráfico ilegal se retomó con más fuerza a partir de 1836: más de 30.000 esclavos fueron desembarcados en Brasil a comienzos de la década de 1840; entre 1831 y 1856, cerca de 75.000 esclavos eran originarios de Benguela. La última salida de un barco negrero de Benguela se remonta a esta fecha y a partir de entonces se produjo la decadencia de la ciudad. Los afrobrasileños decidieron volver definitivamente a Brasil (Curto, 2012).

LA COLONIZACIÓN ZANZIBAREÑA

No hay que olvidar tampoco, en el siglo XIX, el auge de la trata y de la esclavitud en África oriental, bajo el control exclusivo de árabes y swahilis[220]. La isla de Zanzíbar fue un eslabón central y el primer mercado de esclavos con destino a la península Arábiga, las islas del océano Índico y la India en los siglos XVIII y XIX. Para sostener su economía de plantación en pleno desarrollo cuando las islas de Zanzíbar y Pemba se situaron bajo la autoridad directa de Omán, la sociedad zanzibareña reforzó sus prácticas de esclavitud interna, doméstica y agrícola. Son numerosas sus huellas: en particular el mercado de esclavos de Mkunazini, en el corazón de la ciudad de piedra, y los almacenes de esclavos de Mangapwani. Globalmente, se ha calculado el número de esclavos sometidos a la trata hacia el océano Índico en cuatro millones, de los que la mitad fueron transportados tardíamente, sobre todo en la segunda mitad del siglo XIX. Una parte de ellos (de 12.000 a 15.000 al año en la década de 1840) fueron enviados al golfo Pérsico y al océano Índico (Beachey, 1977). La trata internacional —y no la trata interna del sultanato— fue prohibida en 1873 por presiones británicas, pero la prohibición tardó un cierto tiempo en llevarse a la práctica (Sheriff, 1987).

El sultanato de Omán, situado en el sureste de Arabia, dominaba desde el siglo XVIII la zona costera oriental que va desde el Cuerno de

220. La lengua y la sociedad swahili surgieron de un lento mestizaje cultural entre persas, árabes y africanos (sobre todo africanas) de lenguas bantúes, iniciado en el final del primer milenio de nuestra era.

África a Mozambique. En el siglo XIX, los árabes hicieron de Zanzíbar el punto de confluencia de la trata negrera en el océano Índico. Las islas de Zanzíbar y de Pemba se convirtieron, al mismo tiempo, en las únicas productoras mundiales de clavo. La población servil de Zanzíbar pasó de 12.000 habitantes en 1819 a más de 100.000 en la década de 1830. La isla entró también en el circuito atlántico: los barcos de comercio del sultanato hacían escala en Boston desde los años 1820, y el primer cónsul occidental en Zanzíbar fue, en 1830, un norteamericano (Glassman, 1995). La economía de plantación esclavista se dispersó por tierra firme (caña de azúcar, algodón, sisal, cocoteros). En esta época, la mitad, sin duda, de los esclavos "tratados" por los árabes y sus competidores locales swahilis permanecían en el continente, en esas amplias plantaciones bastante similares a las de algodón que se desarrollaban casi al mismo tiempo en el sur de los EE UU.

Allí también, el periodo 1750-1850 aparece como un siglo muy importante en la trata de esclavos, que alcanza un nivel casi industrial de actividad internacional a través del mundo. Hasta el final del siglo XIX mantuvieron su prosperidad, en torno al lago Malawi y en el corazón del África central, un extraordinario mosaico de señores de la guerra comerciantes y plantadores esclavistas (Yao, Nguni, Kololo, etc.).

LAS MUJERES ESCLAVAS

Las mujeres esclavas eran particularmente apreciadas, ya que garantizaban a la vez el trabajo en los campos y la reproducción biológica. Eran las primeras en ser capturadas en los raids de represalias o cedidas en caso de litigio o de deuda. Es fácil comprender por tanto las razones por las que muchas de ellas acabaron refugiándose en las primeras misiones de la región (Wright, 1993). La condición servil era mayoritariamente femenina en África central, donde predominaban sociedades de linaje poco jerarquizadas, en las que la distinción entre la suerte de una mujer esclava y la de una esposa libre no era muy evidente.

En el país yoruba o en Mali, la esclavitud se prueba por medio de relatos orales, pero las fuentes europeas son escasas (Ogen, 2011). Las primeras investigaciones administrativas de la época ponen de manifiesto que los esclavos habrían supuesto, en vísperas de la conquista colonial (finales del siglo XIX), casi la mitad de la población. Aunque los primeros observadores occidentales no hayan tenido en cuenta los sexos, se sabe que las mujeres eran sin duda mayoritarias. En el bajo Níger, la esclavitud femenina estaba muy extendida, debido al aumento de la producción de aceite de palma para la exportación. Desde los primeros años del siglo XIX, el aceite se convirtió en una materia prima indispensable para la revolución industrial inglesa (fábricas de aceite para las máquinas, jabón, velas...). Los grandes jefes polígamos adquirían decenas, centenares incluso, de esposas-trabajadoras, que por esta condición no tenían mucha voluntad de vender. En el marco de la división sexual del trabajo, estas mujeres eran las únicas que transportaban las nueces, fabricaban y vendían el aceite de los poblados, pero no podían beneficiarse de ello como habrían hecho unas mujeres libres (Fomi, 2011).

A partir del siglo XVIII, África central, que padecía una trata muy activa, asistió a un incremento del trabajo de las mujeres y a una búsqueda más activa de esposas esclavas, aunque ambos hechos ya se dieran antes. La situación se prolongó a lo largo del siglo XX colonial. El país bemba (en los límites actuales de Tanzania y del Congo meridional), respecto al que se dispone de varios relatos, era una de las regiones más afectadas. Las mujeres que contaron su historia eran ancianas de vida miserable que habían acabado por buscar protección en las primeras misiones protestantes situadas en el corazón del continente. Dado que la conversión al protestantismo exigía de quienes la solicitaban una especie de profesión de fe autobiográfica, los misioneros recogieron y transcribieron sus relatos (Wright, 1993).

Así, Bwanika, nacida a comienzos de los años 1870 en el país luba, fue vendida, todavía niña, por su padre, polígamo de 12 esposas. De acuerdo con la costumbre, el padre había debido, en compensación a la muerte de la madre de Bwanika, entregar tres esclavas a su familia política para casarse con una de sus hermanas menores y garantizar así la herencia. Como no encontró más que dos esclavas, entregó a su hija como si fuera la tercera... Entre 1886 y 1911, Bwanika pasó de mano en mano, sirviendo como auténtica herramienta de trabajo ambulante y siendo vendida y casándose (lo uno iba con frecuencia unido a lo otro) 10 veces. La trata interna era entonces tan intensa que Bwanika se encontró en un momento dentro de una caravana de esclavos conducidos hacia el Atlántico, para hacer el camino inverso, hacia el Índico, unos años más tarde. Entre otras aventuras, fue vendida a una banda de negreros de la costa oeste. Habiendo conseguido escapar, fue comprada otra vez (y se casó) con un albañil que trabajaba para unos misioneros dispuestos a instalarse a orillas del lago Mweru. Pero una vez llegó a territorio británico, el marido quiso venderla a unos comerciantes árabes. Bwanika consiguió escaparse otra vez, se casó de nuevo y encontró por último refugio en una misión protestante en la que se convirtió en 1905[221]. Esta historia evidencia que las redes africanas de trata atravesaban el continente de parte a parte.

Solo en el último tercio del siglo se produjo un cambio de escala y una pérdida de equilibrio coincidente con la gran depresión europea de los años 1873-1895. Se produjo un descenso del precio de los oleaginosos y un giro radical de los términos de intercambio que habían sido hasta entonces favorables para los dirigentes africanos (el precio de los oleaginosos tenía tendencia a aumentar mientras el valor de los bienes manufacturados de importación no dejó de bajar a todo lo largo del siglo XIX). Durante la gran depresión de la década de 1890, mientras el aceite de palma y los palmistes empezaron a suponer más del 80 por ciento de las exportaciones de Lagos, la tonelada cayó a 30 libras en 1881, y a 22 libras solo 10 años más tarde. Era la más importante crisis comercial que África occidental había conocido desde la abolición de la trata de esclavos (Hopkins, 2012). A partir de los años 1880, África en su conjunto padeció además una fuerte sequía y múltiples epidemias y epizootias; estos accidentes que se producían de forma recurrente acabaron por provocar una catástrofe ecológica que contribuyó a facilitar la conquista de todo el continente por los nuevos colonizadores, actores y testigos de una nueva era de dependencia.

LA GÉNESIS DEL RACISMO ANTINEGRO

Es paradójico que el mestizaje cultural, evidente y recíproco desde los orígenes de las tratas, se haya acompañado por parte europea, en el siglo XIX, con la "teorización" progresiva del racismo, que iba por el contrario a hacer más rígida la *colour bar*, es decir, los prejuicios ligados al color de la piel, tanto en África como en América. El cambio de la mirada europea hacia "el negro" se inició por el naturalista sueco Carl von Linné, que introdujo entre 1735 y 1758 la idea de "razas",

221. Para saber más sobre las mujeres esclavas, véase Coquery-Vidrovitch, 1994: cap. II.

supuestamente con orígenes y cualidades desiguales, que situaban al hombre blanco en lo alto de la escala y al negro en el puesto más bajo. Buffon no iba tan lejos en su *Histoire naturelle* (1766), porque en tanto que partidario de las Luces pensaba todavía, como la mayoría de sus pares, que el origen de las desigualdades se debía fundamentalmente a la desigualdad de las culturas. Creía por tanto en el origen común, único, de todos los hombres y contemplaba el "estado de naturaleza" caro a Jean-Jacques Rousseau con una mirada más bien benevolente. Sus propuestas, sin embargo, eran ambiguas: aun reconociendo sin equívoco algunas diferencias "anatómicas" entre negros y blancos, Buffon las atribuía a causas medioambientales más que biológicas (Curran, 2012: 188). El artículo "Negro" de la *Encyclopédie* de Diderot era revelador de la opinión dominante: "Carácter de los negros en general. Aunque por azar puedan encontrarse gentes honestas entre los negros de Guinea (la gran mayoría son viciosos), en su mayor parte son propensos al libertinaje, a la venganza, al robo y a la mentira"[222].

La génesis del racismo en el siglo XIX no es producto del azar: en el momento en el que las voces humanistas contra la esclavitud se hacían oír cada vez más vivamente, era necesario justificar de otra manera la supuesta inferioridad de los negros puesto que ya no eran estatutariamente inferiores en tanto que esclavos. Su inferioridad intelectual apenas era puesta en duda, incluso por filósofos hostiles a la esclavitud pero que no eran ajenos al racismo antinegro. Incluso el abad Raynal, el filósofo francés más activo en la campaña antiesclavista, dirigía hacia África una mirada pesarosa: nada allí "lleva la huella de una civilización algo avanzada". En el seno de este "pueblo tan poco ilustrado, las artes son poca cosa. [...] Conocemos a los que pertenecen a sociedades nacientes, y aun esos están en la infancia" (Raynal, 1783: t. III, cap. 12). Voltaire, por su parte, veía a los negros como "animales", "Sus ojos redondos, su nariz achatada, sus labios siempre gruesos, sus orejas dibujadas de maneras distintas, la lana de su cabeza, *la medida incluso de su inteligencia*[223] establecen entre ellos y las demás especies de hombres unas prodigiosas diferencias"[224].

222. Articulo "Nègre", *Encyclopédie ou dictionnaire raisonné des sciences, des arts et des métiers*, publicada por Denis Diderot y Jean d'Alembert (1751-1772). La redacción del artículo se le encargó a un plantador de las Antillas.
223. Las cursivas son de Catherine Coquery Vidrovitch.
224. Voltaire, *Essai sur les mœurs*, citado en Pluchon, 1984: 156.

La raza serviría para justificar el problema. Gobineau, a principios de los años 1850, teorizó la superioridad aria y en consecuencia el antisemitismo, pero podía haberse referido tanto a los negros como a los judíos[225]. La opinión de Hegel, en 1825, es también conocida: "En África, encontramos lo que ha sido denominado 'estado de inocencia', en el que el hombre se supone que vive de acuerdo con Dios y con la naturaleza. En este estado el hombre no es todavía consciente de sí mismo [...] este estado natural primitivo es de hecho un estado de animalidad. El paraíso era un jardín zoológico donde el hombre vivía en estado natural de inocencia" (Hoffmann, 1973)[226]. Esa era entonces la norma en Europa, una norma confirmada por los científicos, que buscaban darle un fundamento biológico. El médico Georges Cuvier había hecho ya reconocer por la Academia de las Ciencias, a comienzos de siglo, el principio de la "fijeza" de las razas, que esperaba confirmar estudiando en 1815 el "espécimen" de la esclava "bosquimana" (de hecho joisán) Saartje Baartman, apodada en Europa "la Venus hotentote", que estuvo considerada como uno de los prototipos raciales de la especie humana[227]. Se sabe que murió en París en 1815 y acabó en la mesa de disección de Cuvier, porque había excitado el interés de los grandes naturalistas del momento. Cuvier ha dejado de estos exámenes una descripción rica en mediciones de todo tipo. A lo largo del siglo XIX se desarrolló una antropología física que esperaba diferenciar las razas humanas. En 1862, Broca, uno de los médicos más célebres de la época, creyó a su vez que había encontrado el criterio de la desigualdad de las razas en la relación entre la longitud del radio y del húmero. Empezó a buscar entonces las medidas de la Venus hotentote: para su mala suerte, ¡el informe sobre ella era tal que, según su criterio, habría sido superior a cualquiera de los blancos! (Gould, 1988: 318) Estas ideas tomadas como credo científico (la genética no demostró lo absurdo de las mismas hasta la década de 1920) iban, en un primer momento, a servir de justificación al reparto colonial de África y debían provocar los estragos de todos conocidos en la primera mitad del siglo XX.

---

225. Joseph Arthur (llamado conde de) Gobineau, *Essai sur l'inégalité des races humaines*, 1853-1855.
226. G. W. F. Hegel, *Lectures on the Philosophy of World History* (1822-1828).
227. Su retrato de cuerpo entero se incluye en Saint-Hilaire y Cuvier, 1824.

CONCLUSIÓN

En África, aunque la colonización dio lugar al declive de la trata atlántica, no hizo que desaparecieran la esclavitud y las tratas internas. Los occidentales, en efecto, no habían dejado de incentivar, como hemos visto a lo largo de esta obra, el esclavismo de las sociedades africanas. Pero esto no les impidió, bajo la bandera del humanismo y el universalismo, justificar la conquista por la necesidad de luchar contra la esclavitud practicada por aquellos pueblos "bárbaros". Conviene, sin embargo, que no vayamos tan deprisa.

Escándalos ligados al tráfico de seres humanos disimulados bajo la forma de "contratos" ficticios, conocidos bajo administración británica con el nombre de *indentured labour*, estallaron cada poco tiempo. El marsellés Régis fue acusado de esta práctica en Dahomey en los años 1850, a costa de esclavos que continuaba proporcionándole el rey, en un momento en el que la trata de contrabando existía todavía. Uno de los últimos grandes escándalos se produjo en Liberia en los años 1920. Los contratos fueron enérgicamente denunciados durante la conferencia de la Oficina Internacional de Trabajo (OIT) de 1930 que condenó los tráficos a los que acababa de entregarse la aristocracia liberiana de ascendencia norteamericana en perjuicio de los "africanos" de las comarcas del interior, a los que se enviaba disfrazados un poco por todas las partes del mundo. En esta misma conferencia, el representante francés, el diputado senegalés

Blaise Diagne, había sido enviado por el Gobierno para que defendiera la necesidad del "trabajo forzado"[228].

Por otra parte, los colonizadores tuvieron muy pronto necesidad de hombres, de trabajadores y de soldados, para "poner en valor al país", según expresión de la época. Los administradores coloniales se volvieron entonces, sin escrúpulo alguno, hacia los jefes locales y se mostraron poco estrictos respecto a la situación legal de aquellos que se les enviaban. Naturalmente no había lugar a engaño. Pretextando que la esclavitud africana se basaba en "prácticas internas" difícilmente erradicables, el poder colonial tardó un tiempo en prohibirlas. A decir verdad, se dio a la situación un giro perverso. Así, los franceses crearon, por ejemplo, los "poblados de libertad", experiencia desgraciadamente iniciada en 1887 (y que duró más de 20 años) para, oficialmente, evitar el "flujo incontrolado de refugiados" en los puestos administrativos e impedir que "se entregaran al vagabundeo" (Rodet, 2009: 51)[229]. En una primera etapa, estos "poblados" fueron creados por los comandantes de los círculos para acoger a los esclavos evadidos de los "países enemigos"; porque, hasta la circular de 1901, los esclavos de los territorios bajo administración francesa eran regularmente devueltos a sus amos cuando estos los reclamaban. En realidad, la creación de los "poblados de libertad" fue una respuesta concreta a las necesidades de mano de obra de los colonizadores; los esclavos, hombres y mujeres, habían sido hasta entonces los primeros en ser reclutados para la construcción de carreteras o de puentes, de instalaciones portuarias para las escalas, almacenes y otros edificios administrativos. Las "libertades", como se les llamaba en el círculo de Nioro (Sudán-Mali), no eran pagadas, en guineas (paños para cubrirse) o en sal, salvo cuando se trataba de las tareas más importantes, que duraban varios días. Las mujeres aseguraban la supervivencia de estos trabajadores cultivando parcelas que les proporcionaba la administración y los niños participaban en las prestaciones relacionadas con la limpieza. A causa de este estatus de personas sometidas a prestaciones obligatorias, los habitantes de los "poblados de libertad" constituían una

228. Convención nº 29 relativa al trabajo forzado u obligatorio, adoptada el 28 de junio de 1930 y que entró en vigor el 1 de mayo de 1932, Oficina Internacional del Trabajo, Ginebra. Francia, que intentó que se adoptase la idea del "trabajo obligatorio", solo ratificó la convención bajo el Frente Popular, en 1936. Puede consultarse en http://www.ilo.org.

229. Carta del gobernador general del África Occidental Francesa William Ponty, del 10 de febrero de 1908, citada en Rodet, 2009: 51.

población flotante, que permanecía en ellos el menor tiempo posible, generalmente los tres meses requeridos para conseguir el "certificado de libertad". Muy impopulares, los "poblados de libertad" acabaron integrándose en 1909 en el derecho común (Rodet, 2009: 50-57; Bouche, 1949, 1950).

Menos normativos, los británicos no fueron mucho más eficaces. Cerraron los ojos durante bastante tiempo ante "costumbres locales" que pretendían respetar y llegaron así, en algunos casos, a mantener legalmente situaciones de esclavitud. Es lo que demuestra el extraordinario caso de una obstinada joven esclava, Albina Mansah, que tuvo muchas dificultades para conseguir su liberación por parte de la justicia colonial. Era esclava en casa de un rico vendedor de Costa de Oro, entonces bajo protectorado británico. En 1876, se dirigió a un tribunal para conseguir su libertad. El tribunal ante el que presentó su queja era mixto, a la manera británica: un juez inglés, dos *attorneys* (abogados) mestizos locales, un rico propietario local y un jurado compuesto por notables locales. A pesar de la denuncia y las pruebas manifiestas de su servidumbre, perdió el pleito (antes de fuese finalmente liberada)[230]. Se comprende, a partir de estos hechos, por qué en la vecina colonia de Sierra Leona, donde la ciudad de Freetown era desde 1807 la "patria" de los "liberados" procedentes de los barcos negreros inspeccionados por la Marina británica, hubo de esperar hasta 1928 para que la servidumbre interior (denominada "consuetudinaria") fuera declarada ilegal.

Se sabe, con pocas dudas, que las leyes son a veces lentas para influir en el orden social: en Mauritania se ha promulgado recientemente la tercera ley en una generación (1891, 2007 y 2012) prohibiendo la esclavitud, lo que prueba por lo menos que tiene dificultades para ser aplicada. La esclavitud interna, herencia de una larga historia, se mantiene tenaz en los hechos aunque haya sido por todas partes declarada oficialmente ilegal. Ya sea en Brasil o en la República Dominicana, los cortadores de caña de azúcar tienen en la actualidad condiciones de vida cercanas a las de sus antecesores: 500.000 cortadores trabajan 15 horas diarias y viven en barrios de chabolas en medio de plantaciones donde están sometidos a las violencias del *feitor* (capataz) y de las milicias. Tras convertirse en partidario del etanol, el presidente Lula da Silva, que había prometido

230. El episodio, descubierto en los archivos por Trevor Getz, ha dado lugar a un comic que ha tenido gran éxito en la enseñanza de la esclavitud en los EE UU (Clarke y Getz, 2012).

una reforma agraria, no ha cuestionado, con algunas excepciones en la región de São Paulo, la dominación de los propietarios de latifundios sobre los campesinos sin tierra. En torno a 300.000 trabajadores del campo haitianos son explotados sin límite en las grandes haciendas dominicanas, donde están hacinados en campamentos de barracas sin agua ni electricidad, a unos pocos kilómetros de lujosos conjuntos inmobiliarios destinados a turistas adinerados. Sin papeles y sin derechos, trabajan 10 horas al día por uno o dos dólares cuando no son expulsados *manu militari* la víspera del día de la paga. Como dicen estos trabajadores en criollo *ayen pa chanjé, sé menm bagay*: "nada ha cambiado, todo está como siempre" (Dockès, 2009; Anaya Gautier y Théodat, 2007).

En los EE UU, la decimotercera, decimocuarta y decimoquinta enmiendas pusieron fin a la esclavitud y afirmaron la igualdad de derechos entre los antiguos esclavos y los demás ciudadanos. Sin embargo, ninguna medida federal acompañó la emancipación efectiva de los negros. A diferencia de los emigrantes que llegaron masivamente a finales del siglo XIX, los negros, igual que los amerindios, estuvieron largo tiempo excluidos del *melting pot*. A partir de 1881, fecha de la primera ley de segregación adoptada en Tennessee, las medidas racistas de exclusión se generalizaron. Se ampararon a nivel federal en 1896 por la sentencia Plessy versus Ferguson que autorizaba a adoptar medidas de segregación racial a aquellos estados que lo desearan, según el principio falaz que se expresaba mediante la fórmula *separate but equal* ("separados pero iguales"). La igualdad de derechos no fue impuesta por el Gobierno federal hasta 1963, bajo la presidencia Kennedy. A día de hoy, los combates mantenidos por una igualdad cívica real han permitido, especialmente, la elección del presidente Barack Obama, pero, como recuerda Angela Davis: "Pasada la guerra de Secesión, se creyó que bastaba abolir la esclavitud para que se hiciera justicia, y sin embargo, los fantasmas de la esclavitud están todavía entre nosotros. Hay actualmente más negros en las cárceles y bajo el control del aparato judicial de los que había como esclavos en 1850"[231].

Queda la cuestión necesaria y delicada del "trabajo de la memoria", expresión más satisfactoria que la del "deber de la memoria" porque el historiador, sus trabajos y su rigor son necesarios para evitar errores y excesos. Habría más bien que hablar a los descendientes de los antiguos

231. Entrevista con Angela Davis en *Télérama* nº 3.299, 3 de abril de 2013.

esclavos de un "imposible olvido", tanto en África, como en las Antillas y en América. La diferencia con la Shoá es que los retos locales, nacionales, incluso internacionales, pesan sobre los diferentes actores que "interpretan y se apropian estos lugares de la memoria, reivindican o discuten su construcción como patrimonio colectivo, redefinen y recomponen las identidades localmente disponibles" (Fouéré, 2013).

Hay que reconocer sin restricciones esta dinámica, reciente, de patrimonialización de los vestigios ligados a la esclavitud. Existe un cierto número de lugares de este tipo en África, en América, y también en Francia y en Gran Bretaña; no debe haber dudas para mantenerlos en África y que se conviertan en recursos turísticos que atraigan cada año a numerosos visitantes nacionales y extranjeros (en especial *african americans*). Sin embargo, algunos de estos lugares son dudosos o están sometidos a controversias. En efecto, los descendientes de los esclavos como los descendientes de los esclavistas no constituyen grupos homogéneos y están implicados y movilizados de distintas maneras; algunos ponen en duda o minimizan la realidad histórica de la trata de esclavos en estos lugares. Así, la población de Zanzíbar está dividida respecto a la selección de lugares que simbolizan la dominación, y se tiende a rechazar cualquier responsabilidad por parte de los árabes. Esta situación se ha hecho tan complicada que, a partir de 1963 y sobre todo después de la revolución de 1964 que unió las islas de Zanzíbar y Pemba con el territorio continental, las autoridades nacionales han impuesto silencio sobre las cuestiones raciales y étnicas debido al pasado esclavista de las islas. En otros lugares, la puesta de relieve de sitios simbólicos, como la Casa de los Esclavos en la isla de Gorée en Senegal, ante la que se inclinó el papa y siguen inclinándose los jefes de Estado occidentales, permiten sobre todo señalar la responsabilidad (evidentemente muy real) de los europeos[232], pero solo muy recientemente un cierto número de historiadores africanos ha empezado a analizar las implicaciones africanas en la esclavitud y en la trata.

232. La autenticidad de esta casa como almacén de esclavos ha sido discutida por los especialistas. Data de finales del siglo XVIII, momento en el que la trata (importante en Gorée un siglo antes) había disminuido en la isla, en la que los buques atracaban del otro lado. Su leyenda fue mantenida por un viejo guardián, Joseph Ndiaye, antiguo tirador muy activo pero poco cuidadoso de la veracidad de las fuentes; sin embargo, la disputa parece menor frente al valor del símbolo: si no fue una dependencia para esclavos, hubo muchas otras (De Roux, 1996).

En Francia también el reconocimiento oficial fue tardío[233]. Se inició fundamentalmente a partir de 1991 por una asociación privada nantesa y rochelesa, Les Anneaux de la mémoire (convertida después en una revista especializada de renombre internacional sobre la esclavitud), que organizó en 1992-1994 una exposición histórica sobre el comercio triangular y el papel que en él tuvo el puerto de Nantes. A pesar de la notable repercusión del hecho, la ciudad de Nantes no levantó un memorial en recuerdo de la esclavitud hasta 2012[234]. La ciudad de Burdeos no asumió oficialmente su pasado de puerto negrero hasta 2009, con la apertura de tres salas del Museo de Aquitania dedicadas a la trata.

Pocos países han tenido, como Benín, el coraje de reconocer que la historia de la esclavitud y de la trata era una historia compartida. El país ha participado activamente en numerosas iniciativas internacionales, sobre todo en los EE UU (Coomlan Dovounou, 2013). De una manera general, este "trabajo de la memoria" se complica con el problema de las "reparaciones" que se sitúan a la vez en un plano moral y financiero. Así como el reconocimiento del "crimen contra la humanidad" cometido por los esclavistas, quienesquiera que fuesen, puede ir de suyo, dado que fue ya denunciado por Condorcet en el siglo XVIII, el tema de una reparación "contante y sonante" es delicado porque la responsabilidad de los descendientes se hace muy difícil de establecer habida cuenta el inmenso mestizaje de la historia. La reivindicación fue especialmente vigorosa, tras el congreso de Durban de 2001, en los países que cuentan con una importante población negra: Brasil y los EE UU, que han indemnizado ya a las comunidades amerindias en su día expoliadas de sus tierras. Adoptó una forma judicial en los EE UU, dando lugar a una serie de procesos dirigidos contra empresas que se habían enriquecido hace tiempo gracias a la esclavitud. Se les reclamaban sumas importantes para utilizarlas en la mejora de la situación educativa y social de los negros. No tuvo éxito,

233. La ley Taubira, votada por unanimidad por el Parlamento francés en 2001, califica la trata negrera trasatlántica, la trata en el océano Índico y la esclavitud llevada a cabo a partir del siglo XV contra las poblaciones africanas de "crimen contra la humanidad". Establece que "los programas escolares [...] dedicarán a la trata negrera y a la esclavitud el lugar consecuente que merecen". Véase Chivallon, 2002; Cottias, 2003; 2010: 1011 y ss.; Saugera, 2002; Vergès, 2006.

234. Las baldosas de la calle que lleva al monumento subterráneo contienen tantas inscripciones como barcos negreros partieron del puerto a lo largo de la historia. Incluyen el nombre de la nave y la fecha del viaje, pero la municipalidad no llegó tan lejos como para grabar informaciones que sin embargo están en los archivos: el nombre del armador y tampoco el número de esclavos transportados en cada barco.

pero consiguió, sin embargo, el reconocimiento público por parte de algunas de esas grandes compañías del mal comportamiento de sus predecesores. Se derivó de ello la necesidad de un esfuerzo conmemorativo, con el proyecto de un gran museo de historia afroamericana en el National Mall en Washington D. C. (existe ya un museo para los indios). De manera más concreta, en Brasil, bajo la presidencia de Lula da Silva, las reivindicaciones condujeron a una política de "acción afirmativa" que destina un esfuerzo presupuestario especial a favor de los más pobres, en su gran mayoría negros. En Francia el tema permanece vivo[235], particularmente en lo que respecta a la "deuda haitiana" y a su posible restitución: este Estado fue obligado a pagar a Francia, como contrapartida a su reconocimiento diplomático, una indemnización de 90 millones de francos de oro entre 1825 y 1883. Esta suma, ingresada en la Caisse des dépôts et consignations, permitió "indemnizar" a los plantadores (Blancpain, 1995; Gaillard Pourchet, 1995; Blancplain y Dorigny, 2004). Contribuyó a colocar a Haití en dependencia financiera respecto de Francia[236] hasta que la invasión norteamericana de 1915 la colocó bajo el dominio de los EE UU.

En lo que hace a este libro —que se coloca en el ámbito del saber— no tiene otro objetivo que el de facilitar el conocimiento y la comprensión de la complejidad de las relaciones sociales y culturales de las sociedades esclavistas y el de recordar que los principales protagonistas de esta historia fueron... los esclavos.

---

235. "Es ya hoy el momento de relanzar el debate sobre las reparaciones: ¿dónde están los flujos financieros generados por la trata negrera? Si todo no es reparable, ¿qué es lo que se puede reparar? ¿Cómo y en qué condiciones? ¿Cómo se ha hecho en el extranjero? ¿Qué puede hacerse en Francia? Son muchas las preguntas que se plantean. No hay respuestas hechas, es necesario un debate público". Llamamiento para un debate nacional sobre reparaciones a la esclavitud, *Le Monde*, 12 de octubre de 2012. Este texto, cuya iniciativa correspondió al Consejo Representativo de las Asociaciones Negras (CRAN) de Francia, fue firmado por responsables políticos y sindicales (Olivier Besancenot, Daniel Cohn-Bendit, Jack Lang, Pierre Laurent, Bernard Thibault...) y por intelectuales (Étienne Balibar, Edgar Morin, Françoise Vergès...).

236. En 1825, amenazado por una escuadra enviada por Carlos X, el Gobierno haitiano solicitó un préstamo a bancos franceses para pagar el primer plazo (véase el capítulo 10).

ANEXO

CONSTITUCIÓN HAITIANA DEL 20 DE MAYO DE 1805 (EXTRACTOS)

Nosotros, Henry Christophe, Clervaux, Vernet, Gabart, Pétion, Geffrard, Toussaint Brave, Raphaël, Lalondrie, Romain, Capoix, Magny, Cangé, Daut, Magloire Ambroise, Yayou, Jean-Louis François, Gérin, Moreau, Férou, Bazelais, Martial Besse,

Tanto en nuestro nombre como en el del pueblo de Haití, que legalmente nos ha constituido en tanto que órganos fieles e intérpretes de su voluntad,

En presencia del Ser Supremo, ante quien los mortales son iguales, y que no ha esparcido tantas especies de criaturas en la superficie de la tierra sino para manifestar su gloria y su poder mediante la diversidad de sus obras,

Ante toda la naturaleza por la que hemos sido tan injustamente y durante tanto tiempo considerados como niños marginados, declaramos que el tenor de la presente Constitución es la expresión libre, espontánea e invariable de nuestros corazones, y de la voluntad general de nuestros constituyentes,

La sometemos a la sanción de Su Majestad el Emperador Jacques Dessalines nuestro libertador, para recibir su pronta y entera ejecución.

DECLARACIÓN PRELIMINAR

ARTÍCULO PRIMERO

Las personas que habitan en la isla antes conocida como Santo Domingo, acuerdan constituirse en un Estado libre, soberano e independiente de cualquier otro poder en el universo, bajo el nombre de Imperio de Haití.

ARTÍCULO 2

La esclavitud queda abolida para siempre.

ARTÍCULO 3

Los ciudadanos de Haití son hermanos entre sí; la igualdad a ojos de la ley está indiscutiblemente reconocida, y no puede existir título alguno, ventajas o privilegios, que los que resulten necesariamente de la consideración y en recompensa de los servicios prestados a la libertad y a la independencia.

ARTÍCULO 4

La ley es una para todos, ya castigue o proteja.

ARTÍCULO 5

La ley no tiene efecto retroactivo.

[...]

Nos, Jacques Dessalines, Emperador primero de Haití y jefe supremo del ejército, por la gracia de Dios y la ley constitucional del Estado, la aceptamos en todo su contenido y la sancionamos, para recibir, con la menor demora posible, su ejecución plena y total en toda la extensión de nuestro imperio. Y juramos mantenerla y hacerla cumplir hasta el último aliento de nuestra vida.

En el Palacio Imperial de Dessalines, a 20 de mayo de 1805, segundo año de la Independencia de Haití, y de nuestro reinado el primero.

Firmado: Dessalines

BIBLIOGRAFÍA

ABENON, Lucien *et al.* (1989): *La Révolution aux Caraïbes*, Nathan, París.

ABITBOL, Michel (1979): *Tombouctou et les Arma. De la conquête marocaine du Soudan nigérien en 1591 à l'hégémonie de l'Empire Peulh du Macina en 1833*, Maisonneuve et Larose, París.

ADÉLAÏDE-MERLANDE, Jacques (1986): *Delgrès ou la Guadaloupe en 1802*, Karthala, París.

ALRYYES, Ala (dir.) (2011): *A Muslim American Slave. The Life of Omar Ibn Said*, University of Wisconsin Press, Madison.

AMADÉI, Henri (2012): "L'esclavage et la traite des esclaves en Sénégambie", *L'Émancipation syndicale et pédagogique*, 5 de enero, 25-28.

AMBRÓSIO, P. António (1970): "Manuel do Rosário Pinto (a sua vída)", *Studio*, nº 30-31, Lisboa.

ANAYA GAUTIER, Céline y THÉODAT, Jean-Marie (2007): *Esclaves au paradis*, Vents d'ailleurs, La Roque d'Anthéron.

ANDERSON, Benedict (1983): *Imagined Communities: Reflections on the Origin and Spread of Nationalism*, Verso, Londres. [*Comunidades imaginadas: reflexiones sobre el origen y la difusión del nacionalismo*, Fondo de Cultura Económica, México, 1993].

AUSTEN, Ralph A. (1979): "The Trans-Saharan Slave Trade. A Tentative Census", en GEMERY, Henry A. y HOGENDORN, Jan A., *The Uncommon Market. Essays in the Economic History of the Atlantic Slave Trade*, Academic Press, Nueva York.

AUSTIN, Allan D. (1997): *African Muslims in Antebellum America. Transatlantic Stories and Spiritual Struggles*, Routledge, Londres.

AVEZAC, Marie-Armand d' (1845): "Notice sur le pays et le peuple des Yébous en Afrique", *Mémoires de la société ethnologique*, 2 (2), 1845, 1-10, 13-27, 30-46 y 53-105.

BABA DE KARO (1954): *Baba de Karo. L'autobiographie d'une musulmane haoussa du Nigeria, recueillie par Mary Smith*. París: Plon.

BAILEY, Anne C. (2005): *African Voices of the Atlantic Slave Trade. Beyond the Silence and the Shame*, Beacon Press, Boston.

BALANDIER, Georges (1969): *Sociologie actuelle de l'Afrique noire*, PUF, París.

— (2000 [1965]): "Les villes fragiles", en BALANDIER, Georges, *La vie quotidienne au royaume de Kongo du XVIe au XVIIIe siècle*, Hachette, París.

BALLONG-WEN-MEWUDA, Joseph (1985): "Le commerce portugais des esclaves entre la côte de l'actuel Nigeria et celle du Ghana moderne aux XVe et XVIe siècles", *Actes du colloque sur la traite des Noirs*, I, Société française d'histoire d'outre-mer, Saint-Denis, 121-145.

BAQUAQUA, Mahommah G. y MOORE, Samuel (1854): *Biography of Mahommah G. Baquaqua, a Native of Zoogoo, in the Interior of Africa (A Convert to Christianity) With a Description of That Part of the World; Including the Manners and Customs of the Inhabitants, Their Religious Notions, Form of Government, Laws, Appearance of the Country, Buildings, Agriculture, Manufactures, Shepherds and Herdsmen, Domestic Animals, Marriage Ceremonials, Funeral Services, Styles of Dress, Trade and Commerce, Modes of Warfare, System of Slavery, &c., &c. Mahommah's Early Life, His Education, His Capture and Slavery in Western Africa and Brazil, His Escape to the United States, from Thence to Hayti, (the City of Port Au Prince) His Reception by the Baptist Missionary There, The Rev. W. L. Judd; His Conversion to Christianity, Baptism, and Return to This Country, His Views, Objects and Aim. Written and Revised from His Own Words, by Samuel Moore, Esq., Late Publisher of the "North of England Shipping Gazett", Author of Several Popular Works, and Editor of Sundry Reform Papers*, Detroit.

— (2009 [1854]): *Biography of Mahommah G. Baquaqua*, ed. revisada por Robin Law y Paul Lovejoy, Markus Wiener, Princeton.

Barnet, Miguel (1967): *Esclave à Cuba. Biographie d'un "cimarron" du colonialisme à l'indépendance*, traducido del español por Claude Couffon, Gallimard, París [*Biografía de un cimarrón*, Ariel, Barcelona, 1968].

Barthélémy, Pierre (2001): "La traite négrière a apporté le paludisme en Amérique" [http://passeurdesciences.blog.lemonde.fr/2011/12/26/traite-negriere-apporte-paludisme-amerique/].

Bastide, Roger (1996): *Les Amériques noires*, L'Harmattan, París [*Las Américas negras*, Alianza, Madrid, 1969].

Batista de Sousa, Izequiel (2010): *São Tomé et Principe de 1485 à 1755. Une société coloniale du Blanc au Noir*, L'Harmattan, París.

Beachey, R. W. (1977): "Some Observations on the Volume of the SLave Trade in Eastern Africa in the 19th Century", en *African Demographic History*, University of Edinburgh, Edimburgo, 365-372.

Beecher Stowe, Harriet (1852): *Uncle Tom's Cabin*, John P. Jewett & Co., Boston [*La cabaña del tío Tom*, edición de Carme Manuel, Cátedra, Madrid, 1998].

Bégot, Danielle (2010): "L'image du Noir dans l'iconographie française de la traite et de l'esclavage", en Cottias, Myriam, Cuninn, Élisabeth y de Almeida Mendes, António (dirs.), *Les traites et l'esclavage. Perspectives historiques et contemporaines*, Karthala, París.

— (dir.) (2011): *Guide de la recherche en histoire antillaise et guyanaise*, 2 vols., Éditions du CTHS, París.

Benot, Yves (1988): *La Révolution française et la fin des colonies*, La Découverte, París.

— (1991): *La démence coloniale sous Napoléon*, La Découverte, París.

— (2003): "La voix des esclaves. L'insurrection", en *La modernité de l'esclavage. Essai sur la servitude au cœur du capitalisme*, La Découverte, París.

— (2005): *Les Lumières, l'esclavage, la colonisation*, La Découverte, París.

Berthier, Paul (1966): *Les anciennes sucreries du Maroc et leurs réseaux hydrauliques*, Imprimeries françaises et marocaines, Rabat.

Bibb, Henry (1849): *Narrative of the Life and Adventures of Henry Bibb, an American Slave, Written by Himself*, Nueva York.

Biobaku, Saburi O. (1957): *The Egba and their Neighbours, 1842-1872*, Clarendon Press, Oxford.

Blancpain, François (1995): "L'Ordonnance de 1825 et la question de l'indemnité", en Dorigny, Marcel (dir.), *Les abolitions de l'esclavage, de L. F. Sonthonax à V. Schœlcher*, Presses Universitaires de Vincennes/UNESCO, Saint-Denis.

— y Dorigny, Marcel (2004): "Restitution de la dette de l'indépendance?", en Debray, Régis, *Haïti et la France*, La Table Ronde, París, 101-103.

Bluett, Thomas (1734): *Some Memoirs of the Life of Job, the Son of Solomon the High Priest of Boonda in Africa; Who was a Slave about Two Years in Maryland; and Thereafter Being Brought to England, Was Set Free, and Sent to His Native Land in the Year 1734*, R. Ford, Londres.

Boisvert, Georges (2000): "La dénomination de l'Autre africain au XVe siècle dans les récits des découvertes portugaises", *L'Homme*, nº 153, enero-marzo, 165-172.

Bosman, Willem (1705): *Voyage de Guinée contenant une description nouvelle et très exacte de cette côte, de ses pays, royaumes et républiques, des mœurs des habitants... comme aussi de la nature & qualité du terroir*, Antoine Schouten, Utrecht.

Botte, Roger y Stella, Alessandro (dirs.) (2012): *Couleurs de l'esclavage sur les deux rives de la Méditerranée (Moyen Âge-XXe siècle)*, Karthala, París.

Bouche, Denise (1949): "Les villages de liberté en AOF", *Bulletin de l'IFAN-B*, vol. 11, nº 3-4, 498-540

— (1950): "Les villages de liberté en AOF", *Bulletin de l'IFAN-B*, vol. 12, nº 1, 135-215.

Boudriot, Jean (1985): "Le navire négrier au XVIIIe siècle", en Daget, Serge (dir.), *De la traite à l'esclavage*, Actes du colloque international sur la traite des Noirs, t. 2, Bibliotheque d'histoire d'outre-mer, Nantes.

Braudel, F. (1949): *La Méditerranée et le monde méditerranéen à l'époque de Philippe II*, Armand Colin, París [*El Mediterráneo y el mundo mediterráneo en la época de Felipe II*, Fondo de Cultura Económica, México, 1976].

— (1993): *Grammaire des civilisations*, Flammarion, París.

Bràsio, Antonio (1952): *Monumenta Missionaria Africana. Africa occidental*, vol. I, Lisboa.

Breton, Père Raymond (1978 [1647]): *Relation de l'île de Guadeloupe contenante* [sic] *l'Histoire des choses naturelles les plus rares de cette île, des façons de faire et mœurs des anciens habitants* [sic]*, appelés communément sauvages et de ce qui s'est passé de plus remarquable en cette mission depuis que l'île est habitée des Français*, París;

reedición hecha por la Société d'histoire de la Guadeloupe, Basse-Terre (con una introducción erudita "Le père Raymond Breton et ses manuscrits").

BROOKS, George (2003): *Eurafricans in Western Africa. Commerce, Social Status, Gender, and Religious Observance from the 16th to the 18th*, Ohio University Press, Athens.

BROWN, William Wells (2012): *Le récit de William Wells Brown, esclave fugitif, écrit par lui-même*, traducción, introducción y notas de C. Parfait y M.-J. Rossignol, PURH, Rouen-LeHavre.

BUFFON, Georges-Louis Leclerc, comte de (1766): *Histoire naturelle*, t. XIV, Imprimerie royale, París.

CA'DA MOSTO, Alvise (1994): *Voyages en Afrique noire d'Alvise Ca'da Mosto (1455 et 1456)*, relaciones traducidas, presentadas y anotadas por Frédérique Verrier, Chandeigne, París.

CAMEIRO DA CUNHA, Mariano y VERGER, Pierre (1985): *From Slave Quarters to Town Houses. Brazilian Architecture in Nigeria and the People's Republic of Benin*, Nobel/Edusp, São Paulo.

CANDIDO, Mariana (2011): "Transatlantic Links. The Benguela-Bahia Connections, 1700-1850", en ARAUJO, Ana Lucia (dir.), *Paths of the Atlantic Slave Trade. Interactions, Identites, and Images*, Cambria Press, Amherst, 239-271.

CANOT, Théodore (2008 [1854]): *Confessions d'un négrier. Les aventures du capitaine Poudre-à-Canon, trafiquant en or et en esclaves, 1820-1840*, Phébus, París [*Memorias de un tratante de esclavos*, Centro Editor de América Latina, Buenos Aires, 1976].

CARNEIRO DA CUNHA, Manuela (1986): *Negros, estrangeiros. Os escravos libertos e sua volta à África*, Nobel/Edusp, São Paulo.

CARNEY, Judith (2001): *The African Origins of Rice Cultivation in the Americas*, Harvard University Press, Cambridge.

CASTRO HENRIQUES, Isabel (1996): *Commerce et changement en Angola au XIXe siècle*, 2 vols., L'Harmattan, París.

CÉSAIRE, Aimé (1961): *Toussaint Louverture. La Révolution française et le problème colonial*, Présence africaine, París.

CÉSAIRE, Ina y LAURENT, Joëlle (1976): *Contes de vie et de mort aux Antilles*, Nubia, París.

CHIVALLON, Christine (2002): "L'émergence récente de la mémoire de l'esclavage dans l'espace public. Enjeux et significations", *Cahiers d'histoire*, nº 89.

CLARKE, Liz y GETZ, Trevor R. (2012): *Abina and the Important Men. A Graphic History*, Oxford University Press, Nueva York.

CONDÉ, Maryse (1984): *Ségou*, Robert Laffont, París.

— (1988): *Moi, Tituba, sorcière noire de Salem*, Gallimard, París.

COOMLAN DOVONOU, Rémy (2013): *La traite transatlantique et la route de l'esclave à Ouidah au Bénin*, L'Harmattan, París.

COQUERY-VIDROVITCH, Catherine (1962): "Le blocus de Whydah et la rivalité franco-anglaise au Dahomey (1876-1878)", *Cahiers d'études africaines*, vol. II, nº 7, 1962, 373-419.

— (1964): "La fête des Coutumes au Dahomey. Historique et essai d'interprétation", *Annales*, nº 4, 696-716.

— (1969): *Brazza et la prise de possession du Congo. La mission de l'Ouest africain, 1883-1885*, Mouton, París/La Haya.

— (1972): *Le Congo au temps des grandes compagnies concessionnaires*, Mouton, París.

— (1974): "À propos d'une source un peu oubliée sur l'histoire de l'Afrique: L. B. Proyart, *Histoire de Loango, Kakongo et autres royaumes d'Afrique* (París/Lyon, 1775)", en VV. AA., *Perspectives nouvelles sur le passé de l'Afrique noire et de Madagascar*, mélanges offerts à H. Deschamps, Publications de la Sorbonne, París, 185-199.

— (1974b): *L'Afrique noire de 1800 à nos jours*, PUF, París.

— (1985): "Traite négrière et démographie. Les effets de la traite atlantique: un essai de bilan des acquis actuels de la recherche", en DAGET, Serge (dir.), *De la traite a l'esclavage: Actes du Colloque international sur la traite des noirs*, vol. 2, Bibliothèque d'histoire d'outre-mer, Nantes, 57-69.

— (1994): *Les Africaines. Histoire des femmes d'Afrique au sud du Sahara du XIXe au XXe siècle*, Desjonquères, París, 1994 (reed. La Découverte/Poche, París, 2013).

— (1994b): *Histoire des villes d'Afrique noire des origines à la colonisation*, Albin Michel, París.

— (1999): *L'Afrique et les Africains au XIXe siècle. Mutations, révolutions, crises*, Armand Colin, París.

COTTIAS, Myriam (2003): "La séduction coloniale. Damnation et stratégies. Les Antilles, XVIIe-XIXe siècle", *Cahiers des anneaux de la mémoire*, nº 5, Nantes, 163-177.

— (2003b): "Le silence de la Nation. Les 'vieilles colonies' comme lieu de définition des dogmes républicains (1848-1905)", *Outre-Mers. Revue d'histoire*.

— (2006): "Oubli, pardon et ressentiment. La citoyenneté à la Martinique (1848-1850)", en

COTTIAS, Myriam, STELLA, Alessandro y VINCENT, Bernard (dirs.), *Esclavage et dépendances serviles. Histoire comparée*, L'Harmattan, París.
— (2010): "Esclavage. Enjeux et débats", en DELACROIX, Christian *et al.* (dirs.), *Historiographies*, vol. 2, Gallimard, París.
— (2011): "Démographie et esclavage à la Martinique du XVIIe siècle à l'Abolition", en BÉGOT, Danielle (dir.), *Guide de la recherche en histoire antillaise et guyanaise*, Éditions du CTHS, París.
CRAFTS, Hannah (2007): *Autobiographie d'une esclave*, edición preparada por Henry Louis Gates Jr., Payot, París.
CUGOANO, Ottobah (1787): *Narrative of the Enslavement of Ottobah Cugoano, a Native of Africa*, publicado en *Thoughts and Sentiments on the Evil and Wicked Traffic of the Slavery and Commerce of the Human Species*, Londres.
— (2009 [1788]): *Réflexions sur la traite et l'esclavage des nègres* (prólogo de Elsa Dorlin), La Découverte, París.
CURRAN, Andrew (2012): "Buffon et l'histoire naturelle des Africains", *Dix-Huitième Siècle*, nº 44, Lyon.
CURTIN, Philip D. (1997 [1967]): *Africa Remembered. Narratives by West Africans from the Era of the Slave Trade*, Waveland Press, Long Grove.
CURTO, JOSÉ C. (2012): "La communauté brésilienne à Benguela, c. 1617-1850", conferencia pronunciada en el EHESS, 15 de mayo de 2012.
DAGET, Serge (dir.) (1985): *De la traite a l'esclavage: Actes du Colloque international sur la traite des noirs*, Bibliothèque d'histoire d'outre-mer, Nantes.
— (1992): "La traite", en catálogo de la exposición *Voyage aux îles d'Amérique*, Archives nationales, París.
— (1997): *L'abolition de la traite des Noirs au XIXe siècle*, Karthala, París.
DE ALENCASTRO, Luiz Felipe (2006): "Le versant brésilien de l'Atlantique sud, 1550-1850", *Annales*, 2, 339-382.
DE ALMEIDA MENDES, António (2004): "Le rôle de l'Inquisition en Guinée, vicissitudes des présences juives sur la Petite Côte (XVe-XVIIe siècles)", *Revista Lusófona de Ciência das Religiões*, vol. III, nº 5/6, 137-155.
— (2008): "Les réseaux de traite ibérique dans l'Atlantique nord (1440-1640)", *Annales*, nº 4, julio-agosto, 739-768.
— (2010): "De la Méditerranée à l'Atlantique. Les traites modernes en perspective", *Cahiers des anneaux de la mémoire*, nº 13, 287-306.
— (2013): "En finir avec l'esclavage du sang au Portugal", en THIBAUD, C., GÓMEZ, A., ENTIN, G. y MORELLI, F. (dirs.), *L'Atlantique révolutionnaire*, Les Perseides., París.
DE CAUNA, Jacques (dir.) (2004): *Toussaint Louverture et l'indépendance d'Haïti*, Karthala/ Société française d'histoire des outre-mers, París.
DE MARENTILLE, Dubuc (1790): *De l'esclavage des nègres dans les colonies de l'Amérique*, Pointe-à-Pitre.
DE JONGHE, Édouard y SIMAR, Théophile (2012): "Archives congolaises", *Revue congolaise*, Bruselas.
DE LAUJON, Alexandre (1833): *Souvenirs de trente années de voyages à Saint-Domingue, dans plusieurs colonies étrangères, et au continent d'Amérique*, t. 1, Schwartz et Gagnot, París.
DE LÉPINE, Édouard (1999): *Dix semaines qui ébranlèrent la Martinique (25 mars-4 juin 1848)*, Maisonneuve et Larose, París.
DE ROUX, Emmanuel (1996), "Le Mythe de la Maison des esclaves qui résiste à la réalité", *Le Monde*, 27 de diciembre.
DE WIMPFFEN, Alexandre-Stanislas (1797): *Voyage à Saint-Domingue pendant les années 1788, 1789 et 1790*, París.
DE ZURARA, G. E. (1994 [1453]): *Chronique de Guinée*, traducido y anotado por Léon Bourdon, Chandeigne, París.
DEBIEN, Gabriel (1957): "La christianisation des esclaves des Antilles françaises aux XVIIe et XVIIIe siècles", *Revue d'histoire de l'Amérique française*, marzo.
— (1974): *Les esclaves aux Antilles françaises XVIIe-XVIIIe siècle, Basse-Terre et Fort-de-France*, Société d'histoire de la Martinique, Fort-de- France.
DEGRANDPRÉ, Louis (1801): *Voyage à la côte occidentale d'Afrique, fait dans les années 1786 et 1787, contenant la description des mœurs, usages, lois, gouvernement et commerce des États du Congo fréquentés par les Européens, et un précis de la traite des Noirs, ainsi qu'elle avait lieu avant la Révolution française, suivi d'un voyage fait au cap de Bonne-Espérance, contenant la description militaire de cette colonie*, Dentu, París, año IX [1801].
DEROO, É. y CHAMPEAUX, A. (2006): *La force noire. Gloire et infortunes d'une légende coloniale*, Tallandier, París.

DEVEAU, Jean-Michel (1990): *La traite rochelaise*, Karthala, París.

DIOUF, Mamadou (1990): *Le Kajoor au XIXe siècle. Pouvoir ceddo et conquête coloniale*, Karthala, París.

DOCKÈS, Pierre (2009): *Le sucre et les larmes. Bref essai d'histoire et de mondialisation*, Descartes, París.

DORIGNY, Marcel (dir.) (1995): *Les abolitions de l'esclavage, de L. F. Sonthonax à V. Schœlcher*, Presses Universitaires de Vincennes/ UNESCO, Saint-Denis.

— y GAINOT, Bernard (2006): *Atlas des esclavages*, Autrement, París.

DOUGLASS, Frederick (2006): *La vie de Frederick Douglass, esclave américain, écrite par lui-même*, traducido y anotado por Hélène Tronc, Gallimard, París [*Vida de un esclavo americano contada por él mismo*, Madrid, Capitán Swing, 2010].

DU CHAILLU, Paul (1875): *Lost in the Jungle*, Harper & Brothers, Nueva York.

DU TERTRE, R. P. Jean-Baptiste (1973 [1667-1671]): *Histoire générale des Antilles habitées par les Français*, Horizons caraïbes, Fort-de-France.

DUBOIS, Laurent (2005): *Les vengeurs du Nouveau Monde. Histoire de la révolution haïtienne*, Les Perséides, Rennes.

DUPUY, Francis (2002): "Des esclaves marrons aux Bushinenge. Le marronnage et ses suites dans la región des Guyanes", *Cahiers d'histoire*, nº 89.

EHRARD, Jean (1995): "L'esclavage devant la conscience nationale des Lumières françaises. Indifférence, gêne, révolte", en DORIGNY, Marcel (dir.), *Les abolitions de l'esclavage, de L. F. Sonthonax à V. Schœlcher*, Presses Universitaires de Vincennes/UNESCO, Saint-Denis.

EL HAMEL, Chouki (2012): *Black Morocco. A History of Slavery, Race, and Islam*, Cambridge University Press, Cambridge.

ELTIS, David y RICHARDSON, David (2010): *Atlas of the Transatlantic Slave Trade*, Yale University Press, New Haven.

ENDERS, Armelle (2008): *Nouvelle histoire du Brésil*, Chandeigne, París.

EQUIANO, Olaudah (1789): *The Interesting Narrative of the Life of Olaudah Equiano, or Gustavus Vassa, the African. Written by Himself*, Londres.

— (1987): *La véridique Histoire par lui-même d'Olaudah Equiano, africain, esclave aux Caraïbes, homme libre*, traducido del inglés por Claire-Lise Charbonnier, Éditions caribéennes, París.

— (1999): *Narración de la vida de Olaudah Equiano, El Africano, escrita por él mismo*, Miraguano, Madrid.

— (2008): *Ma véridique histoire. Africain, esclave en Amérique, homme libre*, Mercure de France, París.

ERMAN, Adolf y RANKE, Herman (1998 [1948]): *La civilisation égyptienne*, Payot, París.

FALCONBRIDGE, Alexander (1788): *An Account of the Slave Trade on the Coast of Africa*, Londres.

FALL, Babacar (2011): *Le travail au Sénégal au XXe siècle*, Karthala, París.

FAUVELLE-AYMAR, François-Xavier (2013): *Le rhinocéros d'or. Histoire du Moyen-Âge africain*, Alma, París.

FÉNELON, François de (1764): *Carta del marqués François de Fénelon, gobernador de Martinica al ministro de Marina y de las colonias*, 11 de abril [http://anom.archivesnationales.culture.gouv.fr].

FERNANDES, Valentim (1938): *Description de la Côte d'Afrique de Ceuta au Sénégal (1506-1507)*, edición bilingüe establecida por Pierre de Cenival y Théodore Monod, Librairie Larose, París.

FERREIRA, Roquinaldo (2012): *Cross-Cultural Exchange In The Atlantic World*, Cambridge University Press, Cambridge.

FIUME, Giovanna (2010): "Le roi Congo en Sicile: une piste de lecture", *Cahiers des anneaux de la mémoire*, nº 13, 267-285.

FLORY, Céline (2012): "L'immigration africaine (Gabon, Loango, Congo) en Guyane et aux Antilles françaises après l'abolition de l'esclavage de 1848", conferencia pronunciada en el Instituto francés de Gabón, junio.

FOGEL, Robert W. (1989): *Without Consent or Contract. The Rise and Fall of American Slavery*, Norton & Co., Boston.

— y ENGERMAN, Stanley (1974): *Time on the Cross. The Economics of American Negro Slavery*, W. W. Norton & Co., Boston.

FOHLEN, Claude (1998): *Histoire de l'esclavage aux États-Unis, Slavery!*, Perrin, París.

FOMI, E. S. D. (2011): "Female Slaves in the Lower Niger Basin in the Nineteenth Century", *Lagos Historical Review*, vol. 11, 2011, 59-74.

FOUCHARD, Jean (1972): *Les marrons de la liberté*, Henri Deschamps, Puerto Príncipe.

FOUÉRÉ, Marie-Aude (2013): "Le patrimoine contesté de l'esclavage à Zanzibar", *Gazette du CEMAF* y seminario del 12 de febrero de 2013, Université Paris-I

FRISHMAN, Alan (1977): "The Population Growth of Kano, Nigeria", en *African Historical Demography*, Centre of African Studies, University of Edinburgh, Edimburgo.

FRUND, Arlette (2007): *Écritures d'esclaves*, Michel Houdiard, París.

GAILLARD POURCHET, Gusti Klara (1995): "Aspects politiques et commerciaux de l'indemnisation haïtienne", en DORIGNY, Marcel (dir.), *Les abolitions de l'esclavage. de L. F. Sonthonax à V. Schœlcher*, Presses universitaires de Vincennes/UNESCO, Saint-Denis.

GAUTIER, Arlette (2010): *Les sœurs de Solitude. Femmes et esclavage aux Antilles du XVIIe au XIXe siècle*, PUR, Rennes.

GLASSMAN, Jonathan (1995): *Feasts and Riot. Revelry, Rebellion, and Popular Consciousness on the Swahili Coast, 1856-1888*, Heinemann, Portsmouth.

GLISSANT, Édouard (1997): *Traité du Tout-Monde*, Gallimard, París.

GNAMMANKOU, Dieudonné (1996): *Abraham Hanibal, l'aïeul noir de Pouchkine*, Présence africaine, París.

GOULD, Stephen Jay (1988): *Le sourire du flamant rose. Réflexions sur l'histoire naturelle*, Seuil, París [Stephen Jay Gould, *La sonrisa del flamenco*, Crítica, Barcelona, 2004].

GOURY, Laurence (2005): "Langues créoles: état des lieux des recherches et propositions pour une approche multicausale de leur genèse", *Traces*, nº 47 [http://www.haiticulture.ch/Creole.html].

GRASSET DE SAINT-SAUVEUR, Jacques (1795-1796): *Encyclopédie des voyages*, Bibliothèque des Arts décoratifs, París.

GRÉGOIRE, Henri (1827): *Épître aux Haïtiens*, Impr. du Gouvernement, Puerto Príncipe.

GURAN, Milton (2010): *Agoudas. Les "Brésiliens" du Bénin*, La Dispute, París.

HAINARD, Jacques *et al.* (2008): *Vodou*, MEG, Ginebra.

HALEY, Alex (1987): *Roots. The Saga of an American Family*, Doubleday, Nueva York [*Raíces*, Ultramar, Madrid, 1977].

HAWTHORNE, Walter (2003): *Planting Rice and Harvesting Slaves. Transformations along the Guinea-Bissau Coast, 1400-1900*, Heinemann, Portsmouth.

HECTOR, Michel (1990): *Esclavage, colonisation, libérations nationales. De 1789 à nos jours*, L'Harmattan, París.

HEINTZE, Beatrix (2011): "Hidden Transfers. Luso-Africans as European Explorers' Experts in Nineteenth-Century West Central Africa", en LANDAU, Paul Stuart (dir.), *The Power of Doubt. Essays in Honor of David Henige*, Parallel Press, Madison, 2011, 19-40 [http://digital.library.wisc.edu/1711.dl/AfricanStudies.PowerofDoubt].

HEYWOOD, Linda M. y THORNTON, John K. (2007): *Central Africans, Atlantic Creoles, and the Foundation of the Americas, 1585-1660*, Cambridge University Press, Cambridge.

HILL, Lawrence (2012): *Aminata*, Présence africaine, París.

HOFFMANN, Léon-François (1975): *Le Nègre romantique. Personnage littéraire et obsession collective*, Payot, París.

— (1992): "Le vaudou", en catálogo de la exposición *Voyage aux îles d'Amérique*, Archives nationales, París.

HOPKINS, Anthony (2012): "Economic Imperialism in West Africa. Lagos, 1880-1892", *Economic History Review*, vol. XXI, nº 3.

HURBON, Laënnec (1993): *Les mystères du vaudou*, Gallimard, París.

HUSSON, Geneviève y VALBELLE, Dominique (1992): *L'État et les institutions en Égypte. Des premiers pharaons aux empereurs romains*, Armand Colin, París.

IBN KHALDÛN (1967): *Discours sur l'Histoire universelle (Al-Muqaddima)*, vol. 1, traducido por Vincent Monteil, UNESCO, Beirut.

ILIFFE, John (2005): "Honour of Slaves", en ILIFFE, John, *Honour in African History*: Cambridge University Press, Nueva York.

JACOBS, Harriet A. (2008): *Incidents dans la vie d'une jeune esclave*, Viviane Hamy, París.

JAMES, Cyril L. R. (2008 [1949]): *Les jacobins noirs. Toussaint Louverture et la révolution de Saint-Domingue*, trad. francesa de Pierre Naville, Ámsterdam, París, 2008 [*Los jacobinos negros. Toussaint L'Ouverture y la Revolución de Haití*, Turner/Fondo de Cultura Económica, Madrid, 2003].

JEA, John (1811): *The Life, History, and Unparalleled Sufferings of John Jea, the African Preacher*, Portsea.

JULIEN, Charles-André y MORSY, Magali (1979): *Une pensée anticoloniale*, Sinbad/Actes Sud, Arles.

KALA-NGOMA, Benjamin (2011): "L'esclavage domestique chez les Beembe (Congo-Brazzaville) XVIIIe-XXe siècles", *Cahiers d'études africaines*, LI (4), 204, 945-978.

KEA, Ray A. (1995): "Plantations and Labour in the South-East Gold Coast from the Late 18th

Century to the Mid-19th Century", en LAW, Robin (dir.), *From Slave Trade to "Legitimate" Commerce. The Commercial Transition in Nineteenth-Century West Africa*, Cambridge University Press, Cambridge.

KI-ZERBO, Joseph (1972): *Histoire de l'Afrique noire d'hier à demain*, Hatier, París [*Historia del África Negra*, trad. de Carlos Caranci, Alianza, Madrid, 1980].

KING, Anthony D. (1984): *The Bungalow. The Production of a Global Culture*, Routledge and Kegan Paul, Londres.

KLEIN, Martin (2012): "L'émancipation des esclaves dans les villes. Le cas de Saint-Louis du Sénégal", Conferencia de prestigio del CIRESC, París, 10 de mayo.

— *et al.* (dirs.) (2013): *Bitter Legacy. African Slavery Past and Present*, Markus Wiener, Princeton.

LABAT, R. P. Jean-Baptiste (1979 [1722]): *Voyage aux îles de l'Amérique, Antilles, 1693-1705*, presentado por Daniel Radford, Seghers, París.

LANE, Lunsford (1842): *The Narrative of Lunsford Lane, Formerly of Raleigh, N. C. Published by Himself*, Boston.

LAISNÉ DE VILLEVÈQUE, Gabriel-Jacques (1823): *De la situation des gens de couleur libres aux Antilles françaises*, impr. de J. Mac-Carthy, París.

LASSERRE, Guy (1961): *La Guadeloupe*, UFI, Burdeos.

LAW, Robin (2004): *Ouidah. The Social History of a West African Slaving Port 1727-1892*, James Currey, Oxford, 2004.

— y LOVEJOY, Paul (dirs.) (2013): *The Biography of Mahommah Gardo Baquaqua. His Passage from Slavery to Freedom in Africa and America*, Markus Wiener, Princeton.

— (2013): "The Government of Fante in the Seventeenth Century", *The Journal of African History*, vol. 64, nº 1, 31-51.

LE TOURNEAU, Roger (1977): "Histoire de la dynastie sa'dide. Extrait de Al-Turguman...", texto y traducción presentadas por L. Mougin y H. Hamburger, *Revue de l'Occident musulman et de la Méditerranée*, vol. 23, nº 1.

LEVENSON, Jay A. (1991): *Circa 1492. Art in the Age of Exploration*, Yale University Press, New Haven.

LEWIS, Bernard (1982): *Race et couleur en pays d'islam*, Payot, París, 140-147.

LOVEJOY, Paul (1980): *Caravans of Kola. The Hausa Kola Trade 1700-1900*, Ahmadu Bello University Press/Oxford University Press, Zaria.

— (1983): *Transformations in Slavery. A History of Slavery in Africa*, Cambridge University Press, Cambridge/Nueva York.

— y FALOLA, Toyin (dirs.) (1994): *Pawnship in Africa. Debt Bondage in Historical Perspective*, Westview Press, Boulder.

— (1995): "The Initial Crisis of Adaptation. The Impact of British Abolition on the Atlantic Slave Trade in West Africa, 1808-1820", en LAW, Robin (dir.), *From Slave Trade to "Legitimate" Commerce. The Commercial Transition in Nineteenth-Century West Africa*, Cambridge University Press, Cambridge.

LUCENA SALMORAL, Manuel (1996): *Los códigos negros de la América Española*, UNESCO/ Universidad de Alcalá, París/Alcalá de Henares.

LY, Abdoulaye (1988): *Les noctuelles vivent de larmes*, L'Harmattan, París.

LYDON, G. (2009): *On Trans-Saharan Trails. Islamic Law, Trade Networks, and Cross-Cultural Exchange in Nineteenth Century Western Africa*, Cambridge University Press, Cambridge.

MALOWIST, Marian (1969): "Les débuts du système de plantations dans la période des Grandes Découvertes", *Africana Bulletin*, nº 10, Varsovia, 9-30.

MANCERON, Gilles (2003): *Marianne et les colonies. Une introduction à l'histoire coloniale de la France*, La Découverte, París.

MANN, Kristin (2010): *Slavery and the Birth of an African City. Lagos, 1760-1900*, Indiana University Press, Bloomington.

MARK, Peter (2002): *Portuguese Style and Luso-African Identity. Precolonial Senegambia, Sixteenth-Nineteenth Centuries*, Indiana University Press, Bloomington.

— y DA SILVA HORTA, José (2011): *The Forgotten Diaspora. Jewish Communities in West Africa and the Making of the Atlantic World*, University Press, Cambridge.

MARTIN, Gaston (1948): *Histoire de l'esclavage dans les colonies françaises*, PUF, París.

MARTIN, Phyllis (1987): "Family strategies in 19th century Cabinda", *Journal of African History*, vol. 28, 1987, 65-86.

MAUNY, Raymond (1956): *Esmeraldo de situ orbis. Côte occidentale d'Afrique du Sud marocain au Gabon*, de Duarte Pacheco Pereira, hacia 1506-1508, traducido con la colaboracion de J. Brun, Centro de Estudos da Guiné Portuguesa, Bissau.

M'BOKOLO, Elikia (1980): *Noirs et Blancs en Afrique équatoriale. Les sociétés côtières et la pénétration française (vers 1820-1874)*, Éditions de l'EHESS, París.

— (dir.) (1992): *Afrique noire. Histoire et civilisations*, t. 2, Hatier, París.
MCCASKIE, T. C. (1995): *State and Society in Precolonial Asante*, Cambridge University Press, Cambridge.
MÉDARD, Henri (2007): "Introduction", en MÉDARD, Henri y DOYLE, Shane (dirs.). *Slavery in the Great Lakes Region of East Africa*, James Currey, Oxford.
— y DOYLE, Shane (dirs.) (2007): *Slavery in the Great Lakes Region of East Africa*, Oxford: James Currey.
MEILLASSOUX, Claude (1963): "L'économie des échanges précoloniaux en pays gouro", *Cahiers d'études africaines*, vol. 3, nº 12.
— (1970): "Le commerce pré-colonial et le développement de l'esclavage à Gumbu du Sahel (Mali)", *L'Homme et la Société*, nº 15, 147-157.
— (1973): "État et conditions des esclaves à Gumbu (Mali) au XIXe siècle", *Journal of African History*, vol. 14, nº 3, 429-452; reed. en Meillassoux, Claude (dir.) (1975): *L'esclavage en Afrique précoloniale*, Maspero, París.
— (1986): *Anthropologie de l'esclavage. Le ventre de fer et d'argent*, PUF, París [*Antropología de la esclavitud*, Siglo XXI, México, 1990].
MELLON, James (1991): *Paroles d'esclaves. Les jours du fouet*, Seuil, París.
MEMEL-FOTÊ, Harris (2007): *L'esclavage dans les sociétés lignagères de la forêt ivoirienne (XVIIe-XXe siècle)*, Éditions du CERAP-IRD, París.
MERCIER, Louis-Sébastien (1999 [1771]): *L'an 2440. Un rêve s'il en fût jamais*, La Découverte, París.
MILLER, Joseph (1986): *Way of Death. Merchant Capitalism and the Angolan Slave Trade, 1730-1830*, University of Wisconsin Press, Madison.
— (2009): "Slavery and the Financing of the Atlantic World", *Lecture on Debt and Slavery. The History of a Process of Enslavement*, McGill University, Montreal.
MOLLIEN, Gaspard Théodore (2007 [1820]): *Voyage dans l'intérieur de l'Afrique, aux sources du Sénégal et de la Gambie, fait en 1818*, L'Harmattan, París.
MOOMOU, Jean (2004): *Le monde des marrons du Maroni en Guyane (1772-1860). Naissance d'un peuple: les Boni*, Ibis rouge, Matoury.
MOORE, Francis (1738): *Travels into the Inland Parts of Africa... with a Particular Account of Job Ben Solomon*, Edward Cave, Londres [http://archive.org].
MORRISON, Toni (1988): *Beloved*, Knopf, Nueva York [*Beloved*, Ediciones B, Barcelona, 1988].
MOSNERON, Joseph (1995): *Moi, Joseph Mosneron, armateur négrier nantais (1748-1833)*, presentado por Olivier Pétré-Grenouilleau, Éditions Apogée, Rennes.
MOREAU, Jean-Pierre (1992): *Les Petites Antilles de Christophe Colomb à Richelieu (1493-1635)*, Karthala, París.
MUDIMBE, Valentin (1988): *The Invention of Africa*, Indiana University Press, Bloomington.
NIXON, Sam *et al.* (2011): "New Light on the Early Islamic West African Gold Trade. Coin Moulds from Tadmekka, Mali", *Antiquity*, vol. 85, nº 330.
NAVAILLES, Robert y NEVEU, François (1989): "Qu'entendait-on par 'Journée d'esclave' au Nouvel Empire?", *Revue d'égyptologie*, nº 40, 113-123.
NEWSON, Linda A. (2012): "Africans and Lusoafricans in the Portuguese Slavetrade on the Upper Guinea Coast in the Early Seventeenth Century", *Journal of African History*, vol. 53, nº 1, 1-24.
NIORT, Jean-François (2010): "Code noir", en PÉTRÉ-GRENOUILLEAU, Olivier (dir.), *Dictionnaire des esclavages*, Larousse, París.
— (ed.) (2012): *Code noir*, Dalloz, París.
NORTHUP, Solomon (1853): *Twelve Years a Slave. Narrative of Solomon Northup, a Citizen of New York, Kidnapped in Washington City in 1841, and Rescued in 1853*, Nueva York.
NWOKEJI, G. Ugo (2010): *The Slave Trade and Culture in the Bight of Biafra. An African Society in the Atlantic World*, Cambridge University Press, Cambridge.
OGEN, O. (2011): "Interrogating the Memories of Slavery and the Slave Trade among the Ikale-Yoruba, c. 1640-1890. The Poverty of European Accounts and Response to Olatunji Ojo's Critique", *Lagos Historical Review*, vol. 11, 113-148.
OHADIKE, Don C. (1994): *Anioma. Social History of the Western Igbo People*, Ohio University Press, Athens.
OUDIN BASTIDE, Caroline (2013): *L'effroi et la Terreur. Esclavage, poison et sorcellerie aux Antilles*, Les Empêcheurs de penser en rond/ La Découverte, París.
PAGE, Jesse y CROWTHER, Samuel (h. 1892): *The Slave Boy Who Became Bishop of the Niger*, S. W. Partridge & Co., Londres [http://anglicanhistory.org].
PANTOJA, Selma (2012): "João Teixeira de Carvalho, ou comment être un antihéros en Angola?", *Dix-Huitième Siècle*, nº 44, 61-77.

PATTERSON, K. David (1975): *The Northern Gabon Coast to 1875*, Clarendon Press, Oxford.

PEREIRA, Duarte Pacheco (1956): *Esmeraldo de Situ Orbis. Côte occidentale d'Afrique, du Sud marocain au Gabon*, edición bilingüe establecida por Raymond Mauny, Centro de Estudos da Guiné Portuguesa, Bissau.

PÉROTIN-DUMON, Anne (2000): *La ville aux îles, la ville dans l'île. Basse-Terre et Pointe-à-Pitre, Guadeloupe, 1650-1820*, Karthala, París.

PERROT, Claude-Hélène (1982): *Les Anyi-Ndenye et le pouvoir aux XVIIIe et XIXe siècles*, CEDA/ Publications de la Sorbonne, Abiyán/París.

PÉTRÉ-GRENOUILLEAU, Olivier (2004): *Les traites négrières Essai d'histoire globale*, Gallimard, París.

PICARD, Jacqueline (1998): *Les Kalmanquious. Des magistrats indésirables aux Antilles en temps d'abolition*, Caret, Le Gosier.

PIGAFETTA, Filippo y LOPES, Duarte (2002): *Le Royaume de Congo et les contrées environnantes (1591)*, presentado por Willy Bal, UNESCO/ Chandeigne, París.

PIRENNE, Jacques (1935): *Histoire des institutions et du droit privé de l'ancienne Égypte*, t. III: *La VIe dynastie et le démembrement de l'Empire*, Fondation égyptologique reine Elisabeth, Bruselas.

PLASSE, Jean-Pierre (2005): *Journal de bord d'un négrier rédigé en 1762*, adaptado del francés del siglo XVIII por Bernard Plasse, Le Mot et le Reste, Marsella.

PLUCHON, Pierre (dir.) (1982): *Histoire des Antilles et de la Guyane*, Privat, Toulouse.

— (1984): *Nègres et Juifs au XVIIIe siècle. Le racisme au siècle des Lumières*, Taillandier, París.

POPOVIC, Alexandre (1976): *La révolte des esclaves en Irak au IIIe-IXe siècle*, Geuthner, París.

POULIQUEN, Monique (1992): "Deux civilizations originales en Guyane: les Indiens et les Boni", en catálogo de la exposición *Voyage aux îles d'Amérique*, Archives nationales, París, 96-102.

POYEN DE SAINTE-MARIE, Jean-Baptiste (1802 [XI]): *De l'exploitation des sucreries, ou conseils d'un vieux planteur aux jeunes agriculteurs des colonies*, Impr. de la République, Pointe-à-Pitre.

PRINCE, Mary (1831): *The History of Mary Prince, a West Indian Slave*, Londres.

— (2000): *La véritable histoire de Mary Prince, esclave antillaise*, Albin Michel, París.

RANDLES, William G. L. (1968): *L'ancien Royaume du Congo, des origines à la fin du XIXe siècle*, Mouton, París/La Haya.

RAYNAL, Guillaume (1783): *Histoire philosophique et politique des établissements et du commerce des Européens dans les deux Indes*, 10 vols., Ginebra/Neuchatel.

RÉGENT, Frédéric (2004): *Esclavage, métissage, liberté. La Révolution française en Guadeloupe 1789-1802*, Grasset, París.

— (2007): *La France et ses esclaves, de la colonisation aux abolitions (1620-1848)*, Grasset, París.

— (2010): "Unité ou varietés du genre humain dans le cadre de l'esclavage colonial français du XVIIe au XIXe siècle", comunicación presentada en el taller Fait Colonial, IHRF, Université París I-Panthéon-Sorbonne.

— (2011): "Bilan de la recherche en histoire sociale dans les Antilles d'Ancien Régime", en BÉGOT, Danielle (dir.), *Guide de la recherche en histoire antillaise et guyanaise*, 2 vols., Éditions du CTHS, París.

RENAULT, François (1989): *La traite des Noirs au Proche-Orient médiéval, VIIe-XIVe siècles*, Geuthner, París, 11-29.

RÉUNION DES MUSÉES NATIONAUX (1998): *Tropiques métis. Mémoires et cultures de Guadeloupe, Guyane, Martinique, Réunion*, Éditions de la Réunion des musées nationaux, París.

REY, Alain (dir.) (2012): *Dictionnaire historique de la langue française*, 3 vols., Le Robert, París.

RODET, Marie (2009): *Les migrantes ignorées du Haut-Sénégal (1900-1946)*, Karthala, París.

RODNEY, Walter (1970): *A History of the Upper Guinea Coast, 1545-1800*, Monthly Review Press, Nueva York.

— (1986): *Et l'Europe sous-développa l'Afrique. Analyse historique et politique du sous-développement*, Éditions caribéennes, París [*De cómo Europa subdesarrolló a África*, Siglo XXI, México, 1982].

ROSS, David A. (1965): "The Career of Domingo Martinez in the Bight of Benin", *Journal of African History*, vol. 6, nº 1, 79-90.

RYDER, Alan F. C. (1965): *Materials for West African History in Portuguese Archives*, University of London/Athlone Press, Londres.

— (1969): *Benin and the Europeans, 1458-1897*, Humanities Press, Nueva York.

SAINT-HILAIRE, Geoffroy y CUVIER, Frédéric (1824): *Histoire naturelle des mammifères, avec figures originales colorées, dessinées d'après des animaux vivants*, París.

SAINTON, Jean-Pierre (dir.) (2012): *Histoire et civilisation de la Caraïbe (Guadeloupe, Martinique, Petites Antilles)*, 2 vols., Karthala, París.

SANCHO, Ignatius (1782): *The Letters of the Late Ignatius Sancho, an African*, Londres.
SANDERS, Ronald (1978): *Lost Tribes and Promised Lands. The Origins of American Racism*, Little, Brown & Co, Boston.
SANSONE, Livio *et al.* (2010): *La construction transatlantique d'identités noires. Entre Afrique et Amériques*, Karthala/Séphis, París.
SATTINEAU, Maurice (1928): *Histoire de la Guadeloupe sous l'Ancien Régime*, Payot, París.
SAUGERA, Eric (1992): "Un exemple de traite à la côte africaine", *Cahiers des anneaux de la mémoire, Nantes-Europe Afrique, Ameriques*, CIM Corderie Royale, 28-29.
— (2002): "Question(s) de mémoire. Le souvenir négrier à Nantes et à Bordeaux", *Cahiers d'histoire*, nº 89.
— (2012): *La Bonne-Mère, navire négrier nantais 1802-1815*, Les anneaux de la mémoire, Nantes.
SCHMIDT, Nelly (2003): *Histoire du métissage*, La Martinière, París.
— (2005): *L'abolition de l'esclavage. Cinq siècles de combats XVIe-XXe siècle*, Fayard, París.
— (2009): *La France a-t-elle aboli l'esclavage? Guadeloupe, Martinique, Guyane 1830-1935*, Perrin, París.
SCHNAKENBOURG, Christian (1987): "La disparition des 'habitations-sucreries' en Guadeloupe (1848-1906). Recherche sur la désagrégation des structures préindustrielles de la production sucrière antillaise après l'abolition de l'esclavage", *Outre-Mers. Revue d'histoire*, Société française d'histoire des outre-mers.
SCHŒLCHER, Victor (1842): *Des colonies françaises. Abolition immédiate de l'esclavage*, París.
SCHOENBRUN, David (2007): "Violence, Marginality, Scorn and Honour. Language Evidence of Slavery to the Eighteenth Century", en MÉDARD, Henri y DOYLE, Shane (dirs.), *Slavery in the Great Lakes Region of East Africa*, James Currey, Oxford, 38-75.
SÉHOU, Ahmadou (2010): *L'esclavage dans les lamidats de l'Adamaoua (Nord-Cameroun), du début du XIXe à la fin du XXe siècle*, tesis de la Universidad de Yaundé.
SELLIER, Jean (2003): *Atlas des peuples d'Afrique*, La Découverte, París.
SHERIFF, Abdul (1987): *Slaves, Spices and Ivory in Zanzibar. Integration of an East African Commercial Empire into the World Economy*, 1770-1873, James Currey, Londres.
SHUMWAY, Rebecca (2011): *The Fante and the Transatlantic Slave Trade*, University of Rochester Press, Rochester.
SMITH, D. M., y GUBIO, G. (1997 [1967]): "Ali Eisami Gazirmabe of Bornu", en CURTIN, Philip D. (dir.), *Africa Remembered. Narratives by West Africans from the Era of the Slave Trade*, Waveland Press, Long Grove, 199-216.
SMITH, Venture (1798): *A Narrative of the Life and Adventures of Venture, a Native of Africa. But Resident above Sixty Years in the United States of America. Related by Himself*, New-London.
SNELGRAVE, William (2008): *Journal d'un négrier au XVIIIe siècle. Nouvelle relation de quelques endroits de Guinée et du commerce d'esclaves qui s'y fait (1704-1734)*, Gallimard, París.
SPARKS, Randy J. (2004): *The Two Princes of Calabar. An Eighteenth-Century Odyssey*, Harvard University Press, Cambridge (Mass.).
SPICKSLEY, Judith (2013): "Pawns on the Gold Coast: the Rise of Asante and Shiftsin security for debt, 1860-1750", *The Journal of African History*, vol. 64, nº 2, 147-175.
STEDMAN, Jean-Gabriel (1798 [VII]): *Voyage à Surinam et dans l'interieur de la Guiane*, con una colección de 44 láminas, F. Brusisson, París.
STELLA, Alessandro (2000): *Histoires d'esclaves dans la péninsule* Ibérique, EHESS, París.
STYRON, William (1967): *The Confessions of Nat Turner*, Random House, Nueva York [*Las confesiones de Nat Turner*, Lumen, Barcelona, 1980].
STUDNICKI-GIZBERT, Daviken (2007): *A Nation upon the Ocean Sea. Portugal's Atlantic Diaspora and the Crisis of the Spanish Empire, 1492-1640*, Oxford University Press, Oxford.
SWEET, James (2011): *Domingos Álvares, African Healing, and the Intellectual History of the AtlanticWorld*, University of North Carolina Press, Chapel Hill.
TARDO-DINO, Frantz (1985): *Le collier de servitude: la condition sanitaire des esclaves aux Antilles françaises du XVIIe au XIXe siècle*, Éditions caribéennes, París.
TERRAY, E. (1994): "Le pouvoir, le sang, la mort dans le royaume ashanti au XIXe siècle", *Journal of African History*, XXXIV-4, nº 136, 549-562.
— (1995): *Une histoire du royaume abron du Gyaman: des origines à la conquête coloniale*, Karthala, París.
THÉODORIDÈS, Aristide (1973): "Les Égyptiens anciens, 'citoyens' ou 'sujets de Pharaon'?", *Revue internationale des droits de l'Antiquité*, nº 20, 51-112.
THIOUB, Ibrahima (2005): "Regard critique sur les lectures africaines de l'esclavage et de la

traite atlantique", en MANDÉ, Issiaka y STEFANSON, Blandine (dirs.), *Les historiens africains et la mondialisation*, Karthala, París.
— (2008): "L'esclavage et les traites en Afrique occidentale: entre mémoires et histoires", en KONARÉ, Adame Ba. (dir.), *Petit précis de remise à niveau sur l'histoire africaine à l'usage du président Sarkozy*, La Découverte, París, 201-214.
THOMAS, Hugh (2006): *La traite des Noirs (1440-1870)*, trad. del inglés por Guillaume Villeneuve, Robert Laffont, París [*La trata de esclavos. Historia del tráfico de seres humanos de 1440 a 1870*, trad. de Víctor Alba y C. Boune, Planeta, Barcelona, 1998].
TOURNEUX, Henry (2006): "Du nouveau sur l'ancêtre de Pouchkine", *Afrique et histoire*, vol. 6, 2006/2, 225-234.
TROUILLOT, Évelyne (2003): *Rosalie l'infâme*, Dapper, París.
TROUTT POWELL, Eve M. (2012): *Tell This in My Memory. Stories of Enslavement from Egypt, Sudan and the Ottoman Empire*, Stanford University Press, Stanford.
UKAWSAW GRONNIOSAW, James Albert (1770): *A Narrative of the Most Remarkable Particulars in the Life of James Albert Ukawsaw Gronniosaw, an African Prince, as Relatedby Himself*, W. Gye, Bath.
VAN BEEK, Walter E. A. (2012): "Intensive Slave Raiding in the Colonial Interstice. Hamman Yaji and the Mandara Mountains (North Cameroon and North-Eastern Nigeria)", *The Journal of African History*, vol. 53, nº 3, 279-299.
VANSINA, Jan (1991): *Sur les sentiers du passé en forêt. Les cheminements de la tradition politique ancienne de l'Afrique équatoriale*, Université catholique de Louvain/Centre Aequatoria, Lovaina la Nueva/Mbandaka.
— (2010): *Being Colonized. The Kuba Experience in Rural Congo, 1880-1960*, University of Wisconsin Press, Madison.
VERDIER, Frédérique (1994): *Voyages en Afrique noire d'Alvise Ca'da Mosto*, París, Chandeigne.
VERGER, Pierre (1968): "Les côtes d'Afrique occidentale entre 'Rio Volta' et 'Rio Lagos', 1535-1773", *Journal de la Société des africanistes*, vol. 38, nº 1, 35-58.
— (1968b): *Flux et reflux de la traite des nègres entre le golfe du Bénin et Bahia de todos os santos du XVIIe au XIXe siècle*, Mouton, París.
— (1995 [1954]): *Dieux d'Afrique. Culte des Orishas et Vodouns à l'ancienne côte des Esclaves en Afrique et à Bahia, la Baie de Tous les Saints au Brésil*, Revue Noire, París.
VERGÈS, Françoise (2006): *La mémoire enchaînée. Questions sur l'esclavage*, Albin Michel, París.
VIDAL, Cécile y RUGGIU, François-Joseph (dirs.) (2009): *Sociétés, colonisations et esclavages dans le monde atlantique. Historiographie des sociétés américaines des XVIe-XIXe siècles*, Les Perséides, Bécherel.
WALKER, Sheila S. (2009): *La présence africaine dans la création des Amériques*, en DORIGNY, Marcel y ZINS, Max-Jean (dirs.), *Les traites négrières coloniales, histoire d'un crime*, Cercle d'Art, París.
WEBB, James L. A. (1995): *Desert Frontier. Ecological and Economic Change along the Western Sahel 1600-1850*, The University of Wisconsin Press, Madison.
WELD, Theodore, *et al.* (1839): *American Slavery as It Is. Testimony of a Thousand Witnesses*, American Anti-Slavery Society, Nueva York.
WILKS, Ivor (1965): *Asante in the Nineteenth Century. The Structure and Evolution of a Political Order*, Cambridge University Press, Londres/Nueva York.
WILLIAMS, Eric (1968): *Capitalisme et esclavage*, Présence africaine, París [*Capitalismo y esclavitud*, Traficantes de Sueños, Madrid, 2011].
WRIGHT, John (2007): *The Trans-Saharan Slave Trade*, Routledge, Londres/Nueva York.
WRIGHT, Marcia (1993): *Strategies of Slaves & Women. Life-Stories from East/Central Africa*, James Currey, Londres.
YACOU, Alain (2009): *La longue guerre des nègres marrons de Cuba*, CERC/Karthala, París.